성인학습 및 상담 3판

ADULT LEARNING AND COUNSELING

조성연 · 박미진 · 문미란 공저

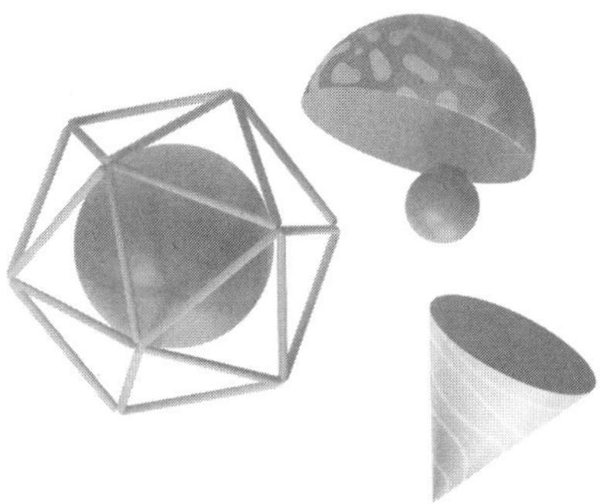

학지사

3판 머리말

빠르게 변화하는 시대에 성인의 평생교육은 필수조건이 되었다. 따라서 대학, 기업체, 평생교육원, 학점인정제 등을 통해서 개인적 · 학문적 혹은 직업적인 목적으로 학습하고자 하는 성인들이 늘어 가고 있다. 이러한 성인학습자들은 다양한 과거의 학습경험을 가지고 있으며, 학습환경 역시 많은 영향 요인하에 있기 때문에 학습을 효과적으로 지속하는 데 어려움을 가지게 되는 경우가 많다. 따라서 성인학습을 담당하는 기관이나 성인학습자들을 지도하는 교육자들은 성인학습자들이 이 같은 어려움을 극복하고 학습활동을 잘 진행할 수 있도록 도울 필요가 있다.

성인학습 상담은 성인학습자의 학습활동을 적절하게 안내, 지원, 촉진, 강화하기 위한 다양한 방법 중 대표적인 것이라 할 수 있다. 성인학습 상담을 통해 학습문제를 가진 학습자의 문제 원인을 탐색하여 이를 잘 극복할 수 있도록 조력하며, 학습문제로 야기되는 부정적인 자아개념의 형성을 예방함으로써 학습문제를 해결하고 학습의 효율성을 높일 수 있다. 결과적으로는 성인학습자 자신이 지닌 잠재력을 최대한 개발해 나갈 수 있도록 격려할 수도 있다.

이 책은 성인학습을 담당하는 기관이나 성인학습자들을 지도하는 교육자들이 성인학습 상담을 진행하는 데에 도움을 주기 위해서, 성인학습 상담의 기본적인 원리와 실제적인 방법을 제시하고자 하는 목적으로 저술되었다. 특히 변화 속도가 가속화되고 있는 현대사회에서는 유연한 사고와 혁신적 아이디어를 바탕으로 자신의 잠재력을 최대한 발휘할 수 있어야 한다. 이를 위해서 성인학습 상담에서는 학습자들이 개개인의 깊은 이해와 성찰을 통해 자신의 학습과정을 잘 구성해 나가는 과정을 통해 잠재력을 극대화할 수 있도록 조력해야 한다. 이를 위해 본

개정판에서는 인간 이해의 기본이 되는 상담의 대표적인 이론들을 추가적으로 제시하여 성인학습자들을 더욱 효과적으로 조력할 수 있도록 하였다. 이 책의 구성은 다음과 같다.

제1부 '성인학습의 이해'는 총 4개 장으로 구성되었으며, 제1장은 평생교육과 성인학습, 제2장은 성인학습의 주체가 되는 성인학습자에 대한 이해, 제3장은 성인학습의 이론적 기초와 원리 등을 내용으로 하는 성인학습에 대한 이해이며, 제4장은 시대적 변화에 맞게 성인학습과 에듀테크 내용을 추가하였다.

제2부 '성인학습 상담의 이해'는 총 7개 장으로 구성되었으며, 제5장은 성인학습 상담의 의미와 필요성, 원리 등 성인학습 상담의 기초적인 내용들, 제6장은 정신역동적 상담, 제7장은 인본주의적 상담, 제8장은 행동주의 및 인지행동적 상담, 제9장은 학습방법 상담, 진로 및 직업 상담, 심리 및 정서 상담 등 성인학습 상담의 구체적인 내용을 다루고 있다. 제10장은 성인학습 상담의 기본적인 기술에 대해 학습하고, 제11장은 성인학습 상담자의 자질과 역할에 대한 구체적인 내용을 다루고 있다.

제1부 '성인학습의 이해'와 제2부 '성인학습 상담의 이해'에서는 성인학습과 상담에 대한 이해를 갖출 수 있는 기본적인 내용과 함께 효과적인 학습활동이 되도록 '활동'과 '읽을거리'를 제공하여 성인학습 상담의 실제적인 적용과 실습으로 교육 효과를 증대시킬 것으로 기대된다.

마지막으로, 제3부 '성인학습 상담의 실제'는 총 2개 장으로 구성되어, 제12장은 성인학습자들의 학습문제 유형을 점검해 볼 수 있는 학습전략 진단검사와 관련한 제반 사항들, 제13장은 성인학습자들의 효율적인 학습을 도울 수 있는 학습전략 프로그램과 관련한 제반 사항들이 제시되어 있다. 특히 제3부에서 제시된 학습전략 진단검사와 학습전략 프로그램은 저자들의 수년간의 연구와 시행절차를 거쳐 개발된 것으로, 실제 성인학습자들의 학습상담장면에서 활용할 수 있는 실제적인 검사와 프로그램이다. 아직 국내에는 성인학습자들의 효율적인 학습을 지원할 수 있는 상담 및 프로그램이 전무한 실정이므로 이 책에서 제시된 프로그램이 실제 장면에서 더욱 유용하게 활용될 수 있으리라 생각된다.

이와 같이 이 책에서는 성인학습 상담의 중요성과 필요성에 따라, 각 학교와 기관에서 성인학습 상담을 담당하고 계신 분들과 평생교육사를 준비하고 계신 분들께 실제적으로 도움을 줄 수 있는 책을 집필하고자 하는 목적으로 저술되었으므로, 관계자분들께 조금이나마 도움이 되기를 바란다. 또한 수년간의 준비과정과 연구결과를 바탕으로 하여 이 책이 출간되기는 하였지만 여전히 부족한 점이 많으리라 생각된다. 따라서 추후에 지속적으로 수정·보완하는 과정을 거침으로써 그 완성도를 높이고자 하는 자세로 독자 여러분의 비평과 피드백을 겸허히 수용하고자 한다.

마지막으로 이 책이 나오기까지 믿음과 관심을 가지고 도와주신 학지사 김진환 사장님과 처음부터 끝까지 꼼꼼하게 살펴 주심으로써 저자들의 글들을 한 권의 책으로 완성시켜 주신 편집부 여러분께도 진심으로 감사를 드린다.

2025년 9월

저자 일동

차례

제1부 성인학습의 이해

제1장 평생교육과 성인학습

제2장 성인학습자에 대한 이해

제3장 성인학습에 대한 이해

제4장 성인학습과 에듀테크

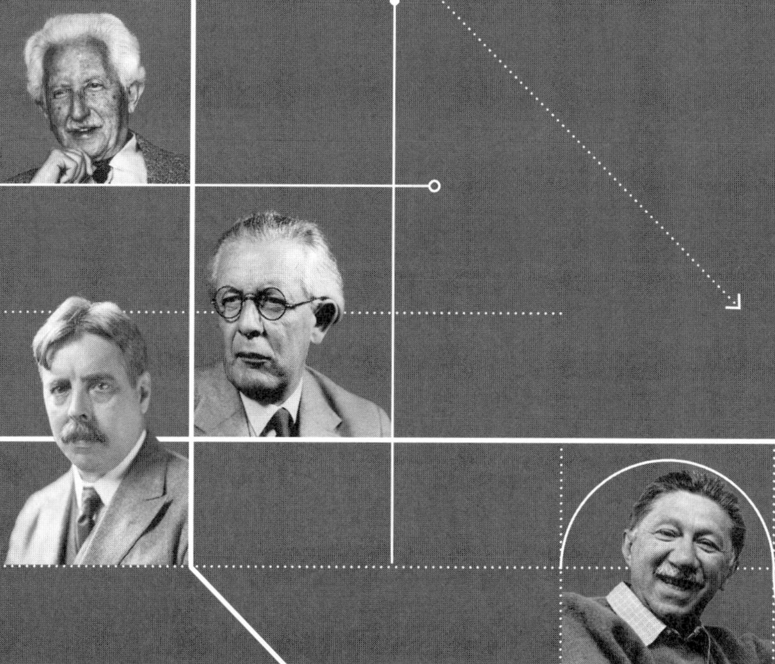

제1장

평생교육과 성인학습

1. 평생교육의 정의와 철학적 배경

평생교육은 인간이 태어나서 죽을 때까지 전 생애에 걸쳐 이루어지는 모든 형태의 학습을 의미한다. 이는 학교 교육뿐만 아니라 가정, 직장, 지역사회에서 이루어지는 교육도 포함되며 형식적 교육(학교, 대학 등)과 비형식적 교육(직업훈련, 취미활동 등), 무형식적 교육(독서, 인터넷 학습 등 일상 속에서 이루어지는 학습)을 모두 포함한다. 또한 학습의 시간적 · 공간적 제약을 넘어서 평생에 걸쳐 지속적으로 이루어지는 교육이다. 평생교육은 다양한 영역에서 실현되는데 대표적인 영역으로는 직업능력개발교육, 문해교육, 인문교양교육, 시민교육, 건강 및 여가교육 등이 있다. UNESCO(1972)의 『Learning to Be』 보고서는 평생교육을 "유아기에서 노년기까지 전 생애에 걸친 교육의 통합적 체계"로 규정하고 있으며, 한국의 「평생교육법」에 의하면 "평생교육이란 학교의 정규교육과정을 제외한 학력보완교육, 성인 문해교육, 직업능력 향상교육, 성인 진로개발역량 향상교육, 인문교양교육, 문화예술교육, 시민참여교육 등을 포함하는 모든 형태의 조직적인 교육활동"으로 정의하고 있다(「평생교육법」 제1장 제2조).

평생교육의 철학적 기초는 인간은 누구나 배우며 성장할 수 있다는 신념에 기반한다고 볼 수 있다. 이와 관련하여 Rogers는 인간은 학습을 통해 성장하는 존재로, 교육은 자아실현의 수단으로 보았으며, Dewey는 학습을 삶의 과정으로 보았고, Freire는 교육을 통한 해방을 강조하였다. 이러한 평생교육의 철학은 ① 모든 국민은 평생교육의 기회를 균등하게 보장받는다. ② 평생교육은 학습자의 자유로운 참여와 자발적인 학습을 기초로 이루어져야 한다. ③ 평생교육은 정치적 · 개인적 편견의 선전을 위한 방편으로 이용되어서는 아니 된다. ④ 일정한 평생교육과정을 이수한 자에게는 그에 상응하는 자격 및 학력인정 등 사회적 대우를 부여하여야 한다는 한국의 평생교육의 이념을 통해서도 확인할 수 있다(「평생교육법」 제1장 제4조).

2. 평생교육의 역사적 전개와 국내외 정책 동향

서구에서는 산업화 이후 교육의 기회를 평등하게 제공하고자 하는 움직임 속에서 성인교육과 평생교육 개념이 부상하였다. UNESCO는 1949년 제1차 세계 성인교육 회의 개최를 필두로 하여 1972년 「Learning to Be」 보고서에서 "교육은 평생 이루어져야 한다"는 원칙을 강조하였고, 이는 평생학습사회의 국제적 기준이 되었다. 1996년에는 「Learning: The Treasure Within」 보고서에서 네 가지 학습 원리를 제시하였고, 2000년대 이후에 OECD 및 EU 중심의 성인역량 강화 정책을 확대하였다.

평생교육 관련 정책의 동향을 살펴보자면, 국제적으로는 EU(유럽연합)의 평생학습 전략, 일본의 학습사회 실현 계획, 캐나다의 커뮤니티 기반 교육 등 다양한 모델이 존재한다. 이러한 정책들은 국민의 학습권 보장과 사회적 참여 확대를 지향하고 있다. 이에 대해 좀 더 살펴보자면, EU는 자격체계(EQF)를 중심으로 학습결과를 상호 인증하는 유연한 학습체계를 마련하였으며, 사회통합(특히 이민자 교육)과 디지털 학습 역량에 집중하고 있다. 일본은 지방자치 중심의 지역학습사회

표 1-1 국가별 주요 정책

국가	주요 정책명	정책 목표	실행 체계 및 특징
EU (유럽연합)	Lifelong Learning Strategy (2001~)	경쟁력 강화와 사회통합	• 유럽자격체계(EQF)를 통해 학습 성과 표준화 • 형식 · 비형식 · 무형식 학습 통합 인정 • 디지털 리터러시, 이민자 통합, 고령자 교육 강조 출처: European Commission (2014), CEDEFOP (2022).
일본	평생학습진흥법 (1990), 지역학습사회 구현 정책	지역 공동체 강화 및 시민 자질 향상	• 지방자치단체 중심 학습관 운영 • 시민대학, 공공도서관, 문화센터 중심의 참여형 학습 • 학습계좌제(ラーニングアカウント제도) 시범 도입 출처: 文部科学省 (MEXT, 2020).
핀란드	생애학습정책 (Lifelong Guidance Strategy), 기본교육법	교육 기회 평등, 복지 연계	• 평생학습은 헌법상 권리로 보장 • 모든 시민에게 무료 교육 제공 • 평생직업능력, 심리적 복지 통합 고려한 개별 맞춤형 경로 설계 출처: Finnish Ministry of Education and Culture (2021).
호주	VET(Vocational Education and Training) 시스템	산업 경쟁력 강화, 성인재교육	• 국가자격틀(AQF) 기반 기술 인증 • 직업학교(TAFE) 중심 훈련 제공 • 원주민, 농촌 거주자 대상 접근성 보장 정책 포함 출처: Australian Government Department of Education (2020).
독일	Bildungspolitik (평생학습 정책), Dual System	산업 현장과 연계된 직업교육	• 기업과 학교가 협력하는 이원화제도(Dual System) • 성인직업훈련, 시민교육 강세 • 학습권 보장보다 고용 연계에 초점 출처: Bundesministerium für Bildung und Forschung (BMBF, 2021).
미국	Workforce Innovation and Opportunity Act (WIOA, 2014)	취업 및 경제적 자립 지원	• 성인기초교육(AEFLA), 직업재교육 중심 • 민간고용기관과 연계한 고용 기반 학습 • 지역별 자율성 강조, 디지털격차 해소 정책 포함 U.S. 출처: U. S. Department of Education (2021).

실현을 지향하며 시민의 삶 속 학습 실천을 강조하고, 핀란드는 복지국가로서 교육을 기본권으로 보장하며 국민 누구나 평등하게 생애학습의 기회를 누릴 수 있도록 지원하고 있다. 호주와 독일은 산업 기반의 실용적 직업교육 중심 모델을 운영하며 고용 연계성이 매우 높은 특징을 보이고 있고, 미국은 경제 자립을 위한 직업기술교육 중심이며 지역사회 기반의 학습 및 노동시장 참여 확대에 중점을 두고 있다.

한국에서는 1982년 「사회교육법」을 시작으로, 1995년 5 · 31 교육개혁에서 평생학습체제 구축을 제안하였으며 1999년에 「평생교육법」 제정으로 사회교육에서 평생교육으로 용어를 전환하였다. 이후 평생교육진흥위원회와 시도평생교육협의회 설치, 평생학습도시 지정, 평생교육종합정보시스템의 구축 운영 등의 정책이 이어졌다. 현재는 국가평생교육진흥원을 중심으로 K-MOOC, 학점은행제, 성인문해교육, 신중년 교육 등 다양한 정책을 운영하고 있으며, 최근에는 생애전환기에 특화된 교육(퇴직, 경력 전환, 부모 역할 변화 등)도 활성화되고 있다.

특히 한국에서는 평생교육의 전문성과 질을 확보하기 위한 핵심 인력 양성 제도로, 「평생교육법」 제24~27조에 근거하여 평생교육사 제도가 운영되고 있다. 이는 1999년 「평생교육법」 제정과 함께 학교 밖 교육활동 증가에 따라 전문 인력의 체계적 양성 필요성이 대두됨에 따라 도입되었다. 평생교육사는 총 3등급(1급, 2급, 3급)으로 나뉘며, 등급별 자격 취득 요건은 〈표 1-2〉와 같다.

표 1-2 평생교육사 등급별 자격 취득 요건

등급	취득 요건 요약
1급	2급 취득 후 5년 이상 실무 + 1급 양성과정 이수
2급	대학 관련 학과 졸업 또는 양성과정 수료
3급	일정 학점 취득 후 국가평생교육진흥원 인정

평생교육사는 평생교육 현장에서 교육과 학습을 기획 · 운영 · 평가하는 전문 인력으로 대표적인 역할과 업무는 다음과 같다.

① 평생교육 기획 · 운영

- 지역 · 대상 적합 프로그램 기획 및 강사 섭외, 예산 조정 등 운영 전반을 담당
- 학습자 요구 조사 → 교육과정 구성 → 운영 및 평가까지 전 과정 주도
- 예: 문해교육, 직업능력 향상 교육, 시민교육 등

② 학습자 상담 및 학습설계, 진로지도

- 성인학습자에게 학습 경로 및 진로에 대한 정보 제공 및 상담
- 학습 이력관리 시스템(Lifelong Learning Account) 활용
- 성인학습자의 특성과 수준에 맞는 맞춤형 학습 안내
- 학습동기 유발, 진로 탐색, 교육 연계 지원 등의 에듀케이터+상담자 역할

③ 지역사회 네트워크 구축

- 지역 평생학습기관(도서관, 주민센터, 복지관 등)과의 연계와 협력
- 지역 자원 발굴 및 활용, 평생교육 네트워크 구축 및 민관 거버넌스 연계 추진 기획

④ 프로그램 평가 및 개선

- 운영 중인 프로그램의 효과성 분석, 피드백 반영 등 질 관리
- 학습자의 성취도 및 만족도 조사 포함

⑤ 평생학습 문화 조성

- 주민 대상 학습동아리 지원, 학습 공동체 운영
- 평생학습축제, 학습포럼 등 공공 홍보 및 인식 개선 활동

⑥ 디지털 평생학습 전환 대응

- 온라인 교육 플랫폼 활용 교육 기획 및 콘텐츠 기획 · 운영
- 디지털 문해력 증진 교육 등 ICT 기반 학습환경 구축

표 1-3 평생교육사의 활동 기관과 예시

활동 기관	활동 예시
평생학습관, 시 · 군 · 구 평생학습팀	정책 기획, 프로그램 운영
공공도서관, 문화센터	문화 · 교양 교육 기획
대학교 부설 평생교육원	성인 학위 과정 운영
산업체 교육부서	직원 재교육, 직무역량 향상 프로그램
사회복지기관	장애인, 노인 대상 학습 지원
NGO, 시민단체	지역 주민 리더 양성, 인문학 강좌

2023년 기준 누적 등록 평생교육사 수는 약 130,000명이며, 이 중 실제로 활동 중인 평생교육사 수는 약 30~40% 수준이라고 한다. 초고령사회, 디지털 격차 해소, 직무 재교육 수요 증가에 따라 수요가 확대될 것으로 보이지만 낮은 처우 및 전공 불일치 인력의 증가, 고용 안정성 부족, 직무 전문성 표준화 미흡, 정규직 전환 및 법적 위상 강화 필요 등의 문제도 지속적으로 제기되고 있다(국가평생교육진흥원, 2023).

3. 평생교육과 성인학습

평생교육은 전 연령층을 대상으로 하지만, 성인학습은 특히 성인에게 초점을 맞춘다는 점에서 차이가 있다. 성인학습은 평생교육의 한 영역으로 볼 수 있으며, 직업훈련, 대학의 평생교육원, 온라인 강의, 문화센터 강좌 등 다양한 방식으로 제공된다. 성인학습은 성인이 자발적으로 학습에 참여하여 지식, 기술, 태도를 습득하거나 변화시키는 모든 과정을 포함한다. 이는 학교 밖의 정규 교육뿐 아니라 직장에서의 훈련, 지역사회 활동, 자기주도적 학습까지 포괄한다. 성인학습은 삶의 필요와 밀접하게 연결되어 실천적이고 경험 중심의 성격을 가진다. 직장인이 야간 대학원에서 MBA를 공부하는 경우(전문성 향상), 퇴직 후 노인이 그림 그리기 강좌를 듣는 경우(삶의 질 향상), 직장인이 온라인 강의를 통해 새로운 기술을 배우는 경우(자기계발) 등을 예로 들 수 있다.

성인학습에 참여하는 성인학습자는 자율성과 자기결정 능력이 높으며, 풍부한 삶의 경험을 학습 자원으로 활용할 수 있다. 또한 학습의 목적이 분명하고, 문제 중심의 실제적인 학습을 선호하며, 내재적 동기에 의해 학습에 참여하는 경향이 있다. 시간, 역할, 동기 등의 요인이 아동 · 청소년 학습자와 구별되는 특징을 형성한다. 성인학습의 주요 동기로는 직무 능력 향상, 자아실현, 사회적 인정, 여가 활동의 질 향상 등이 있다. 반면 학습 참여의 장애 요인으로는 시간 부족, 경제적 제약, 가족 책임, 낮은 자기효능감, 과거 학습경험에 대한 부정적 인식 등이 존재한다. 따라서 이와 같은 요인을 고려한 맞춤형 학습지원이 필요하다.

성인학습을 지원하는 다양한 기관으로는 평생학습관, 주민자치센터, 대학부설 평생교육원, 직업훈련기관, 사이버교육 플랫폼 등이 있다. 이러한 기관들은 공공, 민간, 지역사회와의 협력 네트워크를 통해 다양한 학습기회를 제공한다. 수원시 평생학습관의 주민 참여형 프로그램, 서울시 50+재단의 중장년 생애전환 교육, 안산시 다문화 학습 프로그램 등이 대표적 사례이며, 이와 같은 지역기반 성인학습은 참여자 중심, 실천 중심의 교육으로 긍정적 사회적 효과를 창출하고 있다. 한편, 디지털 기술의 발전은 성인학습 방식에 큰 변화를 가져왔다. 온라인 플랫폼(K-MOOC, 유튜브, LMS 등), 모바일 기반 학습, AI 튜터 등의 활용이 증가하며, 시간과 장소의 제약 없이 학습이 가능해졌다. 그러나 디지털 접근성 격차와 학습동기 유지에 대한 새로운 과제가 등장하고 있다. 이상의 내용들과 관련한 성인학습에 대해서는 이후의 장에서 더 자세히 살펴보기로 한다.

사례 1 **수원시 평생학습관의 주민 참여형 프로그램**

수원시 평생학습관은 시민의 자발적 참여와 지역 맞춤형 학습을 강조하며 다양한 주민 참여형 프로그램을 운영하고 있으며, 주요 프로그램은 다음과 같다(수원시 평생학습관 공식 홈페이지 참고).

1. 주민자치형 평생학습센터 시범 운영
2025년부터 수원시는 9개 동(금곡동, 고등동, 구운동, 세류3동, 우만2동, 율천동, 조원2동, 평동, 행궁동)에 주민자치형 평생학습센터를 시범 운영한다. 이 센터들은 주민자치센터와 수원시 평생학습관이 협력하여 생활밀착형 프로그램을 제공하고, 평생교육 상담 및 주민 의견 수렴을 통해 지역 맞춤형 평생교육 체계를 구축한다.

2. 지역주민 참여형 행사: 행궁동 골목마켓 '정情'
2022년 11월, 수원시 행궁동에서는 지역주민과 상인이 함께 참여하는 '행궁동 골목마켓 정情' 행사가 열렸다. 이 행사는 추억의 먹거리 판매, 공예소품 체험, 길거리 공연 등 다양한 프로그램을 통해 주민 간의 소통과 지역 활성화를 도모하였다.

3. 주민참여예산 제안사업
수원시는 주민들이 직접 예산 편성에 참여할 수 있는 주민참여예산 제도를 운영하고 있다. 이를 통해 주민들은 지역의 필요에 맞는 사업을 제안하고, 지역사회 발전에 기여할 수 있다.

사례 2 **서울시50플러스재단**

서울시50플러스재단은 만 40~64세 중장년층을 대상으로 생애전환을 지원하고 사회참여 촉진을 지원하는 서울시 산하 기관으로, 생애설계, 직업교육, 일자리 연계 등 다양한 프로그램을 운영하고 있다. 주요 프로그램은 다음과 같다(서울시50플러스포털 참고).

1. 생애설계 지원 프로그램

중장년층이 인생 후반기를 준비할 수 있도록 다양한 생애설계 프로그램을 제공한다.

- 생애설계 자가진단: 자신의 현재 상태를 점검하고 미래를 계획할 수 있는 도구를 제공
- 생애경력설계 프로그램: 전문가와 함께 경력을 점검하고 진로계획 및 자기 탐색을 도와줌

2. 직업교육 및 역량 강화

중장년층의 직업 전환과 재취업을 지원하기 위한 다양한 교육과정을 운영한다.

- 4050 직무훈련: 서울런4050과 연계하여 중장년층의 직업역량을 강화하고 일자리 연계를 지원
- 스마트 시니어 헬스케어 지도자 과정: 운동전문가가 개발한 시니어 전용 헬스케어 프로그램을 통해 전문 인력을 양성

3. 일자리 연계 및 사회참여

중장년층이 사회에 지속적으로 참여할 수 있도록 다양한 일자리 연계 프로그램을 제공한다.

- 보람일자리: 사회공헌형 일자리로, 중장년층의 경험과 역량을 활용하여 사회에 기여할 수 있는 기회를 제공
- 가치동행일자리: 중장년층이 지역사회복지, 안전산행지원, 외로움돌봄 등 다양한 분야에서 활동할 수 있도록 지원

4. 캠퍼스 및 센터 운영

서울시 전역에 5개의 캠퍼스와 13개의 센터를 운영하여 중장년층이 쉽게 접근하고 참여할 수 있도록 지원하고 있다.

4. 평생교육과 성인학습의 현황 및 필요성

한국의 평생교육은 헌법과 법률에 근거하여 국가와 지방자치단체의 책임하에 추진되고 있으며, 다양한 통계 자료를 통해 그 현황과 실태를 파악할 수 있다. 2022년 기준, 만 25~79세 성인의 평생학습 참여율(만 25~79세 성인이 1년 동안 평

생학습 프로그램에 한 번이라도 참여한 비율)은 35.8%로 나타났는데, 연령대별로는 25~34세가 40.6%로 가장 높았으며, 65~79세는 19.2%로 가장 낮았다. 전국의 평생교육기관 수는 4,869개로 조사되었는데 이 중에는 시민사회단체, 언론기관, 기업체 부설 기관 등이 포함되어 있다(한국교육개발원, 2022). 참여 프로그램 및 학습 시간 조사에서는 성인들은 주로 직업능력 향상, 인문교양, 문화예술 분야의 프로그램에 참여하는 것으로 나타났으며, 평균 연간 학습 시간은 약 43시간으로 조사되었다. 평생학습에 참여하지 못하는 주요 이유로는 '시간 부족'(45.2%), '건강 문제'(20.3%), '정보 부족'(15.7%) 등이 꼽혔다(한국교육개발원, 2024).

표 1-4 성인의 평생학습 참여율

특성별 (1)	특성별 (2)	2024		
		형식교육	비형식교육	
		소계	소계	직업관련 목적
전체	소계	529	84	58
성별	남성	618	78	43
	여성	410	89	82
연령별 (1)	25~29세(20대)	718	129	132
	30~39세(30대)	378	76	54
	40~49세(40대)	256	82	53
	50~59세(50대)	386	81	45
	60~69세(60대)	264	74	34
	70~79세(70대)	346	71	15
연령별 (2)	25~34세	651	105	96
	35~44세	349	78	49
	45~54세	303	80	50
	55~64세	386	81	46
	65~79세	226	70	21

학력별	중졸 이하	375	61	16
	고졸	585	77	47
	대졸 이상	478	90	65
경제활동상태별	취업	365	74	43
	실업	808	163	264
	비경제활동	651	109	301
월가구소득별	150만 원 미만	548	80	80
	150~300만 원 미만	437	80	60
	300~500만 원 미만	480	80	59
	500만 원 이상	596	88	55
지역별 (1)	수도권	511	90	65
	비수도권	540	77	53
지역별 (2)	서울 및 광역시	524	89	62
	중소도시	589	80	54
	농어촌	422	80	57
취약계층별	취약	556	75	56
	비취약	526	84	58

출처: 한국교육개발원(2025. 5. 6.).

표 1-5 평생교육기관 현황

교육기관 형태별 (1)	교육기관 형태별 (2)	2024			
		기관 수 (개)	학생 · 학습자 수 (명)	교 · 강사 수 (명)	사무 직원 수 (명)
계	소계	6,215	17,453,944	99,864	26,861
비형식 평생교육기관	소계	5,145	16,967,826	92,268	22,016
	초 · 중등학교부설	11	428	40	23
	대학(원)부설	417	620,704	14,109	1,948
	원격형태	1,288	13,560,353	19,337	6,829

	사업장부설	365	893,894	18,242	1,595
	시민사회단체부설	405	108,301	2,752	1,155
	언론기관부설	1,625	327,005	7,017	4,677
	지식 · 인력개발형태	518	362,440	5,797	2,291
	시 · 도평생교육진흥원	17	67,458	2,047	413
	평생학습관	499	1,027,243	22,927	3,085
	〈평생학습관〉	18	12,724	231	68
	학원	8,020	598,405	41,474	–
준형식 평생교육기관	소계	1,070	486,118	7,596	4,845
	고등공민학교	3	50	6	1
	고등기술학교	6	379	60	17
	각종학교(초 · 중 · 고)	81	9,911	1,687	296
	방송통신중학교	24	4,346	607	137
	방송통신고등학교	42	9,301	1,073	272
	학교형태의 학력인정 평생교육시설(초등)	2	450	14	6
	학교형태의 학력인정 평생교육시설(중학)	4	1,365	12	3
	학교형태의 학력인정 평생교육시설(고등)	19	5,843	394	69
	학교형태의 학력인정 평생교육시설(통합과정)	16	9,975	450	93
	방송통신대학	1	122,088	163	622
	산업대학	2	13,313	304	257
	기술대학(대학과정)	1	24	–	–
	기술대학(전문대학과정)	–	–	–	–
	각종학교(대학과정)	2	3,460	146	427
	각종학교(전문대학과정)	–	–	–	–
	사이버대학(대학과정)	18	139,660	603	1,057
	사이버대학(전문대학과정)	2	6,558	37	59

	원격대학(대학과정)	1	1,129	10	10
	원격대학(전문대학과정)	1	2,131	10	21
	사내대학(대학과정)	3	309	–	4
	사내대학(전문대학과정)	5	120	1	1
	기능대학	9	17,942	881	1,151
	전공대학	3	14,943	248	165
	특수대학원	825	122,821	890	177

출처: 한국교육개발원(2025. 5. 6.).

평생교육과 성인학습은 현대사회에서 매우 중요한 역할을 하며, 개인의 발전뿐만 아니라 사회 전체의 성장에도 기여한다. 또한 기술 발전과 함께 온라인 학습이 증가하면서, 앞으로 더욱 다양한 형태의 교육 기회가 제공될 것이다. 현대사회는 고령화, 지식 기반 사회, 4차 산업혁명 등으로 인해 개인과 사회가 지속적으로 변화에 적응해야 하는 상황이며, 이러한 변화에 대응하기 위해서는 단발적 교육이 아닌 지속적이고 유연한 교육이 필요하다. 평생교육은 급변하는 시대에 맞춰 새로운 지식과 기술 습득을 통해 빠르게 변화하는 기술과 사회 변화에 적응할 수 있도록 도움을 줄 수 있다. 또한 직업능력 개발 및 재취업 기회 확대, 고령화 사회에서 노년기 삶의 질 향상에 기여할 수 있는 등 개인의 역량 강화와 성장뿐만 아니라 사회 발전에도 기여할 수 있다.

평생학습사회에서 성인학습은 개인의 삶의 질 향상, 직업 역량 개발, 사회통합 및 공동체 발전에 기여하는 핵심 요소다. 특히 생애전환기와 고령화 시대에 성인학습은 사회 참여와 자립을 위한 필수 수단이다. 특히 한국의 경우 세계에서 가장 빠른 속도로 고령화가 진행되고 있으며, 이는 사회·경제 전반에 걸쳐 심각한 영향을 미치고 있다. 2024년 12월 기준, 65세 이상 인구가 전체의 20.0%를 넘어섰다. 유엔 기준에 따르면 65세 이상 인구 비율이 20% 이상일 때 '초고령사회'로 분류되는데, 한국은 이를 공식적으로 달성하였으며 고령사회(14% 이상)에서 초고령사회로 진입하는 데 7년 4개월이 걸렸다. 이는 일본(12년)보다 빠른 속도로, 세계에서 가장 빠른 고령화 속도를 보이고 있다. 한국의 고령화는 단순한 인구 구조의 변화가 아니라, 사회 전반에 걸쳐 다양한 영향을 미치고 있어 이에 대한 종합적이고 체계적인 대응이 필요하다. 예를 들어, 고령화로 인해 생산가능인구(15~64세)가 감소하면서 노동력이 줄어들고, 이는 경제 성장률 하락으로 이어질 수 있는데 한국은행은 고령화가 경제 전반의 활력을 저하시킬 수 있다고 분석하였다(한국경제신문, 2012. 5. 21.). 이에 정년 연장, 재취업 지원 등으로 고령자의 경제활동 참여를 유도하여 노인의 고용을 촉진할 필요가 있다. 또한 초고령사회에서 노년기 삶의 질 향상을 위해 다양한 프로그램과 정책이 제공되어야 하는데 이러한 면에서 평생교육의 역할이 중요하다고 할 수 있다.

고령사회에서 평생교육 · 성인학습의 필요성과 역할을 몇 가지로 정리해 보면 다음과 같다. 첫째, 노인 세대의 사회 참여 및 자아실현을 위해 은퇴 후에도 자기계발과 소속감을 느낄 수 있는 통로로 평생학습이 기능할 수 있다. 지식 · 정보화 사회에서 배움은 자존감 유지와 사회적 고립 예방에 효과적이다. 둘째, 노인 일자리 확대 및 노동시장 재진입을 위해 성인학습은 재취업 · 창업 · 전직 등 노인 맞춤형 직업교육의 핵심 수단이 될 수 있다. 셋째, 건강 증진과 인지 능력 유지를 위해 성인학습은 치매 예방과 정신 건강 유지에 직접적인 영향을 줄 수 있다. 넷째, 평생교육은 세대 간 소통과 통합을 통해 세대 간 문화적 간극 해소와 상호 이해 증진에 기여할 수 있다. 다섯째, 활발한 노인 학습은 복지 의존도 감소와 삶의 질 향상에 기여하여 사회적 비용(의료비, 돌봄 등)을 줄이는 예방적 복지수단이 될 수 있다.

이렇듯 고령사회에서 평생교육과 성인학습의 필요성은 단순한 여가 활동을 넘어서, 경제적 지속 가능성, 사회 통합, 개인의 삶의 질 향상 등 다층적인 차원에서 매우 중요해지고 있다. 하지만 한국의 고령자의 평생학습 실태를 보면, 고령자(65~79세)의 평생학습 참여율은 19.2%로, 전체 평균보다 낮은 수준이며, 이들은 주로 건강, 정보 접근성 등의 이유로 참여에 제약을 받고 있다고 한다(한국교육개발원, 2022). 따라서 고령자 대상 평생교육 전담 조직 및 예산 확보 등의 정책을 바탕으로 고령층 욕구에 맞는 실용적 · 참여형 학습 콘텐츠의 개발과 적용이 필요하다.

제2장

성인학습자에 대한 이해

1. 성인학습자의 개념

성인학습 및 상담의 주체는 성인이다. 이 장에서는 성인학습 및 상담의 주체인 성인학습자에 대해 알아봄으로써, 성인의 학습과 상담에 대한 이해와 기초를 다져 보도록 한다. 한 개인을 성인으로 구분할 때, 연령을 중심으로 구분하는 것은 성인의 다양한 특징을 충분히 고려하지 않은 단순한 구분이다. 또한 이러한 구분은 지나치게 자의적인 것(권두승, 조아미, 2006; 이현림, 김지혜, 2003)이라는 비판을 받고 있다. 따라서 관련된 사안에 따라 서로 다른 기준을 제시할 수밖에 없다. 누가 성인인가에 대해 많은 학자는 연령을 포함하여 심리 및 사회적 역할의 기준을 제시하고 있다.

인간의 성장과 발달 그리고 쇠퇴와 소멸은 단순히 연령에 의해서만 좌우되는 것이 아니라, 시간의 경과와는 별다른 관련이 없이 이루어지는 측면도 있다. 나이를 그 내용과 용도 그리고 기준에 따라 분류한다면 크게 네 가지로 나눌 수 있다. 각 기준에 따라 성인을 구분해 보면 다음과 같다.

첫째, 신체적 나이 혹은 연대기적 나이(chronological age)가 있다. 이는 출생 후 지나간 기간만 계산하는 것이다. 신체적 나이는 모든 사람에게 똑같이 적용되며, 1년이 지나면 첫돌이 되고 60년이 지나면 환갑을 맞게 되는 시간의 나이다(김헌수, 이난, 2006). 일반적으로 신체적 나이는 성인의 단순한 구분 기준이 되어 법률 및 행정절차 그리고 관습의 중요한 기준이 된다. 우리나라의 법적인 성인의 구분을 살펴보면, 「민법」에서는 성년을 만 19세로 규정하고 있다. 만 19세가 되면 공법상 선거권을 취득하게 되고, 「미성년자보호법」에 의해 규제되었던 흡연 및 음주 금지 등의 제한에서 해제된다. 또한 친권자의 동의 없이도 혼인할 수 있다.

둘째, 생물학적 나이(biological age)는 개인의 생물학적 · 생리적 성숙의 수준과 신체적 건강 수준을 나타내는 나이다. 생물학적 나이의 기준은 어느 정도 신체적 활력을 갖고 있는가이며, 폐활량, 혈압, 신진대사, 피부, 근육의 유연성 등이 이에 포함된다. 그러나 신체적 나이가 같다고 해서 생물학적 나이가 같은 것은 아니다. 같은 60대인 사람도 건강한 신체인 경우 생물학적 나이는 그보다 낮을 수 있다. 성인은 신체발달이 완성된 사람으로 키, 체중 등이 평균적인 신체조건에 도달하고 운동기능 역시 정점에 도달하는 시기다. 성인전기의 경우, 인간에게 신체적으로 가장 건강한 시기로 아동기나 성인후기에 비해 만성적 질병이 가장 적게 보고되고 있다(Turk, Ruby, & Salovey, 1984).

셋째, 심리적 나이(psychological age)가 있다. 이는 신체적 나이가 증가함에 따라 심리적 성숙과 적응이 이루어지면서 주관적으로 느껴지는 나이다. 심리적 나이는 기억, 학습, 지능, 신체적 동작, 동기와 정서, 성격과 적응특성 등 여러 가지 심리학적 측면에서의 성숙 수준이 함께 고려된다(서은현, 2001). 성인이 되면 자아정체감이 형성되어 자신이 누구인가를 인식하며 장래의 직업에 대한 계획을 뚜렷이 갖게 된다. 또한 결혼과 가정 형성, 출산, 자녀양육 등에 대한 충분한 준비를 갖추고 건실한 시민으로서의 권리와 의미를 다할 기본 역량을 갖추게 된다(김헌수, 이난, 2006). 심리적 나이는 자신의 연령을 주관적으로 지각하면서 평가되기 때문에 신체적 나이가 같더라도 그 개인이 처한 주변 환경이나 성격, 건강상태에 따라 다르게 지각할 수 있다. 따라서 성인은 성인으로서 자신을 지각하고 그에 따른 행위를 수행하는 사람이라고 볼 수 있다.

넷째, 사회적 나이(social age)는 사회적 역할과 관련하여 성인을 규정짓는 방법이다. 즉, 성인이 그가 속해 있는 사회의 과업을 수행할 수 있으며, 사회의 구성원으로 개인 내적 생활이나 외적 행동에 대해 어느 정도 책임질 수 있다는 자각 정도에 따라 성인을 바라보는 관점이다(이현림, 김지혜, 2003). 이는 개인이 속한 사회에서 관습적으로 규정되는 나이를 말한다. 교육받을 시기, 결혼 및 출산의 적령기, 취업 · 승진 그리고 은퇴에 적절한 나이 등을 그 예로 들 수 있는데, 이러한 사회적 나이에 따라 지위가 결정되고 기대감이 각각 다르게 형성된다(김헌수, 이난, 2006). 따라서 사회적 나이에 따른 성인은 자신이 속한 사회에서 기대되는 사회적 역할을 수행하며 책임을 다하는 사람이라고 볼 수 있다.

이상의 네 가지 기준은 성인을 규정짓는 기준이 될 수 있으나, 하나의 기준을 적용하기보다는 신체적 · 생물학적 · 심리적 · 사회적 기준을 종합적으로 적용할 필요가 있다. Knowles(1980)도 "성인의 역할을 수행하는 사람 및 자신을 성인으로 인식하는 사람 모두가 성인에 포함된다."라고 하며 포괄적으로 정의를 내렸다. 결국 성인이란 생물학적 의미에서 적정 연령에 도달한 사람으로서 사회적으로 생산적인 일을 수행하고 자신의 삶에 대해 기본적인 책임과 의무를 수행할 수 있는 사람으로 규정하는 것이 일반적이라고 볼 수 있다(권두승, 조아미, 2006; 이현림, 김지혜, 2003).

성인학습은 학습자인 성인이 자신의 요구와 흥미에 따라 자기주도적으로 실행하는 학습활동을 의미한다. 나아가 성인학습은 성인의 생애 전반에 걸쳐 다양하고 빈번하게 경험하게 되는 무계획적이고 우연적인 학습활동을 포함한다(Marsick & Watkins, 1990). 성인교육이 성인학습자와 성인교육자가 의도적이고 계획적으로 조직화하고, 체계화된 교수-학습과정에 참여하는 활동을 말한다면, 성인학습은 성인학습자가 자발적으로 계획하여 실천하거나 우연적으로 경험하는 학습활동을 말한다. 즉, 성인학습은 교육자와 교육기관의 의도와 상관없이 자신의 요구와 관심에 따라 전 생애에 걸쳐 자기주도적으로 실행하는 학습활동을 말한다고 볼 수 있다(배을규, 2006). 결국 성인학습이란 성인이 자신의 생애 전반에 걸쳐 자신의 삶의 경험을 지식, 기술, 태도, 가치, 정서 등과 함께 행동 변화로 전환시켜 나가는 과정이자 활동이라 정의할 수 있다(권두승, 조아미, 2006; Jarvis, 1987, 1992).

최근 성인학습이 학습성과뿐 아니라 심리적 치료의 효과가 있다는 주장이 나타났는데, 학습을 통해 성인이 전 생애에 걸친 다양한 문제를 해결하는 과정에서 정신적 성장이 이루어질 수 있다는 것이다. 현실의 고통을 해결하기 위해 성인학습자가 학습에 참여하게 되고 이 과정에서 문제해결 및 성취, 자신에 대한 가치 발견, 가족과 사회에 대한 자신의 역할 재구성 등이 가능해지며 심리적 불안감을 극복하여 만족감과 행복감을 느낄 수 있다(김정희, 2016).

성인학습자는 문자 그대로 학습하는 성인이다. 학습자로서의 성인이 지닌 특성은 다음과 같이 요약할 수 있다(권두승, 조아미, 2006; 김영천, 2009; 유귀옥, 1997).

첫째, 성인학습자는 자신의 잠재력을 개발하여 자아실현을 하기 위해 학습하고자 한다. 성인학습자는 아동이나 청소년과 달리 학교 교육의 의무나 외부적 압력과 상관없이 자신의 능력과 자질을 최대한 발휘하는 기회를 만들어 자아실현을 기하는 데 궁극적인 목적이 있는 경우가 많다. 이러한 성인학습자의 자아실현 동기는 개인의 성장과 발달을 도모하기도 하지만, 사회적으로 유능한 구성원의 역할을 수행할 수 있도록 한다.

둘째, 성인학습자는 여러 가지의 발달과업을 수행하기 위해 또는 결혼이나 출산, 실직 등과 같은 인생주기의 전이적 단계에서 뜻하지 않은 인생사건이 발생하였을 때 이에 적응하기 위해서 자신에게 필요한 학습을 하고자 한다. 성인학습자들은 필요에 따라서 학습하게 되고, 학습하기 이전에 학습이 왜 필요한지 알고 싶어 한다. 일반적으로 학교 교육에서 이루어지는 학습활동이 미래를 위한 준비라면, 성인학습은 실생활에서 당면하게 되는 문제를 해결하고 개인의 요구를 충족시키기 위한 경험학습이라고 볼 수 있다. 따라서 성인의 학습에서 학습자가 무엇을 필요로 하는지에 대한 이해는 학습성과와 직결된다고 볼 수 있고, 그들의 요구와 필요에 따라 학습이 이루어져야 한다.

셋째, 성인학습자는 선택적으로 학습에 참여한다. 성인은 삶을 통하여 풍부한 경험을 축적함으로써 정체성을 확립하고, 학습환경이나 학습형태에 대한 뚜렷한 선호를 가지게 되어 능동적으로 지식을 습득한다. 이러한 측면에서 성인학습자의 경험과 요구 파악이 매우 중요하다.

넷째, 성인학습자는 독립적인 자아개념을 가지고 학습활동의 계획이나 실천에 기본적인 책임을 지니고 있는 자기주도적인 학습(self-directed learning) 경향을 보인다. 이러한 경향에는 성인학습자에게 무엇을 이루고자 하는 동기가 존재하며, 그것을 이루려는 동기나 목표 측면에서 그들이 자신을 행위 주체자로 의식하고 있음을 의미한다.

다섯째, 성인학습자는 다양한 학습경험을 가지고 학습에 참여한다. 성인학습자들은 이제까지의 직업경험, 생활경험, 학습경험 등에 근거하여 학습활동을 전개한다. 그렇기 때문에 성인학습은 실제적인 경험을 중심으로 이루어져야 한다. 성인학습자는 생활중심적인 태도로 자신이 처한 환경과 상호작용하며 축적된 경험을 활용하는 학습경향성을 지니고 있다.

Fogarty와 Pete(2004)는 성인학습자임을 보여 주는 표현을 다음과 같이 제시하며 성인학습자의 특징을 강조하고 있다.

① **시간낭비하기 싫습니다.** 성인학습자들은 자신들의 욕구에 맞는 체계적이고 조직화되어 있는 수준 높은 활동을 요구한다.

② **실용적입니까?** 성인학습자들은 자신의 학습을 통해 생활 속에서 실용적이고 실제적으로 사용할 수 있는 아이디어나 기술 등을 원한다.

③ **바로 활용할 수 있습니까?** 성인학습자는 즉시 이용이 가능한 학습을 바란다. 자신의 일과 학습이 연결되고, 기존의 일과 연관되는 새로운 추가학습을 원한다.

④ **저에게 적합한 것입니까?** 성인학습자는 자신의 상황과 학습이 어떻게 연결되며, 그것이 적용 가능한 것인지에 대해 알기를 원한다.

⑤ **누가 그런 말을 했습니까?** 성인학습자들은 이론이나 증거가 되는 연구에 대한

관심이 많다. 단순히 보이는 실제적인 것뿐 아니라 이를 지지하는 근거를 이해하고자 한다.

⑥ **어떻게 하는지 한번 보여 주십시오.** 성인학습자는 '어떻게(how)'에 관심을 가지고 있다. '어떻게 작동하는지' 혹은 '어떤 과정을 거치는지' 등에 관심을 가지며 실연(實演)을 통해 실제 적용을 배우고자 한다.

⑦ **전문가를 만나고 싶습니다.** 성인학습자는 학습을 통해 특정 주제에 대해 자신이 알고 있는 것보다 더 많은 것을 알고자 한다. 수준 높은 전문가나 풍부한 경력을 가진 전문가를 만나고 싶어 한다.

⑧ **제가 직접 보고 싶습니다.** 성인학습자는 서적이나 관련 잡지 등을 직접 보면서 학습하고자 한다.

⑨ **동료들과 함께하고 싶습니다.** 성인학습자들은 짝이나 팀을 이루어 학습장면에 참여하는 경우가 많다. 그들은 서로를 격려하고 정보를 공유한다.

⑩ **그건 이미 알고 있습니다.** 성인학습자는 이미 상당한 학습경험을 가지고 있기 때문에 이러한 경험에서 얻어진 지식 간의 연결을 원한다.

학습자로서 성인은 스스로 선택적으로 학습상황에 참여하며 다양한 생활경험을 가진 상태에서 구체적이고 직접적인 목표를 갖고 학습의 상황으로 들어오게 된다. 또한 자신의 목표와 경험을 갖고 자기주도적 학습자가 되기를 바라며 확고한 가치 및 견해를 갖고 그에 따라 행동하는 존재다(이현림, 김지혜, 2003).

활동 2-1 성인학습자에 대한 진실 혹은 오해

다음 문항을 읽고 성인학습자에 대한 설명으로 동의하면 ○표, 동의하지 않으면 ×표를 하고 그 이유에 대해 논의해 보십시오.

1. 성인학습자는 생활 속의 사건들(life-changing events)에 대처하는 데 도움이 되는 학습경험을 얻고자 한다. (　　　)

진실. 성인학습자는 승진과 같은 직업생활에 도움이 되는 학습을 하고자 한다. 또는 이혼이나 이사, 병간호와 같은 가정의 환경변화가 스트레스가 될 때 이에 대처할 수 있는 새로운 학습을 하고자 한다.

2. 성인학습자에게 학습이란 곧 자기만족이다. (　　　)

진실 또는 오해. 성인들은 자신이 선택한 취미와 흥미 영역에서는 자기만족을 위해 학습한다. 그러나 이러한 학습이 경력 개발과 같이 직업과 관련된 경우 자기만족으로 볼 수 없다.

3. 성인학습자는 단편적인 내용의 교육과정을 선호한다. (　　　)

오해. 성인학습자들은 피상적이거나 개론적, 이미 알고 있는 수준보다는 더 심화된 학습을 선호한다. 성인들은 좀 더 심층적인 학습과 이해가 가능한 구체적인 내용에 대한 탐구를 원한다.

4. 성인학습자는 새로운 교재만을 사용하고 싶어 한다. (　　　)

오해. 성인학습자는 오래되어 길들어진 편한 신발을 원한다. 성인학습자는 새로운 지식을 얻고자 하지만 그것을 반드시 실행에 옮기는 것은 아니다.

5. 성인학습자는 오래된 교재를 바로 바꾼다. (　　　)

오해. 성인학습자는 익숙한 이전 자료를 쉽게 버리지 않는다. 오히려 오래된 교재를 새롭게 사용할 수 있을지에 대해 관심을 갖는다.

6. 성인학습자는 혼자 공부하고 싶어 한다. (　　　)

오해. 성인학습자는 함께 공부하고 싶어 한다. 동료들과 협력하고 서로를 북돋으며 함께 학습하려 한다.

7. 성인학습자는 '그저 앉아 공부하기'를 원한다. (　　　)

오해. 성인학습자는 상호작용적이며 직접적인 학습경험을 원한다. 배우는 것이 무엇이든 간에 전문가 곁에서 함께해 보기를 바란다.

8. 성인학습자는 '어떻게 하는지를 알려 주는' 교육을 선호한다. (　　　)

진실. 성인학습자는 배우는 과제나 기술을 어떻게 하는지 구체적으로 알기를 원한다.

9. 절충적인 접근방법이 성인학습자에게 적합하다. (　　　)

진실. 그동안의 연구에 의하면 성인학습자들은 온라인과 현장의 조합을 선호하는 동시에 전통적인 대면의 상호작용을 선호한다고 한다.

10. 서적이나 TV와 같은 비대인(non-human) 학습은 성인학습에서 흔하다. (　　　)

진실. 성인학습자는 대면관계와 협력관계를 원하지만 동시에 서적이나 TV, 인터넷과 같은 비대인(non-human) 학습도 선호한다.

출처: Zemke & Zemke (1995).

2. 성인학습자의 특성

성인학습 및 상담을 위해 대상자인 성인학습자의 특성을 알아볼 필요가 있다. 성인학습자의 발달적 특성은 여러 측면에서 살펴볼 수 있으나, 우선 성인학습 및 상담과 관련된 내용을 중심으로 살펴보고자 한다.

1) 신체적 특성

성인기의 신체발달은 그 발달이 최고조에 이르면서 점차 감퇴하는 시기로 신체변화가 매우 다양하게 일어난다. 특히 성인전기는 신체발달이 완성되는 시기이며 신체적으로 가장 건강한 시기로서, 아동기나 성인후기에 비해 만성적 질병이 가장 적게 보고되고 있다(송명자, 2008; Turk et al., 1984). 성인기의 변화는 여러 측면에서 살펴볼 수 있는데, 신체적인 측면에서는 '노화'에 초점을 맞추고 있다. 왜냐하면 노화가 성인들의 학습가능성(capacity to learn)과 직결되는 부분이기 때문이다. 즉, 성인들은 시력 및 청력과 같은 신체기능의 노화와 더불어 학습하는 능력 또한 저하되는 것으로 인식되는 것이 일반적이다(권대봉, 1999).

그러나 성인들의 노화는 한 번에 갑자기 일어나는 것이 아니며 또 노화가 진행된다고 해서 학습이 불가능한 것은 아니라는 연구들이 누적되면서 성인들의 학습가능성에 대한 긍정적인 전망이 이루어지고 있다. 따라서 성인들이 보다 효과적으로 학습할 수 있는 최적의 환경 조성을 위해 성인기의 신체적 노화에 대하여 정확하게 이해하는 것이 필요하다(권대봉, 1999).

성인기에 나타나는 여러 가지 신체적 노화현상 중에는 바깥으로 드러나는 현상도 있고 신체 내부에서 눈에 띄지 않게 진행되는 노화도 있다(송명자, 2008). 이러한 노화는 그 원인에 따라 일차적 노화와 이차적 노화로 구분한다. 일차적 노화(primary aging)는 인체의 내재적인 생물발생학적 과정으로 인해 일어나는 노화다. 이러한 일차적 노화는 유전적으로 나타나며 통제하기가 어렵다. 이차적 노화(secondary aging)는 신체의 사용 정도, 질병, 장애와 같은 통제 가능한 외적 요인으로 인해 나타나는 노화다(Cohen, 1988). 예를 들어, 음주나 흡연은 이차적 노화를 유발시키는 요인이다. 운동, 영양 섭취, 질병이나 사고 등 이차적 노화가 나타나는 원인과 예방은 비교적 명백하지만, 일차적 노화가 일어나는 원인은 명백하게 알기 어렵다. 학자들이 제시하고 있는 일차적 노화가 나타나는 원인에 대한 이론에는 마모이론, 유전적 계획이론, 면역이론, 노화시계이론, 유전적 변이이론이 있다(송명자, 2008; Cohen, 1988; Irwin & Simons, 1994).

마모이론(wear-and-tear theory)에서는 노화를 장기간 인체를 사용함으로써 기능이 약화되고 구조가 와해되기 때문에 나타나는 현상으로 설명한다. 마치 기계처럼 오랜 기간 사용함에 따라 노화가 발생한다고 본다. 유전적 계획이론(genetic programming theory)에 의하면 노화는 세포의 생존과 죽음에 의해 일어난다. 우리 인체에서 각 세포의 수명은 유전적으로 정해진 한계가 있다. 살아 있는 동안에도 세포는 크기의 증가, 염색체 수의 증가 또는 감소, 효소의 감소 등의 변화가 일어난다. 이와 같은 세포의 변화나 죽음이 곧 인체의 노화와 죽음을 유발하는 것으로 생각한다. 면역이론(immunological theory)에서는 면역기능이 상대적으로 양호한 시기를 지난 노년기에는 면역체계에 변화가 와서 오는 바람직하지 않은 요인들에 의해 인체가 손상당하기 쉬우므로 노화가 일어난다고 설명한다. 노화시계이론(clocks of aging theory)에서는 호르몬이 노화에 미치는 영향을 강조한다. 사춘기의 시작이나 폐경 등에서 보듯이 호르몬 분비는 전 생애 변화과정에서 중요한 역할을 하고 있다. 노화와 관련된 호르몬으로 DHEA−S(Dehydro-Epiandrosterone Sulfate), 성장호르몬(GH), 테스토스테론(testosterone), 멜라토닌(melatonin), 에스트로겐(estrogen) 등이 있다. 유전적 변이이론(genetic mutation theory)에서는 노화를 DNA의 손상수신 체계(damage repair system)의 쇠퇴에 기인한다고 생각하였다.

그러나 노화는 개인에 따라 속도나 패턴이 다르다. 개인의 특정 경험이나 환경, 운동 등이 노화의 개인차에 영향을 준다. 노화는 성인에게 피할 수 없는 일이지만, 균형적이고 건강한 노화과정을 거치도록 하는 것이 바람직하다고 할 수 있다. 최근 건강상의 쇠퇴에도 불구하고 심리사회적 건강과 삶의 만족에 있는 높은 수준을 유지하는 성공적 노화(successful aging)에 대한 연구에 관심이 모아지고 있다(서은주, 2009; Rowe & Kahn, 1987; Wong, 1989).

Rowe와 Kahn(1987)은 다학제적 접근을 통해 성공적 노화의 구성요소를 낮은 질병과 장애 위험, 높은 신체적 · 정신적 기능 유지, 삶에 대한 적극적인 참여로 정의하고, 이 세 가지 요소가 충족되었을 때를 성공적 노화로 보았다. 이러한 성공적 노화에 영향을 미치는 요인들은 연령, 성별, 학력, 배우자 유무, 신체적 건강 및 기능 유지, 경제적 상태 · 사회적 지위, 생산적 활동 참여, 여가활동 등이 있으며, 가족의 지지, 심리적 안녕감, 우울, 삶의 만족도와 같은 심리적 요인들도 있다(이영숙, 2017).

(1) 감각기관의 변화

성인기에 들어서면서 감각기능에 작은 변화들이 나타난다. 이때 가장 뚜렷하게 감퇴되는 두 가지 감각기능은 시각과 청각이다. 학습과 직결된 감각기관인 시각과 청각의 변화는 성인학습자에게 상당한 영향을 미치게 된다.

노화에 관한 볼티모어 종단연구 결과에 의하면 20~80세 사이의 10년마다 시각정확도에서 급격한 감소가 일어난다(Woodruff-Pak, 1997). 특히 조절능력의 감소는 성인중기와 성인후기의 전반적인 시각정확도를 감소시킨다(장휘숙, 2008). 이러한 시각의 감퇴는 대체로 40~49세 사이에 나타나며 노안이 대표적 징후다. 실제로 성인중기 동안에는 가까운 것을 보는 데에도 어려움이 생긴다. 이것은 눈으로 가는 혈액 공급이 감소하고 눈의 수정체가 탄력성을 잃기 시작하여 시각의 범위가 좁아지면서 가까운 물체에 초점을 맞추는 능력이 조금씩 감소하기 때문이다(권두승, 조아미, 2006; 장휘숙, 2008).

또한 나이가 들수록 망막에 도달하는 빛의 양이 감소하기 때문에 파랑, 초록 그리고 보라색과 같은 파장이 짧은 색에 대해서는 민감도가 떨어져 잘 파악하기가 어려워진다(권두승, 조아미, 2006). 눈의 수정체는 점차적으로 두꺼워지고 황색화(yellowing)하며 감소된 빛에 반응하는 동공의 능력도 저하된다. 그에 따라 수정체의 탄력성은 감소하고 망막에 도달하는 빛의 양도 줄어들어 시각정확도도 점차적으로 감소한다. 60세경의 망막은 20대에 경험한 빛의 양의 30% 정도만 경험할 수 있을 뿐이라고 한다(장휘숙, 2008). 이런 이유로 성인기 후반에 가면 밤눈이 어두워진다. 이러한 시감각 능력의 변화는 시지각 감퇴를 유발한다(송명자, 2008).

시력 저하는 인지기능 저하의 가능성을 높이고 활동성을 약화시켜 우울감에 영향을 주거나 자기통제감에 영향을 주는 것으로 알려져 있다(강현욱, 박경민, 2012; 김희정, 김보혜, 김옥수, 2011; 장유리, 이정남, 윤현숙, 김수영, 2008).

청각은 감퇴가 가장 빨리 나타나는 감각기능으로서 40세경에 시작된다. 성인중기에 청력 손상이 시작되기는 하지만 성인후기까지 장애가 급속하게 증가하지는 않는다. 45세부터 성인의 19%가 청력문제를 경험하며 이 비율은 75세까지 그대로 유지된다. 그러나 75세 이후에 이르면 청력문제를 가진 노인의 비율은 거의 75%에 이른다(Harris, 1975). 성인후기의 청력문제 대부분은 내이의 달팽이관 퇴화에 그 원인이 있다(장휘숙, 2008). 30대부터 고음에 대한 민감성의 감퇴가 먼저 나타나고 50대에는 저음에 대한 감퇴가 시작된다(권두승, 조아미, 2006). 높은 소리를 감지하는 능력이 조금씩 저하되기 시작하고, 큰 소리와 부드러운 소리를 혼동하기 시작하여 가까운 곳에서 들리는 소리와 약간 떨어진 곳에서 들리는 소리를 구별하기 어려워진다(장휘숙, 2008). 남성들은 여성들보다 직장에서 시끄러운 소리에 더 많이 노출되므로(예: 광부, 자동차 관련 직업 등) 높은 소리에 대한 민감성을 더 일찍 상실하는 것으로 알려져 있다(Kline & Scialfa, 1996).

청력은 언어 지각능력이기 때문에 의사소통에도 영향을 미친다. 특히 성인후기에는 청력 손상에 의한 언어 지각능력의 감퇴로 삶의 만족이 심각하게 훼손된다. 70세 이후부터 대화의 내용과 정서적 의미를 탐지하는 능력이 감퇴하기 때문에 노인들은 대화상대자에게 적절하게 반응하지 못하게 된다(Villaume et al., 1997). 주위의 가족들은 청력 손상을 입은 노인과 대화하기 위하여 큰 소리를 질러야 하고, 그래도 알아듣지 못하는 일이 반복되면 결국 노인은 사회적으로 고립되고 고독감을 느낄 수밖에 없다(장휘숙, 2008).

시각과 청각 외의 감각기능인 후각능력은 성인초기 동안 절정상태가 그대로 유지되나, 40~70세 사이에 약간 저하되고, 70세가 넘으면 현저한 저하가 일어난다. 그러나 미각능력은 성인후기에 이를 때까지 거의 손상되지 않는 것으로 알려져 있다(장휘숙, 2008).

(2) 신경계의 변화

연령에 따라 신경계인 뇌의 구조, 기능적 변화가 나타나며 이에 따라 인지기능도 함께 변화하여 인지기능의 쇠퇴가 나타난다. 20세를 전후하여 정점에 도달했던 뇌의 무게는 노년기까지 약 10%가 감소한다(송명자, 2008). 대뇌 크기가 40~50대 이후부터 빠르게 위축되고, 뇌의 부피도 20대 초반에 절정을 이루었다가, 50대까지 서서히 줄어들어 이후 급속히 위축된다. 40대 초부터 대뇌 피질이 위축되기 시작하고, 50대 이후부터는 뇌실 크기가 서서히 커지기 시작하며 대뇌혈류량이 감소한다. 또한 40대 후반경부터 신경정신 속도가 느려지는 반면 뇌파의 폭과 잠재기는 증가한다. 뇌의 구조 측면에서 연령이 증가하면서 뇌량의 부피가 감소하는데, 특히 해마와 전측 전두엽이 신경세포의 소실에 민감하다고 알려져 있다(이현수, 2005; Jernigan et al., 1991; Meyer & Shaw, 1984). 이러한 뇌의 변화로 인지기능도 함께 변화하여 인지 처리의 속도, 억제기능, 작업기억과 같은 집행적 통제기능, 장기기억 능력 등 인지기능의 쇠퇴로 이어진다.

뇌세포의 손상은 대체로 세포 수의 감소가 아닌 세포의 위축 때문에 나타난다(이현수, 2005). 또한 일차적 노화에 따른 뉴런의 상실은 예상한 것보다 훨씬 더 적다는 것이 확인되고 있다. 놀랍게도, 뉴런의 상실은 특정 영역에 한정되고, 개인마다 이러한 뉴런의 상실에서 상당한 차이가 있을 뿐 아니라 때로는 오히려 뉴런의 기능이 개선되기도 한다(장휘숙, 2008).

노화가 진행되면서 대부분의 뉴런이 더 이상 분열할 수 없게 된다고 할지라도, 신경계는 전 생애 동안 가소성(plasticity)을 지니기 때문에 수상돌기(dendrites)들이 뻗어 나와 다른 뉴런과 새로운 연결을 만들 수 있다(장휘숙, 2008). Coleman과 Flood(1987)는 건강한 중년 성인과 노인 및 알츠하이머 질환을 가진 노인의 대뇌를 검사한 결과, 건강한 노인들의 대뇌에서 뉴런의 상실과 함께 주변의 수상돌기들이 새롭게 뻗어 나와 다른 뉴런과 연결되고 있음을 확인할 수 있었다. 이는 노화가 건강하게 진행된 경우, 뉴런이 상실되어 더 이상 분열하지 않는 경우에도 뉴런 간의 연결은 계속된다는 것을 보여 준다. 그러나 알츠하이머 질환을 가진 노인들의 대뇌에서는 수상돌기의 성장 징후가 발견되지 않았다.

또한 동물연구에 의하면 노화한 대뇌도 풍요로운 환경에 노출되면 수상돌기가 급속하게 증가한다(Greenough, Black, & Wallace, 1987). 인간의 경우에는 규칙적인 신체활동이나 운동이 성인후기 동안에도 대뇌의 신경세포를 유지하게 한다는 증거들이 많이 있다(장휘숙, 2008). 그 예로서 신체활동을 많이 하는 노인들이 더 빠른 반응시간과 인지기능 및 기억기능을 지니고 있었고(Cotman & Neeper, 1996), 정원 가꾸기 같은 신체활동은 인지검사와 기억검사에서 높은 점수와 관련되어 있었다(Berkman et al., 1993).

신경계인 뇌의 변화로 인해 성인기의 신경계 변화는 불가피하여 기억을 비롯한 인지기능의 변화와 저하가 나타나지만, 신경세포의 유지와 개선이 가능한 것으로 알려져 있다. 신경계의 변화는 곧 뇌기능의 변화인 만큼 성인학습자의 학습에서 반드시 고려되어야 할 부분이다.

2) 인지적 특성

노화에 관해 우리가 가지고 있는 고정관념은 연령 증가와 함께 개인의 인지능력이 점차 상실된다는 것이다. 그러나 우리의 생각과는 다르게 노화에 기인한 감퇴나 상실은 그렇게 크지 않고, 생각하는 것보다 훨씬 더 이후의 연령에서 일어난다. 또한 노화가 다양한 유형의 인지능력에 서로 다른 영향을 미치고 큰 개인차를 나타내기 때문에 사람에 따라 인지적 상실의 양상과 정도에 차이가 있다(장휘숙, 2008).

성인학습자의 인지적 특성은 지능의 변화, 사고방식의 변화, 정보처리 능력의 변화, 지혜와 창의성으로 나누어 살펴볼 수 있다.

(1) 지능의 변화

지능(intelligence)을 어떻게 정의하는가는 학자들에 따라 큰 차이가 있다. 그러나 지능을 어떻게 정의하느냐에 따라 개인의 지능과 연령의 관계에 대한 대답이 달라지기 때문에 지능의 개념 정의는 지능의 변화를 이해하기 위해서 살펴보아야 한다. 예를 들어, 지능을 단일요인으로 생각한다면 지능은 연령이 증가함에 따라 감소하는 것이라고 간단하게 말할 수 있을 것이다. 그러나 지능을 복합요인으로 여긴다면 지적인 능력 중에서 어떤 것은 연령이 증가함에 따라 감소하지만, 어떤 것은 안정적으로 남아 있거나 오히려 증가할 수 있다고 대답할 수 있다(권두승, 조아미, 2006). 이러한 점은 성인이라 하여 지능이 반드시 감퇴되어 가는 것은 아님을 밝혀 성인학습에 대한 새로운 가능성을 보여 주는 것이다(권대봉, 1999).

Wechsler(1939)는 지능을 "의도적으로 행동하고, 이성적으로 사고하며, 환경을 효과적으로 다루는 개인의 집합적 혹은 전체적 능력"으로 정의한다. 이러한 정의에 따라 Wechsler는 성인용 지능검사(Wechsler Adult Intelligence Scale: WAIS)를 개발하였다. Wechsler 지능검사는 언어와 동작을 측정하도록 되어 있는 12개의 소검사로 이루어져 있으며, 언어성 점수, 동작성 점수 그리고 전체 점수가 산출된다. Wechsler 지능검사의 평균은 100점이며 표준편차는 15점이다. 최근 성인용 지능검사인 WAIS-IV는 CHC(Cattell-Horn-Carroll) 이론을 적용하여 10개의 소검사와 5개의 보충검사로 개정되었다. WAIS-IV는 언어이해지표(VCI), 지각추론지표(PRI), 작업기억지표(WMI), 처리속도지표(PSI)의 4개의 지표점수와 전체 지능지수(FSIQ)가 계산된다.

Wechsler(1939)는 개인의 정신능력이 신체와 마찬가지로 연령에 따라 전체적으로 감퇴한다고 보았다. 그러나 검사결과를 자세히 검토해 본 결과, Wechsler는 지적 기능이 모든 과제에서 똑같이 감퇴하는 것은 아니라는 것을 발견했다. 즉, 일반적으로 동작검사는 점수가 감소하지만 언어검사는 그렇지 않다는 것이다. Busse와 Maddox(1985), Denney(1982)의 연구에서도 연령에 따른 언어성 지능점수와 동작성 지능점수를 비교했을 때, 언어성 지능은 거의 70대까지 증가하거나 큰 변화 없이 유지되지만, 시간제한을 받는 속도검사인 동작성 지능은 훨씬 더 일찍 감퇴하는 것으로 나타났다(장휘숙, 2008).

버클리 종단연구(Eichorn, Hunt, & Honzik, 1981)에서는 17세의 IQ 점수와 36~48세 사이에 측정된 IQ 점수의 상관이 남성은 .83, 여성은 .77이었고 연령간격이 짧을수록 IQ 점수 간의 상관이 더 높았다. IQ 점수는 동일 연령의 다른 사람들과 비교한 상대적 점수이므로 반복적으로 측정된 개인의 IQ 점수들이 서로 높은 상관을 나타낸다면 개인의 상대적 위치에 변화가 없다는 의미다(장휘숙, 2008). 즉, 지능이 연령에 따라 변화 없이 유지되고 있다는 설명이 가능하다. 그러나 버클리 종단연구에서 11%의 연구대상자는 20~30년간에 걸쳐 13점 이상의 증가를 나타내었고, 또 다른 11%의 연구대상자는 6점 이상의 감퇴를 나타내었다. 흥미롭게도 IQ 점수의 증가를 경험한 사람들은 청년후기에 자신의 IQ 점수보다 10점 이상 높은 IQ를 가지고 있는 사람과 결혼한 반면, IQ 점수의 감퇴를 보인 사람들은 심한 알코올 중독자이거나 질병을 앓는 사람들이 많았다(Eichorn et al., 1981).

시애틀 종단연구에서도 7년 간격으로 측정된 IQ 점수의 상관은 .89~.96이었고, 67~70대에서의 IQ 점수와 30~40대에서의 IQ 점수 사이에도 동일하게 높은 상관적 일관성이 존재하여 개인의 상대적 위치에 변화가 없는 것으로 나타났다. 개인의 IQ 점수는 성인중기까지도 증가하고 60세 무렵에 이르러야 감퇴하기 시작한다는 것이 밝혀졌으며, 67~74세 사이에 성인의 IQ 점수가 25세의 IQ 점수 이하로 떨어지는 것으로 나타났다(Schaie, 1983).

Cattell과 Horn(1982)이 제안한 결정성 지능(crystallized intelligence)과 유동성 지능(fluid intelligence)은 성인기 지적성 능력을 연구하는 사람들 사이에서 특히 인기 있는 지능 개념이다. 유동성 지능은 개인이 속한 문화 내용이나 체계적 학습활동과는 관계없이 선천적인 유전에 의해 결정된 지능으로, 뇌신경의 성숙에 의해 발달하며 뇌세포의 감소와 손상에 의해 감퇴한다. 주로 수리능력, 공간지각력 등이 이에 속한다. 결정성 지능은 후천적 경험, 문화와 의도적 학습에 영향을 입어 습득되는 것으로, 언어능력, 문제해결력 등이 해당된다. 즉, 학습과 경험의 양이 많고 지식을 많이 갖출수록 결정성 지능은 높아진다(권대봉, 1999). 결정성 지능은 성인기 동안(거의 70세까지) 계속 증가하거나 안정성을 유지하는 반면, 유동성 지능은 훨씬 더 일찍 35~40세 무렵부터 감퇴하기 시작한다(Horn & Hofer, 1992). 흥미롭게도, 성인중기는 어휘와 같은 결정성 지능의 일부 요인과 공간지향이나 귀납추리와 같은 유동성 지능의 일부 요인들에서 최상의 수행을 보이는 시기이므로 인지기능의 절정기라고 볼 수 있다(장휘숙, 2008). 최근 결정성 지능과 유동성 지능의 개념은 CHC(Cattell-Horn-Carroll) 이론으로 불리며 Wechsler 지능검사의 이론적 근거로 적용되고 있다.

Schaie(1983)는 시애틀 종단연구에서 Thurstone(1938)이 제안한 기초정신능력(primary mental abilities)의 구성요인들(어휘, 언어기억, 수, 공간지향, 귀납추리, 지각속도)을 측정하는 검사를 실시하였다. 그 결과, 6개의 지적 능력 중 어휘, 언어기억, 귀납추리 및 공간지향은 성인중기에 가장 높은 점수를 나타내고, 수능력은 성인중기에 감퇴하며, 지각속도는 성인초기에 감퇴를 시작함으로써 가장 일찍 감퇴하는 능력으로 나타났다.

인간의 지적 능력은 여러 복합적 능력요인으로 구성되어 있기 때문에 그 가운데 어떤 것은 이른 시기에 발달하여 일찍 감퇴하지만, 다른 것은 늦게까지 발달할 수 있다. 이런 이유로 인간의 지적 발달에 대한 일률적인 곡선이론은 맞지 않다(권대봉, 1999). Schaie(1983)는 지능을 단일요인으로 보는 것은 아동에게는 적절하지만 청소년이나 성인에게는 유용하지 않다고 주장한다. 성인의 경우 각각의 인생주기에 따라 다양한 측면의 지능이 존재한다는 것이 밝혀지고 있기 때문이다.

(2) 사고방식의 변화

William Fritz Jean Piaget

연령에 따른 사고방식에 대해 가장 잘 알려진 이론은 Piaget의 인지발달이론이다. Piaget는 인지발달 단계를 감각운동기, 전조작기, 구체적 조작기, 형식적 조작기로 나누며, 11세 혹은 사춘기부터 성인까지를 형식적 조작기로 보았다. 형식적 조작기에서는 가설을 세워 사고하고, 현실적인 것뿐만 아니라 눈에 보이지 않는 비현실적인 것에 대해서도 추론할 수 있게 된다. 추상적인 문제를 체계적으로 사고하고 그 결과를 일반화할 수 있게 된다. 또한 문제상황에서 변인을 확인하여 분류할 수 있으며, 이를 통제 혹은 제어할 수 있게 된다(임규혁, 임웅, 2007).

그러나 최근에는 모든 성인이 Piaget가 제안한 최상의 인지발달 단계인 형식적 조작기에 도달하는 것은 아니라는 주장이 나타났다. Bee(2000)에 의하면 형식적 조작기에 도달할 수 있는 성인들의 수는 구체적 조작기에 도달할 수 있는 성인들의 1/2 이하인 것으로 나타났다. Piaget(1972)조차도 형식적 조작능력의 획득 후에 중요한 인지발달이 이루어질 가능성을 배제하지 않았다. Schaie(1978; Schaie & Willis, 2000)는 개인이 성인기에 진입하여도 Piaget의 형식적 조작 사고 이상으로 발달하기는 어렵다고 가정한다. 그 이유는 성인기 동안에는 추론을 요구하는 상황이 더 복잡해지고 더 다양해지므로 지금까지 획득한 인지능력을 어떻게 사용해야 하는지가 더 중요하기 때문이다. 이러한 측면에서 Schaie(1978)는 성인기에 이르면 인지활동의 목표는 지식의 획득에서 그것의 사용으로 전환되어야 한다고 강조하고 획득 단계(아동기와 청년기), 성취 단계(성인초기), 책임 단계 및 실행 단계(성인중기), 재통합 단계(성인후기)의 인지발달 단계를 제안하였다.

또한 성인기 인지발달에 관심을 가진 많은 이론가는 Piaget의 모델이 성인기 사고를 효과적으로 설명하지 못한다는 이유로 성인기 동안 발달하는 부가적인 사고 수준이나 새로운 유형의 사고가 존재한다고 가정하고, 소위 인지발달의 제5단계인 후형식적 사고를 제안하였다. 후형식적 사고(postformal thought)는 하나의 문제에 대한 정답을 도출하기 위해서는 반성적 사고(reflective thinking)가 필요하고, 문제에 대한 정답은 상황에 따라 달라질 수 있으며, 진실의 탐구는 끊임없이 계속되는 과정이라는 전제를 바탕으로 한다. 또한 문제에 대한 해결은 현실적이어야 하고, 정서와 주관적 요인들이 사고에 영향을 줄 수 있다는 생각도 후형식적 사고 속에 포함되어 있다(Kramer, Kahlbaugh, & Goldston, 1992). 예를 들어, 결혼생활에서 발생하는 문제를 형식적 사고를 하는 사람은 배우자의 성격에 의한 것으로 보지만 후형식적 사고를 하는 사람은 배우자의 성격과 자신과의 상호작용에 의한 것으로 보며 결혼생활의 문제를 관계의 문제로 본다(Rybash, Hoyer, & Roodin, 1986).

성인들이 청소년들보다 후형식적 사고를 더 많이 한다는 것은 널리 알려진 사실이다(Commons, Sinnott, Richards, & Armon, 1989). 후형식적 사고를 하는 성인들은 문제해결 시에 반성적 판단을 많이 하기 때문에 정치나 직업, 관계 혹은 삶의 다른 영역들에 대해서도 젊은 사람들보다 더 깊이 생각하게 된다(Labouvie-Vief & Diehl, 1999). 그러나 실제로 후형식적 사고가 존재하는지에 대해서는 아직도 논쟁이 계속되고 있으므로 경험적 연구를 통한 더 많은 검증이 이루어질 필요가 있다.

성인의 사고방식상의 특징은 다음과 같이 비판적 사고, 실용주의적 사고, 다면적 및 상대적 사고, 변증법적 사고로 설명할 수 있다.

비판적 사고양식(critical thinking)은 Piaget의 성인 인지발달 단계의 특징인 형식적 조작 사고가 공고화되는 과정에서 나타난다. 청년기에는 형식적 조작 사고의 발달과 더불어 가설을 설정하고 관련 변인을 탐색하는 능력이 발달하기 시작하지만, 대단히 미숙한 수준에 머물러 있다. 그러나 성인기에 들어서면 보다 다양하고 적합한 가설을 설정하고, 관련 변인을 체계적으로 찾아내어 분석하거나 비교하고 통합할 수 있게 되어 보다 유능한 문제해결 능력을 갖추게 되는데, 이를 비판적 사고양식의 발달로 본다(권대봉, 1999; Keating, 1980, 1990).

Labouvie-Vief(1985, 1990)에 의하면 성인기 동안 형식적 조작 사고는 실용적 사고(pragmatic thought)로 전환된다. 성인기는 자신이 몸담고 있는 직장이나 사회, 크게는 생태적 맥락 내에서 발달하는 여러 가지 복잡한 문제를 해결하고 적응해 나가야 하는 시기이기 때문에 실용적이며 실제적인 사고양식의 발달이 이루어져 청년기의 이상주의적 사고양식으로부터 전환이 이루어진다. 즉, 성인전기의 인지발달은 청년기의 논리적이고 가설중심적이며 이상주의적 사고로부터 현실에 대한 실용적인 적응 방략을 탐색하는 실제적인 문제해결 사고로의 변화과정이 나타난다(권대봉, 1999; Labouvie-Vief, 1982, 1985, 1990; Santrock, 1995). Labouvie-Vief에 의하면 성인들은 여러 가지 대안 중에서 하나의 대안을 선택함에 따라 외부적인 압력이나 구속을 점점 더 많이 경험한다. 그들은 다양한 역할을 조절하고 균형을 이루는 과정에서 모순을 해결하려고 노력하기보다는 인생의 일부분으로 그것을 수용함으로써 불완전함은 물론 타협을 수용하는 사고방식을 획득한다. 여러 개의 진실이 존재할 수 있다는 인식, 논리와 실제의 통합, 이상과 현실 사이의 괴리에 대한 인내 등은 성인기 사고에 질적 변화를 가져온다(Sinnott, 1998).

또한 이분법적 사고양식에서 다면적 및 상대적 사고양식으로의 전환이 이루어진다. 옳음 · 그름, 우리편 · 상대편, 좋음 · 나쁨 등으로 현상을 양극화하는 이분법적 사고가 타인들의 관점과 견해의 다양성을 수용할 수 있게 되면서 다면적 사고(multiple thinking)로 대치된다(Perry, 1970). 다면적 사고는 어떤 사태와 관련되는 여러 요인과 입장을 고르게 고려할 수 있는 사고를 뜻한다. 성인전기의 다면적 사고는 관점의 확장을 뜻할 뿐 자신의 개인적 의견에 대한 신념은 여전히 강한 특성이 있다. 성인전기 동안 자신의 의견이 타인의 주장에 의해 논박되거나 부적합한 경험이 누적되면 다면적 사고는 상대적 사고(relative thinking)로 바뀐다. 상대적 사고는 대부분의 지식과 의견은 절대적으로 부여된 것이 아니라 시대상황적 맥락에 따라 바뀔 수 있다는 진리의 상대성을 이해하는 능력이다. 상대적 사고를 갖게 되면 일상에서 경험하는 사태나 현상에 대해 자신이 갖고 있는 생각이나 판단이 잘못일 수도 있다는 가능성을 이해하고 인정할 수 있게 된다(권대봉, 1999).

다면적 및 상대적 사고양식으로의 변화에서 더 나아가 변증법적 단계를 주장하기도 한다(Kramer, 1989; Kramer, Angiuld, Crisafi, & Levine, 1991). Kramer(1989)는 성인기 동안 절대주의자 단계(absolutist stage), 상대적 단계(relativistic stage), 변증법적 단계(dialectical stage)를 거쳐 인지발달이 이루어진다고 주장하였다. 또한 Riegel(1976)은 개인의 인지발달이 청년기 이후에도 계속해서 이루어지며 그것은 변증법적이라고 주장하였다. 변증법(dialectics)이란 정, 반, 합의 단계를 거쳐 이루어지는 자기발전이나 전개의 과정으로, 요소나 부분들 사이의 역동적인 내적 긴장과 갈등 및 상호관련성을 그 특징으로 한다. Basseches(1984) 같은 연구자는 변증법적 사고가 성인의 유일한 추론형태라고 가정하고, 성인기의 인지적 성장은 변증법적 도식의 형태를 취한다고 주장하기도 하였다.

결국 성인은 이전의 청소년기와 달리 비판적이나 실용주의적 · 다면적 및 상대적 · 변증법적 사고를 하는 것으로 특징지을 수 있다.

(3) 정보처리 능력의 변화

성인기 동안 정보처리 능력에서도 변화가 일어난다. 정보처리 능력의 변화는 정보처리 속도, 기억능력, 문제해결 능력에서 일어나는 변화로 볼 수 있다(장휘숙, 2008).

성인기에는 뇌 신경계의 시냅스 전달기제의 둔화로 인해 뇌의 기능이 느려지며 이는 정보처리 속도를 떨어뜨리는 주요인이 된다. Schaie(1994, 1996)의 시애틀 종단연구에 나타난 것처럼 지각과 정보처리 속도의 감퇴는 성인초기에 시작되며 성인중기 동안에도 계속된다. 그러나 성인기 동안 정보처리 속도가 감퇴하는 양은 그리 크지 않다.

인간의 기억은 감각기억, 단기기억 그리고 장기기억으로 구분된다. 이 중 감각기억(sensory memory)이란 정보가 감각기관에 들어와서 1초 이내의 짧은 시간 동안 잔상이나 메아리의 형태로 유지되는 기억이다(Atkinson & Shiffrin, 1968). 이러한 감각기억의 경우, 연령의 증가와 함께 체계적으로 감퇴한다는 증거는 없다. 그러나 성인의 감각기관이 감퇴하여 시력과 청력 등의 감각기능에 변화가 나타나기 때문에 사물을 지각할 때 이와 관련된 어려움을 경험할 수 있다. 따라서 감각기억의 쇠퇴는 감각기관의 변화에 영향을 받아 진행된다고 볼 수 있다.

적은 양의 정보를 기억 속에 보유하는 단기기억 능력의 변화를 측정하기 위하여 실시된 기억범위검사(memory span test)에서 연령에 따른 감퇴의 양은 70~80대 후반까지도 매우 적었다(Craik & Jennings, 1992). 그러나 작업기억 과제에서는 훨씬 더 많은 양의 감퇴가 일어난다. 따라서 Park(2001)는 성인중기 후반부터 새로운 정보를 학습하기 위하여 더 많은 시간이 필요하다고 주장한다.

성인기 인지과정에 관한 91개의 연구를 통합 분석한 결과(Verhaeghen & Salthouse, 1997)에 의하면 연령에 따른 감퇴는 모든 인지능력에서 나타나고, 그것은 정보처리 속도와 작업기억의 감퇴 때문이었다.

정보처리 속도는 개인이 노화해 감에 따라 인지능력의 감퇴에 결정적 영향을 준다. 그렇다면 무엇이 정보처리 속도를 결정하는가? 그것은 중추신경계를 구성하는 뉴런과 뉴런 간의 연결 부위인 연접기능(synaptic function)과 대뇌 그리고 감각입력과 운동출력이 통합되는 뇌간의 기능에 의해 결정된다(Woodruff-Pak, 1997). 이 부위에서의 연령관련적 변화에 의해 처리속도의 감퇴가 일어난다. 그러나 정보처리 속도의 감퇴가 성인중기까지는 그렇게 크지 않다.

성인기의 지적 감퇴의 원인으로 지적되는 요인은 작업기억이다. 작업기억의 감퇴는 단기기억에 정보를 보유하는 것은 물론, 자극을 부호화하고 이후에 인출하기 좋은 형태로 조작하는 능력에 영향을 준다는 것이다(Just & Carpenter, 1992). Park 등(1996)의 연구에서는 연령에 따른 인지기능의 역동성을 규명하면서 기능의 저하가 주로 특정 과제에서 발생한다는 것을 발견하였다(이새별, 2005). 즉, 인지 자원을 많이 요하는 과제에서는 연령에 따른 체계적인 변화가 관찰되었지만 인지 자원을 적게 요하는 과제에서는 변화가 관찰되지 않았다. 특히 저장과 처리를 동시에 요구하는 작업기억 과제에서의 두드러진 연령효과와 작업기억 과제가 다른 인지과제의 분산을 예언하는 데 효과적인 변인이라는 결과가 보고되었다. 이 외에도 정상적인 노화과정에서의 작업기억 수행의 저하는 잘 알려진 사실이다(Salthouse, 1990; Verhaeghen, Marcoen, & Goossens, 1993).

이러한 작업기억에서의 연령에 따른 저하는 기억의 모든 유형에 대해 의미심장한 함의를 가진다. 왜냐하면 정보 입력의 통로 역할을 하는 작업기억에서의 연령에 따른 변화가 입력되는 정보의 양을 감소시키고, 입력된 정보마저도 기존에 가지고 있는 지식 기반에 전체적으로 통합되지 않는다면, 장기기억으로의 저장은 물론이고 이를 넘어선 더 높은 수준의 인지적 활동에 어려움을 가지게 되기 때문이다. 즉, 정보처리의 초기 단계에서 심각한 오류가 발생하게 된다(이새별, 2005).

Park(1999)는 고령자를 커다란 저장 공간과 저하된 처리 효율성을 가진 구식 컴퓨터로 가정하여 고령자 집단이 저장 공간에 있어서는 젊은이와 차이가 없지만 정보를 처리하는 방식과 속도에 있어서 크게 차이가 난다고 지적한다. 즉, 고령자들의 저하된 처리방식은 같은 작업을 수행하는 데 있어서 젊은이들보다 더 많은 자원을 필요로 하게 되고, 이로 인해 저장과 그 외의 다른 과제를 수행하기 위한 자원이 거의 남아 있지 않게 되는 것이다.

Salthouse와 Babcock(1991)은 고령자가 젊은이보다 정보처리 속도가 느려서 체계의 효율성이 떨어지기 때문에 작업기억 과제 수행에서 연령에 따른 차이가 발생한다고 본다.

정보처리 속도와 작업기억의 감퇴라는 두 가지 요인만으로 성인기 기억 변화를 모두 설명할 수 있는 것은 아니다. 이 외에도 주의집중 능력이나 무관련 자극을 무시하는 능력 혹은 주의를 배분하는 능력 등의 상실도 성인기 기억 감퇴의 원인이 될 수 있다(장휘숙, 2008). 그러나 Park(2001)와 같은 연구자는 성인기의 기억 감퇴는 성인기 동안 축적된 과도한 정보로 인해 장기기억에 새로운 정보를 저장할 때나 정보를 인출할 때 더 많은 시간이 요구되기 때문이라고 설명하였다.

문제해결 능력(problem solving ability)이란 원하는 목표를 달성하기 위하여 개인이 사용하는 복잡한 사고과정을 의미한다. 연구에 의하면 버튼 누르기 과제에서 젊은이들은 나이가 더 많은 성인이나 노인들보다 더 성공적으로 수행하고 더 좋은 전략을 사용할 수 있어 문제해결 능력이 연령에 따라 쇠퇴하고 있음을 보여주었다(장휘숙, 2008). 볼티모어 종단연구나 시애틀 종단연구 등의 결과를 보면 문제해결 기술의 감퇴는 50세 이후에 일어나며 70세 무렵에 이르면 감퇴의 징후가 뚜렷해진다.

(4) 지혜와 창의성

사람들은 자주 지혜(wisdom)를 연령이 많은 사람들이 지니고 있는 특성으로 간주하고 연령 증가에 따른 인지적 능력의 상실을 보상하는 메커니즘으로 생각한다(장휘숙, 2008). 축적된 경험을 통해 삶 속에서 얻어진 지혜는 성인의 큰 장점으로 간주된다. 지식이 단편적인 정보들을 이론적 · 논리적으로 축적하여 만들어진 정보의 체계라면, 지혜는 그 지식들을 유효적절하게 연결하거나 응용하는 메커니즘을 운용하는 것으로 볼 수 있다(황성용, 2013).

지혜에 대한 정의는 매우 다양하다. 예를 들면, Sternberg(1985)는 지혜를 초인지적 스타일로 정의했고, Baltes와 Smith(1990)는 일상생활에서의 전문가가 되는 것이라고 했다. Dittmann-Kohli와 Baltes(1985)는 지혜란 인생의 중요하면서도 불확실한 사태에 대해 좋은 판단을 내릴 수 있는 능력을 뜻한다고 했다. Kramer(1990)와 같은 연구자는 성인기 동안 일어나는 정서와 인지의 통합이 개인을 현명하게 만든다고 주장한다. 실제로 이러한 모든 요인을 획득하기 위해서는 오랜 시간이 요구되므로 연령 증가가 반드시 지혜를 보장하는 것은 아니지만 지혜의 획득에 도움이 되는 것은 분명하다.

창의성도 연령에 따라 변화한다. 창의성에 관한 초기 연구들(Lehman, 1960)은 30대에 가장 창의적인 생산물이 산출될 수 있다고 주장하고, 중요한 창의적 생산물의 80%가 50세까지 완성된다고 보고하였다. 그러나 창의성이 감퇴한다고 해서 더 이상 창의적이지 않다는 의미는 아니다. 창의적인 사람은 나이가 들어도 여전히 아이디어를 생성해 내며, 다만 젊을 때보다는 더 적은 양의 창의적 아이디어를 산출한다는 것이다(Dixon & Hultsch, 1999). 더욱이 창의성에서의 감퇴가 50대 혹은 그 이후의 연령에서 일어난다고 할지라도 감퇴의 정도는 그렇게 크지 않다(장휘숙, 2008). 따라서 성인도 여전히 창의성을 지니고 있으며 창의적 활동에 참여할 수 있다.

3) 심리적 특성

성인기에는 여러 신체적 변화와 함께 심리적인 측면의 변화도 경험한다. 흔히 성인기의 심리적 특성에 대해서는 성격특성 및 심리상태를 중심으로 연구되고 있는데, 이는 심리적 상태가 학습에 직접적으로 영향을 미치기 때문이다(권대봉, 1999). 성격 및 심리적 특성은 성인뿐 아니라 모든 학습자에게 중요한 영향을 주는 변인이지만, 특히 성인학습자를 교육하거나 상담할 때 이들의 심리적 특성을 고려하는 접근이 반드시 필요하며, 이를 위해 성인의 심리적 특성에 대한 이해를 갖추어야 한다.

성인기에 경험하는 심리적 특성을 성격의 변화, 자아정체감의 발달, 도덕성의 발달 등으로 나누어 살펴보도록 한다.

(1) 성격의 변화

성격이란 "한 개인의 독특한 행동과 사고 및 감정의 양상을 창조해 내는 개인 내부의 심리 · 신체적 체계의 역동적인 조직"으로 정의할 수 있다(Carver & Scheier, 2005). 즉, 성격은 개인의 심리적 특징 중 지속적이며 독특한 어떤 것이라고 이해할 수 있다.

일반적으로 성격은 아동기와 청소년기를 거쳐 완성되고 이후에는 안정되는 것으로 알려져 있다. 실제로 성격이 연령 증가에 따라 변화되는지를 검증한 Costa와 McCrae(1994)의 연구에서는 성인기 동안에는 성격이 변하지 않는 것으로 나타났다. 이들은 신경증, 외향성, 개방성, 호감성, 성실성의 다섯 가지 기본적인 성격(big five)에 대해 21~76세의 성인 남녀에게 실시하고 6년 후 다시 재검사를 실시하였다. 결과에서는 다섯 가지 성격 차원 모두가 성인기 동안 비교적 안정되게 유지되는 것으로 나타났다.

성인의 성격 변화에 대한 이러한 일관성에도 불구하고 개인적 변화에 의하거나 발달적 변화에 의해서 성격이 변화할 여지는 충분히 있다. Costa와 McCrae(1994, 1998)는 성격특성에 있어서 3/5 정도는 전 생애에 걸쳐서 안정적이라고 주장하였다(권두승, 조아미, 2006). 여러 종단연구 결과들(Finn, 1986; Haan, Millsap, & Hartka, 1986; Helson & Moane, 1987)에 의하면 20대는 성격특성에서 개인적 안정성이 가장 낮은 시기이고 성인중기와 후기에 보다 더 안정되는 경향이 있다. 즉, 20대의 성인초기는 성인중기나 후기와 비교하여 아직까지 최종적인 성격이 형성되지 않은 상태에 있으므로 성격 특성은 성인초기에 가장 낮은 안정성을 나타낸다(권두승, 조아미, 2006). 그러나 Buss(1994)는 개인이 각 연령 단계에서 서로 다른 적응문제에 직면하게 될 때 성격이 변화한다고 주장하였다. 즉, 성인초기에서 중기 그리고 성인중기에서 후기로 이동하면서 개인은 상이한 적응문제에 직면하므로 성격변화가 일어난다는 것이다(장휘숙, 2008). 결국 각 개인에게는 성격의 변화를 야기하는 경험들이 발생할 가능성이 있다.

성인초기와 중기 사이에 개인의 성격특성에서 세 가지 차원의 변화가 일어난다. 즉, 독립성, 자신감 그리고 개인적 성취의 중요성이 증가하고, 자기에 대한 개방성이 증가하며, 보다 성숙한 성격특성을 갖게 된다(장휘숙, 2008). 20~45세까지 성인초기에서 중기까지의 시기는 개별화가 진행되는 시기이므로 부모나 타인에 대한 의존에서 독립으로 이동하는 시기다. 따라서 독립성과 자신감, 자기주장성이 증가하고 성취지향적으로 변화한다. 성인중기의 성인들은 특히 30대 후반과 40대 초반 무렵 예전에 표현하지 못했던 자신의 특성들을 기꺼이 수용하고 자기개방적으로 변화한다. 즉, 자신에게 개방적인 사람들은 방어적이지 않을 뿐 아니라 통찰력을 지니고 있고 자기반성적 · 비관습적으로 사고한다. 그들은 자신의 새로운 면을 발견하고 내적 삶에 대해 강한 관심을 나타낸다(Haan, 1981; Helson & Moane, 1987). 이렇게 성인초기와 중기 사이에 개인은 보다 더 높은 수준의 성숙상태로 이동한다. 대학생과 30대 혹은 그 이상의 성인들을 비교한 Costa와 McCrae(1994)는 성인들보다 대학생들이 더 높은 수준의 충동성, 취약성, 불안, 우울을 지니고 있고 더 낮은 수준의 자신감과 자기수양을 나타낸다고 보고하였다. 종단연구 결과들(Finn, 1986; Haan et al., 1986; Helson & Moane, 1987)도 일관성 있게 남녀 모두 성인초기와 중기 사이에 미성숙한 방어기제를 더 적게 사용하고, 보다 성숙한 방어기제들을 더 많이 사용하게 된다고 주장한다. 따라서 성인중기로 들어서면서 성격 측면에서 성숙과정이 나타난다고 볼 수 있다.

이후 성인중기부터 후기까지의 성격변화는 성인초기부터 중기까지의 변화만큼 분명하지는 않다. 그 이유는 이 시기에 대한 종단연구의 결과도 적을 뿐 아니라 일관성 있는 결과들이 제시되지 않고 있기 때문이다. 더욱이 연령 증가와 함께 점점 더 많은 변이가 나타나기 때문에 공통적 변화 패턴은 존재하지 않을 수도 있다(장휘숙, 2008).

성인중기부터 후기까지의 성격연구를 살펴보면, 중년기의 전형적인 특징이었던 자율성과 성취의 중요성이 감소할 가능성이 있는 것으로 나타난다. 횡단연구(Brandtstädter & Greve, 1994)에서도 성인중기 동안 끈기 있는 목표추구 행위는 점차 감소하고 목표에 대한 융통성 있는 적응이 점차 증가하였다. 융통성 있는 목표적응 점수가 높은 사람들은 자신의 한계는 물론 이미 많은 기회가 지나가 버렸음을 인정하고 변화된 상황에 좀 더 쉽게 적응할 수 있었다. 또한 타인에 대한 관심이 증가하여 성인중기부터 후기 사이에 개인의 관심이 자신에서 타인으로 이동할 가능성이 있다(장휘숙, 2008).

반면, 성인후기에 이르면 내면성이 증가한다. 내면성이란 외부지향적이 아닌 내부지향적 경향성으로, 타인에게 관심 갖기보다는 자신의 마음속의 감정이나 심리상태에 더 큰 관심을 갖는 것을 의미한다. 성인중기에서 후기로 이동함에 따라 사람들은 더 이상 세상을 변화시키려고 노력하지 않으며, 자신의 내적 과정에 더 큰 관심을 나타냄으로써 내부지향적으로 변화한다. 이러한 변화는 새로운 것을 시도하는 데 두려움을 갖게 되는 '내향성 및 조심성'의 증가로 볼 수 있는데, 성인이 되어 감에 따라 그동안 살면서 겪어 왔던 많은 긍정적이고 부정적인 경험의 누적에 기인한다고 할 수 있다(권대봉, 1999). 결국 자기 분야에서의 누적된 경험은 자기중심적으로 사고하는 심리상태를 만들 것이며, 살아오면서 겪었던 부정적인 경험과 신체적 기능의 감퇴로 인한 자신감의 저하는 다른 새로운 일을 하는 데 조심성을 증가시킬 것이다. 또한 나이가 들어가면서 옛것과 친근한 사물에 대해 고집이 강해지는 경직성의 증가는 새로운 것을 학습하는 데 두려움을 증가시킬 수 있다(권대봉, 1999).

개인의 성격은 기질과 함께 경험에 따라 개성을 가지게 된다. 마찬가지로 성인학습자의 성격은 비교적 안정성을 가지고 있지만 각자의 경험에 따라 특징을 가지게 된다. 이들이 가지고 있는 공통성과 개성이 학습 및 상담에서 함께 고려되어야 할 것이다.

(2) 자아정체감의 발달

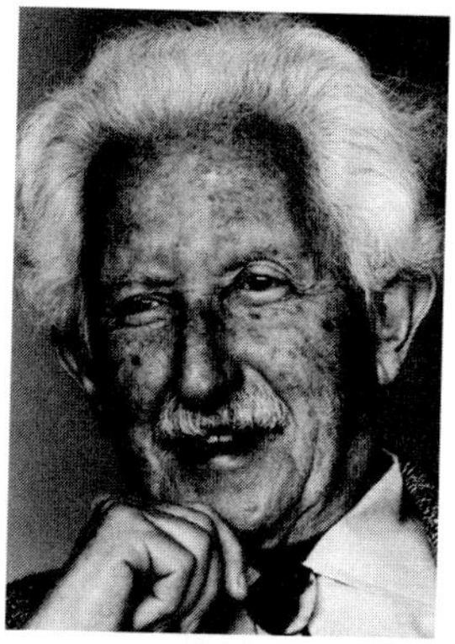
Erik Homburger Erikson

자아정체감 형성은 청년기의 핵심적 발달과업이라는 Erikson(1982)의 주장과는 대조적으로, 많은 연구자는 성인기 동안에도 계속해서 개인의 자아정체감이 발달한다고 주장한다(Labouvie-Vief, Chiodo, Goguen, Diehl, & Orwoll, 1995; Whitbourne & Connolly, 1999).

가장 정교한 심리사회이론인 Erikson(1963, 1968)의 이론에서는 성격이 태어나고 성숙하고 죽을 때까지 일생 동안 진화한다고 보았다(Carver & Scheier, 2005). Erikson 이론의 중심 주제는 자아정체감과 그것의 발달이다(Erikson, 1968, 1974). Erikson은 각 시기에는 위기가 있고 위기를 해결하면서 자아가 발달한다고 보았다. Erikson이 주장한 심리사회적 8단계는 신뢰 대 불신(유아기), 자율 대 수치와 의심(초기 아동기), 주도성 대 죄책감(학령전기), 근면성 대 열등감(학령기), 정체감 대 역할혼미(청소년기), 친밀감 대 고립감(성인초기), 생산성 대 침체(성인기), 자아통합 대 절망(노년기)이다. 이 중 성인에 해당되는 단계는 친밀감 대 고립감(성인초기), 생산성 대 침체(성인기), 자아통합 대 절망(노년기)이다.

성인초기의 단계는 친밀감 대 고립감의 단계로, 친밀감이란 누군가에게 헌신하는 느낌을 가지고 그 사람과 가깝고 따뜻한 관계를 맺는 것을 의미한다. 이 시기의 자아정체감은 친밀감을 추가하는 것으로, 친밀감 획득에 실패하면 타인으로부터 떨어져 있다는 느낌과 그들에게 헌신할 수 없다는 느낌인 고립감을 경험하게 된다. 보통 60대 중반까지 지속되는 가장 긴 심리사회적 단계는 성인기다. 이 시기 성인의 위기는 출산 또는 양육을 할 수 있는 능력을 중심으로 발생한다. 이런 이유 때문에 이 시기의 주된 갈등은 생산성 대 침체라 한다. 마지막 노년기는 생애의 마지막 장이다. 사람들이 뒤를 돌아다보고, 그들이 선택한 것을 검토해 보며, 자신의 성취(또는 침체)와 그들 인생의 방향 전환에 대해 반성하여 자아통합에 이르게 되는 시기다(Carver & Scheier, 2005).

Whitbourne(1996)은 이러한 성인기 정체감 발달은 개인의 자아정체감과 경험 간의 평형(equilibrium)에 기초한다고 보았다. 즉, 성인기 동안 개인의 정체감과 경험 사이의 계속적인 피드백에 의해 이루어진다고 본 것이다. Whitbourne(1996)에 의하면 성인기 정체감 변화에 가장 큰 영향을 미치는 요인은 가족이며, 그다음으로는 일이나 직업이다. 또한 Whitbourne과 Sneed(2002)는 정체감 동화와 정체감 조절이 연령과 함께 변한다는 것을 확인하였다. 성인초기에는 정체감 조절이 더 많이 일어나고 성인후기에는 정체감 동화가 더 많이 일어난다. 성인후기의 정체감 동화는 자기애의 긍정적 측면을 유지하고 증가시키는 역할을 하는 반면, 정체감 조절은 자기애의 부정적 측면을 강화함으로써 심리적 건강상의 문제를 초래할 수 있다(Whitbourne & Sneed, 2002).

McAdams(1999, 2001)에 의하면 사람은 누구나 시작과 중간 그리고 예상되는 끝 부분을 갖는 내면화된, 소위 인생 이야기(life story)를 생성해 내며 개인의 자아정체감은 이러한 인생 이야기들로 구성된다. 이러한 인생 이야기가 의미 있을 때 성인은 긍정적인 자아정체감을 형성하게 되며 자아존중감도 획득하게 된다.

자아정체감과 유사하지만 자신에 대한 평가에 관한 개념인 자아존중감도 성인기에 변화한다. Robins, Trzesniewski, Tracy, Gosling과 Potter(2002)는 전 생애 동안의 자아존중감의 변화에 관한 연구를 수행한 결과, 자아존중감은 20대에 증가하여 30~40대까지 안정된 수준을 유지한다고 하였다. 그러나 40대에 이르면 증가하기 시작하여 60대까지 계속되고, 그 이후부터 점차 감소하며 70대에 이르면 감소의 폭은 급격해진다(장휘숙, 2008). 성인기 전체를 통하여 남성들의 자아존중감이 여성들보다 더 높지만, 70~80대에 이르면 남녀의 자아존중감 수준은 동일해지는 것으로 나타났다(장휘숙, 2008). 자아존중감은 정신건강과 연관이 있기 때문에 성인에게는 중요성을 지닌다. 자아존중감이 낮은 사람들은 높은 사람들보다 불안, 우울, 긴장, 공격, 분개함, 소외감, 불행, 불면증, 정신 · 신체 증상 등 정서적 문제를 더 가지는 경향이 있다(이민규, 2008).

그러나 Orth, Trzesniewski와 Robins(2010)는 연령에 따른 자아존중감의 변화가 자아정체감과 유사하게 생애 주요 사건이나 생애주기에 따른 변화가 그들의 인지, 행동, 정서에 영향을 미치면서 나타난다고 보았다. 성인기의 자아존중감은 경제활동이나 대인 관계 등과 같은 사회활동 능력 또는 배우자 존재 여부 등에 의해 영향을 받는 것으로 나타났다(Elliot, 1996; Twenge & Campbell, 2002).

자아정체감과 자아존중감은 성인이 학습에 임할 때 영향을 줄 수 있는 중요한 변인으로 긍정적인 자아정체감을 형성하는 데에 도움이 되는 학습경험을 제공하고 활용할 수 있도록 도울 필요가 있다.

(3) 도덕성의 발달

인간발달을 연구하는 사람들은 오로지 아동이나 청소년의 도덕성 발달에만 관심을 가질 뿐 성인기 동안의 발달에는 큰 관심을 보이지 않았다. 그 이유는 아마도 성인초기까지 획득한 도덕적 추론능력이 성인기 동안 그대로 유지될 것으로 생각하기 때문일 것이다(장휘숙, 2008). 여러 횡단연구 결과(Lonky, Kaus, & Roodin, 1984; Pratt, Golding, & Hunter, 1983)에서도 성인초기, 중기, 후기의 성인들 사이에 전체적인 도덕적 판단 수준에서 차이가 없다고 보고하였다(장휘숙, 2008).

도덕성에 관한 연구에 의하면 도덕성 단계 이동의 속도에서는 문화적 차이가 나타나지만, 모든 연구대상자의 평균점수가 연령 증가와 함께 상승하는 것으로 나타났다. 시카고 표본의 연구결과에서 Kohlberg의 1단계에 대한 응답은 매우 일찍 감소하고, 10대에서 인습적 도덕성(단계 3과 4)이 빠르게 증가하여 30대 중반까지 높은 비율을 유지한다. 그러나 20대에 단계 3에서 단계 4로 이동한 사람은 매우 적고, 낮은 비율이기는 하지만 30대에 단계 5로 이동한 사람도 있다. 단계 6의 추론은 30대 중반까지 전혀 나타나지 않았으나, 적어도 일부 성인은 성인기 동안에도 계속 도덕성 발달을 이룰 것이라는 추론을 할 수 있다(장휘숙, 2008). Kohlberg의 가상적 딜레마를 사용한 우리나라의 청소년과 성인기에 해당되는 82명을 대상으로 한 연구에서도 공무원 집단, 대학생 집단, 고등학생 집단에 따라 도덕성 발달단계에서 차이가 보여 연령에 따라 증가하는 것으로 나타났다(백혜정, 이순묵, 2004).

도덕적 판단은 개인의 인지적 추론보다는 사회 · 문화적 영향이 더 중요하다고 볼 수 있다. Haidt(2001)는 나이가 들면서 사회 · 문화적 영향을 더 오랜 시간 받아온 성인이 직관적 처리능력이 더 뛰어날 것이라고 보았다. 즉, 직관적 처리능력이 뛰어나다는 것은 정서적 처리를 요하는 개인적 딜레마를 판단할 때 보다 신속하게 그리고 정서적 요인을 잘 반영하여 판단하는 것이라고 볼 수 있다(이수남, 신현정, 김비아, 2014).

Kohlberg의 도덕성 발달단계와 같은 모형은 주로 아동과 청소년의 학교 교육 차원에서 논의되고 적용되어 왔으나, 성인의 발달과정을 설명하고 성인의 교육에 가치를 부여하는 자극을 경험하게 되고 교육이 개인뿐만 아니라 사회에도 유익한 잠재력을 지니고 있음을 깨닫게 한다(배을규, 2006). 성인의 교육과 상담에서는 도덕성 발달단계의 특성에 따라 이들의 자율성, 창의성, 자아실현, 가치를 고려해야 할 것이다.

4) 사회적 특성

나이가 들어감에 따라 성인들에게 요구되는 사회적인 기대 및 요구사항들은 변화해 가며 이러한 사항들은 성인기의 특성을 형성한다. 이러한 사회적 특성 중 성인기 발달과업, 대인 관계 및 애착, 사회적 역할 및 성역할의 변화, 진로 · 직업상의 특성 측면을 살펴본다.

(1) 성인기 발달과업

성인들에 대한 사회적 요구와 심리적 특성의 상호작용에 따른 변화의 단계로 대표적인 것은 Erikson(1963), Havighurst(1982) 등이 제시한 발달단계 및 발달과업이다(권대봉, 1999). 발달과업이란 인생이 각 단계에서 성취해야 하는 특정 활동이나 목표로, Havighurst(1982)는 발달과업의 성취는 행복으로 인도하고 이후 단계에서의 성공을 가능하게 하는 반면, 그것의 실패는 개인을 불행하게 하고 사회로부터 인정받지 못하게 하며 이후 단계에서의 성취를 어렵게 한다고 주장한다. 따라서 발달과업의 성취 여부는 발달적 성숙과 적응의 유용한 지표가 된다(장휘숙, 2009).

발달이론들은 인간의 변화하는 내적 · 외적 환경에 어떻게 적응하는가에 따라 성공과 실패가 나타난다고 한다. 즉, 신체적이고 심리적인 성숙과 결혼, 자녀양육, 직업생활 등의 사회적 요구들의 상호작용이 어떻게 수행되는가에 따라 자아정체감이 생성되기도 하고 절망감이 생기기도 한다는 것이다. 예컨대, Havighurst(1982)의 발달과업을 참조해 보면, 성년초기에는 배우자 선택 및 결혼 후 동거, 가정생활 시작, 자녀양육, 시민적 책임 및 사회집단 가입 등의 발달과업을 수행해야 한다. 그리고 중년기에는 성숙한 시민, 성인에게 필요한 여가생활, 배우자와 인격적 관계 맺기, 중년의 생리적 변화 인정 등의 발달과업을, 노년기에는 체력 감퇴 대비, 은퇴와 수입 감소 적응, 배우자 사망 적응, 동년배와의 친밀한 관계, 생활조건 구비 등의 발달과업을 성공적으로 수행해야 한다(권대봉, 1999).

그동안의 연구에서 충분히 다루어지지 않았던 성인초기와 중년기의 발달과 발달과업에 대해 설명한 사람은 Levinson(1978)이다(김중국, 2009). Levinson(1978)

[그림 2-1] 발달과업으로서의 결혼

은 특정 시기의 개인의 인생에 있어서 강조되는 패턴이나 디자인을 인생구조(life structure)로 보고 인생구조의 각 시기에는 중요 과제들이 있다고 제안하였다(권두승, 조아미, 2006).

Levinson(1978)에 의하면 성인기 발달은 8단계로 설명할 수 있다(권두승, 조아미, 2006; 김진화, 2006).

첫째, 초기 20대는 가족을 떠나서 독립하는 시기로, 부모라는 안전한 안식처를 떠나 자신의 생을 학습하는 것과 이와 관련된 요구를 성공적으로 습득한다. 이 단계에서는 부모로부터 심리적 독립을 성취하는 것이 중요한 과제가 된다.

둘째, 20대 중반부터 후반은 자신의 생의 구조를 만드는 데 더욱 많은 노력을 하게 되며 친밀한 관계를 결속시키고 확립시키는 최적의 시기다.

셋째, 30대 전환기는 30대를 시작하면서 이전 단계에서 이루어진 것에 대한 회의와 재평가의 시기를 겪는다.

넷째, 30대부터 40대까지의 10년간은 비교적 고요함과 통합의 시기다. 이 시기에는 생의 구조를 확고히 하는 데 전념하게 된다. 직장, 가정, 기타 사회활동에서 열성적으로 일하며 자신의 삶의 양식을 확립하고 인생의 뿌리를 내린다. Levinson(1978)은 이 과정을 '자기 자신 되기(Becoming One's Own Man: BOOM)'라고 칭하고 성인전기 인생구조를 마무리하는 중요한 과업으로 생각했다.

다섯째, 40대 전환기는 40대를 시작하면서 경험하는 재평가와 재구조의 잠재적인 격동기다. 이 시기는 성인초기와 성인중기의 다리 역할을 하여 자신에게 '나는 내 인생에서 무엇을 했나?' 혹은 '나 자신이나 다른 사람들을 위해서 원하는 것이 무엇인가?'와 같은 기본적인 질문을 함으로써 위기가 올 수 있다.

여섯째, 40대 중반에서 후반까지는 생의 현실에 순응하는 시기로, 대부분의 사람들이 전 생애 동안 지속될 자신의 삶에 대한 새로운 구조를 형성하게 된다. 이때 인생구조가 성공적으로 확립되면 많은 결실을 거둘 수 있는 절정기로서 중년기를 보내게 된다.

일곱째, 50대 전환기는 30대 전환기와 비슷하여 성인중기의 인생구조에 대해 적응하는 시기로, 과거에 대해 좀 더 수용적이고 관대해지는 원숙함의 시기다.

여덟째, 60세 이후의 성인후기에서는 자신이 처한 세상으로부터 심리적 · 사회적으로 점점 물러나게 되어 사회 · 문화적 사건에 대한 정서적 개입을 줄이고 타인과 충분한 실제적 상호작용을 줄인다. 은퇴와 신체적 노화에 대비한 새로운 패턴의 인생구조가 확립되는 시기다.

그러나 발달과업은 개인의 생물학적 능력과 사회적으로 구성된 규범적 기대 사이의 함수이기 때문에(Heckhausen, 1999) 발달과업의 구체적인 내용과 성취 시기는 사회나 문화에 따라 달라질 수 있다(장휘숙, 2009). Havighurst(1982)도 그가 제안한 발달과업들은 서구사회에 적용될 수 있는 과업일 뿐, 산업화되지 못한 사회에서는 분명 상이한 발달과업들이 요구될 수 있다고 제안하였다. 예를 들어, Erickson(1968)은 성인초기의 중요한 발달과업을 친밀성으로 보았지만, Shiner와 Masten(2002)은 청년후기와 성인초기 동안 일과 교육, 사랑 그리고 친구 사귐과 관련된 발달과업을 성취해야 한다고 제안하였다. 또한 Schulenberg, Bryant와 O'Malley(2004)는 교육과 일, 경제적 자율성, 낭만적 몰입, 또래 몰입, 약물 남용 회피 그리고 시민의식을 성인초기의 특징적 발달과업으로 제시하였다. 우리나라에서는 장휘숙(2008)이 18~39세의 성인 2,603명을 대상으로 한 연구에서 성인초기 발달과업으로 '배우자를 선택한다' '배우자와 함께 생활하는 방법을 학습한다' '가정을 꾸민다' '자녀를 양육한다' '가정을 관리한다' '직업생활을 시작한다' '법률을 준수하고 불법적 행동을 하지 않는다'의 일곱 가지 발달과업을 도출해 냈다. 또한 중년기 위기라는 것도 소수의 사람들에게는 나타날지 모르지만 성인중기의 보편적인 발달과정은 아니라는 입장도 있다. 예를 들면, Vaillant(1977)는 대부분의 사람에게 있어서 성인중기는 평온하고 행복한 시기라고 주장한다.

이러한 발달과업들은 사회 · 문화적인 상황에 따라 성인들의 교육적 요구가 발생한다는 사실 측면에서 중요하다. 성인들은 자신에게 부과된 여러 가지 과업을 성공적으로 수행하기 위해서 이에 필요한 새로운 지식과 기술을 필요로 하기 때문이다. 성인의 교육에 대한 요구는 발달과업과 자신이 맡고 있는 업무를 성공적으로 수행하려는 노력과 연결되어 나타난다(Knox, 1986). 성인들은 자신의 발달에 따르는 심리적 · 생물학적 · 사회적 발달과업을 수행하는 데에서 결핍감을 느끼게 되는 부분이 있는데, 이것이 곧 교육을 필요로 하는 '요구(needs)'사항이 되는 것이다(권대봉, 1999).

(2) 대인 관계 및 애착

성인의 대인 관계에 대한 연구는 아직 미흡하다. 성인들은 평균적으로 몇 명의 친구를 가지고 있고 이들의 우정은 어떤 형태인지 그리고 그것이 성인기 전반에 걸쳐서 어떻게 변하는지에 대해서는 잘 알려져 있지 않다. 대부분의 학자에 의하면 성인초기에는 친구의 수는 많아지지만 우정이라는 개념은 쇠퇴한다. 아마 20대부터 다른 사회적 역할이 많아지기 때문에 우정을 유지할 시간이 부족하기 때문일 것이다(권두승, 조아미, 2006). Carstensen(1992)은 청소년기부터 50세까지 50명을 연구했다. 그는 사람들이 성인기 동안 선택적으로 사회적 상호작용을 감소시키고, 최대의 사회적 · 정서적 안정을 얻고, 그에 대한 손실을 최소한으로 막고자 다른 사람과의 관계에 있어서 양을 줄인다고 하였다. 그러나 이와 동시에 이미 확립된 관계는 더 가까워진다고 하였다. 친구의 수는 적어지지만 그들과는 더욱더 친밀해진다는 것이다. 우리는 친구들을 자주 만나지 못할 수도 있다. 그러나 그 관계는 시간이 지나면서 더욱 깊어진다(권두승, 조아미, 2006).

Doherty와 Feeney(2004)의 연구에서는 성인에게 있어 가장 중요한 애착대상이 배우자인 것으로 나타났다. 배우자가 있는 경우에 주요한 애착대상으로 배우자를 선택한 비율은 76.8%, 그 외에 어머니 8.2%, 친구 6.5% 등으로 나타났다.

애착이론에서는 어린 시절 형성된 애착유형이 그 이후의 대인 관계의 원형으로 작용한다고 주장한다(Bowlby, 1988). 즉, 생애 초기 주 양육자와 맺은 애착관계는 이후 맺게 되는 친구관계, 이성관계, 배우자와의 관계를 예측할 수 있도록 하고 개인의 인지적 · 정서적 반응양식과 병리적 발달에도 영향을 준다. Bowlby(1982)와 같은 애착이론가는 어린 시절 형성된 애착이 내적 작동 모델을 통해 성인기에도 대인 관계의 원형으로 작용한다고 보았다. 어린 시절 부모와의 관계가 성인의 대인 관계에 영향을 준다는 대상관계이론도 같은 맥락의 내용을 주장한다. 또한 사회 · 문화적 관점에서는 남성과 여성의 사회화 과정과 요구되는 역할이 다르기 때문에 남녀의 대인 관계 양식이 다르다고 지적되어 왔다(Cross & Madson, 1997). 우리나라 성인의 애착과 대인 관계에 관한 연구(노경란, 방희정, 조혜자, 2007)에서도 부모와의 애착안정성이 높은 성인이 안정적이고 긍정적인 애착유형을 보였으며, 대인 관계에서도 공감 배려와 긍정경험을 더 많이 하고 관계 회피를 적게 하는 양상을 보였다.

성인의 경제적인 조건, 건강상태 등은 애착 형성에 중요한 영향을 줄 수 있다(이주일, 강연욱, 박군석, 유경, 2009). 경제적 수준은 개인이 사용할 수 있는 자원의 종류를 결정해 준다(Warr, 1987). 즉, 사용할 수 있는 금전적 여유가 있으면 이를 이용하여 다른 활동을 할 수 있고 자신의 삶을 통제할 수 있게 된다. 또한 개인의 건강상태에 대한 지각도 애착 형성에 영향을 줄 수 있다. 건강하지 못한 노인은 유아와 비슷한 상태로 변하게 되어 의존적인 모습을 보이게 된다(Miesen, 1992). 특히 건강하지 못할수록 애착대상에게 더 의존하려는 모습을 보일 수 있다. 애착은 질병 관련 스트레스를 조절하는 능력과 관련이 있다(Hunter & Maunder, 2001). 애착유형은 건강에 대한 염려와 걱정, 설명되지 않은 신체질환, 운동이나 영양상태와 같은 건강 관련 활동 수준 등과 관련이 있으며, 만성질병의 인지적 지각 및 평가와 관련이 있는 것으로 나타났다(Meredith, Ownsworth, & Strong, 2008).

성인기는 대인 관계와 애착이 비록 그 활동량에서는 감소가 있을지라도 질과 만족감이 가지는 중요성은 더 커지는 시기라고 평가할 수 있다.

(3) 사회적 역할 및 성역할의 변화

결혼과 직업 생활이 시작되면서 개인의 사회적 역할은 크게 변화한다. 사회적 역할이 변하면 이에 따라 행동과 태도에서 변화가 일어나고 성역할도 변화한다(은여옥, 2007; 장휘숙, 2008). 성인초기에는 전통적으로 대부분의 성인이 부모를 떠나 독립하여 결혼하고 첫 자녀를 출산한다. 성인초기는 부모로부터 독립하기 위하여 집을 떠나는 것으로 시작된다. 대학에 진학하여 기숙사에 들어가거나 군복

무를 위해 입대하는 것도 모두 집을 떠나는 것이지만, 진정한 의미의 떠남은 결혼에 의해 독립된 가구를 구성하는 것이다(장휘숙, 2008).

성인기에 새로운 사회적 상황을 맞이하게 되면서 성인의 성역할에 변화가 일어나고 남자로서, 여자로서의 자신에 대한 개념에 변화가 온다. 남성과 여성의 역할에 있어서 그 차이의 정도 또한 변한다(정옥분, 2000). 그러나 일단 결혼하게 되면, 특히 자녀를 갖게 되면 남성과 여성의 역할은 보다 분명해진다. 예를 들어, 신혼부부의 경우라도 아내가 직업이 있든 없든 대부분의 집안일은 아내가 한다. 그리고 구체적인 일의 종류도 사회적 관습에 따라 여자가 하는 일과 남자가 하는 일이 따로 정해져 있다(Atkinson & Huston, 1984). 이렇게 결혼과 함께 배우자로서의 역할, 자녀의 출산으로 인한 부모 역할 등이 성역할에 영향을 미친다. 성인중기를 거치면서 성역할 고정관념은 감소하게 되는데, 그 이유는 자녀들이 집을 떠나고 성역할 구분의 필요성이 감소하였을 뿐 아니라 성격 변화도 함께 일어나기 때문이다(은여옥, 2007).

자녀를 출산하게 되면 역할 분담은 보다 더 전통적인 방식으로 이루어진다(Cowan, Cowan, Heming, & Miller, 1991). 아내가 주로 자녀양육과 집안일의 책임을 맡게 되고 남편은 가족부양의 책임을 맡는 가장으로서의 역할을 한다. 오늘날에 와서 젊은 아빠들이 자녀양육과 가사에 참여하는 정도가 점차 높아지고 있지만, 남편은 여전히 '보호자' 역할을 한다(Baruch & Barnett, 1986). 그리고 적어도 집안일의 2/3 정도는 여전히 아내의 몫이다(Pleck, 1985; Zick & McCullough, 1991). 성인기의 성역할 변화에 대해 Gutmann(1975, 1987)은 자녀를 성공적으로 양육하기 위하여 부모가 채택하는 각기 다른 역할을 의미하는 '부모의 책임(parental imperative)'이라는 가설로 설명하고 있다(홍선영, 2008).

성인중기에는 성인 자녀가 독립하면서 중년의 성인들에게는 부모 역할과 함께 조부모 역할과 노부모 돌보기 역할이 첨가되며, 시부모 역할이나 장인장모 역할도 새로 등장한다(장휘숙, 2008). 그러나 역할 변화를 경험하는 시기는 가족 생활주기의 시작 시점에 따라 큰 차이를 나타낼 수 있다. 즉, 30대에 자녀를 출산한 사람들은 20대에 자녀를 출산한 사람들보다 더 늦게 텅 빈 보금자리 시기(empty nest period)에 도달할 것이고, 성인중기에 이혼하고 재혼한 사람들은 이 시기에 자녀를 출산할 수도 있다. 또한 노부모를 돌보는 역할을 맡을 것인지 아닌지 그리고 맡는다면 언제 맡을지는 전적으로 노부모의 연령과 건강상태에 달려 있다.

성인중기와 그 이후의 성인들은 지금까지 표현하지 못했던 자신의 일부분을 표현하게 되는데, 남성들은 동정심과 정서적 민감성을 그리고 여성들은 자기주장성과 자율성을 표현한다(Gutmann, 1987; Nash & Feldman, 1981). Ficher와 Narus(1981)는 16~54세의 여성 202명과 남성 127명을 대상으로 횡단적 연구를 실시하였는데, 동일한 성 특징들은 나이와 상관이 없는 반면 남성의 여성적 특징, 여성의 남성적 특징은 나이가 많은 사람들에게 많이 나타나는 경향이 있었으며, 양성적인 사람이 다른 유형의 사람에 비하여 더 나이가 많은 것으로 나타났다.

성인기 성역할 변화에 대한 또 다른 설명으로 중년기의 남성과 여성은 모두 성 유형화된 특성을 보유하지만 거기에다 전통적으로 반대 성과 관련된 특성을 첨가하게 됨으로써 양성적인 특성을 보인다는 '양성성으로의 변화(androgyny shift)' 가설이 있다(Jung, 1953, 1969). 남성성과 여성성에 대한 전통적인 개념에 대한 대안으로서의 양성성은 Jung(1945)이 성역할의 이원적 개념을 주장하면서 남자든 여자든 모든 인간에게는 남성성과 여성성의 두 가지 특성이 어느 정도 공존한다는 분석이론에서 나왔다. 이후 Bem(1975)이 양성성으로의 사회화가 전통적인 성역할보다 훨씬 더 기능적이라고 주장하면서 발전하였다(홍선영, 2008).

성인후기에 이르면 대부분의 역할을 상실하거나 역할 수행으로부터 벗어나게 됨으로써 새로운 도전을 맞게 된다. 즉, 직업을 가진 사람들은 직업으로부터 은퇴하고 배우자의 사망으로 혼자만의 생활을 해야 하는가 하면, 가까운 친구 역시 멀리 이사를 가거나 사망함으로써 친구관계망을 상실한다. 그렇다고 해서 성인후기 노인들이 아무런 역할도 수행하지 않는다는 것은 아니다. 그들은 아직도 사회적 지위나 역할을 지니고 있지만 성인초기나 중기만큼 많은 의무나 기대를 갖지는 않는다는 것이다(장휘숙, 2008). 즉, 노인들은 아직도 부모 역할을 수행하지만 부모로서의 의무는 매우 적으며, 대학교수 또한 퇴직 후에는 명예교수의 신분을 유지하지만 교수로서의 의미는 더 이상 갖지 않는다. 실제로 성인후기의 초반은 다양한 선택이 가능한 긍정적 시기일 수 있다(Bond & Coleman, 1990). 이 시기 동안 노인들은 그동안 시간이 없어 하지 못했던 취미생활도 마음대로 할 수 있고, 지역사회를 위해 봉사활동도 활발하게 할 수 있으며, 저녁 늦은 시간까지 TV로 축구경기도 마음 놓고 볼 수 있다. 그러나 성인후기의 후반으로 갈수록 체력이 저하되고 가까운 사람들의 죽음으로 관계망을 상실하기 때문에 우울 증후가 강하게 나타난다. 이 무렵 배우자와의 사별은 혼자 모든 것을 꾸려 가지 않으면 안 되게 한다(장휘숙, 2008).

성역할 정체감은 남녀 모두가 남성성과 여성성을 함께 지니고 있고, 성인기에도 계속 발달해 나가며, 각 개인의 성역할에 가정이나 학교, 사회의 영향이 크게 작용함을 알 수 있다.

(4) 진로 · 직업상의 특성

성인기 동안의 직업발달을 연구한 Super(1986)는 직업에 대한 개념이 성인초기부터 은퇴까지 단계적으로 변화한다고 제안하였다. 직업만족의 경우, 연령 증가와 함께 점진적으로 증가한다(Bernal, Snyder, & McCaniel, 1998; Sterns, Marsh, & McDaniel, 1994). 그러나 우선 자신이 하는 일을 좋아하는 사람들이 그 일을 오래 계속할 것이고 그렇지 않은 사람들은 일찍 그 일을 그만둘 것이다. 결국 특정한 일을 좋아하는 사람들만이 그 일을 계속하기 때문에 시간이 경과할수록 직업만족은 점점 더 커질 것이므로 마치 연령이 증가하면서 직업만족도 증가하는 것처럼 보일 것이다. 더욱이 연령 증가와 함께 사람은 보다 더 긍정적으로 변화하기 때문에 직업만족 역시 증가할 가능성이 많다(Bond & Bunce, 2003).

한편, 직업만족은 대단히 주기적이라는 주장도 있다. 사람들은 직업적 업무나 책임을 주기적으로 변화시켜 일 자체를 흥미롭고 도전적으로 변하게 하므로 시간 경과와 함께 직업만족이 증가하는 것처럼 보일 수 있다는 것이다(Shirom & Mazeh, 1988).

진로발달이론 중 가장 알려진 이론은 Super의 이론이다. Super(1957)는 진로발달의 기본적인 단계를 탐색 단계, 확립 단계, 유지 단계, 은퇴 단계로 구분했다. Super의 진로발달 단계는 연령에 따라 구분되어 있으나 이는 고정된 단계가 아니며, 개인은 인생의 여러 다양한 시기에 연령과는 다른 단계들을 경험하거나 이전 단계를 다시 반복할 수 있다(Sharf, 2006).

탐색 단계는 15~25세로 청소년기와 성인초기에 해당된다. 탐색 단계는 다시 구체화 단계, 특수화 단계, 실행 단계의 하위 단계로 나누어지는데, 성인에게는 본격적으로 입직하여 직업생활을 시작하는 단계다.

확립 단계는 일반적으로 25~45세에 걸쳐 있다. 이 단계는 어떠한 직업을 가짐으로써 일의 생애를 시작하고 자신의 일을 확립해 가게 된다. 확립 단계에는 안정화 단계, 공고화 단계, 발전 단계 등이 포함된다. 다른 단계도 마찬가지지만, 이 시기의 성인에게는 직업생활의 경우 가치관이 중요한 것으로 알려져 있다. 고등학교 고학년일 때의 가치와 확립 단계의 가치 사이의 변화를 연구한 Jonsson, Josephsson과 Kielhofner(2001)에 의하면 탐색 단계와 확립 단계 동안의 성공적인 경험을 통해서 각 개인이 가치를 강화하게 되고, 이때 특정한 가치들은 더욱 강해지게 된다. 확립 단계의 하위 단계인 안정화 단계에서는 시작한 일을 지속적으로 수행하게 되고, 일자리를 오랫동안 유지함으로써 안정감을 확보하게 되며, 자신의 입지를 공고화하기 시작한다. 다음 단계인 공고화 단계는 주로 20대 후반이나 30대 초반에 일어난다. 자신의 일이나 직업에 보다 안정감을 느끼게 됨에 따라 자신의 지위를 더욱 공고화하고, 안정감을 느끼게 되면 더 높은 지위로의 승진을 바라보게 된다. 발전 단계는 확립 단계 어느 때나 일어날 수 있지만, 통상적으로는 안정화 단계와 공고화 단계에 이어 발생하는 과정으로, 이때 보다 높은 급여와 더불어 보다 큰 책임을 지는 지위로 승진하게 된다(Sharf, 2006).

유지 단계는 약 45~65세로, 이때는 새로운 일을 하기보다는 기존의 상태를 유지하는 상황을 맞이하게 된다. 유지 단계에서는 신체적인 능력, 회사의 정책, 개인의 재정상황, 동기화 등에 따라 개인차가 발생하기도 한다. 하위 단계인 고수 단계에서 사람들은 자신의 위치를 유지하는 데 관심을 갖고 자신이 있는 위치에서 맞게 되는 변화에 적응하기 위해 애를 쓴다. 업데이트 단계는 지위를 유지하기 위해 필요한 교육을 받는 단계로, 이러한 교육과정을 통해 자신이 일하는 분야에서 일어나는 변화들을 업데이트하게 된다. 유지 단계의 마지막인 혁신기에는 업데이트 단계처럼 새로운 것을 배우는 것에 그치지 않고 그 분야에 새로운 공헌을 하고자 노력하게 된다. 유지 단계에서 성인들이 해당 분야의 지식을 업데이트하지 못하거나 기존의 지식을 혁신하기 위해 노력하지 않는다면 일자리를 잃을 위험에 처하게 된다(Sharf, 2006).

은퇴기는 '쇠퇴기'로 불렸지만 부정적인 느낌을 주어 은퇴기로 변경된 단계다. 이 단계의 성인은 은퇴기의 하위 단계인 쇠퇴, 은퇴계획, 은퇴생활을 경험하게 된다. 쇠퇴기는 자신이 맡은 일에 대한 책임을 서서히 줄여 가는 단계를 의미한다. 쇠퇴기가 진행되면서 사람들은 은퇴를 계획하게 된다. 인생 후반기의 생활계획과 재정이나 퇴직 후의 활동에 대한 계획 등이 포함된다. 일반적으로 60대 후반의 사람들이 은퇴생활 단계에 해당되며, 이 시기에는 그동안 행해 온 자신의 역할과 생활양식에서 변화가 생겨난다. 은퇴에 대한 계획을 세우는 것이 성공적인 은퇴의 관건이라 하였다. 가령 건강에 이상이 생긴다든지 하는 부정적인 이유로 퇴직하는 사람들은 자발적으로 퇴직하기를 선택하는 사람들보다 생애만족도 점수가 낮게 나타났다(Shultz, Morton, & Weckerle, 1998). 앞으로 다가올 퇴직이라는 사건을 어떻게 예견하고 있는지 정도가 이후의 결과에 영향을 끼친다(Jonsson et al., 2001). Atchley(2003)는 사람들에게 낙관적인 견해를 촉진시키면 그들이 삶의 도전에 적응하고 퇴직에 대처하는 방법을 배울 수 있다고 하였다.

성인에게는 일생 동안 진로와 관련된 다양한 위기와 전환사건이 발생한다. 전환이란 한 단계에서 다른 단계로의 이동을 의미하고, 위기는 갑작스럽게 발생한 문제들로 부정적인 의미를 가지고 있다. 성인의 전환에 대해 Hopson과 Adams(1977)는 감정과 시간의 고저에 따른 관계로 7단계를 제시하고 있다. 7단계는 마비, 최소화, 회의감, 놓아주기, 시험하기, 의미 찾기, 내면화로 설명된다. 마비는 사건에 대한 첫 반응으로 사건에 압도되고 충격을 받은 상태를 의미한다. 최소화란 일어난 변화를 부인하고 싶거나 실제보다 더 작게 보이도록 만들고 싶은 욕구의 발생을 의미한다. 최소화를 겪은 성인은 무능력함, 무슨 일이 일어날지 모르는 데에서 오는 불안, 미래에 대한 두려움, 슬픔, 분노 등의 감정을 겪게 되는 회의감 단계를 경험하게 된다. 회의감의 다음 단계는 놓아주기 단계로 자신에게 일어나고 있는 것을 받아들이는 시기다. 그러면서 자신의 문제를 어떻게 해결할 것인지를 구상하기 시작하는 시험하기 단계로 넘어간다. 다음의 의미 찾기 단계는 자신에게 일어난 사건과 변화에 대해 생각해 보고 이해하면서 의미를 추구하는 단계다. 마지막 단계인 내면화는 그동안 발생한 일들을 통해 자신의 가치와 생활양식의 변화라는 의미가 발생하는 단계로 위기를 통한 발달과 성장을 만들어 내는 단계다.

우리나라의 일반 사람들이 가지고 있는 성인의 진로발달 과업은 성인기 전체에서 존재하였고 연령대별로 차이가 있는 것으로 나타났다. 자기탐색, 직업세계의 이해, 직업 기초능력 개발, 학업 수행의 영역은 20대 전반의 주요 발달과업이었고, 20대 후반은 취직하고 직무를 수행하는 것, 30대 이후로는 직무능력 개발, 구직활동, 직장적응, 일상생활, 여가생활 등이 주요 발달과업이었다. 40대는 가정과 건강이 중요한 과업이었다. 그리고 50대에는 퇴직 이후 계획과 제2의 인생을 고려하기 시작하였으며, 60대 이후에는 즐거움과 봉사 위주의 활동을 하였다(이성진 외, 2008).

진로가 전 생애에 걸쳐 일과 관련된 개념으로 간주되지만 직업활동이 가장 활발한 시기는 성인기다. 따라서 성인의 진로문제는 그들의 교육 및 상담에서 매우 중요한 주제가 되며, 긴 성인기 동안 이루어지는 경험을 더욱 의미 있게 하고 발생 가능한 위기를 예방하고 극복할 수 있도록 하는 것이 필요하다.

읽을거리 2-1 성인 진로전환의 상담 사례(Hopson과 Adams의 모델 적용)

이 사례는 Hopson과 Adams(1977)의 모델에 따른 것으로 23년 동안 재직해 온 회사가 파산하여 문을 닫자 자신의 목사에게 도움을 청하는 John의 상담사례다. 55세의 백인 남성인 John은 자전거 부품을 전국에서 주문받는 내부 영업사원으로서 열심히 일해 왔다.

• 1단계: 마비

John은 그의 상사로부터 회사가 2주일 내로 문을 닫는다는 말을 처음 들었을 때 할 말을 잃었다. 그는 혼잣말로 '나는 믿을 수가 없어. 믿을 수 없어.'라고만 되풀이했다. 그날 남은 시간 동안 그는 일이 손에 잡히지 않았다. 일이 끝난 뒤, 그는 집으로 돌아와서 소파에 주저앉았다. 그답지 않은 행동이었다. 그의 부인은 남편의 표정을 보고 놀랐다. 발생한 사건이 승진이나 매우 원했던 업무를 맡은 것과 같은 행복한 것이었다면, 절망보다는 의기양양했을 것이다.

• 2단계: 최소화

다음 날 John이 회사에 출근했을 때 평상시와 다른 것이 없이 건물도 그 자리에 그대로 서 있고 그의 책상도 제자리에 있었다. 그가 다른 영업사원들과 이야기를 나누기도 전에 전화가 울리기 시작했다. 그날도 바쁜 날이었다. 점심시간에 다른 사람과 교대를 하고 다른 영업사원들과 점심을 먹으러 나갔다. John은 그들과 폐업에 대해 이야기 나누었다. 모두 놀랐다는 이야기를 하며, 회사의 재정상태가 양호했으며 충분한 재고품이 있었는데도 폐업을 하게 되었다고 이야기하였다. 회사가 왜 문을 닫아야 하는지 이해할 수 없었다. 또 몇몇 사람은 아마도 며칠 안에 회사가 결국 정상화될 거라는 말을 들을 수 있을 것이라고 했다. 그 말에 John의 마음은 부풀어 올랐다. 그는 다른 사람들도 이 상황을 자기가 보는 방식으로 본다는 사실에 조금은 기분이 좋아졌다. 그날 저녁 7시경 John은 그의 목사로부터 전화를 받았다. 다음은 그들이 나눈 대화의 일부분이다(내담자는 John, 상담자는 목사를 나타낸다).

내담자: 저는 어제 다른 사람들처럼 충격을 받았습니다. 회사는 매우 오랜 세월 동안 잘 운영되어 왔는데, 폐업한다는 것을 믿을 수가 없었습니다.

상담자: 들어 보니 안됐군요. 당신에게는 아주 나쁜 소식이네요(목사는 그의 교인들 중에서 동일한 실직을 경험한 사람이 몇 사람 있었지만, 그 사건이 그를 얼마나 마비시켰는지를 알아차렸기 때문에 John의 경험에 대해 자세히 이야기하기를 원했다).

내담자: 그런데 그렇게 나빠지지 않을지도 몰라요. 어쩌면 회사가 계속 운영될 수도 있고, 어떤 사람이 회사를 인수할지도 모릅니다.

상담자: 네. 물론 그렇다면 기분이 훨씬 나아질 겁니다[상황이 매우 확실하지 않았다면 회사가 직원들에게 2주 후에 폐업한다는 것을 통보하지 않는다는 것을 알고 있었기 때문에 목사는 John처럼 희망적이지 않았다. 목사는 실직하거나, 사랑하는 사람을 잃거나, 다른 중요한 상실을 경험한 교우들과 많

은 시간을 함께하며 이런 경험을 했기 때문에 John의 부인(否認)을 알아차리고 있다].

• 3단계: 회의감

며칠이 지난 뒤 John의 주된 감정은 분노였다. 재고품 정리를 위한 계획이 있다는 것을 알았을 때, 그에게는 회사의 존속가능성이 희박해 보이기 시작했다. John은 그날 밤 집에 돌아와 목사에게 전화했다.

내담자: 회사는 저에게 기회를 주지 않았습니다. 모든 시간을 회사를 위해 일했는데도 결국 전 무슨 일이 일어나고 있었는지를 알아낼 기회조차 얻지 못했어요. 그들은 저에게 마지막까지 말해 주지 않았습니다. 멍청이 같은 놈들! 전 그들이 어떻게 그럴 수 있는지 이해할 수 없습니다.

상담자: 당신은 그들에게 정말 화가 났군요. 당신의 목소리에서 그걸 알 수 있네요(John은 몹시 화가 났지만 목사에게 무례하지 않기 위해 목소리 톤을 낮추는 것으로 보였다).

내담자: 저는 그들이 왜 그렇게 하는지 이해할 수가 없어요. 바보 같으니라고! 저 혼자만이 아니에요. 다른 많은 사람도 회사를 위해 오랫동안 일해 왔어요. 그렇게 하는 건 고약한 일이에요.

상담자: 그들을 위해 일했는데도 불구하고 배신당한 것 같은 기분이겠군요(목사는 그 분노에 직면하지 않은 채 단지 그 분노와 함께 머물기를 원했다. 목사는 John이 다른 어떤 말도 듣고 싶어 하지 않는다는 것을 느낀다).

• 4단계: 놓아주기

하루하루 지남에 따라 회사가 문을 닫게 되리라는 것이 분명해졌다. John은 앞으로 자신에게 어떤 일이 생길 것인지에 관해 생각하기 시작한다. John은 금요일 밤에 집으로 돌아가면서 미래에 대해 생각하기 시작했다. 저녁에 그는 지역신문의 구인광고를 훑어보았다. 월요일에는 일자리를 찾아보기로 했다. 집에서 그는 자신이 할 수 있는 일이 무엇이고, 무슨 일을 잘하는지를 생각하기 시작했다. 이런 일은 예측 불가능한 사건이었지만 John은 분노 감정과 임박한 공장 폐업을 맹렬하게 부인(否認)하던 것을 놓아주고 있는 것이다.

• 5단계: 실제로 시험하기

일요일에 예배가 끝나고 John은 어떻게 적응하고 있는지를 묻는 목사와 짧게 이야기했다.

내담자: 많이 호전되고 있어요. 이번 주에 탐색하기로 계획한 여러 가지 방법이 있습니다. 전 며칠 동안 쉬면서 옛 친구들과 이야기도 나눌 거예요. 자동차 정비소를 개업할 생각도 있고, 기계부품 영업사원이 될 생각도 있어요. 아직은 아무에게도 말 안 했어요.

상담자: John, 의욕이 있어 보여 좋군요(John이 폐업과 전 직장으로부터 벗어나고 있다는 것을 들으니 안심이다. 어떤 사람들은 부인 단계에 머무르거나 수 주일 동안 회사에 대해 극도로 분노한다. 그렇지만 John의 새로 발견한 자신감은 현실성 있게 들리지 않는다. 그것은 어쩌면 금방 사라질지도 모르지만, 그래도 이것이 시작이 된다).

내담자: 저는 제가 무언가 찾을 수 있기를 바랍니다. 제가 무엇을 할 수 있는지 생각해 본 지 참 오랜만입니다. 저는 제가 이런 상황에 처하게 되리라곤 전혀 생각하지 못했습니다. 새로운 가능성들을 생각했을 때 이것은 그렇게 나쁘지는 않네요.

상담자: 당신이 새로운 가능성을 생각한다니 기쁘군요. 그런 활력을 보니 좋습니다(John이 직업뿐만 아니라 마음의 평화를 찾아 나아가도록 돕는 새로운 활동을 위한 격려의 말을 한다).

• 6단계: 의미 찾기

John은 회사의 폐업과 함께 일을 그만두고, 일을 찾느라 한 주일을 보내고, 다음 계획들로 바쁘다. 그는 직업을 안내해 줄 자동차 공급 가게와 하드웨어 제조업자와 접촉하였다. 그는 자동차 정비업소나 주유소를 개업할 가능성을 찾기 시작했다. 이 선택에 대해 알아 갈수록 그는 자신에게 자본과 경험이 없다고 느꼈다. 또한 그는 경제적인 보상에서뿐 아니라 위신도 한 단계 낮아지는 것이라고 믿었기 때문에 다른 사람의 가게에서 일할 준비도 되어 있지 않았다. 그는 23년간 자전거 부품 영업을 통해 발달시킨 기술을 사용하는 것이 더 편했다. 그는 이렇게 하면서 실직이 자신을 향상시키기 위한 도전과 기회라고 보았다.

• **7단계: 내면화**

실직한 지 3개월 후에 John은 목사에게 그동안의 경과에 대해 이야기하려고 전화를 걸었다.

내담자: 두 달이 넘게 걸렸지만, 저는 마침내 한 단계 더 나은 직업을 찾았습니다. 저는 매우 큰 자동차 부품 영업소에서 일주일 전부터 일하기 시작했습니다. 제 일은 예전과 마찬가지로 영업이 될 것입니다. 그러나 또한 다른 직원들을 관리하기도 합니다. 사실 이전 직장에서도 비공식적으로 했던 일입니다. 좋은 기회를 잡은 것 같고 일이 잘 되어 가는 것 같아 좋습니다.

상담자: 매우 좋아 보이는군요. 당신에게서 좋은 소식을 들으니 참 기쁩니다.

내담자: 몇 달 동안 힘들게 보냈습니다. 제가 실직한 다음 달에는 정말 우울하더군요. 저는 취직할 능력에 대한 자신감도 잃기 시작했지요. 누가 저처럼 늙은 사람을 고용할까 걱정했거든요. 그래도 저는 계속 노력했습니다. 제 아내는 정말 도움과 격려를 많이 해 주었습니다.

상담자: 기복이 정말 심했던 것 같군요(John은 몇 달 전과는 상당히 달라진 것처럼 보인다. 그의 목소리에서 당황, 분노, 긴장은 사라졌다).

내담자: 그동안 힘들었습니다. 그러나 제가 지금 어디에 있는지를 생각했을 때 3개월 전보다는 훨씬 나아졌습니다. 저는 제 자신에 대해 보다 확신이 듭니다. 만약 이런 일이 저에게 또 일어난다면 다음에는 훨씬 쉬울 거라고 생각합니다. 제가 전에 두려워했던—실직과 새로 구직하는 것과 같은—일들이 이제는 그렇게 두렵지는 않습니다. 저는 제가 무엇을 할 수 있는지 전보다 잘 알고 있다고 생각해요.

상담자: 대단하네요(이렇게 John이 말하는 것을 듣는 것은 매우 좋게 느껴진다. John은 이 변화를 그의 삶에 통합해 가고 있다. 결과적으로 그는 위기 이전보다 자신에 대해 좋게 느끼고 있다. 그는 과거의 두려움과 불안을 지나 그의 변화를 훌륭하게 해결하였다).

출처: Sharf (2006).

3. 성인학습자의 유형

성인학습자의 발달적 특성과 성인학습자의 유형에 대한 이해는 성인학습자의 교육 및 상담에서 기초가 된다. 특히 성인학습자는 자율적이지 못한 채 교육적 개입에 의존하여 끌려가는 피동적 존재가 아니라 학습에 대한 자발성을 갖추고 주체적인 학습활동을 전개하는 능동적인 존재다(김진호, 2003). 그러므로 각자가 가지고 있는 요구도 다양하고 그것이 적극적으로 반영되기를 원한다(권대봉, 배현경, 이현, 2008). 특히 학습에 대한 성인들의 태도와 특성에 따른 유형을 구분하여 이에 따라 적절한 교육 및 상담 프로그램을 제공하는 것은 성인학습자에게 필수적인 것이다.

성인학습자의 유형은 크게 교육참여 동기에 따른 유형과 학습양식에 따른 유형으로 나누어 살펴볼 수 있다.

1) 교육참여 동기 유형

성인학습자들에게 적합한 성인교육을 실시하기 위해서는 성인들이 어떠한 이유로 교육에 참여하는가를 우선적으로 밝힐 필요가 있다. 성인학습자들은 교육의 동기나 목적 등이 뚜렷하지만 개개인이 처해 있는 환경이나 위치가 다양하기 때문에 이들의 교육참여 동기를 파악하는 것은 곧 학습자들의 교육목적을 파악하는 것이기도 하다(한상훈, 2003). 또한 성인들이 교육에 참여하는 동기는 성인교육 분야에서 지속적인 관심을 받아 왔다. 정규 형식적인 학습활동에서 성인 학습동기에 대한 논의는 '참여(participation)'라는 틀에서 이루어졌다. 그동안 성인들의 교육 참여에 관한 연구들은 왜 성인들이 학습에 참여하는가에 대한 의문으로부터 시작하여 참여현상을 설명해 왔다(민선향, 2006). 교육참여 동기는 성인교육에서 가장 많은 연구가 이루어진 분야다.

성인학습자의 교육참여 동기를 설명하는 모형 중 동기지향 모형은 Houle의 연구에서부터 관심을 끌기 시작하였다. Houle(1961)은 성인교육에 대한 참여의식과 가치 및 신념에 초점을 두고 교육에 참여하는 사람들의 근본적인 동기를 밝히고자 다양한 형태의 계속교육에 참여하는 22명의 성인학습자를 대상으로 심층적인 면담을 실시하였다. 심층면담에서는 그들의 교육 참여 역사, 성인교육에 유인된 요인들, 교육 참여자로서 자신을 바라보는 관점 등을 살펴보았고, 면접자료를 분석한 결과 성인학습자들이 교육에 참여하는 세 가지 동기를 '목표지향성' '활동지향성' '학습지향성'의 세 가지로 유형화하였다(권두승, 조아미, 2006; 배을규, 2006; Houle, 1961).

첫째, 목표지향적인(the goal-oriented) 사람들은 다른 목적을 위해 교육을 수단으로 이용하고자 하는 학습자다. 이들에게 교육은 상당히 명백한 목표 달성의 수단이 된다. 이들은 특별한 목적을 달성하기 위해 학습활동에 참여한다. Houle에 의하면 목표지향적인 학습은 요구(need)로부터 출발한다. 이러한 학습자들은 그들의 학습활동을 어떤 한 기관이나 방법에 한정시키지 않고 그들의 목적—가령 과정을 진행하고, 그룹에 참가하고, 독서를 하고, 여행을 간다든지 하는—을 잘 달성할 수 있는 프로그램에 참석하게 된다. 결국, 목표지향적인 학습 참여는 성인학습을 특정 목적을 가지고 참여하는 경우에 해당된다고 볼 수 있다.

둘째, 활동지향적인(the activity-oriented) 사람들은 학습활동 자체 그리고 사회적 교제를 위하여 교육에 참여하는 학습자로, 특정 목표를 획득하거나 어떤 과목을 배우기보다는 오히려 우선적으로 활동 그 자체를 위해 참여한다. 그들은 외로움이나 지루함 또는 불행한 가정생활 또는 직업상황에서 탈피하기 위해, 배우자를 찾기 위해, 신용을 쌓거나 학위를 취득하기 위해 학습활동에 참여한다. 결국, 활동지향적인 학습 참여는 성인학습을 목표 추구나 지식 추구 외의 다른 이유로 참여하는 경우에 해당된다고 볼 수 있다.

셋째, 학습지향적인(the learning-oriented) 사람들은 지식 혹은 앎 그 자체를 위하여 교육에 참여하는 학습자다. 즉, 학습 자체를 추구하는 사람들을 말한다. 그들은 학습을 통하여 알고 성장하려는 근본적인 바람을 지니고 있으며 그들의 활동은 지속적이고 평생을 간다.

이러한 유형에 대해 Houle(1961)은 어느 유형이 더 좋거나 나쁜 것이 아니며 상호 간에 중복되는 부분이 있을 수 있어 어느 유형을 상대적으로 더 선호하느냐 혹은 보다 강조하느냐의 문제라고 보았다. Boshier와 Collins(1985)가 개발한 '교육참여 측정도구'를 이용하여 Houle의 교육참여 동기 유형을 검증한 결과, Houle의 세 가지 유형이 서로 독립적일 수도 있고 중복될 수도 있다는 관점을 확인하였다. 다양한 국적을 지닌 성인 1만 3,442명이 교육참여 측정도구에 응답한 것을 분석한 결과, 기본적으로는 세 가지 유형이 일치하는 것으로 나타났다(배을규, 2006). 그러나 Houle이 제시한 세 가지 요인보다 더 많은 요인이 있는 것으로 밝혀지기도 하였다(Courtney, 1992).

Houle의 참여동기 유형과 관련하여 우리나라 대학 성인교육 참여자들의 참여동기를 분석한 연구결과를 살펴보면, 학습지향형 동기가 가장 높고 그다음은 목표지향형 동기와 활동지향형 동기인 것으로 나타났다. 활동지향형 동기는 연령이 높아질수록, 기혼집단일수록 증대되는 것으로 나타났다. 학습지향형 동기는 교육수준이 높을수록 증가하는 경향을 보였다(이정의, 1997). 또한 이기환(2003)은 평생교육 학습자의 참여동기 요인으로 명시적 목표지향형은 학습만족감, 자녀교육, 휴식 등, 활동지향형은 삶의 활력, 사회교류, 능력 향상, 자원봉사, 사회봉사 등, 학습지향형은 관공서 인식, 배움의 즐거움 등이 주요 요인임을 밝혔다.

Boshier(1971)는 자아환경 일치모형(congruency model)을 주장하면서 성인교육의 참여와 탈락현상은 참여자의 자아와 교육환경 사이의 불일치 정도에 따라서 결정되며, 자아와 교육환경 사이의 불일치의 정도는 학습자의 동기성향에 따라 결정된다고 보았다. Maslow의 욕구위계설에서 제시된 '결핍동기'와 '성장동기'처럼, Boshier(1977)에 따르면 학습자 가운데 결핍충족 지향적(deficiency-motivated) 동기를 지니고 있는 사람이 있는가 하면 성장지향적(growth-motivated) 동기를 가진 사람도 있다. 결핍충족 지향적인 사람은 보다 낮은 수준의 욕구를 충족시키기 위해 교육활동에 참여하며 사회적 및 환경적 요인의 영향을 많이 받는다. 이와는 달리 성장지향적인 사람은 내재적이고 자율적이며 새로운 환경에 대한 개방과 자유를 지향하는 속성을 지니고 있다. 결핍충족 지향적인 사람은 자기 자신의 내부는 물론 자기 자신과 외부환경 간에 일치하는 정도가 매우 낮으며, 이에 따라 이들 요인의 조화와 충족을 위하여 교육활동에 참여하게 된다. 말하자면 사회경제적 요인에 의해 교육활동에 참여하게 된다는 것이다. 이와는 달리 성장지향적인 사람은 자신의 내부나 자신과 환경 간에 일치하는 정도가 높으며, 이에 따라 계속적인 성장지향적인 요구를 충족시키기 위하여 교육활동에 참여하게 된다(권두승, 조아미, 2006).

성인학습자의 교육참여 동기를 설명하는 또 다른 이론에는 Cross의 반응고리 이론이 있다. Cross(1981)는 사회교육 참여형태를 설명하기 위한 반응고리 모델을 개발하였다. 교육에 참여하는 여러 가지 요인이 고리처럼 서로 연결되어 있어 연쇄적으로 발생한다고 보는 모델이다. 예를 들어, 어떤 성인학습에 참여하는 것이 또 다른 학습에 참여하게 되는 계기가 되는 경우다. 이 모델은 참여에 대한 태도나 자아개념 등 심리적 요인을 강조하며 어떤 심리적 요인이 개인의 환경적 요소에 의해 어떻게 인식되느냐에 따라 참여가 결정된다고 본다. 이 모델은 자기평가, 교육에 대한 태도, 참여가 목적을 충족시킬 것이라는 기대와 목적의 필요성, 생활전이, 기회와 장애, 정보, 참여의 일곱 가지 요인으로 구성되어 있다. Cross는 이러한 요인들의 순서를 강조한다(임형균, 2008).

또한 Miller의 장이론적 접근이론도 있다. Miller(1967)는 사회계급과 성인교육 참여와의 관계를 Maslow의 욕구위계, Lewin의 장이론, Haldene의 이론에 바탕을 두고 연구하였다. 사회계층이 낮은 집단일수록 생존의 욕구를 충족시키기 위한 교육에 높은 관심을 보이는 반면, 사회계층이 높은 집단일수록 성취나 자아실현의 욕구 충족에 관련된 교육참여 동기가 강하게 나타난다. Miller의 이론은 어떠한 참여결정 요인이 작용하고 있는가를 규명·분석한 후 촉진요인을 강화하고 저해요인은 감소시킴으로써 참여 결정선을 높여 주는 것으로 성인교육 참여 확대를 위한 주요 근거가 된다.

한편, Rubenson(1977)의 기대-가치이론에서는 개인의 동기 형성이 환경과 개인 내부에 존재하는 긍정적 및 부정적 요인들의 합류점에서 이루어진다고 보는 심리학적 동기이론으로부터 참여를 위한 결정은 기대(expectancy)와 가치(value)의 상호작용의 결과라고 보았다. 기대는 교육환경에서 성공적일 것이라는 기대와 그러한 성공이 긍정적인 결과를 가져올 것이라는 기대로 구성된다. 가치는 교육의 가치에 대한 개인의 지각, 성공에 대해서 성공적, 부정적 또는 무관심 중 어느 한 가지를 지각하는 것을 의미한다. 결국, 성인학습자는 자신의 학습에 대한 욕구와 기대, 가치와 유인가에 의해 학습에 참여하게 된다는 것이다.

한편, Wlodkowski(1999)는 성인교육 프로그램에서 성인학습자의 긍정적인 참여유형을 크게 세 가지로 구분하여 제시하였다.

첫째, '성공+의지(success+volition)' 유형이다. 이 유형의 성인학습자는 자율의지에 따라 학습하고 학습활동에서 성취감을 경험하게 된다. 또한 성공과 의지는 성인학습자의 긍정적인 학습동기를 유지하기 위한 가장 기초적인 조건이다.

둘째, '성공+의지+가치(success+volition+value)' 유형이다. 이 유형의 성인학습자는 자신이 학습하고 싶은 것을 성공적으로 학습할 뿐만 아니라 자신이 학습하고 있는 것에서 가치를 발견하게 된다. 따라서 성인학습자는 학습활동에 신중을 기하게 되며 그로부터 의미를 발견하게 된다.

셋째, '성공+의지+가치+즐거움(success+volition+value+enjoyment)' 유형이다. 이 유형의 성인학습자는 자신이 가치 있게 생각하고, 배우고 싶은 것을 배우기 위해 자발적으로 학습에 참여하며, 즐거운 감정을 가지고 성공적으로 배우는 학습자다. 그리고 이때 느끼는 즐거움은 학습활동에 대한 완전한 참여의 즐거움이며 학습활동에 완전히 몰입되었을 때 나타나는 현상이다(김진호, 2003).

성인들이 학습활동에 참여하는 이유를 묻는 질문에 대한 답은 결코 어떤 간단한 공식으로도 답해지지 않을 것이다. 동기는 학습자 집단에 따라 다르게 나타나고 삶의 다른 환경에서도 그러하다. 그리고 대부분의 개인은 학습에 있어서 하나가 아닌 다수의 이유를 가지고 있다는 점에서 더욱더 그러하다(권두승, 조아미,

2006). 그러나 성인학습자들이 교육활동에 참여하는 동기를 정확하게 파악해야만 그들의 요구에 맞는 프로그램을 제공하는 것이 가능할 것이다.

2) 학습양식 유형

인간은 평생 끊임없이 학습하며 누구나 자신만의 학습 스타일을 가지고 있다. 특히 현대사회와 같이 빠르게 변화하는 정보사회에서는 많은 양의 정보와 경험을 어떻게 효율적으로 받아들일 것인가와 관련된 학습양식이 성인학습자의 성장과 발전에 결정적인 역할을 하게 된다.

사람들이 다른 학습양식을 가지고 있다는 생각, 즉 개인차에 대한 개념은 효과적인 교육 프로그램을 설계하고 수행하는 데 있어 중요하다(이경아, 2002). 이는 특히 성인학습자들 및 교육가들에게 있어 매력적인데, 학습양식이라는 용어가 우선 교수기법보다는 학습과정의 중요성을 강조함으로써 학습자 중심의 성인교육에서 더욱 함의점이 크다는 것이다. 다음으로 학습양식은 평등주의적 개념으로, 학습양식 유형이 다른 학습자들에 대해 '나쁨' '안 좋음' '평균' '좋음' '훌륭함'보다는 '다름'으로 표현하는 기능적인 용어인 것이다(Tennant, 1988).

학습 스타일의 개념은 학자에 따라 다양하게 정의되고 있는데, 이론 및 측정방법에 따라 다양하게 제시되고 있다. 학습유형을 정의하는 관점은 크게 다음의 네 가지로 정리할 수 있다(김은정, 1999).

첫째, 학습유형을 인지적인 정보처리 유형으로 보는 관점이다.

둘째, 정의적 특성에 속하는 학습태도, 사회성, 인성적 요소 등에 초점을 두고 학습유형을 정의하는 관점이다.

셋째, 학습유형을 인지적 특성과 정의적 특성이 결합된 것으로 보는 관점이다.

넷째, 학습유형을 인지적 · 정의적 특성 외에 심리운동적 특성, 환경요소, 학습습관 등 학습과 관련된 학습자 특성을 모두 포함하는 것으로 보는 관점이다.

일반적으로 학습양식은 시간 변화에도 유지되는 개인의 특성, 행동 혹은 활동을 의미한다(Riding & Rayner, 1998). Gregorc(1984)는 학습양식에는 근본적으로 선천적인 특성과 후천적인 특성이 있으며 교수방법이나 학습자의 경험과 상관없이 학습자 개인의 행동에 내재되어 있는 지속적인 특성이라 하였다. Dunn, Dunn과 Price(1986)는 학습양식을 개인이 어떤 환경에서 새롭고 어려운 정보와 기술에 주의집중을 하고 이를 처리하며 내면화하고 파지하는가와 관련된 개인적 선호경향으로 보았다. 특히 Kolb(1976)는 학습맥락에서 자극에 대해 매우 지속적으로 반응하고 자극을 사용하는 것으로 정의하며 학습양식을 정보처리 과정에서의 개인의 선호방식이라고 보았다(이선영, 1997). 또한 Keefe(1987)는 학습양식을 학습자가 학습환경을 어떻게 지각하고 상호작용하며 반응하는지를 나타내 주는 비교적 지속적이고 안정적인 인지적 · 정의적 · 생리적 행동이라고 규정하였다. 이 관점에서는 다른 관점에서 간과한 신체생리적 요소와 환경요소를 다룸으로써 이 요소들이 학습의 효율을 향상시키는 데 영향을 미칠 수 있음을 알게 해 주었고, 학습양식을 이루는 인지적 · 정의적 · 심리운동적인 여러 요소를 종합적으로 제시해 주었다. 결국 학습양식은 '학습자가 학습과제를 수행하면서 비교적 지속적으로 보여 주는 인지적 · 정의적 · 생리적인 행동특성'이라고 볼 수 있다.

[그림 2-2] 공부하는 성인의 모습

학습양식 중 대표적인 Kolb와 Dunn 등의 유형에 대해 살펴보면 다음과 같다. 먼저, Kolb의 학습양식은 비교적 간편하면서도 정보처리 과정 측면에서 학습양식을 보았다는 중요한 활용점을 가지고 있다. "지식이 경험의 변형을 통해 창조되는 과정이 학습이다."라고 주장한 Kolb는 Lewin의 경험적 학습모형, Dewy의 학습모형 그리고 Piaget의 학습과 인지발달에 관한 모형의 영향을 받았으며 이러한 기본 바탕 아래 그가 구분한 학습양식은 다음과 같다(Kolb, 1984).

Kolb(1984)는 학습양식을 구체적 경험(Concrete Experience: CE), 반영적 관찰(Reflective Observation: RC), 추상적 개념화(Abstract Conceptualization: AC), 적극적 실험(Active Experimentation: AE)의 네 가지 기본적인 학습 차원으로 보았다. Kolb의 학습모형의 특징은 학습을 효과적인 정보처리 과정을 반영한 순환적 과정으로 본다는 것인데, 학습의 과정은 다음의 4단계로 기술될 수 있다(이선영, 1997). 즉, 먼저 학습자는 구체적인 경험을 하게 되고, 그다음 단계로 구체적인 경험은 관찰과 반영의 기초가 된다. 그리고 관찰한 사항은 아이디어 혹은 행위를 이끄는 이론으로 동화되며, 마지막으로 다시 새로운 경험을 가능하게 하는 행동을 이끈다.

Kolb의 학습양식은 인식(perceiving)과 과정(processing)의 두 가지 차원으로 구성되어 있다. 첫 번째 차원은 구체적 및 추상적 사고를 설명하는 것이고, 두 번째 차원은 적극적 혹은 반영적 정보처리 활동을 설명하는 것이다. 이러한 구성 개념은 전술된 Kolb의 경험학습 양식에서 일관적으로 설명되고 있는 개념이 반영된 것이다. 두 차원은 주로 학습자가 정보를 인식하는 것과 관련된 다음의 네 가지 학습양식 유형을 설명하는 구성 개념으로 통합되었다(Riding & Rayner, 1998).

첫째, 확산자(diverger)는 학습이 구체적이며 성찰적인 반영과정을 거친다. 확산적 학습자들에게는 학습활동에 있어 개인적 연관성이 필요하다.

둘째, 조절자(accommodator)는 구체적이며 능동적인 반영과정을 거친다. 이들은 학습활동에 있어서 모험적이며 변화경험, 융통성이 필요하다.

셋째, 수렴자(converger)는 학습이 추상적이며 가설연역적 반영과정을 거친다. 이들은 학습활동상의 사고에 있어 구체적이며 순차적인 과정이 필요하다.

넷째, 동화자(assimilator)는 학습이 추상적이며 반성적인 반영과정을 거친다. 이들은 학습활동상에서 실용적 문제해결이 필요하다.

Kolb의 학습이론에는 정교하게 규정된 학습기반 양식의 균형이나 통합의 향상과 동시에 '인간성장'에 있어서 생애 단계를 통해 개인이 발달한다는 개념이 내포되어 있다. 이러한 도식은 자기실현을 위한 모티브가 가정된 Maslow의 이론과 같은 여타 인간주의 심리학 모델과 유사하다. Kolb(1976)는 일반적으로 개인은 '학습양식'을 발달시키고 성숙하는 과정이 포함되는 '학습'을 함으로써 선천적으로 '성장'하려고 한다고 주장하였다. 이러한 점은 성인학습과 상담에 있어 중요한 시사점을 지니는데, 학습양식의 발달이 결국 개인의 성숙한 성장이 될 수 있다는 것으로, 계속되는 학습처럼 학습양식 역시 성인학습자의 특성에 따라 변화하고 발달한다는 것이다.

한편, Dunn 등(1986)은 학습유형을 정보를 선택하고 획득하는 능력에 영향을 주는 학습자세 또는 선호하는 학습환경이라고 봄으로써 환경요인, 정서적 요인, 사회적 요인, 신체적 요인, 심리적 요인 등에 있어 학생들의 학습하는 요령이 학습유형을 형성하는 중요한 구성요소가 됨을 밝히고 있다.

Dunn 등(1986)이 제시한 학습유형의 구성요소를 간단하게 정리하면 다음과 같다.

첫째, 환경적 자극으로서 소음 정도, 빛의 세기, 온도, 가구 디자인의 요소다.

둘째, 정서적 자극으로 동기(동기의식, 성취 욕구), 지속성, 책임감, 구조의 필요 등의 요소다.

셋째, 심리적 자극으로 분석적과 총체적, 충동성과 사려성, 두뇌의 반구 지배의 요소다.

넷째, 신체적 자극으로 지각(청각, 시각, 촉각, 운동감각) 선호, 음식물 섭취, 시간대(아침/저녁, 늦은 아침, 오후), 이동성의 요소다.

다섯째, 사회적 자극으로서 혼자 공부하길 선호하는가, 짝을 이루어 공부하길 좋아하는가, 성인 혹은 교사 등과 함께 공부하길 선호하는가 등의 요소다.

Dunn 등의 학습유형에서는 다른 관점에서는 전혀 다루어지지 않은 요소인 환경요소와 신체적 요소가 추가된 특징이 있다(이경아, 2002). 개인의 자극에 대한 반응이며 개인의 선호와 학습환경을 매칭시키는 것이 학습행동 및 수행을 향상시키는 결과를 가져온다는 것이 중요한 기본 가정이다. 또한 이들은 학습유형 구성요소를 구체적이고 상세하게 제시했으며, 104개의 문항으로 구성된 자기보고 형식의 학습유형 측정도구(Learning Style Inventory: LSI)를 제작하였다.

성인학습자의 학습양식에 관한 연구는 국내보다는 국외에서 많이 이루어졌으며 국내에서의 연구는 주로 아동 및 학령기 학생들을 대상으로 한 연구가 대부분이다(이경아, 2002).

Gallagher(1998)는 성인학습자와 대학생 416명을 대상으로 학습양식의 차이를 살펴본 연구에서 성별에 따른 학습양식의 차이가 있음을 보고하고 있다. Sharp(1991)는 31명의 가정의학과 교수진의 경력개발 탐색요인에 관해 연구하였는데, 여성 교수진은 구체적인 경험의 성향이 더 강한 반면에 남성 교수진은 구체적 경험과 추상적 개념화의 성향이 고른 분포를 보였다. 성별 차이는 일관되지 않고, 성별에 따라 학습양식에 차이가 있다면 이는 사회·문화적인 영향에 기인한 것으로 보인다.

전반적으로 연령에 따른 학습양식의 차이는 나타나지 않는다. Gallagher(1998)는 연령에 따른 학습양식에 의미 있는 차이가 나타나지 않았으며, 노인들의 학습양식에 관해 연구한 Truluch(1996)의 연구에서도 연령에 따른 학습양식에는 통계적으로 유의미한 차이가 보이지 않았다. 이 밖에 Green(1993), Adenuga(1989), Fagerholm(1996) 등의 연구에서도 연령에 따른 학습양식에 유의미한 상관이 보이지 않았다.

한편, 개인의 교육경험은 그 사람의 학습양식과 밀접한 관련이 있는 것으로 보인다. 교육에서의 경험을 통해 학습자들은 특정한 영역에서 많이 사용되는 사고기술, 정보를 조직하는 방법에 대해 긍정적인 태도를 형성한다. Wells, Layne과

Allen(1991)의 연구에서는 다양한 학력을 가진 집단과 석사학위 이상의 학력을 가진 집단 간의 학습양식을 비교한 결과, 전자의 집단이 후자의 집단보다 더 구체적으로 정보를 인식하는 경향이 있었다고 하였다. 또한 후자의 집단은 전자보다 정보를 더 추상적으로 인식하는 경향을 보였다. 또한 대학에서의 전공과 학습양식 간에는 의미 있는 관계가 있는 것으로 보인다. 이경아(2002)도 대기업 10개 회사의 성인 642명을 대상으로 직군에 따라서 학습양식의 성향 차이가 있는지를 확인한 결과, 영업판매 직군 및 경영지원 직군은 연구개발 직군에 비해 구체적 경험학습 성향이 보다 높은 반면 연구개발 직군은 다른 직군에 비해 능동적 실험 성향이 높았다.

학습 스타일은 지금까지 교육학 분야, 특히 교수방법과 연관하여 연구되어 왔으나, 최근에는 개인만의 독특한 학습 스타일에 따른 업무 스타일과 리더 스타일(민용식, 2005), 상담접근 방식까지 그 활용 영역이 넓어지고 있다. 예를 들어, 상담접근 방식에 있어서 시각적 지각 스타일이면서 구조화를 선호하는 내담자에게는 모델링 기법, 분석적이고 언어적이며 자기주도적인 내담자에게는 문제 재구조화 기법을 추천하며, 신체감각적 · 시각적 · 청각적 · 촉각적 학습 스타일에 구조화를 선호하지 않으며 동기 수준이 높고 또래와의 활동을 선호하며 우뇌가 우세한 내담자에게는 사이코드라마를 추천한다(Griggs, 1991). 따라서 학습 스타일은 내담자와 내담자의 호소문제에 적절한 개입방법을 계획하고 실행하는 데 도움이 되어 상담 분야에서도 상당히 유용한 틀을 제공한다고 볼 수 있겠다.

학습양식은 성인학습자에게 보다 효율적인 개별화 학습을 가능하게 하는 요인이 된다. 즉, 성인학습자는 스스로 자신의 약점과 강점을 인식하여 자신의 학습상의 약점을 극복하고 다른 학습양식을 습득함으로써 보다 효과적인 학습자가 될 수 있다. 따라서 보다 효과적인 성인학습 및 상담을 위해서 성인학습자들의 학습양식을 진단하고 이를 체계적으로 활용하는 것이 중요하다(이경아, 2002).

활동 2-2 학습양식검사

다음 문항을 읽고 답하시오.

문항	예	아니요
1. 새로운 내용은 혼자 읽는 것보다 다른 사람에게 이야기할 때 더 잘 기억된다.		
2. 익숙하지 않은 기술은 하면서 배우는 것보다 일단 읽어 보는 것이 더 낫다.		
3. 새로운 일의 순서는 책으로 읽는 것보다 영상을 보는 것이 더 낫다.		
4. 새로운 개념을 익힐 때, 책으로 보는 것보다는 그림으로 그려 보는 것이 더 낫다.		
5. 어려운 내용을 이해해야 할 때, 큰 소리로 읽어 보곤 한다.		
6. 그림과 명칭을 함께 익힐 때, 소리 내어 말하기보다는 그림으로 그려 보곤 한다.		
7. 새로운 내용을 들을 때, 먼저 읽어 보면 이해가 더 잘된다.		
8. 새로운 컴퓨터 소프트웨어를 사용할 때, 먼저 매뉴얼의 사용법을 읽는다.		
9. 공식을 새롭게 만들어야 할 때, 글로 쓰인 지시사항을 읽기보다는 다른 사람의 설명을 듣곤 한다.		
10. 새로운 도구를 사용해야 할 때, 먼저 혼자 해 보기보다 다른 사람의 설명을 듣곤 한다.		
11. 낯선 곳에 가야 할 때, 구두 설명보다는 글로 쓰인 설명이 더 좋다.		
12. 새로운 내용에 대해 직접 읽어 보기 전에 듣기를 선호한다.		
13. 새 컴퓨터를 살 때, 어떻게 작동하는지 설명을 듣기보다는 직접 작동해 보는 것이 좋다.		
14. 이해해야 하는 어려운 과정의 내용이 있을 때, 다른 사람이 하는 것을 보기보다는 글로 쓰인 지시사항을 보는 것을 더 선호한다.		
15. 책을 읽는 것보다는 녹음된 테이프로 듣는 것이 더 좋다.		
16. 새로운 단어의 철자를 배울 때, 여러 번 써 보는 것보다는 소리 내어 읽어 보는 것이 더 낫다.		
17. 실험에 대해 직접 하는 것을 선택하기보다는 읽어 보는 것을 더 선호한다.		
18. 어려운 공식의 문제가 있을 때, 다른 사람이 문제를 푸는 것을 보기보다는 예시문제를 풀어 보는 것이 더 낫다.		

채점: 문항에 대한 응답결과는 다음과 같이 계산한다. 스타일의 총점이 구분점수 이상일 때 자신의 스타일에 해당된다. 두 개나 세 개 모두의 스타일의 총점이 구분점수 이상일 때 복합적 스타일이 된다.

- 청각적 스타일: 1, 3, 5, 9, 10, 12, 15, 16에 '예'라고 응답한 개수와 6, 7, 11, 13, 14, 18에 '아니요'라고 응답한 개수를 세어 다음 표의 청각적 스타일 칸에 각각 적고 합계를 적는다.
- 시각적 스타일: 2, 7, 11, 14, 17에 '예'라고 응답한 개수와 1, 3, 4, 5, 9, 12, 15에 '아니요'라고 응답한 개수를 세어 다음 표의 시각적 스타일 칸에 각각 적고 합계를 적는다.
- 운동감각적 스타일: 4, 6, 8, 13, 18에 '예'라고 응답한 개수와 2, 10, 16, 17에 '아니요'라고 응답한 개수를 세어 다음 표의 운동감각적 스타일 칸에 각각 적고 합계를 적는다.

	청각적 스타일	시각적 스타일	운동감각적 스타일
예			
아니요			
합계			
구분점수			

출처: Materna (2007).

제3장

성인학습에 대한 이해

1. 안드라고지

평생학습사회에서 성인학습의 필요성과 중요성이 증가하면서 이와 관련된 연구들이 전 세계적으로 이루어지고 있지만 성인학습에 대한 보편적인 이해를 이끌어 내기에는 어려움이 있다. 성인의 학습이 이루어지는 맥락이 다양하고 대부분의 성인학습이론 영역도 상당히 확장되어 있기 때문이다(임숙경, 2007). Knowles(1980)는 이러한 성인학습을 안드라고지(andragogy)의 개념으로 명료화하였다.

안드라고지 개념을 알기 위해서는 먼저 페다고지(Pedagogy) 개념을 파악해야 한다. 왜냐하면 Knowles(1980)는 안드라고지를 페다고지와 반대되는 개념으로 사용하기 때문이다. 그는 페다고지를 '아동을 가르치는 예술과 과학'으로, 안드라고지는 '성인의 학습을 돕는 예술과 과학'으로 대비하고 있다. 안드라고지와 페다고지에 대한 이러한 이분법적인 구분은 Knowles가 이상과 같은 내용을 발표한 이후 아직까지 지속되고 있다. 이러한 용어의 사용과 분류가 적절한지에 대한 여러 논쟁이 있기는 하지만, 이는 성인학습의 이론 영역에 대한 보다 구체적인 것들을 안드라고지라는 개념을 통해 추구하였다는 점에서 의의가 있다. 또한 학문 영역으로서 성인교육의 지식의 근간을 확장할 수 있는 기회를 제공한 것으로 간주할 수 있다(강선보, 변정현, 2006).

광의의 입장에서 안드라고지는 성인교육의 정책, 제도, 실시과정 전체를 체계적으로 연구하는 학문을 의미한다. 광의의 안드라고지가 성인교육의 각 영역을 포괄하는 우산이라면, 협의의 안드라고지는 성인교육 실천의 방법원리와 기술에 해당된다(Knowles, 1980). Knowles는 이러한 의미를 전제로 하여 다음과 같은 안드라고지의 여섯 가지 기본 가정을 제시하였다. 처음에는 2~5번째의 네 가지 원리로 제시하였다가(Knowles, 1980), 1984년에 학습동기를, 1989년에는 알고자 하는 욕구를 추가하였다(Knowles, 1984, 1989, 1990). 따라서 오늘날에는 여섯 가지 핵심적 안드라고지 원리가 존재한다(Knowles, Holton, & Swanson, 1998).

1) 알고자 하는 욕구

성인들은 자신들이 왜 배워야 하는지를 알려고 하는 욕구가 있다. Tough(1979)는 성인은 시간과 비용을 학습에 투자하기 전에 그들이 학습에서 얻게 될 이익은 무엇이고 학습에 참여하지 않았을 때 입게 될 손실은 무엇인지 탐색하는 데 상당한 시간과 에너지를 소비한다는 사실을 발견했다. 즉, 성인학습자들은 그들의 학습이 실질적으로 가지고 오는 득실에 대해 알고자 하는 욕구가 강하다.

페다고지에서는 학습내용이 실생활에 어떻게 적용될 것인지를 알 필요 없이 진급이나 자격취득을 위해 교사가 전달하는 내용을 학습한다. 반면, 안드라고지의 성인학습자는 학습 이유와 결과에 대해 득을 얻는다고 판단될 때 학습에 임한다(Knowles, 1990). 따라서 성인학습의 촉진자는 개개인의 학습 욕구가 무엇인지 아는 것이 중요하다. 또한 성인교육에 있어서 교육 및 훈련자의 일차적 과업 중의 하나는 학습자로 하여금 학습에서 얻게 되는 실제적인 이득에 대해 알고 싶은 욕구를 충족할 수 있도록 돕는 것이다.

2) 자아개념 변화

Knowles(1980)는 성인이란 "한 개인의 필수적인 자기 지식에 관한 자아개념을 인식하는 시점"이며 "한 인간은 성장 · 성숙하면서부터 점차 자기주도적으로 변한다."라고 주장하였다. 즉, Knowles는 인간의 자아개념을 자기주도적 성향을 지니는 것으로 간주한다.

성인은 존중받고 자기 스스로 결정하며 독특한 인간으로 인식되고 싶은 욕구를 지닌 존재다(Kett, 1994). 성인학습자는 학습에 대한 욕구가 생길 때, 교사를 바라보는 것이 아니라 그 요구의 상황에 돌입하여 스스로 해결을 추구하고 문제화하며 자기의 방향을 찾아 나간다. 따라서 성인은 자율적인 개인으로서의 자아개념이 인정되지 않은 상황에서의 학습을 거부하거나 저항하는 경향이 있다(권두승, 2000). Knowles는 교육을 통해 자기주도성을 키우고 자기주도적인 사람으로 변모되어야 함을 지적하며, 인간을 교육가능성과 변화가능성 및 잠재성에 대해 인식하는 주체적인 존재로 파악하였다(강선보, 변정현, 2006; Smith, 2002). 결국 안드라고지에 있어서 교사의 역할은 학습자의 자율성을 증가시키고 자극하는 것이 되어야 한다(Knowles, 1980).

3) 경험의 역할

Knowles(1980)는 "성인에게 있어 경험은 곧 그 사람 자체"라고 주장한다. 한 개인은 성숙함에 따라 다양한 경험을 축적하게 되며, 이 경험은 자신에게 풍부한 학습자원이 됨과 동시에 새로운 학습을 전개하기 위한 폭넓은 기초가 된다. 성인은 자신의 삶을 꾸려 가고, 결혼하고, 가정을 구성하고, 자녀를 기르고, 다른 사람의 복리를 위하여 주어진 책임을 감당하는 것과 같은 경험을 비롯하여 아동보다 많은 경험을 했고 질적으로 다른 경험의 배경을 가지고 있다. 성인은 이러한 자신들의 경험에서 자신이 누구인가를 규정하게 된다(강선보, 변정현, 2006; 남윤석, 1988).

Knowles는 새로운 경험을 토대로 한 경험의 재구성을 통해 학습의 의미를 추구하는 성인의 특성을 발견하여 성인의 경험을 삶 그 자체로 보았으며 나아가 사람 그 자체로 본 것이다(강선보, 변정현, 2006). 따라서 성인의 학습에 있어 경험은 매우 필수불가결한 요소이며, 교수자로부터 전달되는 학습내용의 전달보다는 경험으로부터 배우는 것이 곧 자기실현의 열쇠라고 여긴다(Knowles, 1980). 이런 관점에서 볼 때, 성인학습자를 대상으로 한 교육방법으로는 주입식이나 교과 중심의 피동적인 방법보다는 상호 경험을 나눌 수 있는 그룹 토의, 사례연구, 모의실험, 현장학습, 팀 연구과제 등 경험에 의한 방법이 효과적이다(남윤석, 1988; Knowles, 1980).

4) 학습준비도

인간에게는 여러 발달단계를 거치며 각 단계에서 학습해야 할 발달과업이 있다. 성인의 학습준비도는 이렇게 새로운 단계에서 요구되는 발달과업과 관련된다. 각 발달단계에서 가장 잘 학습할 수 있는 순간이 학습준비도다(권두승, 2000). 아동이나 청소년의 발달과업은 주로 생리적이고 정신적인 성숙의 산물인 반면, 성인의 발달과업은 사회적 역할을 수행하는 데 필요한 것이다(Knowles, 1980). 즉, 성인은 생물학적 · 학업적 발달을 위해서가 아니라 직업인, 배우자, 부모의 일원으로서의 역할에 따른 필요 때문에 배우게 된다는 것이다.

Knowles(1980)는 사회적 역할이 성인의 연령이 변함에 따라 달라지고 그에 따라 발달과업도 바뀌고 학습에 따른 준비도도 변한다고 주장한다. 즉, 성인의 학습준비는 삶의 과제에 따라 달라지는 것이다(장용성, 1991). 따라서 성인은 주어지는 삶의 과제를 해결하기 위해 필요한 것을 배우고자 하고 이런 이유로 성인학습자의 발달과업과 동시성을 띤 학습경험이 중요하게 된다.

5) 학습성향

Knowles(1980)는 학습에 있어 즉시적인 활용과 문제나 과업 및 성과에 대한 경향성을 강조한다. 아동이나 청소년들은 대부분 미래를 준비하기 위해 학습하며 학습의 적용도 미래로 지연되기 때문에 학습활동은 교과목 중심 혹은 주제(subject) 중심이다. 그러나 성인은 현재의 상황에서 느끼는 문제를 경험하기 때문에 그것에 대응하기 위하여 학습하며 배운 것을 대부분 즉각적으로 적용하고자 한다. 따라서 성인의 학습은 현실에 속히 적용할 수 있는 문제(problem) 중심 혹은 수행(performance) 중심이다. 따라서 성인들은 필연적으로 형식적인 교과과정보다는 비형식적인 학습을 필요로 한다(강선보, 변정현, 2006; Brew, 1946). 왜냐하면 유연하게 일어나는 교육활동들이 보다 문제중심적인 교육내용을 소화할 수 있다고 간주하기 때문이다.

Knowles(1980)는 성인의 학습내용은 개인의 실존적 관심과 조화를 이루는 것이어야 한다고 주장한다(장용성, 1991). 이러한 맥락에서 Knowles(1990)는 미국의 문맹률이 줄지 않는 이유는, 성인 교사들이 문맹률을 줄이기 위해 일련의 교육과정을 만들어 사람들을 교육시키지만 이때 배우는 읽기, 쓰기 등이 일상생활에서 사용하는 단어와는 동떨어진 사전에서나 볼 수 있는 것이어서 일상에서의 문제를 해결해 주지 못하기 때문이라고 지적한다. 이는 Knowles가 성인교육의 실천원리로서 추상적 개념에 근거한 교육이 아니라 성인의 실존적인 문제들에 근거한 구체적인 교육내용을 중시한 것으로 해석할 수 있다(강선보, 변정현, 2006).

또한 이러한 문제중심적 교육은 현재성을 지닐 필요가 있다. 즉, 학습의 적용시기는 성인의 학습 요구와 필요가 나타날 때 현재적이고 즉각적이어야 한다. 성인의 학습환경은 이러한 성인의 즉각적인 요구에 부합하여 충족 가능하도록 조성되어야 한다.

6) 학습동기

성인은 심리적으로 불안한 상태에서는 효과적인 학습을 수행할 수 없다. Knowles(1980)는 안드라고지는 내적 과정이라고 주장한다. 안드라고지의 학습은 학습자가 자신의 인지, 정서, 생리적 기능을 포함하여 학습자 자신이 주도권을 쥐고 전 존재가 참여하는 것이다. 즉, 학습은 심리적으로 학습자의 욕구 충족과

목적 달성을 위한 노력의 과정으로 설명된다(강선보, 변정현, 2006; 장용성, 1991). 이처럼 성인들은 학습을 하는 데 외적 요인보다는 내적 요인에 의해 동기화된다(Knowles, 1980).

안드라고지의 학습동기는 문제해결을 위한 내적 자극과 호기심으로 이루어진다. 즉, 자기충족의 가능성을 볼 때, 자신의 기대와 현재 상태 사이의 차이를 인식할 때, 삶의 과제와 자신의 능력을 비교할 때, 이런 것들이 내적 압력이 되어 학습동기를 자극하게 된다. 그래서 안드라고지에서 교사의 역할은 학습을 촉진시키고 학습자의 학습 욕구와 동기가 지속성을 갖고 수행될 수 있는 조건들을 제공하는 것이다(장용성, 1991). 이와 같이 Knowles가 성인들이 학습을 하는 동인이 외부적인 것에 있기보다는 내부적인 것에 있음을 지적한 것은, 안드라고지가 인간의 자발적인 동기와 학습에 대한 욕구를 강조하여 인본주의적이고 실존주의적인 성향을 지니고 있다고 볼 수 있는 근거가 된다.

이상의 안드라고지의 기본 가정을 바탕으로 페다고지와 비교해 보면 〈표 3-1〉과 같다.

표 3-1 페다고지와 안드라고지의 기본 가정

기본 가정	페다고지	안드라고지
알고자 하는 욕구	학습자는 교사가 가르치는 것을 학습해야만 한다고 인식한다.	성인들은 그들이 학습하기 전에 왜 그것을 학습할 필요가 있는지를 알고자 한다.
자아개념 변화	교사의 학습지에 대한 개념은 의존적인 성격의 개념이다. 따라서 학습자와 자아개념 역시 결과적으로 의존적 성격의 개념이 된다.	성인들은 자기 자신의 결정과 삶에 책임을 진다는 자아개념을 가지고 있다.
경험의 역할	학습자의 경험은 학습자원으로서 거의 가치가 없다. 학습자원에 포함하는 경험은 교사, 교재집필자, 시청각 보조물 제작자의 경험이다.	성인들은 청소년들에 비하여 질적으로나 양적으로 훨씬 풍부한 경험을 가지고 교육활동에 참여한다.

학습준비도	학습자는 교사가 그들에게 학습하도록 강요하는 것들을 학습할 준비가 되어 있다.	성인은 자신의 실제 생활 상황에 효율적으로 대처할 수 있고, 또 그들이 알고자 하는 욕구가 있는 것들에 대해 학습할 준비가 되어 있다.
학습성향	학습자는 학습에 대하여 교과중심적 성향을 가지고 있다. 그들은 학습을 교재 내용 습득으로 본다.	성인들은 학습성향이 생활중심적, 과제중심적, 문제중심적이다.
학습동기	학습자들은 외재적 동기에 의해 학습이 동기화된다.	성인들은 외재적 동기에 반응하기도 하지만 보다 강력한 동기는 내적인 동기—직무 만족, 자아존중감 증진, 삶의 질 향상 등—에 의한 것이다.

출처: 권대봉(1999).

안드라고지의 원리는 성인학습자 및 학습 프로그램을 평가할 때도 적용될 수 있다. 성인학습자와 학습 프로그램을 평가할 때는 가장 먼저 목적을 파악하고, 개인차와 환경차를 분석하며, 마지막으로 안드라고지의 전체적 맥락에 맞게 조정하게 되는 3단계 과정을 거친다. 이러한 분석 시트와 예시는 〈표 3-2〉와 〈표 3-4〉에 제시되어 있다.

표 3-2 안드라고지 학습자 분석 워크시트

안드라고지 원리	적용 가능 여부	학습 영향 요인					
		개인 및 학습 상황			학습의 목적 및 목표		
		주제	개인 학습자	학습 상황	개인 측면	조직(기관) 측면	사회 측면
1) 학습 시작 전, 성인은 그들이 어떤 것을 배워야 하는 이유에 대해 알아야 한다. (**알고자 하는 욕구**)							
2) 성인의 자아개념은 자기주도성에 의해 변화된다. (**자아개념 변화**)							
3) 학습자의 이전 경험은 풍부한 자원이 된다. (**경험의 역할**)							

4) 성인은 생활 속에서 필요성을 느끼고 과업을 수행할 필요가 있을 때 학습준비가 이루어진다. (**학습준비도**)							
5) 성인의 학습은 생활중심으로 이루어진다. 교육은 잠재력을 발휘하는 능력 수준을 높이는 과정이다. (**학습성향**)							
6) 성인학습자의 동기는 외재적이기보다는 내재적이다. (**학습동기**)							

출처: Knowles, Holton, & Swanson (2012).

표 3-3 안드라고지 학습자 분석 예시

- **교육과정:** 캘리그래피
- **교육대상:** 경력단절 여성
- **교육기간:** 3개월
- **교육장소:** 지역주민센터
- **교육과정 소개:** 붓으로 쓰는 손글씨를 익혀 자신만의 개성을 표현하는 방법을 배운다.
- **교육목표:** 훈민정음 서체의 기본 표현을 할 수 있다.
  생각과 감정을 표현하는 글씨를 쓸 수 있다.
  글씨를 응용한 다양한 소품을 만들 수 있다.
- **교육내용**

차시	강의주제	강의내용
1차시	캘리그래피란? 선 연습	붓 사용법 익히기 선긋기 연습
2차시	자음, 모음 배우기	여러 가지 자음과 모음 모양을 쓰면서 붓 사용법 익히기
3차시	단어 써 보기	짧은 단어 써 보기
4차시	문장 캘리그래피	유명 문장을 써 보고 의미를 이야기하기
5차시	캘리그래피의 활용	간판, 제품디자인, 카피 등의 다양한 캘리그래피 작품 감상하기
6차시	소품 제작	엽서, 액자, 부채, 가방 등 소품 만들기

표 3-4 안드라고지 학습자 분석 워크시트 예시

안드라고지 원리	적용 가능 여부	학습 영향 요인					
		개인 및 학습 상황			학습의 목적 및 목표		
		주제	개인 학습자	학습 상황	개인 측면	조직(기관) 측면	사회 측면
1) 학습 시작 전, 성인은 그들이 어떤 것을 배워야 하는 이유에 대해 알아야 한다. (알고자 하는 욕구)	✓		생활 속에서 활용할 기회가 많다.			구직이 가능한 전문적 과정에 관심을 가지도록 유도한다.	지역사회 내 경력단절 여성을 감소시키고자 한다.
2) 성인의 자아개념은 자기주도성에 의해 변화된다. (자아개념 변화)	✓	익숙한 주제다.			구직활동뿐 아니라 여가활동으로 이루어져 삶의 질적 수준을 높인다.		
3) 학습자의 이전 경험은 풍부한 자원이 된다. (경험의 역할)	✓		기존의 능력을 응용하는 측면에서 활용하기가 쉽다.				
4) 성인은 생활 속에서 필요성을 느끼고 과업을 수행할 필요가 있을 때 학습준비가 이루어진다. (학습준비도)	✓			주변에서 빈번하게 접할 수 있는 내용으로 특별한 준비가 요구되지 않는다.			관련 직종으로 연계 가능성이 낮다.
5) 성인의 학습은 생활중심으로 이루어진다. 교육은 잠재력을 발휘하는 능력 수준을 높이는 과정이다. (학습성향)	✓	취업과 관련된 내용으로 구성될 필요성이 있다.					
6) 성인학습자의 동기는 외재적이기보다는 내재적이다. (학습동기)	✓			경력단절로 인해 학습에 대한 동기가 높다.			

안드라고지 원리를 활용할 평가자는 먼저 안드라고지 원리가 개별 학습자에게 얼마나 잘 맞는지를 평가하여 적절성 여부를 표시해야 한다. 그 후 분석자는 여섯 가지 원리 각각이 어느 범위까지 영향을 미치게 되는지를 확인한다. 그 영향을 중요하게 볼 수도 있고 그렇지 않을 수도 있다. 또한 학습자 집단에서 그 영향이 나타나지 않을 수도 있다. 이러한 학습자 분석은 성인학습을 실천할 때 목표 설정과 교육내용 구성에 도움을 준다.

활동 3-1 안드라고지 학습자 분석

지역문화센터 중 하나를 선택하여 가상의 학습자를 분석하시오.

〈안드라고지 학습자 분석〉

안드라고지 원리	적용 가능 여부	학습 영향 요인					
		개인 및 학습 상황			학습의 목적 및 목표		
		주제	개인 학습자	학습 상황	개인 측면	조직 (기관) 측면	사회 측면
1) 학습 시작 전, 성인은 그들이 어떤 것을 배워야 하는 이유에 대해 알아야 한다. (**알고자 하는 욕구**)							
2) 성인의 자아개념은 자기주도성에 의해 변화된다. (**자아개념 변화**)							
3) 학습자의 이전 경험은 풍부한 자원이 된다. (**경험의 역할**)							
4) 성인은 생활 속에서 필요성을 느끼고 과업을 수행할 필요가 있을 때 학습준비가 이루어진다. (**학습준비도**)							
5) 성인의 학습은 생활중심으로 이루어진다. 교육은 잠재력을 발휘하는 능력 수준을 높이는 과정이다. (**학습성향**)							
6) 성인학습자의 동기는 외재적이기보다는 내재적이다. (**학습동기**)							

2. 성인학습의 이론적 기초

인간은 일생 동안 학습한다. 학습은 성인학습자 개인에게 자신의 정체성을 확인시켜 주는 수단이며, 삶의 의미를 일깨워 주는 도구로서 개인의 전 생애를 통하여 성장할 수 있는 기회를 보장해 주는 데 필수적인 요소다. 따라서 성인학습은 삶에 대한 의미와 삶의 방식을 새롭게 구성하며 개조해 나가는 과정이며, 그런 개조 정도에 따라 세상에 대한 이해와 적응을 바꾸어 가는 과정이다(한준상, 2002). 이러한 인간행동의 학습은 지난 수 세기 동안 철학자, 심리학자, 교육자, 정치학자 등으로부터 많은 관심을 받아 왔다. 사람들이 어떻게 학습하는가를 밝히고자 한 연구들은 19세기 후반부터 체계적으로 시작되었다. 그로부터 지금까지 학습에 관한 수많은 이론이 형성되어 왔다.

학습이론이란 학습이 어떤 과정을 통해 이루어지며 어떠한 힘이 학습을 가능하게 하는지를 설명해 주는 이론체계다. 이러한 학습이론들에서는 공통적으로 두 가지 측면에서 학습을 정의하고 있다. 하나는 학습을 인간행동의 결과로 나타나는 지속적인 변화로 가정하는 것이고, 다른 하나는 행동의 변화가 반드시 학습자와 환경의 상호작용에 따른 결과이어야 한다는 것이다. 이러한 관점에서 보면, 학습이론이란 행동에서 나타난 관찰할 수 있는 변화와 이들 변화가 어떻게 해서 나타나게 되었는가를 연결하는 구인으로 구성된다. 다시 말해서, 사람이 자신과 환경을 사용하는 능력을 향상시키기 위해서 환경과 상호작용하는 과정의 속성에 관한 체계적이고 통합적인 견해가 학습이론이다(권두승, 조아미, 2006).

이러한 성인학습의 속성을 설명하는 중요 이론으로는 행동주의 학습이론, 인지주의 학습이론, 인본주의 학습이론, 사회학습이론, 구성주의 학습이론, 정보처리 학습이론 등을 들 수 있다. 각 이론은 전통적인 교육심리학적 이론이지만 성인 학습활동에 유용한 관점을 제공하고 있다.

1) 행동주의 학습이론

Edward Lee Thorndike

행동주의자들은 학습을 행동의 변화과정으로 규정한다. 이들의 연구는 주어진 자극에 대한 측정 가능한 반응을 의미하는 인간의 외현적인 행동에 초점을 둔다. 행동주의는 20세기 초 Watson이 발전시킨 것으로, 다른 학파보다 학습에 관해 다양한 이론을 제시하고 있다. Watson 이후 Thorndike, Pavlov, Guthrie, Hull, Skinner 등의 학자들이 행동주의를 계속해서 발전시켰는데, 그중에서도 특히 Thorndike와 Skinner의 공헌이 크다고 할 수 있다.

Watson은 밖으로 드러나는 행동을 관찰하여 그러한 행동을 일으킨 구체적인 자극을 알아내기만 한다면 인간이 그런 행동을 하는 이유를 완벽하게 설명할 수 있을 뿐만 아니라 특정한 조건에서 인간이 어떻게 행동하는가를 정확하게 예측할 수 있다고 주장하였다(임규혁, 임웅, 2007).

Thorndike는 Watson이 '금세기 최고의 학습이론가'라고 칭할 정도로 뛰어난 학자로, 수많은 연구를 남겼고 다른 행동주의 학자들에게도 영향을 미쳤다. Thorndike의 이론은 시행착오설(trial-and-error theory)이라고 불리는데, 그것은 학습이 시행착오의 과정을 통해 일어난다고 주장했기 때문이다. Thorndike는 동물실험에서 자극과 반응 사이의 결합이 반복되는 시행착오적 학습을 통하여 강해지거나 약해진다는 것을 발견했다(권두승, 조아미, 2006). 그는 일련의 실험을 통하여 중요한 세 가지의 학습법칙을 발견했다. 그것은 효과의 법칙(law of effect), 연습의 법칙(law of exercise) 그리고 준비성의 법칙(law of readiness)이다. 효과의 법칙이란 만족을 주는 반응들은 학습되고 불만족을 가져오는 반응들은 제거되는 경향이 있다는 것이다. 즉, 학습의 과정이나 결과가 만족스러울 때는 결합이 더욱 강해지고 불만족스러울 때는 결합이 약해진다는 것이다. 연습의 법칙은 연습을 많이 할수록 결합이 강화되고 연습 횟수가 적거나 그것을 사용하지 않을 때는 결합이 약화된다는 것이다. 마지막으로, 준비성의 법칙은 유기체가 결합에 대해 준비가 되어 있으면 학습이 일어나지만 그렇지 않으면 억제된다는 것이다.

Thorndike의 학습이론이 성인학습에 시사하는 바는 성인학습자들이 학습에 대해 만족감을 느끼도록 해야 한다는 것이다. 즉, 성인학습에서 목표로 하는 것은 학습에 대한 만족감을 느끼도록 하는 것이라는 것이다(권두승, 조아미, 2006). 성인학습에 있어서 학습에 대한 만족도가 중요한 것은 성인학습이 아동학습과 다르기 때문이다. 즉, 아동은 자신의 학습에 대해 불만족하더라도 배우기를 거부하거나 그만둘 수 없는 경우가 대부분이다. 하지만 성인의 경우 학습과정이나 결과에 만족하지 않는다면 더 이상 학습에 흥미를 느끼지 못하고 학습을 포기할 수도 있다.

러시아의 생리학자였던 Pavlov는 개의 소화과정을 연구하던 중 우연히 조건화로 불리는 학습현상을 발견하였다. 그의 학습이론은 고전적 조건화(classical conditioning)라고 불린다. 고전적 조건화를 간단히 설명하면, 조건 자극에 대한 조건 반응의 결합이라고 할 수 있다. 즉, 무조건 반응을 일으키는 무조건 자극이 중성 자극과 같이 제시되면 처음에는 무조건 자극에 대한 무조건 반응을 보이던 유기체가 나중에는 중성 자극에 대해서도 무조건 자극에 대해서 보였던 것과 같은 반응을 보인다는 것이다. 그리고 이때 보이는 반응은 이전의 무조건 반응이 아닌 조건 반응이고 이전의 중성 자극은 조건 자극이 되는 것이다(권두승, 조아미, 2006). Pavlov의 실험을 예로 들면, 처음에는 개에게 종소리라는 중성 자극을 음식이라는 무조건 자극과 같이 제시하여 침 분비라는 무조건 반응을 일으키게 한다. 이와 같이 종소리와 음식을 짝 지어서 여러 번 제시하면 개는 종소리라는 중성 자극에도 침을 흘리는 반응을 보이게 된다. 즉, 조건형성이 이루어진 후에는 음식을 제시하지 않고 종소리만 들려주어도 침을 흘리는 반응을 보이게 되는 것이다. 이 실험으로 Pavlov는 침 분비와 같은 생리적 행동이 학습될 수 있다는 가능성을 보여 주었다. 뿐만 아니라 Watson은 어린 Albert의 실험을 통해 고전적 조건형성에서 공포와 같은 정서까지도 학습할 수 있다는 것을 보여 주었다(권두승, 조아미, 2006). Albert라는 아기에게 처음엔 흰쥐(중성 자극)와 굉음(무조건 자극)을 함께 들려주어 공포(무조건 반응)를 느끼게 하였는데, 이를 수차례 반복하여 조건형성을 시켰더니 굉음을 들려주지 않고 흰쥐(조건 자극)만 보여 주어도 공포 반응

(조건 반응)을 보이게 된 것이다. 이러한 고전적 조건화 이론에서는 사람과 사물에 대한 정서적 · 인지적 반응이 고전적 조건화 과정을 통해 학습된다고 주장한다(임규혁, 임웅, 2007). 실제로 조건반사로서 고전적 조건화로 설명할 수 있는 현상은 정서적이고 심리적인 학교상황에 다양하게 적용될 수 있다(Brewer, 1974).

고전적 조건형성은 왜 성인들이 자발적으로 학습에 참여하는 것을 꺼리는지를 잘 설명해 준다(권두승, 조아미, 2006). 대부분의 학교에서는 성적에 의해서 학생들을 평가한다. 그러다 보니 소수의 학생만이 학교에서 인정을 받게 된다. 학교에서 제대로 인정받지 못하고 관심을 받지 못하는 많은 학생은 학교라는 곳이 그다지 유쾌한 기억으로 남아 있지 않다. 학교(중성 자극)와 그곳에서의 불쾌한 기억(무조건 자극)이 같이 떠오르기 때문에 많은 성인은 학습에 대해서 흥미를 느끼지 못하는 경우가 많이 있다(권두승, 조아미, 2006). 이러한 성인들이 학습에 참여하도록 하기 위해서는 학습에 대한 새로운 경험이 필요하다. 즉, 학습이라는 중성 자극에 대해서 만족감, 보람, 칭찬 등과 같은 무조건 자극을 같이 경험하게 하여 학습이 불쾌하고 모욕적인 경험이 아닌 유쾌하고 즐거운 경험이 되도록 만드는 것이다. 학습장면에서 기분 좋은 경험이 많을수록 학습의 효과는 높아지게 된다.

행동주의 학습이론을 가장 많이 발전시킨 Skinner의 학습이론은 조작적 조건화(operant conditioning)라고 불리는데, Skinner의 입장은 Pavlov의 고전적 조건화와는 구별된다. Pavlov의 관심이 행동을 유발하기 위한 자극의 조절에 있었다면, Skinner의 관심은 자극에 의해 유발된 반응보다는 유기체에 의해 스스로 방출되는 반응에 있었다. 이러한 방출된 반응 혹은 조작적 행동은 더욱 적극적이고 능동적이며 의도적인 성격을 지니게 된다(권두승, 조아미, 2006). 그리고 조작적 조건화에서는 특정 행동이나 반응의 확률이나 빈도를 증가시키는 강화의 개념이 매우 중요하게 작용한다. 강화(reinforcement)는 반응을 일으키는 자극 혹은 보상이라고 한다. 즉, 어떤 행동을 한 후 강화를 받게 되면 그 행동이 학습될 가능성이 높아지는 것이다. 예를 들어, 어른들에게 인사를 한 후 칭찬받은 경험(강화)이 있었던 아이는 그 후에도 어른들에게 칭찬하는 행동을 많이 하게 된다. 이러한 강화에는 음식, 공기, 물과 같이 선천적인 욕구를 만족시키는 일차적 강화와 원래는 중성 자극이었으나 일차적 강화 또는 다른 이차적 강화와 연합하여 학습된 이차적 강화가 있다. 이차적 강화의 예로는 돈, 사회적 인정, 칭찬, 지위 등을 들 수 있다. 같은 행동주의 이론이라 하더라도 고전적 고전화와 조작적 조건화에서 설명하는 학습과정에는 차이가 있다. 즉, 어떤 행동이 학습되는 과정에 대해 Pavlov는 중성 자극이 무조건 자극과 같이 제시되기 때문에 조건 반응을 일으키는 것이라고 주장하고, Skinner는 우연히 발생한 반응이 강화를 받기 때문에 학습이 이루어지는 것이라고 한다. Skinner에 의하면 강화를 잘 이용하면 원하는 행동을 학습시킬 수 있다.

앞에서 언급한 이론가들 이외에도 행동주의 학습이론가들로는 Guthrie, Hull과 같은 이들이 있다(권두승, 조아미, 2006). Guthrie는 어떤 자극이 주어지면 그것과 시간적으로 매우 근접해 있는 반응이 일어나고 이들 자극과 반응 사이에 바로 결합이 일어난다는 근접성을 제안했는데, 반응을 일으키는 자극을 선택하는 데 있어서 학습자의 역할을 강조했다. Hull은 체계적 행동주의 이론을 주장했는데, 강화를 학습에 있어서 필수적인 요소로 간주했다. 그는 자극이 시작되면 그에 따라 어떤 반응이 일어날지에 영향을 미치는 매개변인을 중요하게 여기는 이론을 발달시켰다. Hull에 의하면 반응은 습관, 장점, 충동 그리고 동기와 같은 요인에 달려 있다.

이러한 행동주의 학습원리를 성인학습에 적용한 이론이 바로 행동주의 성인학습이론이다. 이런 행동주의 성인학습은 개인의 능력에 기초한 여러 형태의 프로그램과 전문직 종사자의 계속교육과 성인 기초교육에 널리 적용되고 있다. 교수의 체계적 디자인, 행동주의적 교육목표, 프로그램 학습, 컴퓨터 보조학습 등 많은 것이 행동주의 학습이론에 근거를 둔 것이다. 성인의 직업과 기술훈련도 학습과제를 작은 과제나 부분으로 나누는 것에서 볼 수 있는 것처럼 행동주의의 영향을 받았고, 인간자원 개발에서 이루어지는 기술훈련도 이와 마찬가지다. 비교적 새로운 분야인 인간자원 개발은 조직체, 특히 산업체에서의 성인학습에 초점을 두고 있다. 고용인들은 객관적이고 양적으로 측정되는 수행의 향상을 위해 교육활동에 참가한다. 학습에 대한 행동주의적 경향은 우리의 교육체계에 중대한 영향을 주었지만 인지주의와 인본주의에 의해 도전을 받고 있기도 하다(한준상, 2002).

행동주의적 경향이 성인학습 및 상담에 주는 시사점은 다음과 같다(권두승, 조아미, 2006).

① 바람직한 행동이 재현될 수 있도록 즉각적이고 정규적인 강화를 제공한다.
② 강화를 하지 않으면 바람직하지 못한 행동은 소거될 것이다.
③ 경쟁적인 반응은 학습과제를 방해할 것이기 때문에 제거되어야 한다.
④ 학습과제에 적절한 배경을 제공하는 것은 과업을 성공적으로 수행하기 위한 선결과제다.
⑤ 학습과제의 모든 구성요소를 구체적으로 확인해야 하며, 이들 각 과업요소들이 학습될 때까지 다양한 실습 기회가 제공되어야 한다.
⑥ 학습자의 과업 수행을 유도하기 위하여 바람직한 행동모형이 활용될 수 있다.
⑦ 과업 수행을 위한 자극은 학습자의 외부는 물론 내부에서도 일어날 수 있다.

2) 인지주의 학습이론

인지주의 학습이론은 행동주의 학습이론과는 큰 대립을 보인다. 자극과 반응의 결합을 통한 학습의 외적 변인들에 주로 관심을 둔 행동주의에 비해, 인지주의는 자극과 반응을 조정하는 기억, 사고와 같은 유기체의 내적 변인을 중요시하였다(이현림, 김지혜, 2003). 인지주의 학습이론에 따르면 여러 상황을 조직하고 연결시키는 법칙에 따라 학습자의 지각은 달라진다. 즉, 학습자는 현상들을 조각 난 무의미한 파편으로 지각하는 것이 아니라 조직된 형태로 지각하려는 경향이 있다(임창재, 2000).

인지주의 학습이론은 크게 세 그룹으로 나누어 설명할 수 있다(권두승, 조아미, 2006).

첫째, 부분보다는 전체에 그리고 독립된 사건보다는 패턴에 관심을 둔 게슈탈트 심리학이다. 여기에는 Lewin, Köhler, Kofka 등이 속하는데, 이들의 학습이론이 인지주의에 공헌한 것은 지각, 통찰 그리고 의미다. 이 중에서 통찰에 관한 것을 살펴보면 다음과 같다(권두승, 조아미, 2006). Köhler는 한 실험에서 침팬지가 천장에 매달려 있는 바나나를 먹기 위해 방 안에 널려 있던 몇 개의 상자들을 포개 놓고 올라가서 바나나를 따 먹는 것을 보았다. 이 과정을 관찰한 그는 침팬지가 Skinner나 Thorndike의 고양이와 같이 시행착오식으로 문제를 해결하는 것이 아니라 잠시 상황에 대하여 생각하는 듯 보인 후 통찰에 의해 즉각적으로 문제를 해결한다는 것을 알았다. 통찰은 어느 순간 불현듯 문제해결 방법이 떠오르는 '아하!' 경험으로 이해될 수 있다. 이러한 통찰은 부분과 부분, 부분과 전체 또는 수단과 목적 간의 관계를 이해하는 것이다. 통찰에 의해 이루어진 문제해결은 먼저 갑자기 일어나고 완전하며 행동으로 옮기는 데 있어 원활하고 오류가 없다. 또한 상당기간 유지되고 반복되며 새로운 장면에 적용될 수도 있다. 더불어 문제해결에 관련된 요소들이 학습자가 지각하기 쉽도록 잘 배열되어 있을 때 통찰은 더욱 쉽게 일어난다(이현림, 김지혜, 2003).

둘째, 내적 인지과정에 관심을 가진 인지심리학자인 Piaget다. Piaget의 이론에서 인간의 지적 능력은 개인이 주어진 환경에 효과적으로 적응할 수 있는 능력을 의미한다. Piaget는 생물체가 환경에 순응하기 위하여 자신의 신체구조를 바꾸어 가듯이, 인간도 환경 내의 여러 사상을 수동적으로 받아들이는 것이 아니라 능동적인 활동을 통해 끊임없이 자신의 인지구조를 재구성해 나가는 것으로 생각한다. 이것을 성인학습과 관련시켜 생각해 보면, 학습에 있어서 학습자는 재조직하고 재구성하여 자신에게 알맞게 받아들이는 것으로 해석할 수 있다. 또 Piaget는 인간의 인지발달은 생득적 요인인 성숙과 환경적 요인의 영향을 받는다고 했는데, 이것은 학습에 시사하는 바가 크다고 할 수 있다(권두승, 조아미, 2006).

마지막으로, 학습에서의 정신적 과정에 초점을 둔 입장이 있다. 여기에는 정보처리이론, 기억, 초인지, 전이이론, 전문가에 대한 연구, 컴퓨터 시뮬레이션, 인공지능 등이 있다.

인지주의와 관련해서 언급할 분야는 교수이론이다. 교수이론은 학습에 관해 알려진 것과 학습을 촉진시키는 방법을 결합시키려는 시도다. Ausubel, Bruner, Gagné 정신과정의 이해를 어떻게 학습에 연결시킬 수 있는가에 관한 좋은 예를 제공해 준다.

Ausubel(1968)은 유의미학습(meaningful learning)과 기계적 학습(rote learning)을 구별했다. 기계적 학습은 개인의 인지구조와 연결되어 있지 않기 때문에 쉽게 잊힌다. 반면, 유의미학습은 학습자가 새로운 학습내용을 기계적으로 암기하는 것이 아니라 나름대로 이해한 형태로 받아들이기 때문에 더 효과적인 학습이 이루어진다고 볼 수 있다. 유의미학습은 새로운 지식이 기존의 정착 지식(anchoring ideas) 혹은 인지구조에 연결되거나 포섭됨으로써 발생한다. 포섭이란 개인의 인지구조에 이미 존재해 있는 개념을 통해 새로운 개념을 이해하고 학습하게 되는 것으로 이해할 수 있다. Ausubel은 이 포섭이 어떻게 이루어지는가를 설명하기 위해 선행조직자(advanced organizer)라는 개념을 가정하였다. 선행조직자는 새로운 정보나 지식을 포괄할 수 있도록 포괄자(subsumer)의 기능을 수행한다. 따라서 학습은 포괄자에 의해 새로운 정보나 지식을 포섭하는 것이며, 이것은 주로 기억작용에 의해서 이루어진다. 따라서 교수자들은 학습자들의 선행조직자를 잘 활용하여 효과적인 학습, 유의미학습이 이루어지도록 도와야 한다. 즉, 학습자들이 정보를 수동적으로 받아들이는 학습이 아니라 학습자 자신의 적극적인 사고의 과정을 통해서 정보를 처리하는 학습을 할 수 있도록 해야 한다.

Bruner는 발견을 통한 학습을 강조했다. Knowels에 의하면 Bruner의 교수이론은 세 개의 거의 동시적 과정을 포함하는 학습활동에 관한 이론이다(이현림, 김지혜, 2003). 첫째, 새로운 지식의 습득, 둘째, 새로운 과제를 그것에 맞도록 지식을 조작하거나 변형하는 과정, 셋째, 우리가 지식을 조작한 방법이 그 과제에 적합했는가를 검토 혹은 평가하는 과정이다.

지식의 획득과 그 과정을 교수에 연결시킨 교수이론가들 중에서 가장 중요한 사람은 Gagné다. 그는 지식에는 신호학습, 자극-반응, 운동훈련, 언어적 연합, 차별학습, 개념학습, 규칙학습 그리고 문제해결의 여덟 가지 유형이 있으며, 이들에는 각각 적절한 교수절차가 있다고 했다.

행동주의자들과는 반대로, 인지주의적 관점을 취하는 연구자들은 인간의 내재적인 정신과정에 초점을 둔다. 인지주의자들은 정신이 환경에서의 특정 자극을 어떠한 과정을 거쳐서 의미 있는 것으로 받아들이는가에 관심을 가진다. 이와 같은 경향은 특히 발달적 관점에 입각하여 성인학습을 연구하는 데 두드러지게 나타난다. 이 입장은 노화가 정보를 저장하고 인출하는 인간의 능력에 어떠한 영향을 미치며 성인의 내적 정신구조에 어떠한 영향을 미치는가 등에 관심을 두고 있다. 이들 인지주의적 경향이 성인 학습지도에 주는 주요 시사점을 제시하면 다음과 같다(권두승, 조아미, 2006).

① 성인학습자의 생활공간은 아동의 경우보다는 매우 다양하며 분화되어 있다.
② 학습활동은 학습자의 인지적 발달을 반영하는 지식의 구조와 밀접하게 관련될 때 보다 효과적이다.
③ 학습은 외부적으로 제공된 체계를 통하여 관찰된 세계를 재조정하고 분류하며 의미를 부여하는 귀납적인 탐구활동의 결과로 나타난다.
④ 학습은 개인이 현상적인 세계를 경험할 때 그들 자신의 구조를 설정하는 것과 같은 귀납적인 탐구활동의 결과로 나타난다.
⑤ 학습목표는 최종적인 상황을 의미하며 이는 개인이 기존에 지니고 있던 폐쇄적인 개념을 수정하는 것과 같은 형태로 나타난다.

3) 인본주의 학습이론

인본주의 이론가들은 학습을 성장에 대한 인간의 잠재력으로 보는 입장을 취하고 있다. 학습을 인지적인 차원뿐만 아니라 정서적인 차원으로 파악한 학습이론이다.

제3의 심리학이라고 불리는 인본주의 심리학은 인간의 행동이 환경이나 개인의 전의식에 의해서 미리 결정된다는 생각을 수용하지 않는다. 오히려 인간은 자

Abraham Harold Maslow

신의 운명을 개척할 수 있고, 인간은 선천적으로 선하고, 보다 나은 세상을 위해 투쟁할 의미가 있고, 행동은 인간이 선택한 결과이며, 인간은 성장과 발달에 대한 무한한 가능성을 가지고 있다고 본다. 학습이론의 관점에서 보면 인본주의는 개인의 가능성을 발휘할 수 있는 자유와 책임감뿐만 아니라 지각이 경험의 중심에 있다는 것을 강조한다. 인본주의는 성인의 자기주도성과 학습과정에서 일어나는 경험의 가치를 강조하는 많은 성인 학습이론의 근거가 되고 있다(권두승, 조아미, 2006). 이러한 입장에서 학습에 대해 공헌한 두 명의 학자로 Maslow와 Rogers가 있다.

Maslow는 인본주의 심리학의 창시자로 여겨진다. 그는 욕구의 위계에 기초한 인간의 동기이론을 제안했다. Maslow(1943)에 의하면 인간은 내적 욕구를 가지고 태어나고 이 욕구를 만족시키기 위해 노력한다. 이러한 욕구는 위계를 가지고 있고 하위의 욕구가 충족되어야 상위의 욕구가 추구된다. 즉, 위계의 가장 낮은 수준은 배고픔이나 목마름과 같은 생리적 욕구로, 인간이 안전에 대한 욕구를 다루기 전에 충족되어야 하는 것이다. 그다음은 소속감과 사랑의 욕구, 자아존중감에 대한 욕구의 순이고, 마지막은 자아실현에 대한 욕구다. 이 마지막 욕구는 자신이 할 수 있는 데까지 성장하기를 바라는 것이라고 할 수 있다. 학습하려는 동기는 내적인 것이고, 이것은 학습자로부터 오는 것이다(권두승, 조아미, 2006). Maslow에 따르면 인간은 문화와 다른 개인과 독립하여 태어나면서부터 그 자아 안에 어떤 타고난 본성을 갖고 있다. 교육이란 그 타고난 본성을 발견하고 그 본성이 완전히 실현되도록 돕는 것이다(고미숙, 2001).

학습에 대한 인본주의적 관점을 논하는 데 있어서 또 다른 중요한 사람은 Rogers다. 그는 『1980년대를 위한 학습의 자유(Freedom to Learn for the 80's)』(1983)라는 책에서 자신의 학습이론을 제시했다. 학습에 관한 Rogers의 입장은 심리치료가 학습과정이라는 것이다. 그리고 Rogers는 이러한 관점에서 성격이론에 대한 19개의 명제를 발달시켰고 이것을 교육에 응용하려고 모색하였다. 이러한 과정은 그로 하여금 인간 중심 치료와 같은 선상에서 학습자중심 교수를 개념화하도록 했다. 학습자중심 접근에서는 5개의 기본적인 가정을 교육에 적용하도록 하고 있다. Rogers가 주장한 5개의 가정은 다음과 같다(권두승, 조아미, 2006).

① 인간은 다른 인간을 가르칠 수 없다. 단지 그의 학습을 촉진시킬 수 있을 뿐이다. 이것은 교육에 있어서 교사가 무엇을 하는가에서 학습자에게 어떤 일이 벌어지고 있는가로 관심의 초점이 옮겨져야 한다는 것을 의미한다.
② 인간은 어떤 것이 자아의 구조, 유지, 향상과 관련된 것으로 지각될 때에만 학습한다. 이것은 학습자가 자신에게 중요하다고 생각해야만 학습이 일어난다는 것을 강조하는 것으로서, 이러한 관점에서 보면 필수과목이나 강요에 의한 학습에 대해 의문을 던져 볼 필요가 있다는 것을 알 수 있다.
③ 자아에 변화를 가져온 경험은 상징의 왜곡이나 부인에도 달라지지 않는 경향이 있다.
④ 위협이 없을 때 자아의 구조와 조직은 더 강건해지고 그 안에서 이완하는 듯이 보인다. 자아와 불일치하는 것으로 지각된 경험은 자아의 현 조직이 이완되고 그것을 포함하도록 확장될 때만 동화된다. 이것은 개인에게 의미 있는 학습이 되도록 하기 위해서 자아를 위협하는 것이 없다는 것을 인식하도록 하고, 수용적이고 지지적인 분위기를 제공하는 것이 중요하다는 것을 강조하는 것이다.
⑤ 의미 있는 학습을 가장 효과적으로 촉진할 수 있는 교육적 상황은 학습자의 자아를 위협하는 요소가 최소한으로 존재하고 장에 대한 분화된 지각이 촉진되는 것이다. 여기에서 분화된 지각이란 자아가 위협받지 않는 것을 의미한다.

Rogers는 학습을 전적으로 학습자에 의해서 통제된 내적 과정이며 학습자가 전체적으로 자신이 지각하는 대로 자신의 환경과 상호작용한다고 보았다. 교육과 심리치료에서 Rogers는 개인의 성장과 발전으로 이끄는 학습에 관심을 가졌다.

인본주의는 인간의 본질, 잠재력, 감정 그리고 정서에 보다 많은 관심을 집중시킨다. 이와 같은 전통을 받아들이는 연구자들은 학습이란 모름지기 인지적 과정이라든가 외현적인 행동이라기보다는 동기라든가 선택, 책임 등과 같은 것을 포함하고 있다는 것을 강조한다. 안드라고지 이론에 입각한 성인학습이라든가 자기주도적 학습에 관심을 두고 있는 사람들은 대부분 인본주의적 가정에 초점을 두고 있다.

Rogers의 학습원칙과 Maslow의 견해는 많은 성인학습에 응용된다. 성인학습자에 관한 Knowles의 안드라고지 이론의 가정과 자기주도적 학습론은 인본주의적 학습이론에 근거하고 있다. 자기주도적 학습에서 볼 수 있듯이 학습의 초점은 개인과 자기발달에 있으며 학습자는 자신의 학습에 일차적인 책임이 있다. 학습자의 욕구에 기초한 학습과정은 내용보다 더 중요하게 여겨진다. 그러므로 교육자가 학습과정에 참여할 때 그들의 가장 중요한 역할은 촉진자 혹은 지도자로서 활동하는 것이다. 더욱이 인본주의 이론가들은 사람들이 학습하려는 경향이 있고 만일 학습을 장려하는 환경이 주어지면 학습이 왕성하게 일어나기 때문에 진정한 학습사회를 설계하려는 잠재력을 가진다고 한다.

이들 인본주의적 경향이 성인 학습지도에 주는 주요 시사점을 언급하면 다음과 같다(권두승, 조아미, 2006).

① 인간은 본성적으로 학습에 대한 잠재력을 지니고 있다.
② 의미 있는 학습은 학습자에 의해서 특정 주제가 그 자신에게 의미 있는 것으로 지각될 때 일어난다.
③ 자아를 위협하는 학습이 보다 용이하게 지각될 수 있고 외부의 위협이 최소한에 그칠 때 동화작용이 일어난다.
④ 학습자가 학습의 과정에 책임이 있다고 여길 때 학습이 보다 잘 촉진된다.
⑤ 학습자가 학습과정에 주도적으로 참여한 학습의 결과가 가장 오래도록 지속된다.
⑥ 학습자가 지속적으로 개방적인 경험을 통해 그리고 변화과정에 적극적으로

참여할 때 가장 유용한 학습이 일어난다.

4) 사회학습이론

사회학습이론은 행동주의와 인지주의의 영향을 받은 것으로 다른 사람을 관찰함으로써 사람들이 학습한다는 입장이다. 이와 같은 관찰이 사회적 맥락에서 일어나기 때문에 이것을 사회학습이라고 한다. 이러한 사회학습이론의 대표적인 인물은 Bandura다.

Bandura(1977, 1986)는 결과로 나타난 행동보다 관찰에 포함된 인지과정에 더 초점을 맞추었다. 그의 이론에서 핵심이 되는 것은 모방행동으로부터 관찰을 분리한 것이다. 개인은 관찰한 것을 모방하지 않고도 학습할 수 있다고 한다. 실제로 학습은 대리적일 수 있다. 직접경험으로부터 오는 모든 학습현상은 다른 사람의 행동을 관찰하고 그 결과를 통해서 대리적으로 일어날 수 있다. Bandura의 관찰학습은 인지적이고 대리적인 것과 더불어 자기규제의 개념이 특징이라고 할 수 있다. 그는 개인이 자신의 행동으로 나타나는 결과를 가시화함으로써 어느 정도 자신의 행동을 통제할 수 있다고 주장한다.

관찰학습은 주의, 기억보존, 행동연습 그리고 동기의 네 과정에 영향을 받는다. 우선 어떤 것을 학습하기 전에 주의를 기울일 모델이 있어야 한다. 유능하고 강력하고 매력적인 모델은 다른 모델보다 더 주의를 끈다. 그다음 관찰로부터 얻은 정보를 미래에 사용하기 위해서는 그것이 저장되어야 하고, 연습하는 과정에서는 자신의 행동을 자신이 관찰하고 모델이 보여 주었던 것과 비교한다. 마지막으로, 이러한 행동은 동기가 유발될 때까지 저장된 채로 남아 있다.

이와 같은 Bandura의 이론으로부터 학습에 대한 두 가지 시사점을 도출해 볼 수 있다(권두승, 조아미, 2006). 하나는 교사가 의도하지 않아도 교사는 모델이 되어 학습자로 하여금 교사의 사고나 행동을 학습하도록 할 수 있다는 것이다. 그러므로 교사는 모든 면에 있어서 학습자에게 모범이 될 수 있도록 행동하는 것이 바람직하다. 다른 하나는 모델링이나 관찰을 하나의 학습방법으로 이용해 보라는 것이다. 모든 학습에서 다 적용되는 것이겠지만 성인학습에서 최적의 효과를 얻기 위해서는 다양한 학습방법이 수업에서 활용되어야 한다. 사실 이제까지 사회학습이론의 주요 개념인 모델링이나 관찰이 하나의 학습방법으로 이용되는 경우는 드물었다. 그러나 이러한 방법을 제대로 활용하면 학습효과를 극대화할 수 있다. 즉, 그룹 토의를 할 때 모델링이나 관찰 후에 토의하도록 하면 훨씬 더 효과적일 수 있다는 것이다.

최근 Bandura는 자기효능감에 관심을 가지고 있는데, 이것은 자신이 특정 환경에서 얼마나 잘할 수 있는지에 대한 자신의 평가다. 이러한 자기평가는 우리가 다른 사람이나 환경에 얼마나 효과적으로 상호작용하는가에 영향을 준다. 뿐만 아니라 자기효능감은 개인이 과제를 선택하거나 장애가 있을 때 그 과제를 얼마나 오랫동안 수행하려고 하느냐를 결정한다. 자기효능감이 높은 사람은 도전적인 과제를 선택하고 장애가 있더라도 그 과제를 끝까지 수행하려고 노력하는 경향이 있다. 그러나 자기효능감이 낮은 사람은 자신의 능력에 비해 너무 쉽거나 어려운 과제를 선택하고 장애가 생기면 쉽게 포기하는 경향을 보인다(권두승, 조아미, 2006). 결국 자기효능감은 학습자 스스로에게 긍정적인 감정을 경험하도록 하여 상위의 과제에 도전하려는 열정을 갖게 하고 높은 성취 수준을 얻도록 한다. 따라서 성인학습자의 자기효능감에 대한 관심이 필요하다.

Bandura의 이론은 학습과 환경을 모두 설명한다는 점에서 성인학습과 특별히 더 관계가 있다. 행동은 개인과 환경이 상호작용한 결과다. 이것은 개인이 환경에 영향을 미치고 환경은 다시 그가 행동하는 방식에 영향을 미친다는 점에서 상호적인 개념이다. 이러한 삼자 상호작용론(triadic reciprocality)은 Bandura에 의해서 삼각형으로 표시되었다. 이것을 보면 학습은 사회적 맥락 안에서 견고히 이루어진다는 것을 알 수 있다.

몇 가지 유용한 개념이 사회학습이론으로부터 도출된다. 예를 들면, 성인 학습활동에의 참여동기는 부분적으로 Rotter의 통제소재(locus of control) 개념에 의해서 설명될 수 있다. 어떤 사람들은 자신의 성공과 실패를 그들이 통제할 수 없다고 느끼는 요인의 탓으로 돌리고, 어떤 사람들은 개인적 · 내적 요인으로 돌린다.

동기와 성인교육에의 참여의 관계는 다음의 예에서와 같이 설명될 수 있다(권두승, 조아미, 2006). 어떤 사람은 자신의 실직을 경제, 자신의 나이, 성과 같은 그가 통제할 수 없는 어떤 요인의 탓으로 돌린다. 그리고 어떤 사람은 통제소재가 좀 더 내적이며 자신의 실직이 자신이 다른 동료와 잘 어울리지 못하거나 컴퓨터 기술이 부족하기 때문이라고 생각한다. 이 사람은 고용기회를 증가시키기 위해서 학습활동에 참가할 확률이 높다. 성인학습과의 다른 관계는 맥락의 중요성과 행동을 설명하기 위한 환경과 학습자 간의 상호작용이다. 즉, 학습을 설명하는 것에는 눈에 보이는 행동, 정신과정 혹은 성격보다 그 이상의 것에 초점을 맞출 필요가 있다는 것이다. 이러한 모든 요인 간의 상호작용을 연구하는 것은 성인이 어떻게 학습하는가를 보다 구체적으로 설명해 준다.

Bandura의 자기효능감도 성인학습과 관련이 있다. 예를 들면, 자기효능감이 높은 사람은 자신이 컴퓨터를 꼭 배워야 한다면 내용이 다소 어렵다거나 경제적 혹은 시간적으로 문제가 발생하더라도 끝까지 배우려고 노력할 것이지만, 자기효능감이 낮은 사람은 이러한 문제가 생기면 쉽게 컴퓨터 배우기를 포기할 것이다. 그렇기 때문에 학습자의 자기효능감 수준을 파악하여 그에 따라 과제의 난이도를 조절할 필요가 있다. 자기효능감이 낮은 학습자는 쉬운 과제부터 하나씩 해결하여 과제가 끝날 때마다 성취감과 자신감을 경험하도록 하는 것이 중요하다. 그러나 자기효능감이 높은 학습자는 실제 능력보다 약간 어려운 과제를 통하여 오히려 자신의 능력을 과시할 수 있는 기회를 주는 것이 필요할 수도 있다(권두승, 조아미, 2006). 그러나 자기효능감은 고정적인 성격이나 특성이 아니다. 자기효능감의 속성은 적절한 계획이 수반되면 충분히 경험할 수 있고 변화될 수 있다. 따라서 성인학습을 진행하는 교사는 성인학습자가 자기효능감을 경험하고 그러한 경험이 그들의 동기에 다시 긍정적인 영향을 줄 수 있도록 할 필요가 있다.

새롭고 복잡한 행동을 가르침에 있어 길고 긴 조건형성 과정을 밟아 일일이 체험하지 않고도 학습이 가능할 때 사회학습이론의 경제성과 효과성은 길게 설명할 필요가 없다. 사회학습이론은 자신이 처한 환경에서 만나는 사람들의 행동을 관찰함으로써 이루어지므로 사회적 상황의 중요성을 부각시켰고 성인학습자 상호

간의 모델링과 멘토링의 과정을 설명하는 데 있어서 사회적 맥락을 강조하는 성인학습에 많은 영향을 미쳤다(권두승, 조아미, 2006; 이현림, 김지혜, 2003).

5) 구성주의 학습이론

구성주의는 기존 학습이론의 주류를 이루었던 행동주의와 초기 인지주의를 포괄하는 이른바 객관주의와 완전히 대조되는 인식론적 입장을 취하고 있다. 구성주의에서는 학습자의 능동적인 지식 구성과정이 학습이라고 본다. 어떤 지식을 학습한다고 했을 때 그 지식이 갖고 있는 의미는 학습자 개인의 경험에 근거하여 이해된다는 것이다. 이렇게 자신의 경험에 근거하여 지식을 구성하기 때문에 같은 내용을 배웠다고 하더라도 학습결과, 즉 학습자들이 구성한 지식의 의미는 모두 달라질 수 있다. 구성주의는 하나의 전략이 아니라 세계를 보는 하나의 철학 또는 관점이라는 입장인 반면, 행동주의 이론과 같은 하나의 학습이론으로 보는 입장도 있다(황윤한, 1996).

기본적으로 구성주의자들은 학습이 의미를 구성하는 과정이라는 입장을 취하고 있다. 이것은 어떻게 사람들이 그들의 경험을 의미 있게 하느냐 하는 것이다. 구성주의자들은 기본적 가정에 대해서는 일치된 견해를 보이고 있지만 현실의 성격, 경험의 역할, 관심 있는 지식, 의미를 만드는 과정이 일차적으로 개인적인 것이냐 아니면 사회적인 것이냐에 대해서는 각기 다른 견해를 가지고 있다.

구성주의는 크게 개인적 구성주의와 사회적 구성주의로 구분할 수 있다. 개인적 구성주의의 관점에서는 교수자가 인지적 갈등을 유발하는 경험을 제공해서 학습자가 경험에 더 잘 적응할 수 있는 새로운 스키마를 개발하도록 격려하는 데 중점을 둔다. 집단토의에서 제시된 실용적인 활동들은 교육학적 연습의 핵심을 형성한다. 한편, 사회적 구성주의자들은 지식이란 개인이 사회적으로 공유하는 문제나 과제에 관해서 말하고 행동할 때 형성된다고 생각한다. 의미를 만드는 것은 사람들 간의 대화과정이고, 학습은 사회적 접촉을 통해 하나의 문화 속에 동화되는 과정이라고 본다. 이러한 접근법에서는 학습이 문화적으로 공유된 방식으로 세계와 현실에 대해서 이해하고 말하는 것을 의미한다.

어느 쪽의 입장을 지지하든지 간에 각각의 입장이 각각의 인식론과 독립적인 신뢰성을 가진다는 중요한 교육적 시사점이 있다. 사회적 구성주의의 입장에 있는 Candy(1991)는 이러한 견해가 어떻게 성인교육에서 적용될 수 있을지에 대해서 논의하였다. 지식을 많이 축적한다는 것은 사회에 적절한 상징적 의미구조를 획득하는 것이고, 지식은 사회적으로 형성되기 때문에 사회의 구성원은 지식의 테두리에 새로운 것을 첨가할 수도 있고 변화시킬 수도 있다. 특히 성인에게 교수와 학습은 개인적으로 관련이 있고 실용적인 의미를 구성하고 교환하는 것을 포함하는 협상의 과정이다.

구성주의자의 입장은 성인학습이론의 많은 부분에서 공감되고 있다. Candy (1991)는 학습에 대한 구성주의자들의 입장이 특히 자기주도성의 개념에서 조화를 이룬다고 보았다. 왜냐하면 그것은 활동적 탐구, 독립성 그리고 학습과제에서의 개인성의 조합된 특징을 강조하기 때문이다. 또 많은 성인학습 분야는 본질적으로 구성주의적 요소를 띠기도 한다. 인지적 도제제도, 상황적 학습 그리고 반성적 훈련과 같은 개념들은 성인학습과 구성주의자의 문헌에서 공통적으로 나타나는 것이다. 구성주의와 상황적 인지 개념이 특히 영향을 미치는 분야는 계속전문교육과 인간자원개발 분야다(권두승, 조아미, 2006).

마지막으로, 구성주의는 학습자가 그들 자신의 경험으로부터 지식을 구성하며 관점을 재조정하는 것을 강조한다. 구성주의의 중요한 인식론적 가정은 인간이 외부 세상에 대한 독특한 경험과 믿음에 의해서 모든 외부의 실재를 다르게 받아들인다는 것이다. 여기서 그 실재는 구성되고 해석되어 인간의 정신 속에서 그 이상의 것이 된다. 다시 말해서, 구성주의에서는 지식이 개별적으로 구성되어 사람의 마음에 내재되어 있으며, 인간은 상호작용에 의해 보다 잘 협동하고 타협한다고 보고 있다. 따라서 구성주의에 의하면 인간은 외부세계에 있는 실재의 본성을 경험에 의하여 의미 있게 구성하고 학습을 이끌어 내는 동시에 개인적인 학습목적을 추구하게 된다. 이러한 맥락에서 구성주의에서는 효과적인 학습지도를 위해서 실제 세상의 문제를 현실적인 상황하에서 다루고 학습자가 상호작용을 통해 서로 협동하여 문제를 해결하도록 하는 데 초점을 맞추고 있다(권두승, 조아미, 2006).

급속한 정보화로 사회가 급속하게 변화함에 따라 기존의 수동적이고 암기 위주의 교사중심 교육이 지닌 한계와 문제점에 대해 대안적인 학습방법으로 구성주의 학습이론이 대두하게 되었다. 구성주의 학습이론은 학습자들의 자율성을 존중하고, 환경과 상호작용하면서 경험을 통해 의미를 구성하고, 학습자가 능동적이고 창조적이며, 학습자가 중심에 있는 학습이론이다. 성인학습도 급격한 사회 변화에 적응하고, 학습자들의 다양한 욕구를 만족시키며, 주도적인 삶을 살기 위해 대두하였다. 성인학습자는 학습의 주체로서 삶의 경험이 풍부하고, 자신의 욕구가 무엇인지를 잘 알기에 능동적이고 합리적이다. 또한 성인학습자는 스스로 의문을 제기하고, 각자의 독자적인 해석을 통해 의미를 부여하며, 적극적이고 자율적인 학습자로서 학습의 중심에 있다. 이는 성인학습이 구성주의 학습이론에서 주장하는 것과 일맥상통하므로 구성주의 학습이론으로 접근하지 않으면 안 된다. 그러나 구성주의 학습이론이나 성인학습은 지나치게 자율성을 강조하므로 목표를 달성하기가 어렵고, 취미나 관심 있는 분야만을 좇다 보면 편중된 지식만을 습득할 수 있다는 것을 문제점으로 볼 수 있다.

6) 정보처리 학습이론

정보처리 학습이론은 인지심리학에서 최근에 대두되고 있는 이론이다. 인지심리학이 '인간의 정보처리'에 관한 이론으로 여러 견해를 포괄하는 것이라면, 정보처리이론은 그중에서도 정보의 획득, 파지(기억), 활용과정에 중점을 두어 학습의 한 국면을 다루는 이론이라 할 수 있다. 따라서 정보처리이론은 말 그대로 행동상의 외적 변화가 아니라 정보의 내적 처리과정에 관심을 두는 것이다. 즉, 새로운 정보가 투입되고 저장되며 기억으로부터 인출되는 방식에 대한 이론이다. 학습은 일련의 정보 투입으로 볼 수 있으며, 이렇게 저장된 정보는 유사한 환경이나 새로운 문제상황에서 회상, 즉 인출된다는 것이다(안범희, 1996).

정보처리 학습이론은 정보와 관련된 인간의 내적 처리과정을 컴퓨터의 처리과정에 비유하고 있다. 따라서 정보처리이론에서는 컴퓨터의 램이나 하드디스크와 같이 정보가 투입되고 저장되는 물리적 요소에 대한 주제, 이들 정보가 하나의 물리적 요소에서 다른 요소로 이동하는 과정을 의미하는 정보의 처리과정에 대한 주제에 대해 관심을 갖는다. 따라서 정보처리 학습이론의 구조는 정보 저장소와 인지처리 과정이라는 두 가지 요소로 구분하여 파악할 수 있다(임규혁, 임웅, 2007).

정보처리 학습이론의 정보 저장소에는 감각등록기, 작동기억, 장기기억의 세 가지가 있다. 감각등록기는 학습자가 환경으로부터 눈이나 귀와 같은 감각기관을 통해 최초로 정보를 저장하는 곳이다. 감각등록기는 자극에 대한 반응이 아주 정확하지만 매우 짧은 저장능력을 가진다는 특징을 가지고 있다. 작동기억은 단기기억이라고도 하며 정보가 일시적으로 기억되는 장소다. 성인의 경우 5~9개의 정보가 약 20초 정도 저장된다. 작동기억에서는 청킹(chunking)의 역할이 매우 중요하다(임규혁, 임웅, 2007). 청킹이란 분리되어 있는 항목을 보다 큰 묶음으로, 보다 의미 있는 단위로 조합하는 것을 의미한다. 예를 들어, 1 9 1 9 1 9 4 5 1 9 5 0의 일련의 숫자를 그대로 외우는 것보다는 1919, 1945, 1950과 같이 묶으면(청킹) 더 효과적으로 기억할 수 있다. 한편, 장기기억은 무한한 정보를 영구적으로 저장할 수 있는 곳이다. 장기기억은 일상기억과 의미기억의 두 부분으로 구성되어 있다. 일상기억은 경험에서 오는 기억들로 주로 이미지로 부호화되어 있고 의미기억은 문제해결 전략과 사고기술 그리고 사실, 개념, 일반화, 규칙 등이 저장되어 있다.

정보처리 과정을 보면 주의집중, 지각, 시연, 부호화, 인출, 망각 등의 과정이 포함되어 있다(임규혁, 임웅, 2007). 주의집중(attention)이란 자극에 반응하는 것을 의미한다. 주의집중의 독특한 특성은 그것이 선택적이라는 것으로 주의집중하지 않으면 감각등록기의 자극은 유실된다. 따라서 학습은 주의집중을 함으로써 시작된다. 지각(perception)이란 경험에 의미와 해석을 부여하는 과정이다. 감각등록기에 들어온 자극에 일단 주의집중을 하면 그러한 자극에 대해 지각을 하게 된다. 시연(rehearsal)은 작동기억 안에서 이루어지는 처리과정으로서 정보를 소리 내어 읽든지 속으로 되풀이하든지 간에 그것의 형태와 관계없이 계속해서 반복하는 것을 의미한다. 작동기억 안으로 들어온 정보는 시연을 통해 파지(retention)가 되기도 하고 장기기억으로 전이가 이루어지기도 한다. 부호화(encoding)란 장기기억 속에 존재하고 있는 기존의 정보에 새로운 정보를 연결하거나 연합하는 것으로, 작동기억에서 장기기억으로 정보를 이동시키는 과정을 의미한다. 부호화는 정보처리 모델에서 가장 중요한 인지처리 과정이라고 할 수 있는데, 이는 부호화가 일어나지 않는다면 우리가 받아들이는 대부분의 정보가 단지 일시적으로 저장되기 때문이다. 마지막으로, 인출(retrieval)이란 장기기억에서 정보를 찾는 탐색과정이며 부호화와 밀접하게 관련되어 있다. 이는 효과적으로 부호화되지 않으면 효과적으로 인출될 수 없음을 의미한다.

정보처리 학습이론은 성인학습자의 감각기관이나 뇌의 노화에 따른 학습방안을 찾고자 할 때 고려할 이론이다. 성인학습자는 감각등록기나 단기기억과 작동기억에서 어려움이나 변화를 경험할 수 있다. 그러나 성인학습자의 장기기억에는 이미 축적되어 존재하는 정보가 있기 때문에 그러한 정보를 인출하고 네트워크 구조를 형성하는 것이 더 효과적일 수 있다. 정보처리 과정의 시작은 주의집중이므로, 성인학습자의 주의집중을 향상시키려면 이를 방해하는 요인인 심리적 요인, 환경적 요인 등을 정비할 필요가 있다.

정보처리 학습이론과 같은 인지주의 학습이론에서 가장 중요한 함의점은 초인지(meta-cognition)다. 초인지란 인지전략을 효과적으로 선택하고 처리하는 능력으로, 인지활동을 점검, 관리, 조정하는 인지양식이다. 이를 두 가지 기술로 분류하는데, 하나는 언제, 어떻게 계획되어야 하는가를 아는 기술이고 다른 하나는 효과적인 전략들을 선택하는 기술, 진행 중인 전략적 행동을 점검 · 관리하는 기술이다. Brown(1980)에 의하면 연령에 관계없이 초인지활동이 결핍된 학생은 문제해결 능력이 낮은 것으로 나타났다. 초인지는 성인학습자가 이미 지닌 다양한 학습 관련 정보를 다루는 전략이므로 성인학습에서는 많은 내용을 다루기보다는 그 내용을 어떻게 효과적으로 다룰 것이지를 결정할 때 적용될 수 있다.

3. 성인학습의 원리

성인학습에 대한 이해를 기반으로 성인학습을 효과적으로 전개할 수 있도록 도와주거나 지원할 수 있는 원리를 도출하는 것은 의미가 있다. 다양한 성인학습에 대한 관점 속에서 공통적으로 발견되는 성인학습의 속성들은 다음과 같다.

① 성인학습은 형식적이든 혹은 비형식적이든 자발적인 학습으로 이루어진다.
② 성인학습은 자기주도학습(self-directed learning)의 형태로 나타난다.
③ 성인학습은 문제해결을 위한 실천학습을 중요하게 여긴다.
④ 성인학습은 '나홀로 학습'뿐만 아니라 다른 학습자들과의 협력학습이나 참여학습을 더 중요시한다.
⑤ 성인학습은 다른 학습자들과의 경험 공유와 학습자원 공유를 강조한다는 점에서 삶 속에서의 익힘을 강조한다(한준상, 2002).

이러한 관점에서 성인학습의 기본 원리에 대한 주장은 매우 다양하다. 능률적인 학습을 위한 성인학습의 원리로 박노열(1987)은 참여 및 조직의 원리, 다양성의 원리, 상호학습의 원리, 상호속성의 원리를, 조용하(1988)는 자발성의 원리, 자기학습의 원리, 상호학습의 원리, 생활적응의 원리, 지역성의 원리, 능률성의 원리를 제시하였다. 한국교육학회 사회교육연구회(1991)는 자발학습의 원리, 자기주도적 학습의 원리, 상호학습의 원리, 현실성의 원리, 다양성의 원리, 능률성의 원리, 참여교육의 원리, 유희 · 오락성의 원리로 정리하였다. 한편, 차갑부(1993)는 자발학습의 원리, 자기주도적 학습의 원리, 상호학습의 원리, 다양성의 원리 및 참여교육의 원리를 제시하였고, Groehnert(1999)는 근접성의 원리, 적합성의 원리, 동기부여의 원리, 우선성의 원리, 쌍방향 커뮤니케이션의 원리, 피드백의 원리, 참여학습의 원리, 다중감각을 활용한 학습원리, 반복학습의 원리를 제시하였다. 그리고 권두승과 조아미(2006)는 자발적 학습의 원리, 자기주도적 학습의 원리, 상호학습의 원리, 생활적응의 원리를 들었다. 이상의 원리를 종합적으로 정리하여 제시하면 다음과 같다.

1) 자발적 학습의 원리

자발적 학습이란 학습자가 타인으로부터 강제된 것이 아닌 스스로의 의지에 기초하여 행하는 학습을 말한다(권두승, 조아미, 2006; 차갑부, 1993). 자발학습의 원리는 성인학습자들이 학습의 장으로 스스로 찾아올 수 있도록 그들의 관심과 흥미를 유발시키고, 그러한 욕구를 유지하며 지속적으로 학습활동에 참여할 수 있도록 계속 동기를 유발시키는 일과 관련된다.

아동 및 청소년 교육과 달리 성인학습의 특징은 스스로의 동기화를 통한 자발성에서 학습이 시작된다는 점이다. 이 원리는 성인의 자아개념의 변화로부터 도출되는 것이기도 하다(권두승, 조아미, 2006). 미성숙한 아동은 생리적 · 정신적 · 사회적으로 성인에 의존하지 않으면 안 되는 의존적인 존재다. 따라서 아동의 학습은 성인에게 의존하면서 이후 자신이 스스로 역할을 수행하는 데 필요한 교육을 받는다는 것을 전제로 전개된다. 그러나 성장해 가면서 아동은 성인 의존적인 상태에서 벗어나 성인에게 의지하지 않아도 되는 자립적인 자기개념을 확립한다. 그리하여 사회생활에 있어 자신의 모든 행동에 책임과 자존심을 가진 존재로서 학습에 대한 자발성을 지닌 성인이 된다. 그렇기 때문에 성인의 경우 자립적이고 주체적인 자기개념을 거부하거나 그것과 갈등을 일으킬 소지가 있는 학습에 대해서는 대체적으로 저항하거나 거부하는 경향을 나타낸다. 이와 같은 특성은 학습활동에도 그대로 영향을 미치게 된다.

Knowles(1989)는 "학습자는 학습하고자 하는 욕구가 있어야 한다."라고 주장함으로써 이와 같은 성인학습의 자발성에 대해서 강조하고 있다. Boyle(1981) 역시 "학습자는 학습에 대한 욕구를 느껴야 한다. 학습자는 학습목표를 자신의 목표로 지각해야 한다. 문제 중심의 학습상황은 학습자들의 학습 욕구를 부여하는 데 도움을 줄 것이다."라고 주장하고 있다. Waldron과 Moore(1991)도 그 중요성을 인식하면서 이러한 동기를 향상시키는 방법으로 다음의 세 가지를 제시하고 있다.

첫째, 학습자들이 학습경험을 가치 있고 자신의 개인적 욕구와 관련된다고 간주해야 한다.

둘째, 학습자들은 현재 자신의 능력 수준에서 볼 때 목표가 바람직할 뿐만 아니라 성취 가능하다고 생각해야 한다.

셋째, 학습자들은 학습과업에 내포된 윤리적 의미에 민감해야 한다(차갑부, 1993).

결국 성인학습에 있어서는 성인의 자립적인 자아개념에 입각한 성인의 흥미, 관심에 기초하여 학습활동이 전개되도록 하는 것이 핵심적인 과제라고 볼 수 있다(권두승, 조아미, 2006). 따라서 강압에 의하지 아니하고 학습자들이 자발적으로 교육에 참여할 수 있도록 하기 위해 필요한 제반 여건을 갖추도록 해야 한다. 성인학습자가 자발적으로 학습에 임하도록 하기 위해서는 그들이 특정한 분야나 내용에 대한 학습의 필요성을 인지하도록 자극하고 촉구하는 일도 중요하지만, 그들이 스스로 그 필요성을 깨닫고 자주적으로 필요한 것을 배우고자 하는 욕구를 내부로부터 절감하도록 하며 매 학습으로 인한 성과를 평가하고 깨달음으로써 계속적으로 전진하고 싶은 충동을 일으켜서 자발적으로 지속적인 학습활동이 이루어지게끔 학습을 조직화하고 구성하며 각종 매체와 학습보조의 기술 및 장비 등을 동원하여야 한다(한국교육개발원, 2001). 자발성의 원리는 성인학습자의 교육 및 상담에서 그들의 자발적 욕구를 파악하고 촉진시키는 것이 중요하다고 볼 수 있다.

2) 자기주도적 학습의 원리

성인학습의 가장 큰 특징으로는 자기주도성(self-directedness)을 들 수 있다. 성인은 자신의 의지에 따라서 학습을 계획하고 자신의 학습 전 과정을 통제할 수 있는 능력을 갖고 있다. 자기주도적 학습이란 스스로 자신의 학습 욕구를 진단하고, 목표를 설정하고, 학습을 위한 각종 자원을 파악하며, 학습전략의 선택과 실행 및 결과 평가를 해 나가는 과정을 의미한다(차갑부, 1993).

자기주도적 학습의 원리는 성인학습에 있어서 '경험의 역할'이 강조되는 것으로부터 도출되는 원리이기도 하다. 성인이 성장해 가면서 축적한 경험의 양이라든가 그 다양성은 아동의 그것과는 비교가 되지 않는다. 축적된 경험에 의해서 성인은 풍부한 학습을 체험할 수 있으며 새로운 학습을 전개해 나갈 수 있게 된다. 또한 성인은 자율적인 존재이기 때문에 자발적으로 학습활동에 참여하게 됨은 물론, 구체적인 학습계획을 세우고 그것에 기초하여 학습을 전개하고 자기 스스로 학습활동을 평가하는 자기주도적인 학습을 할 수 있다(권두승, 조아미, 2006). 자기주도적 학습의 원리는 자발적 학습의 원리가 실제 학습의 수행에 연결되는 것이라고 볼 수 있다.

자기주도적 학습의 개념은 교사주도적 학습(teacher-directed learning)과 대비되는 개념으로, 자학자습(independent learning), 자기교육(self-education) 및 자율학습(autonomous learning)과도 유사한 개념이다. 또한 학습의 주체는 학생이며 이들이 교과내용도 설정하고 역사를 창조하는 주체라고 보는 Freire(1973)의 교육론에서 이러한 자기주도적 학습의 특성을 찾을 수 있다. Knowles(1989)에 의하면 한 개인의 의존성이 자기주도성으로 발전해 나가는 것은 성숙과정의 필연적인 결과이며, 따라서 성인들은 자기주도적으로 되고자 하는 심리적인 욕구를 갖고 있다(차갑부, 1993).

성인학습자의 자기주도적인 학습활동을 촉진시키는 방안으로는 각종 교육시설 및 교육환경을 구축함으로써 성인학습자들이 스스로 학습할 수 있도록 환경을 조성해 주는 방안이 있다. 또한 각종 성인교육 프로그램에 참여하는 학습자들에게 각자의 수준에 맞는 교육활동을 자기주도적 학습의 과정으로 전개, 발전시킬 수 있도록 학습의 계약(learning contract)을 맺어 가며 스스로 학습을 전개해 가는 계기를 마련해 주는 일이다(한국교육개발원, 2001). 그리고 성인교육을 시행함에 있어서 그 교육의 계획으로부터 목적 및 내용의 선정, 방법의 채택 및 실시 그리고 교육의 평가에 이르는 전 과정에 성인학습자의 참여를 도모하여 그들의 자기주도적인 학습활동을 더욱 촉진할 수 있다. 결국 자기주도적 학습의 원리는 성인학습자가 스스로 학습활동에 참여하고 전념할 수 있는 환경이 얼마나 조성되느냐가 관건이라고 볼 수 있다.

3) 상호학습의 원리

상호학습이란 교수자와 학습자 사이에 서로 배우고 가르치는 활동이 일어난다는 것을 의미할 뿐만 아니라 동일한 목적을 지닌 학습자 상호 간에도 가르치고 배우는 활동이 전개된다는 것을 의미한다(권두승, 조아미, 2006). 성인의 경우 이미 기본적인 학교 교육을 받았으며 사회생활을 통해서 다양한 경험을 쌓고 있는 사람들이다. 어떤 경우에는 성인교육자보다 어떤 특정 영역에서는 더 많은 지식과 경험을 축적하고 있기도 하다. 이러한 성인학습자의 축적된 경험을 공유하는 것이 상호학습의 원리라고 볼 수 있다. Knowles(1989) 역시 "학습은 학생의 경험과 관련되어야 하며 그것을 활용해야 한다."라고 주장하고 있다.

상호학습에는 크게 두 가지의 형태가 있다. 하나는 학습자 전원이 동일한 입장에서 상호학습하는 경우이며, 다른 하나는 주제에 따라 학습자 가운데에서 특정한 자를 선발하여 타인으로부터의 도움 없이 학습을 진행하는 것이다. 이와 같은 원리는 아동과는 달리 성인의 경우 다양한 통로를 통해 축적된 경험이 그 개인의 인격을 형성하기도 하고 타인과 구별되는 개성을 형성하기도 한다는 것으로부터 도출된다. 말하자면, 성인학습에 있어서는 학습자가 지닌 풍부한 경험을 학습자원으로 공유함으로써 상호학습이 가능하게 된다는 것이다(권두승, 조아미, 2006).

상호학습의 원리에 따라 성인학습에서 학생과 교사의 관계는 수평적이고 인격적인 관계이어야 하며 이를 통해서 교사와 학생이 함께 학습해 나갈 수 있도록 해야 한다(차갑부, 1993).

교사와 학생의 관계에서뿐만 아니라 학생과 학생 사이에서도 상호학습의 원리는 적용된다. 특히 자학자습을 많이 해야 하는 경우(예: 원격교육을 통한 학습의 경우) 학습자 상호 간의 교류를 통한 학습방법이 매우 효과적이다. 학습주제별 또는 친밀성을 기준으로 한 소그룹 집단을 통한 학습이 보다 효과적이라는 사실이 조사를 통해서 입증되고 있다(정인성, 조주연, 안강현, 1995). 상호학습은 특히 배우고 가르치는 사람들 간의 지위의 격차 없이 동료 간이란 특수한 관계로 인하여 소위 동료 간의 영향이란 강력한 힘을 발휘하기도 하여, 학습자들이 어떠한 사물이나 사상에 대한 태도나 행동적으로 변화를 필요로 할 경우 특히 효과적인 것으로 밝혀지고 있다(한국교육개발원, 2001). 결국 수평적인 관계에서 이루어지는 교수 및 동료 간의 쌍방향적 상호작용이 성인학습의 효과를 증대시키는 것으로 볼 수 있다.

성인교육에 있어서 학습자들이 상호작용을 통하여 학습의 효과를 높이도록 여러 가지 집단과정을 활용할 필요성이 있다. 성인학습자에게 주어지는 상호학습이 이루어질 수 있는 상황은 브레인스토밍이나 집단토의 등과 같은 기법을 이용할 수 있고, 학습자들 속에서 어떤 특정한 부문에 전문적인 지식이나 경험이 있는 사람을 택하여 그들로 하여금 설명하고 가르치도록 기회를 줌으로써 별도로 강사나 지도자 없이도 서로 배우고 가르칠 수 있는 과정을 마련할 수 있다(한국교육개발원, 2001). 따라서 교수와 학습자 간에 그리고 학습자 상호 간에 활발한 상호작용이 있을 때 학습이 잘 일어난다. 따라서 성인 학습지도자는 자신과 학습자 간에 그리고 학습자 간의 활발한 상호작용을 이끌어 낼 필요가 있다(Groehnert, 1999).

4) 다양성의 원리

아동 및 청소년을 대상으로 하는 학교 교육에서는 교육내용, 교육방법, 교육대상자 등이 매우 동질적이다. 특히 교육대상의 연령대가 비슷하며 관심 영역 역시 비슷하다는 점이 특징이다. 반면에, 성인교육의 대상들은 직업, 연령, 학력, 사회경제적 배경, 사회적 경험 등에서 매우 이질적인 특징을 갖고 있다. 따라서 학습동기, 능력, 인지방식, 학습결과의 활용에 대한 기대 등에서 개인차가 심하게 발생함으로써 수업내용 선정, 수업방법 및 평가 등에서 어려움을 겪을 수 있다. 또한 성인학습자들은 다양한 사회적 경험이 있기 때문에 그들이 학습상황에 접하면서 갖고 있는 기본적인 가치관에서도 많은 차이를 보일 수 있다. 이러한 점을 고려하여 성인교육을 담당하는 교사는 교육목표와 내용에 따라서 다양한 수업방식을 적용해야 할 필요성이 있다(차갑부, 1993). 특히 기획 단계에서 이질성을 고려하는 것은 더 나아가 교육적 경험을 통해 다양한 경험을 얻을 수 있는 환경을 조성하는 것이다(이현림, 김지혜, 2003). 즉, 서로 다양한 배경을 가지고 있다는 성인학습자의 이러한 차이점은 오히려 다양성의 개념으로 효과적으로 활용될 필요가 있다.

이질적이고 다양한 사람을 대상으로 하는 교육에 있어서 다양한 방법이 시간과 장소 그리고 대상에 따라서 달라져야 함은 두말할 나위 없다(한국교육개발원, 2001). 모든 학습이 계획된 방향으로만 진행되지는 않는다. 따라서 때에 따라 계획과는 다른 학습 내용과 방법이 요구되므로 상황에 따라 임기웅변적으로 새로운 방법을 도입하거나 그 계획 자체를 변경해야 할 경우가 생길 수 있다(이현림, 김지혜, 2003). 따라서 성인학습에 있어서는 다양성과 융통성이 보장되어야 효과적이라고 볼 수 있다.

다양성의 원리에 의한 다양한 방법의 채택은 특히 단조로운 일의 장시간에 걸친 지속이 불가피한 경우 쉽게 흥미를 잃게 되는 학습자들의 특성과도 연관이 있다. 아동들과 마찬가지로 연령이 높은 성인의 경우 장시간의 집중이나 학습활동에 권태감을 느끼게 되는데, 이때 적절한 방법의 변형은 새롭게 주의를 환기시키면서 학습의 의욕을 북돋워 주는 것이다(한국교육개발원, 2001). 특히 교육의 대상자들이 다양해지고 교육에 동원될 수 있는 새로운 기법 및 기술, 시청각 기재 등도 다양하다. 더구나 성인교육을 필요로 하는 사람들의 교육에 대한 요구도 다양하다. 그러므로 다양한 목적으로 다양한 기법이나 다양한 교육 기자재를 활용하여 교육이 이루어질 수 있게 되었다. 그러나 학습의 능률을 높여 주기 위해서는 다양한 성인학습자의 필요를 최대한으로 충족시켜 주는 것보다 그러한 다양한 활동과 방법의 조화로운 활용이 더 중요하다고 볼 수 있다.

5) 활용성의 원리

성인학습에 투입되는 노력에 비하여 그것으로부터 얻어지는 결과가 가능한 한 커지는 길을 선택하여야 한다. 이러한 관점에서 성인학습 역시 여러 가지 측면에서 능률적이고 효과적이며 그래서 가장 적절한 방법들의 선택이 이루어져야 할 것이다(한국교육개발원, 2001).

또한 성인이 생활 가운데 당면하게 되는 과제 및 요구에 기초하여 학습을 전개하고, 그 과제 혹은 요구가 충족된 후 생활에 직접 활용하기도 하고 적용할 수 있어야 한다. 성인의 학습활동은 아동교육과는 달리 실제 생활에서 당면하는 문제를 중심으로 전개된다. 말하자면 성인의 학습활동은 생활 가운데 끊임없이 나타나게 되는 제반 문제를 중심으로 전개되며, 학습의 성과도 즉각적으로 적용할 수 있는지의 여부 또는 요구 충족의 정도에 따라 결정된다(권두승, 조아미, 2006). 따라서 성인학습의 성과는 투입된 비용이나 노력과 비교하여 학습의 결과가 실생활에 얼마나 적용되는지에 의해 결정된다.

성인학습자의 요구에 부합하는 교육 프로그램이 기획되고 진행되며 최소한의 투자로 일정한 시간 내에 많은 성과를 거둘 수 있을 때 성인학습의 활용성의 원리는 충족된다고 볼 수 있다.

제4장 성인학습과 에듀테크

1. 에듀테크

에듀테크(edutech)는 교육(education)과 기술(technology)의 합성어로 새로운 기술을 교육과정에 활용하는 것을 의미한다. 실제로 에듀테크는 ICT(Information and Communication Technology; 정보통신기술)를 이용한 다양한 하드웨어 및 소프트웨어, 통신기술을 활용한다. 일반 온라인 강의나 실시간 온라인 강의는 흔히 경험하는 에듀테크의 대표적인 예라고 할 수 있다. 이러한 다양한 정보통신기술을 이용한 교육은 대면 교육뿐 아니라 비대면 교육에서 널리 활용되는 교수방법이 되어 인간을 중심으로 한 소셜 러닝과 맞춤형 학습을 접목한 스마트러닝이라는 새로운 교수-학습 생태로 전환되고 있다(교육부, 2011).

교육에서의 에듀테크는 전통적으로 컴퓨터를 활용하는 방법이 주를 이루어 왔다. 컴퓨터는 테크놀로지가 교육에서 활용되는 가장 대표적인 매체로 성인학습에서도 편이성과 개별화 학습가능성으로 인해 널리 적용되어 왔다.

컴퓨터의 활용 유형에는 컴퓨터 보조수업(Computer Assisted Instruction: CAI)과 컴퓨터 관리수업(Computer Managed Instruction: CMI)이 있다. 컴퓨터 보조수업은

컴퓨터를 이용하여 영상자료를 보여 주거나 게시판을 활용하는 것과 같이 학습의 보조적 수단으로 활용하는 방법이다. 컴퓨터 관리수업의 경우, 수업 자료의 기록, 보관, 분석, 종합, 평가 등에 컴퓨터를 활용하는 것으로 NEIS(National Education Information System)나 LMS(Learning Management System)가 대표적인 예다(김진영 외, 2023).

이후 컴퓨터 활용방식으로 교수–학습 환경으로서의 활용이 강조되었다. 교수–학습 환경으로서의 활용은 스마트폰이나 태블릿과 같은 도구를 통해 학습자가 처한 상황에 맞는 교수–환경으로 활용하는 것이다(김보경, 2024). 교수–학습 환경으로서의 활용은 가상현실(VR), 증강현실(AR), 메타버스(Metaverse)를 접목시켜 더욱 편리하고 다양한 방식으로 활용되는 것을 예로 들 수 있다. 예를 들어, 증강현실은 성인학습자의 흥미 유발은 물론 학습 이해도와 몰입도까지 향상시킬 수 있다. 학습자가 교재의 텍스트로 학습을 하다가 정확한 이해를 할 수 없는 경우, 스마트폰의 카메라로 해당 부분에 부착한 마커(maker)를 비추면 추가 강의동영상을 시청할 수 있다(이희준, 차상안, 권해나, 2016). 만일 학습의 내용이 3차원적인 물체를 보는 것이라면 학생들은 증강현실을 통해 360도의 각도로 관찰할 수 있어 실감하는 체험이 가능하다(백영균 외, 2024).

에듀테크는 4차 산업혁명의 기술인 모바일(mobile), 클라우드(cloud), 사물인터넷(Internet of Things: IoT), 빅데이터(big data), 인공지능(AI), 소셜 네트워크 서비스(Social Network Service: SNS), 가상현실(Virtual Reality: VR) 및 증강현실(Augmented Reality: AR) 등을 교육에 접목하는 형태로 발전하고 있어 교육의 디지털 대전환 시대로의 변환을 이끌고 있다.

에듀테크의 개념은 기술의 발달에 따라 이러닝과 스마트러닝에서 확장되어 왔다. 이러닝(e-learning)은 전사적 수단, 정보통신 및 전파・방송기술을 활용한 학습을 의미하며 인터넷과 컴퓨터에 교육을 접목한 온라인 교육 중심을 특징으로 한다. 또한 스마트러닝(smart-learning)은 PC, 스마트폰, 태블릿, e-book 단말기 등 스마트 기기와 이러닝 기술이 융합된 개념이다. 이러닝이 주로 디지털교과서와 온라인 학습에 방점을 두었다면 스마트러닝은 스마트폰과 태블릿 등 스마트기기를 통한 교육방법이 특징이다(윤하나, 2023). 반면 에듀테크는 이러한 이러닝과 스마트러닝에 데이터와 다양한 소프트웨어를 중심으로 ICT기술이 접목된 교육

표 4-1 에듀테크의 개념

구분	개념
김예슬(2016)	에듀테크(edutech)라는 용어는 '교육(education)'과 '기술(technology)' 두 단어의 합성어로 정보기술과 교육의 결합을 의미
최성호, 원종서(2018)	에듀테크는 최근 교육분야에서 IT기술을 활용해 교육의 효과성을 높이기 위한 학습방식 또는 기술을 의미
산업통상자원부(2018)	전통적 교육 서비스가 빅데이터, VR/AR, AI 등 ICT 기술과 융합하여 기존과 다른 새로운 학습경험을 제공하는 혁신 분야
교육부(2019)	교육(education)과 기술(technology)의 합성어로, 이러닝(온라인 교육)을 넘어 학습자 맞춤 교육, 교사 업무 경감 등 교육 효과를 높이기 위해 가상/증강현실 · 인공지능 · 빅데이터 등 신기술을 콘텐츠 · 솔루션 · 하드웨어 · 시스템 등에 접목한 제품과 서비스
박지수, 길준민(2020)	에듀테크는 교육과 기술의 합성어로서 교육 콘텐츠에 4차 산업혁명의 기술을 도입하여 더욱 재미있고, 효과적으로 습득할 수 있도록 하는 기술
서봉언(2020)	교육 본연의 목적을 이루기 위한 교육서비스 및 기술로 정의. 따라서 수업 내 활용하는 소프트웨어도 에듀테크의 한 유형이며, 이를 활용하기 위한 스마트기기 또한 에듀테크의 한 유형으로 포함
소프트웨어정책연구소(2020)	교육에 ICT 기술을 접목해 기존 서비스를 개선하고 새로운 서비스를 제공하는 것을 의미
한국과학기술정보연구원(2022)	에듀테크(edutech)란 교육(education)과 기술(technology)의 합성어로 4차 산업혁명 시대를 맞이하여 교육 패러다임의 변화를 이끌고 있음. 인공지능(AI), 빅데이터(big data), 가상현실(VR), 증강현실(AR) 등 정보통신기술(ICT)을 활용한 차세대 교육을 의미
한국교육학술정보원(2023)	인간의 성장과 발달을 위해 온 · 오프라인 교육에 활용하는 신기술과 그것을 적용한 교육방법
교육부(2023)	교육(education)과 기술(technology)의 합성어로, 다양한 디지털 기술을 활용하여 교육의 효과성을 높이는 제품 · 서비스를 총칭

서비스를 의미한다(소프트웨어정책연구소, 2020; 오광수, 2022).

에듀테크는 교육이 새로운 기술을 통해 이루어지는 것으로 볼 수 있는데, 이러한 에듀테크의 다양한 개념은 〈표 4-1〉과 같다.

박아람과 이찬(2023)은 세 가지 에듀테크의 역할을 제시하며 에듀테크의 장점을 제시하였다. 첫째로는 에듀테크를 통해 시공을 초월한 학습이 가능하고 가상현실과 같은 경우, 물리적 제약과 장애를 제거하는 동시에 학습자가 신체적 장애와 같은 제한점을 극복할 수 있게 도와준다. 둘째, 에듀테크는 학습자에게 현실에 존재하지 않는 상황까지 구현함으로써 간접 경험을 하도록 돕는다. 이러한 간접 경험은 학습자의 상상력과 사고의 전환을 돕는 것이 된다. 셋째, 에듀테크는 학습자 중심의 교육을 구현한다. 학습자가 선호하는 학습 내용과 방법을 빅데이터 분석을 통해 제공한다. 학습자가 자신의 학습목표에 도달하는 데 필요한 처방을 제공하고 인공지능과 로봇 등의 조력을 통해 자기주도학습을 설계하는 데 도움을 준다.

성인학습자의 다양성과 자기주도적인 학습성향을 고려했을 때 이러한 에듀테크는 개인별 맞춤 학습에 큰 도움이 될 것으로 보인다. 능력 평가와 난이도 조정을 자동화해 줌으로써 일방적인 수업의 문제점을 해결할 수 있다. 또한 다양한 소프트웨어와 기술을 활용하여 교사가 보다 촉진자 역할을 할 수 있어 향상된 성인학습의 교육성과를 도출할 수 있다.

에듀테크의 가장 큰 장점은 개별화 학습의 효과성이라고 볼 수 있다. 언제 어디서나 학습자가 원하는 때에 활용할 수 있는 있는 경우가 대부분이고 학습자의 욕구와 수준에 따라 맞춤형 학습이 가능하다. 예를 들어, 인공지능 기반 이러닝 플랫폼은 소수의 교수자가 다수의 학습자 정보를 수집하고 관리할 수 있는 보조적인 학습 관리 시스템으로 사용할 수 있으며, 학습자의 다양한 정보를 실시간으로 분석하여 맞춤형 학습을 제시함에 따라 개별화된 교육의 효과성, 효율성, 지속성을 높일 수 있다(최숙영, 2021). 증강현실 기술을 활용한 교수에 대한 연구(Huang et al., 2019; Patel et al., 2020)에서도 이러한 기술이 학습자에게 몰입감, 상호작용성, 시각화 등을 향상시켜 교육의 질 향상과 학습 효과 증진에 기여할 수 있는 것으로 나타났다. 교육 서비스의 학습 효과에 대한 연구(Qiu et al., 2023; Chen et al., 2022)에서도 이러한 장점에 대해 연구되고 있으며 학습자의 학습 흥미, 몰입도, 이해도, 학습 성과 등의 측면에서 긍정적인 영향을 미치는 것으로 나타났다(윤창옥, 윤태수, 2024).

그러나 에듀테크과 관련된 제한점과 위험성도 동시에 존재한다. 에듀테크에 관한 가장 우려되고 있는 점은 교육을 사람이 아닌 인공지능과 같은 비인간에게 맡기게 된다는 점이다. 데이터를 미처 확보하지 못하거나 잘못된 정보가 포함되는 경우 정확하지 않은 교육이 발생할 수 있다. 더불어 이러한 문제에 책임소재가 불분명하여 각종 법적, 윤리적 문제가 야기될 가능성도 높다. 인공지능의 경우, 데이터를 근거로 자율적으로 작동하기 때문에 부정확한 교육이 이루어졌을 때 이에 대한 책임을 누가 질 것인가에 대한 문제가 발생할 수 있다(백영균 외, 2024). 또한 에듀테크가 개별화 학습의 형태를 띄고 있는 경우가 많아 집단학습과 교류, 집단 지성의 형성 등이 이루어지기는 쉽지 않다. 에듀테크에서 활용되는 기기를 확보거나 접근하는 기술이 학습되지 않은 학습자는 에듀테크의 이점을 경험하지 못하는 문제점도 있다. 특히 성인학습자의 경우, 에듀테크의 기기를 어떻게 사용하는지를 아느냐가 교수-학습 성취에 영향을 줄 수 있다. 예를 들어, 학습에 활용할 3D 프린터를 사용할 수 없는 학습자는 학업성취에 불리할 수밖에 없다. 한편, 지나치게 디지털 기기에 의존하게 되면서 읽기나 기억력, 계산능력 등이 떨어지는 '디지털 치매' 증상이 나타날 수도 있고, 스마트 기기는 대부분 읽기와 같은 시각감각을 통해 학습이 이루어지기 때문에 청각이나 운동감각을 통한 학습이 불리해지기도 한다(백영균 외, 2024).

스마트 교육으로서 에듀테크의 유형은 다양하게 분류된다(채민수, 2024). 김현철(2011)은 에듀테크의 유형을 교수-학습용과 교육지원용으로 구분하였고 임병노 등(2013)은 콘텐츠의 형태에 따라 동영상형, 이북형, 체험형, 자원형, 저작 · 관리 · 공유 프로그램으로 분류하였다. 안경민과 김의창(2021)은 분석형, 체험형, 유통형, 지원형, 인공지능, 실감미디어, 플랫폼, 학습관리로 분류하고 윤하나(2023)는 학습 도구, 인공지능(AI) 기반 학습자료(Application & Website), 스마트기기, 각종 멀티미디어 자료와 온라인 플랫폼 등으로 범주를 나누었다. 한국교육학술정보원(2023)은 에듀테크의 유형을 학습콘텐츠, 소통, 창작, 관리의 네 가지 대분류로 구분하고, 이를 다시 여덟 가지 중분류(교수-학습 지원자료, 자기주도학습, 영상활용, 텍스트활용, 자료, 영상, 학급운영, 평가)와 15가지 소분류로 구분하여 제시하였다. 교육부(2023)는 에듀테크의 유형을 교과수업(원격수업도구, 콘텐츠 제작 도구, 협업도구, 과제 제시 및 평가 피드백 도구, 학습도구, 학습이력관리), 학급/학생 관리(학습관리, 진로/상담, 학생 안전 관리), 행정업무지원(교무행정, 학부모 상담관리)의 세 가지 영역으로 구분하였다.

성인학습에 적용되고 있는 에듀테크의 대표적인 방법으로 원격교육, 실감형 미디어, 인공지능, 상담에서의 활용 등에 대해 살펴보도록 한다.

2. 원격교육

원격교육은 교수자와 학습자가 물리적으로 떨어진 상태에서 이루어지는 모든 교육의 형태를 의미한다. 원격교육에서는 서로 떨어져 있는 교수자와 학습자를 연결하는 매체의 역할이 매우 중요하다. 컴퓨터나 스마트폰 같은 다양한 정보통신기술을 활용한 매체가 보편화되면서 원격교육이 용이해졌다. 여기에 인공지능 같은 첨단 공학기술이 개발되면서 네트워크 특성과 상호작용성이 강조되어 학습자에게 최적화된 원격교육으로 발전하고 있다(김진영 외, 2023).

기존의 면대면 교육과 비교했을 때, 원격교육은 학습자가 수업을 듣기 위해 먼 거리를 이동하지 않고 가정이나 사무실 등에서 편리하게 학습할 수 있게 되었다. 또한 원격교육은 학습자가 원하는 수업내용이나 교수자의 강의를 직접 선택할 수 있기 때문에 학습자 중심의 학습이 진행될 수 있다. 원격교육은 기존의 교수자 중심에서 학습자 중심의 교육으로 교육방법의 새로운 패러다임의 변화를 가져온 것으로 평가받고 있다(백영균 외, 2010). 면대면 교육과 원격교육을 비교하면 〈표 4-2〉와 같다.

표 4-2 면대면 교육과 원격교육의 비교

내용	면대면 교육	원격교육
시·공간적 분리	교수자와 학습자 비분리	교수자와 학습자 분리
교수방법	면대면 학습	교수매체를 통한 학습
상호작용	직접적 상호작용	매체를 매개로 한 상호작용
행정조직	교수자들이 행정업무의 일부 담당	학습자 지원을 위한 조직 강화

출처: 김재웅, 정인성(2008).

이러한 원격교육의 특징을 살펴보면, 첫째, 원격교육은 교수-학습과정에서 교수자와 학습자가 시간적 · 공간적으로 서로 분리되어 있다. 둘째, 교수자와 학습자가 교수-학습활동에 필요한 상호작용을 위해 인터넷 통신이나 화상 회의 시스템 등 매체를 통해 의사소통한다. 셋째, 다수의 학습자를 대상으로 교육내용이 설계되고 진행되지만 학습자에게 개별학습이 이루어진다. 넷째, 학습통제권이 학습자에게 주어지기 때문에 자기주도학습이 가능하고 학습자가 학습에 대한 책임감

표 4-3 원격교육의 장점과 단점

장점	단점
• 학습자가 원하는 시간과 장소에서 학습을 할 수 있기 때문에 비용과 시간적인 면에서 더 경제적이다. • 학습자 수에 제약 받지 않아 다수를 대상으로 하는 동시 교육이 가능하다. • 물리적으로 떨어져 있는 학습자와 교수자가 접속이 가능하다. • 학습자에 대한 정보가 필요할 때 바로 얻을 수 있다. • 최신 정보와 자료를 쉽고 빠르게 구할 수 있다. • 다양한 곳에 존재하는 학습자원을 공유할 수 있다.	• 원격교육시스템 구축을 위한 초기 비용이 많이 들고 콘텐츠 개발과 업그레이드 및 지원 서비스 제공 등의 투자가 지속적으로 필요하다. • 교수자와 학습자 간의 심리적 거리감을 느낄 수 있다. • 효과적인 원격교육을 위한 테크놀로지 기술을 활용하기 위해 교수자가 기술에 숙련되어야 한다. • 제한된 의사소통으로 교수자와 학습자 간 상호작용에 문제가 발생할 수 있다. • 학습자가 자신의 학습에 확신감을 가지기 어렵다.

을 갖는다. 다섯째, 원격교육의 질은 교수자와 학습자 간의 상호작용 지원이나 각종 교재개발과 같은 지원 체제의 질에 영향을 받는다. 여섯째, 면대면 교육과 달리 원격교육은 다른 형태로의 인프라, 교수설계, 활동, 실행, 평가의 전략을 필요로 한다(김진영 외, 2023; 송영경, 2011).

원격교육의 장점과 단점을 정리하면 〈표 4-3〉과 같다(김진영 외, 2023; 송영경, 2011; 유승우 외, 2018).

원격교육은 배움에 대한 욕구, 업무, 경력, 자기 계발과 같이 경력의 발전을 위해 공부하는 성인학습자에게 유용하다. 특히 직업생활과 학업을 동시에 해야 하는 성인학습자에게는 편리한 교육기회를 제공하고 개인적으로 계속교육을 통한 자아실현과 사회적으로 국가인적개발의 가능성을 시사한다(이말순, 2015).

원격교육의 대표적인 형태가 이러닝(e-learning)이다. 이러닝은 컴퓨터와 네크워크가 제공하는 가상공간에서 다양한 정보통신기술을 활용하여 제공되는 모든 교육형태를 지칭한다(김진영 외, 2023). 활용되는 정보통신기술에 따라 온라인 학습, 사이버 교육, 인터넷 기반 수업 등의 이름으로 불리고 있다.

원격교육에서는 다양한 온라인 플랫폼이 사용된다. 플랫폼(platform)은 기차역의 정거장을 의미하지만 현재는 특정 장치나 시스템 등에서 기본적인 구성 및 기초가 되는 골격 또는 틀을 지칭하여 원격교육이 진행되는 웹이나 애플리케이션이라고 볼 수 있다. 각 온라인 플랫폼은 실효성이 높은 공유 기능을 지니고 있어 쉽게 다른 사용자와 자료 공유, 공동작업, 피드백이 가능하다는 특징을 갖고 있다. 각종 쌍방향 수업에서 줌(Zoom), 미트(Meet), 웹엑스(Webex), 팀즈(Teams) 등이 플랫폼으로 활용되고 있다.

또한 소셜 미디어(social media)를 이용한 원격교육이 이루어지고 있다. 소셜 미디어는 가상 네크워크 및 커뮤니티를 통해 아이디어, 생각 및 정보의 공유를 용이하게 하는 컴퓨터 기반 기술을 의미한다(백영균 외, 2010). 문서나 영상 등과 같은 다양한 콘텐츠가 학습자에게 제공되는데 누구나 이러한 소셜 미디어에 가입하고 접속할 수 있기 때문에 한계 없이 활용되고 있다. 특히 소셜 미디어는 학생들을 연결해 주는 통로 역할을 하며 쉽게 공유할 수 있기 때문에 학습자가 부담 없이 활용할 수 있다. 블로그(Blog), 유튜브(Youtube), 구글 클래스룸(Google Classroom), 엑스(X, 옛 트위터), 인스타그램(Instagram) 등이 널리 사용되는 소셜 미디어들이다.

3. 실감형 미디어

ICT 기술을 기반으로 하는 실감형 미디어(realistic media)란 '몰입감과 현장감을 극대화할 수 있도록 현장의 모든 감각의 정보를 전달하는 매체'를 의미한다(서웅찬, 김기일, 정준석, 2013). 실감형 미디어를 통해 학습자는 실제와 유사한 경험을 할 수 있게 되는데 실감형 미디어에는 가상현실(Virtual Reality: VR), 증강현실(Augmented Reality: AR), 증강가상(Augmented Viruality: AR), 혼합현실(Mixed Reality: MR), 확장현실(eXtended Reality: XR), 3D 입체, UHD, 오감 정보 등이 있다. 실감형 미디어를 현실과 가상의 연속선상으로 나타내면 [그림 4-1]과 같다.

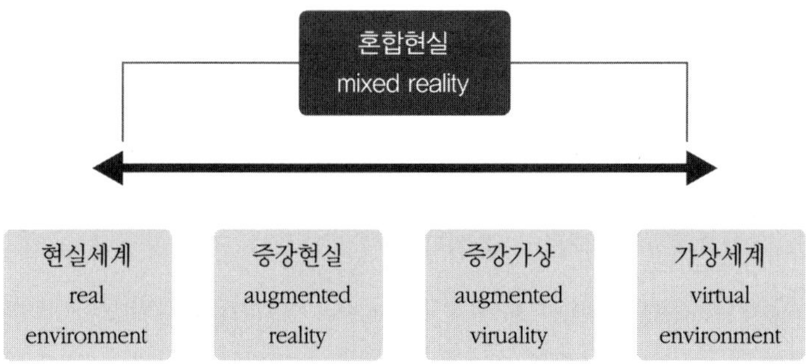

[그림 4-1] 현실과 가상의 연속선상에서의 영역

출처: 이희준, 차상안, 권해나(2016).

실감형 미디어의 배경 및 객체, 가상성은 〈표 4-4〉와 같다.

표 4-4 실감형 미디어의 가상성

기술	배경	객체	가상성
현실세계	실제	실제	
증강현실	실제	가상	+
증강가상	가상	실제	++
가상세계	가상	가상	+++

출처: 김보경(2024).

이러한 실감형 미디어는 학습자가 직접 관찰하기 어렵거나 텍스트로는 설명하기 어려운 내용, 시각화하기 어려운 내용, 추상적인 개념, 위험이 따르는 학습이나 경비가 많이 드는 실험 등의 학습에 유용한 것으로 알려져 있다(서희전, 2018; 이희준, 차상안, 권해나, 2016; Kafumann & Schmalstieg, 2003).

2010년대에 들어서면서 스마트폰을 이용한 모바일 플랫폼인 앱을 본격적으로 사용하게 되고 4G망과 5G망을 통해 인터넷 속도가 빨라졌다. 또한 고글, 헤드 마운트와 같은 다양한 웨어러블 디바이스가 개발되면서 실감형 미디어의 사용이 확장되고 있다. 대표적인 실감형 미디어인 가상현실과 증강현실에 대해 알아보면 다음과 같다.

가상현실(Virtual Reality: VR)은 가상의 환경 위에 가상의 객체를 올려서 특정 상황 전체를 가상으로 재현하는 기술이다(김보경, 2024). 가상현실은 몰입감 정도에 따라 몰입형(Full immersive), 반몰입형(Semi-immersive), 비몰입형(Non-immersive) 형태로 구분할 수 있다(진승희, 2021). 몰입형의 경우, 헤드셋과 같은 헤드 마운티드 디스플레이(Head Mounted Display: HMD)를 장착하면 현실과는 완전히 다른 3D 가상 환경이 제공되며 반몰입형은 대형 스크린에 3차원 입체영상을 투영하여 가상현실을 구현하는 것이고 비몰입형은 컴퓨터나 스마트기기 화면에 영상으로 3차원 가상현실이 제시된다(이혜진, 이제영, 2023). 가상현실을 이용한 학습의 예로 발표불안을 해소하기 위해 발표하는 가상 상황에서 발표를 해 보는 연습을 할 수 있다. 또한 다양한 가상의 상황에서 대화를 함으로써 외국어를 학습하는

출처: 픽사베이.

콘텐츠도 예가 된다. 실제 가상현실을 활용한 야구 스윙 훈련에 적용한 사례에서는 헤드 마운트 VR 기기를 사용하여 100km/h에서 110km/h 사이의 속도로 오는 공을 치는 훈련을 하여 스윙 정확성을 향상시켰다(이동연, 2018).

증강현실(Augmented Reality: AR)은 현실 경험이 가상으로 더욱 증강되었다는 의미를 갖는 기술이다. 증강현실의 특징은 현실이라는 상황정보를 계속 유지하면서 가상 객체를 활용한 체험경험을 강화하는 것으로 현실의 배경 위에 가상의 사물을 덧입히는 방법으로 볼 수 있다(김보경, 2023). 기술적 특징에 따라 위치기반(location-based) 증강시스템과 이미지 기반(image-based)으로 분류된다(Cai et al., 2022). 위치기반 증강현실은 포켓몬Go와 같은 게임에서 활용되고 교육에서는 주로 이미지 기반 증강현실 기술이 사용되고 있다. 증강현실 미디어는 현실과 가상의 자연스러운 인터페이스를 통하여 텍스트만으로 이해하기 어려운 추상적인 개념이나 가시화하기 어려운 대상을 현실공간에 실시간으로 혼합하여 상호작용을 촉진시키는 학습경험을 제공할 수 있다(이혜진, 이제영, 2023). 예를 들어, 증강현실을 활용한 성인학습자를 대상으로 한 골프 학습프로그램에서 학습흥미와 동기가 향상되는 효과가 확인되기도 하였다(이기천, 2007).

출처: 픽사베이.

4. 인공지능

인공지능(Artificial Intelligence: AI)은 인간의 지적능력을 컴퓨터로 구현하여 상황을 인지하고, 이성적 · 논리적으로 판단 · 행동하며, 감성적 · 창의적인 기능을 수행하는 능력까지 포함하여 발전되고 있는 과학기술 분야로 정의될 수 있다(관계부처합동, 2019). 2022년 생성형 AI 챗봇인 OpenAI의 ChatGPT가 나타나면서 인공지능의 응용 범위가 대폭 확장되었고 관심도 폭발적으로 증가하였다(유경혜, 2025).

생성형 AI는 채팅을 하듯 텍스트나 음성을 입력하면 반응하는 챗봇 형태로 개발되고 있다. 기존의 특정 내용을 학습시키는 인공지능과 달리 이러한 생성형 AI는 데이터 원본을 제공하면서 나머지 부분을 예측하도록 유도한다. 학습자의 질문에 따라 정해진 답이 아닌 스스로 만들어 낸 독창적인 답변을 하게 된다(송은정, 2023). 이것은 딥러닝 기술을 통해 새로운 텍스트, 이미지, 기타 미디어를 생성할 수 있는 인공지능 시스템(Baidoo-Anu & Ansah, 2023)으로 학습자가 요구한 질문이나 과제를 해결하기 위해 스스로 데이터를 찾아서 학습하여 이를 토대로 결과물을 제시하는 한 단계 더 진화한 기술이다(양지훈, 윤상혁, 2023). 대표적인 생성형 인공지능 모델은 대규모 언어 모델(Large Language Model: LLM), 생성적 적대 신경망(Generative Adversarial Networks: GANs), 변이형 자동 인코더(Variational Autoendocer: VAE) 등이 있다.

교육과 관련하여 인공지능을 수업의 내용으로 보는 관점과 수업의 도구로 보는 관점이 있다(이시내, 2025). 수업의 내용으로 보는 관점은 인공지능의 개발 역사, 개념, 원리, 종류, 기본적인 사용법 등 인공지능에 대해 이해하는 교육, 인공지능을 개발하는 교육, 윤리적 문제와 같은 인공지능과 관련된 비판적 사고 등에 관한 수업이 해당된다. 수업의 도구로 보는 관점에는 인공지능 활용 교육, 인공지능에 의한 교육, 인공지능과의 교육이 있다. 수업 목표를 달성하기 위해 인공지능 도구를 활용하는 것이 인공지능 활용 교육이고, 인공지능이 교수-학습활동을 제공하고 평가하고 피드백하는 것이 인공지능에 의한 교육이며, 인공지능 도구가 동료 학습자 역할을 하며 학습 내용을 설명하고 질문하기를 반복하는 학습이 이루어지는 것이 인공지능과의 교육이다.

생성형 AI을 활용한 교육에서는 학습 내용을 개인화할 수 있고 즉각적인 피드백을 통해 학습자의 자기주도적 학습경험을 강화할 수 있다(한옥영, 2023). 즉, AI가 학습자의 현재 수준에 맞춘 과제를 제시하고 성과에 대한 피드백을 제공함으로써 학습자가 학습과정을 스스로 설계하고 조정할 수 있는 능력을 지원한다(범은애 외, 2023). 따라서 맞춤형 학습과 자기주도적 학습이 중요한 성인학습에서 AI를 활용한 교육의 활용성이 높다고 볼 수 있다.

인공지능을 활용한 교육의 예로 Fryer와 Carpenter(2006)는 챗봇과 같은 생성형 인공지능을 외국어를 배우고자 하는 학습자에게 혁신적인 학습경험을 제공할 수 있는 도구라고 간주하면서 수업 시간의 제약과 감정적 제약(예: 수줍음) 등의 장애물을 극복하는 데에 도움이 된다고 주장하였다(서지현, 2025).

생성형 AI는 텍스트, 이미지, 영상, 음성, 음악 등 학습자가 원하는 다양한 형태의 콘텐츠를 만들어 내면서 창의적 작업과 문제해결 과정에서 사용되는 강력한 도구가 된다(유경혜, 2025). 이는 인공지능이 오히려 인간 학습자의 창의성을 향상시키는 데 활용될 가능성이 있음을 시사한다.

또한 인공지능이 학습 내용을 추천하는 방식인 인공지능 추천 시스템도 활용될 수 있다. 인공지능 추천 시스템은 인공지능이 학습자의 개인적인 정보와 과거 검색 이력을 분석하여 관심을 가질 것으로 판단되는 정보, 콘텐츠 혹은 상품을 선별(filtering)하여 제시하는 서비스다. 이러한 방식은 인공지능이 학습자의 다양한 정보를 실시간으로 분석하여 맞춤형 학습을 제시함에 따라 개별화된 교육의 효과성, 효율성, 지속성을 높이는 것이 될 수 있다(최숙영, 2021; 황수연, 2025).

인공지능은 교육용 로봇과 같은 다양한 형태로 활용되면 미래의 교육에 큰 역할을 할 것으로 기대되어 성인학습에도 학습 내용과 도구로 그 중요성이 증가될 것으로 보인다. 그러나 학교를 졸업하고 사회에서 일하고 있는 많은 잠재적 AI 사용자인 성인학습자들은 학교에 재학 중인 학생들과는 달리 인공지능에 관한 체계적인 학교 교육의 혜택을 받기가 어려워 학생이 아닌 성인학습자를 대상으로 하는 체계적인 AI 교육이 절실히 요구된다(유경혜, 2025). 즉, 성인학습자에게 디지털 리터러시(digital literacy)와 인공지능 리터러시(AI literacy)를 획득하도록 해야 한다. 디지털 리터러시란 '컴퓨터를 통해 다양한 출처로부터 찾아낸 여러 가지 형태의 정보를 이해하고 자신의 목적에 맞는 새로운 정보로 조합해 냄으로써 올바르게 사용하는 능력'을 말한다(Gilster, 1997; 이철승, 백혜진, 2022). 디지털 리터러시는 이제 인공지능 리터러시로 확장되고 있어 학습자의 역량으로 간주되고 있다. 즉, 인공지능 기술을 비판적으로 평가하는 능력, 인공지능과 효과적으로 소통하며 협업할 수 있는 능력, 온라인과 가정 및 직장에서 인공지능 도구를 활용할 수 있는 능력이 필요해졌다(이은진, 2025; Long & Magerko, 2020).

5. 상담에서의 활용

성인이 자신의 감정을 효과적으로 다루고 삶의 목표를 설정하며 원만한 대인관계를 맺고 공감하며 책임 있는 의사결정을 할 수 있도록 하는 사회정서학습에서도 에듀테크가 활용된다. 사회정서학습에서는 개인의 사회정서역량을 향상시키는 것을 목표로 하는데, 얼굴 표정을 인식하는 기술, 텍스트 마이닝 기반 감성 분석 기술, 음성을 인식하고 감정하는 기술, 가상현실 기반의 감정 분석 기술 등 다양한 디바이스와 플랫폼, 컨텐츠 등이 개발되고 있다(김보경, 2024).

1966년에 개발된 ELIZA 프로그램은 상담 및 심리치료 분야에서 처음 컴퓨터를 활용한 프로그램이다. ELIZA 프로그램은 사용자가 키보드를 통해 문장을 입력하면 Carl Rogers의 인간중심 상담이론을 적용하여 공감적인 반응을 만들어 내어 출력하는 형태로 작동했다(김도연, 조민기, 신희천, 2020). 이후 기술이 발달하면서 온라인 상담이 사이버 상담이라는 이름으로 본격적으로 활용되었다(이재영, 정영윤, 2001; 심혜숙, 이현진, 2003).

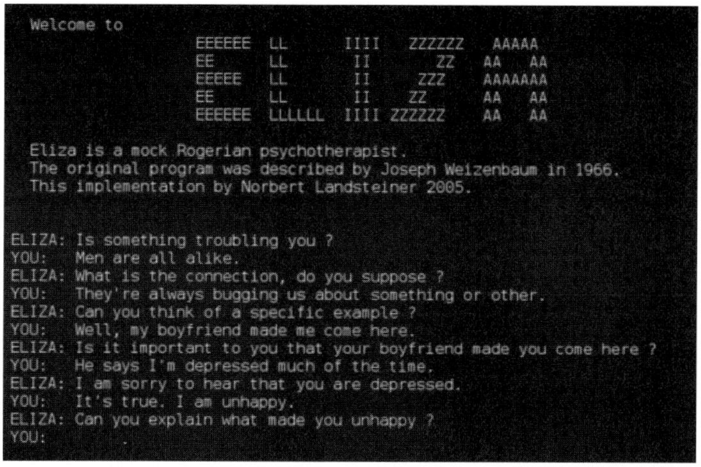

```
  Welcome to
                    EEEEEE  LL      IIII   ZZZZZZ   AAAAA
                    EE      LL       II       ZZ   AA   AA
                    EEEEE   LL       II     ZZZ    AAAAAAA
                    EE      LL       II    ZZ      AA   AA
                    EEEEEE  LLLLLL  IIII ZZZZZZ    AA   AA

  Eliza is a mock Rogerian psychotherapist.
  The original program was described by Joseph Weizenbaum in 1966.
  This implementation by Norbert Landsteiner 2005.

ELIZA: Is something troubling you ?
YOU:   Men are all alike.
ELIZA: What is the connection, do you suppose ?
YOU:   They're always bugging us about something or other.
ELIZA: Can you think of a specific example ?
YOU:   Well, my boyfriend made me come here.
ELIZA: Is it important to you that your boyfriend made you come here ?
YOU:   He says I'm depressed much of the time.
ELIZA: I am sorry to hear that you are depressed.
YOU:   It's true. I am unhappy.
ELIZA: Can you explain what made you unhappy ?
YOU:
```

[그림 4-2] ELIZA 상담

출처: 위키피디아.

온라인 상담은 웹사이트 기반 심리치료, 화상상담, 챗봇 등의 방법이 활용되고 있다(김도연, 조민기, 신희천, 2020). 가장 널리 활용되고 있는 형태는 웹사이트 기반 심리치료인데 심리적 문제와 관련된 다양한 정보들을 제공하거나 상담자와의 채팅을 통해 상담이 진행된다. 온라인 상담의 또 다른 형태는 화상상담이다. 화상상담은 내담자와 상담자가 대면하지 않고 무선 통신망을 통해 실시간으로 전달되는 영상과 음성을 통해 상담을 진행하는 방식이다. 또한 스마트폰을 통해 챗봇(Chatbot)과 같은 텍스트 메시징 서비스도 활용되고 있다. 인공지능(AI)을 통해 사전에 입력된 구조화된 방법을 적용하여 상담이 제공되는 방식으로 최근 많은 관심을 끌고 있고 다양한 상담 챗봇이 개발되고 있다(김도연, 조민기, 신희천, 2020; Fitzpatrick, Darcy, & Vierhile, 2017).

온라인이나 소셜 네트워크를 기반으로 소셜 미디어를 이용한 비대면 상담도 코로나19 이후 급증하였다. 비대면 상담은 시·공간의 제약으로부터 자유롭게 이루어지기 때문에 상담 기관에 직접 오기 어려운 내담자에게 유리한 방식이 된다(박주영 외, 2022; Cooper et al., 2019). 또한 비대면 상황을 좀 더 편안하고 안전하게 느끼는 내담자는 비대면 상황에서 정서를 더 잘 표현하는 모습을 보이기도 하여 비대면 상담의 효과가 나타나기도 한다(Shklarski et al., 2021).

IT 기술을 통한 빅데이터 수집이 가능하고 개인의 유전정보와 건강관련 데이터가 확보되면서 스마트폰 애플리케이션이나 웹사이트를 활용하는 스마트 헬스케어 산업이 성장하고 있다(김성현, 박효은, 이동훈, 2022: 이상원, 2021: 한지아, 김은정, 2020). 특히 '디지털'과 '치료제'가 합쳐진 말인 디지털 치료제(Digital therapeutics)는 약물 주입 위주의 전통적 치료방식에서 벗어나 모바일 앱, 가상현실, 챗봇, 인공지능, 게임 등의 방식으로 건강을 향상시키고자 개발되고 있고(박안선, 이승민, 2020; Riva et al., 2019) 상담 및 심리치료에도 활용되고 있다.

디지털 치료제의 예를 들면, 가상현실이나 증강현실을 통해 불안한 개인에게 가상의 상황을 생생하게 경험하게 함으로써 인지적 · 정서적 · 행동적 반응을 발생시키면서 신체와 인지 및 정서의 관계를 파악하도록 도울 수 있다(Ventura et al., 2018). 약물중독인 경우, 애플리케이션을 통해 약물을 사용하는 상황이나 요인을 파악하고 약물복용 충동에 대한 대처법이나 사고방식의 변화 방법을 교육받게 한다. 또한 수면 시 악몽을 꾸는 문제를 가진 사람을 치료하는 방법으로 스마트워치가 내담자의 생리학적 측정(심박수. 혈압, 체온 등)을 실시하고 필요시 손목에 진동 자극을 가하는 방식으로 이용된다.

최신 정보통신기술이 에듀테크에 활용되는 것과 마찬가지로 성인 상담 및 심리치료에도 이러한 기술이 다양한 방식으로 적용되고 있고 이러한 발전은 앞으로 빠르게 많은 영역에서 나타날 것으로 예상된다.

제2부 성인학습 상담의 이해

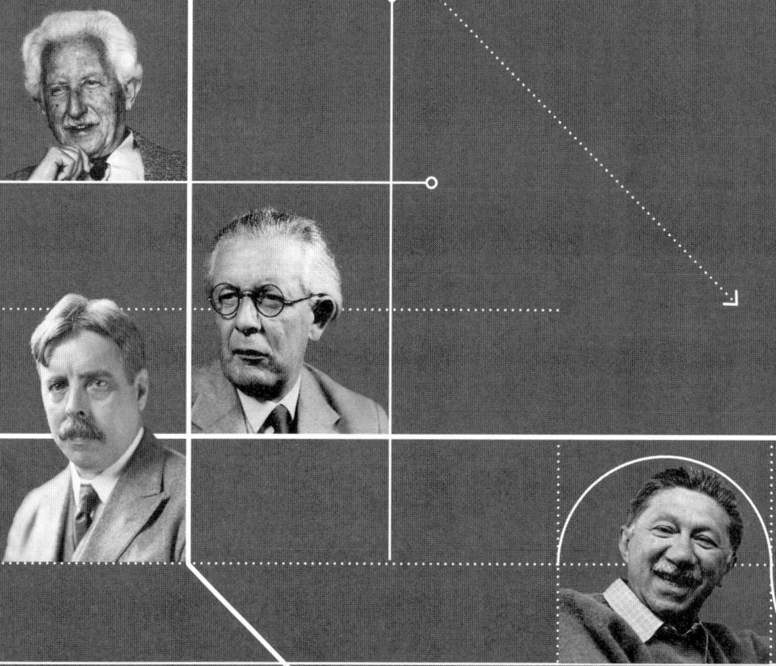

제 5 장 성인학습 상담의 기초

1. 성인학습 상담의 의미와 필요성

상담은 영어 counseling의 번역어로서 counsel이란 원래 '조언하다' 혹은 '가르쳐 주다'라는 의미가 있다. 그런데 이 카운슬링이 전문화되면서 조언의 기능 이외에도 많은 다양한 기능을 가지게 되었다. 현대적 의미의 상담은 조언 외에 심리치료 및 태도변화, 의사결정, 문제해결, 정보제공 등 전문적 기법에 의한 새로운 기능들을 보유하고 있다(김계현 외, 2000). 또한 과거에는 상담이 주로 문제가 있는 사람들을 대상으로 하여 그 문제를 해결할 수 있도록 돕는 것이라고 인식하였으나, 근래에 이르러서는 현재 당면한 큰 문제가 있지 않은 사람이라도 상담을 통하여 자신에 대해 더 깊이 있게 이해하게 됨으로써 자신의 잠재력과 가능성을 발견하고 이를 실현하고 성장하도록 돕는 것도 상담의 중요한 측면이라고 보고 있다.

Egan(2002)은 다음과 같이 긍정심리학 측면에서 상담의 두 가지 주요 목적을 제시하고 있다.

첫째, 내담자로 하여금 자신의 삶에서 일어나는 여러 가지 문제에 보다 효율적으로 대처할 수 있도록 하기 위하여 그동안 활용하지 못한 자원과 놓친 기회를 잘 살리도록 돕는 것이다.

둘째, 내담자가 자신의 일상생활을 보다 잘해 나갈 수 있도록 돕는 것이다. 이렇게 볼 때 상담의 일차적 대상은 현재 당면한 문제의 해결을 원하는 사람이지만, 현재 당면한 문제의 유무에 상관없이 더 성장하기를 원하는 사람은 누구든지 상담의 대상이 될 수 있다.

이러한 상담은 그것이 진행되는 상황이나 대상, 해결되어야 할 문제의 유형이나 성질 등에 따라 그 방법이나 과정이 달라지게 되므로 그것의 종류와 유형을 다양하게 분류할 수 있다. 예를 들어, 면접형태에 따라서 상담은 면대면상담, 서신상담, 전화상담, 사이버상담 등으로 유형화할 수 있으며, 면접을 진행하는 방식에 따라서 놀이치료, 음악치료, 무용치료, 미술치료, 심리극 등으로 유형화할 수 있다. 그리고 대상의 발달적인 특성에 따라서는 유아상담, 아동상담, 청소년상담, 성인상담, 노인상담 등으로 유형화할 수 있으며, 상담의 주요 주제에 따라서는 학업상담, 진로상담, 대인 관계 상담, 성상담, 인터넷중독 상담 등으로 유형화할 수 있다. 이렇듯 상담의 유형과 종류가 다양화되고 있는 가운데 이 책에서는 성인학습자들의 보다 효율적인 학습이 이루어질 수 있도록 조력하는 활동 가운데 하나로서 성인학습 상담에 대하여 살펴보고자 한다.

제1부에서 살펴보았듯이 성인학습자들은 다양한 과거 경험을 가지고 있으며 또한 학습이 진행되는 당시에도 역시 다양한 변인에 놓여 있게 되므로 학습을 효과적으로 지속하는 데 어려움이 많다. 따라서 그들이 이 같은 어려움을 극복하고 학습활동을 잘 진행할 수 있도록 도와야 한다. 이러한 의미에서 성인학습자의 학습활동을 적절하게 안내, 지원, 촉진, 강화하기 위한 다양한 방법이 필요한데, 그 중 가장 대표적인 것이 성인학습 상담이라 할 수 있다. 성인학습 상담을 통해 학습문제를 가진 성인학습자의 문제 원인을 탐색하여 이를 잘 극복할 수 있도록 조력하며 학습문제로 야기되는 부정적인 자아개념의 형성을 예방함으로써 학습문

제를 해결하고 학습의 효율성을 높일 수 있으며, 결과적으로는 성인학습자 자신이 지닌 잠재력을 최대한 개발해 나가도록 격려할 수 있다.

한편, 일반적인 상담과 마찬가지로 성인학습 상담도 다양한 형태로 나타나는데, 그 이유는 성인학습 상담은 성인학습자의 여러 가지 개인적 특성, 예를 들어, 성격이나 심리상태, 학습 수준, 발달 수준, 현재 처해 있는 여건과 상황 등에 따라 다양한 형태로 나타나기 때문이다. 따라서 성인학습 상담도 상담이 진행되는 상황이나 대상, 해결되어야 할 문제의 유형이나 성질 등에 따라 그 종류와 유형을 다양하게 분류할 수 있는데, 이는 일반상담의 분류와 다르지 않다.

여기에서는 특히 성인학습에 초점을 두고 성인학습 상담의 유형을 분류해 본다. 예를 들어, 권두승과 조아미(2006)는 다음과 같이 성인학습 상담을 세 가지 측면으로 나누었다.

첫째, 협의로 본다면 성인학습 상담은 성인학습을 제공하는 다양한 기관에 고용되어 있는 상담자라는 직함을 가진 사람들이 전문적으로 수행하는 활동이다(전문적/기관 중심의 관점). 이는 성인학습자에게 전문적인 상담을 해 주는 것을 중요하게 생각하는 관점으로, 성인학습 상담자는 전문적인 상담자여야 하는 것이다. Langdon은 성인학습 상담자가 갖추어야 할 전문적인 자질의 중요성을 강조했는데, 그들이 정규대학에서 상담과 지도에 관한 석사학위를 받아야 하며 심리검사, 정보 서비스, 상담이론, 상담실습, 성격이론, 집단지도 그리고 성인교육에 관한 학문적인 배경을 가져야 한다고 했다.

둘째, 이보다 조금 광의로 본다면 성인학습 상담은 성인에게 현재의 혹은 미래의 학습을 제공하는 상담 서비스나 기능이다. 이와 같은 기능과 서비스는 전문적으로 훈련되고 성인학습기관에 소속된 상담자들에 의해서 이루어지지 않을 수도 있다(개방적 상담기능의 입장). 즉, 성인학습 상담은 부분적으로는 전문적으로 훈련된 상담자뿐만 아니라 교사, 프로그램 개발자, 행정가, 준전문가, 자원봉사자 그리고 또래 등의 사람들에 의해서도 효과적이고 효율적으로 이루어질 수 있으며, 이들은 성인학습자들에게 학습과 관련한 다양한 정보와 서비스를 제공해 줄 수 있다.

셋째, 가장 광의로 본다면 성인학습 상담은 성인이 자아를 찾고자 하거나 환경에 적응하는 것을 돕는 것으로 볼 수도 있다(상황중심적 접근). 따라서 전문적으로 훈련받은 사람과 그렇지 않은 사람 모두 성인학습자들이 자신을 발견하고 상황에 적응할 수 있도록 도울 수 있다.

우리나라의 경우 평생교육의 필요성과 중요성이 증대되고 있는 가운데 성인학습기관과 성인학습자들이 증가하고 있긴 하지만, 앞의 관점 중에서 첫 번째 기관중심의 관점에서와 같이 기관별로 전문적인 상담자가 배치되어 성인학습자들에게 전문적인 상담 서비스를 제공해 주는 것은 현재로서는 무리다. 따라서 두 번째와 세 번째 관점을 참고로 했을 때 성인학습을 담당하는 기관의 실무자들이나 교육자들이 실제로는 성인학습 상담의 일부분을 담당하게 된다. 따라서 성인학습을 담당하는 기관이나 성인학습자들을 지도하는 교육자들이 성인학습자들을 잘 지원하고 조력할 수 있기 위해서는 성인학습 상담의 기본적인 원리나 방법 등에 대해 잘 이해해야 한다.

2. 성인학습 상담의 원리

성인학습 상담을 더욱 효과적으로 진행하기 위해서 상담자는 상담을 전개할 때 반드시 일정한 기본 원리에 바탕을 두고 실시하는 것이 좋다. 여기에서는 먼저 상담의 일반적인 원리를 성인학습 상담의 내담자들(이후 성인 내담자로 칭함)에게 적용하여 살펴보고, 다음으로는 특히 성인학습 상담을 진행할 때 기본적으로 유념해야 할 성인학습 상담의 원리에 대하여 살펴보기로 한다.

1) 상담의 일반적 원리

상담의 기본 원리는 주장하는 전문가에 따라 조금씩 달리 생각할 수 있으나, 가장 일반적으로 사용되는 Biestek의 이론을 통해 살펴보면 다음과 같다(George & Cristiani, 1990).

(1) 개별화의 원리

상담자는 내담자의 특성과 개인차를 인정하는 범위에서 상담을 전개해야 한다. 특히 상담자의 고정관념이나 주관적 가치판단 기준에 따라 내담자의 이야기를 판단해서는 안 된다. 성인 내담자들은 다양한 배경과 이력과 경험을 가지고 있으므로 이들과의 상담에서는 각각의 특성을 고려한 개별적인 접근이 필요하다.

개별화의 원리를 지키려면 다음과 같은 전제가 필요하다.

① 상담자는 편견과 선입관이 없어야 한다.
② 내담자의 말을 경청하고 세밀히 관찰해야 한다.
③ 내담자의 보조에 맞추어 진행해야 한다.
④ 내담자의 감정 변화를 민감하게 포착할 수 있어야 한다.
⑤ 내담자와의 견해차가 있을 때 앞을 내다보는 능력을 갖추어 적절한 선택을 해야 한다.

(2) 의도적 감정표현의 원리

상담자는 내담자가 그의 감정, 특히 부정적 감정을 자유롭게 표현할 수 있도록 편안하고 온화한 분위기를 조성해 주어야 한다. 일반적인 내담자들과 마찬가지로 성인 내담자들 중에는 과거의 부정적인 경험으로 인하여 억압된 부정적인 감정들을 해결하지 못한 채 가지고 있는 경우가 있다. 따라서 상담에서 내담자가 이렇게 억압된 감정들을 자유롭게 표현할 수 있도록 돕는 것은 매우 중요하다.

내담자가 의도한 감정을 자유롭게 표현하도록 하기 위해 갖추어야 할 조건은 다음과 같다.

① 압력이나 긴장으로부터 내담자를 완화시켜 준다.
② 내담자 자신의 문제점을 이해하게 해 준다.
③ 허용적인 태도를 조성하기 위해 내담자의 감정표현을 경청한다.
④ 내담자의 감정표현을 적극적으로 자극하고 격려한다.
⑤ 비현실적인 보장이나 너무 빠른 초기의 해석을 삼간다.

이상의 조건을 잘 갖추어야 하며, 특히 상담자는 내담자의 감정표현을 비난하지 말고 낙심시켜서도 안 되며, 오히려 끝까지 경청해야 한다.

(3) 통제된 정서관여의 원리

상담은 주로 정서적인 면에 관련되어 있으므로 상담자는 내담자에게 그 감정을 말로 표현하도록 권고하여야 한다. 또한 상담자는 내담자의 정서 변화에 민감하게 반응하고 이해해야 하며, 적절한 대응책을 마련할 태세를 갖추고 적극적인 관여를 할 필요가 있다. 예를 들어, 성인학습이나 상담상황에서 갑자기 부적절한 감정을 표현하는 내담자가 있다면 상담자도 같이 감정에 휘말릴 것이 아니라 이러한 감정을 유발한 요인에 대해 분석하며 내담자의 정서 변화를 이해하고 적절한 반응을 해야 한다.

(4) 수용의 원리

수용이란 내담자의 장단점, 바람직한 성격과 그렇지 못한 성격, 긍정적인 감정과 부정적인 감정, 건설적 · 파괴적 태도나 행동 등을 있는 그대로 이해하며 그의 존엄성과 그 인격의 가치에 대한 관념을 유지해 나가는 것이다. 따라서 수용의 대상은 선한 것이나 옳은 것, 좋은 것만이 아니고 진정한 것, 있는 그대로의 것, 일관성 있는 것으로 현실 그 자체이어야 한다. 상담에서 상담자가 권위적이거나 강압적인 자세로 임하게 되면 상담관계는 깨어지고 만다. 특히 성인 내담자들은 성인이라는 특성이 있으므로 상담자가 지나치게 권위적이거나 강압적인 태도를 취하게 되면 무시당한다는 느낌이 들어 반감을 가지기 쉽다. 그러므로 내담자 중심으로 그의 욕구를 존중하며 감정이나 태도를 이해할 수 있어야 한다.

(5) 비판단적 태도의 원리

내담자의 잘못이나 문제에 대해 결과를 나무라거나 책임을 추궁하거나 잘못을 질책해서는 안 된다. 성인 내담자들은 과거의 부정적인 경험으로 인해 오랜 시간 쌓여 온 죄책감, 열등감, 불만감, 고독감 등을 가지고 있기 때문에 타인의 비판에 예민하여 그들 자신을 방어하여 안전을 추구하려고 한다. 상담자는 내담자의 행동과 태도, 가치관 등을 평가할 때 객관적이고 중립적인 자세를 유지해야 하며, 특히 '나쁘다' '잘못이다' 등의 표현을 하는 것은 좋지 않다.

비판단적 태도의 원리가 지켜지려면 다음과 같은 자세가 필요하다.

① 상담자가 선입관의 지배를 받아서는 안 된다. 상담자는 선입관을 버려야 하며, 색안경을 쓴 채 내담자를 주관적으로 보지 않도록 노력해야 한다.
② 내담자의 보조에 맞추어 상담을 진행해야 한다. 내담자의 발언이나 행동 및 성급한 결론에 대해 상담자가 판단을 내리거나 이끌어 나가서는 안 되며, 가급적 내담자의 입장을 따라가면서 상담을 진행해 나가야 한다.
③ 분류화하려는 자세를 취해서는 안 된다. 내담자를 어떤 유형의 틀로 나누어 집어넣거나 비교하려는 인상을 가져서는 안 된다.
④ 상담자는 내담자가 상담자에 대해 적의와 같은 부정적 감정표현을 할 수 있다는 것을 알고 있어야 한다. 내담자의 그런 감정표현도 그를 이해하고 문제를 해결하는 데 도움이 된다는 자세를 가지고 여유 있게 내담자의 문제에 대해 객관적으로 바라볼 수 있어야 한다.

(6) 자기결정의 원리

상담자는 내담자의 가치와 존엄성을 존중하고 그 스스로 문제를 해결할 수 있다는 자신감을 심어 주어야 한다. 특히 성인 내담자들은 아동이나 청소년들과는 달리 독립적인 존재이므로 내담자가 스스로 자기가 나아갈 방향을 결정하고 선택하여야 한다. 따라서 상담자는 내담자의 결정을 존중하며, 내담자에게 자신의 욕구에 따라 결정할 수 있는 잠재적 힘을 자극하여 활동할 수 있도록 지도해야 한다.

이를 위해 상담자는 다음과 같은 원칙을 지켜야 한다.

① 내담자가 자기수용을 할 수 있도록 도와주어야 한다.

② 내담자의 잠재능력, 즉 장점과 능력을 발견 · 활용함으로써 인격적 발전을 도모할 수 있게 자극해 주어야 한다.

③ 내담자가 자기결정을 할 수 있도록 상담자는 분위기를 조성해 주어야 한다. 수용적 태도나 심리적 지지를 보내는 것이 그 한 가지 방법이다.

④ 상담자는 내담자가 자신의 문제를 해결해 나갈 수 있도록 보조하는 역할을 해야 한다.

⑤ 상담자는 내담자를 강제적으로 설득해서는 안 된다.

(7) 비밀보장의 원리

상담과정에서 명심해야 할 것은 상담자가 내담자와의 대화내용을 아무에게나 이야기하지 말고 비밀을 지켜야 한다는 것이다. 비밀보장은 상담자에게 있어서 직업적 · 윤리적인 의무라고 할 수 있다. 따라서 내담자의 명예가 훼손되거나 내담자에게 누를 끼치는 일을 상담 밖에서 이야기한다는 것은 상담자로서의 자질을 의심받을 정도로 중요한 문제다. 특히 과거 사람들에게 상처를 받은 경험이 누적되어 있는 성인 내담자라면 사람에 대해 신뢰할 수 있도록 돕는 것이 중요한데, 상담자가 철저히 비밀을 보장해 주었을 때 상담자에 대한 믿음이 생길 수 있다. 따라서 어떠한 경우에라도 상담자는 내담자의 상담내용에 대한 비밀을 꼭 보장해 주어서 내담자의 개인적 권리를 존중해야 한다.

2) 성인학습 상담의 원리

앞서 살펴본 상담의 일반적 원리에 더하여 성인학습 상담을 할 때에 유념해야 하는 원리들을 덧붙이면 다음과 같다.

(1) 정보제공의 원리

성인학습 상담에서는 학습자들이 효율적인 학습을 진행할 수 있도록 돕기 위해 적절한 정보들을 제공해 주어야 한다. 이러한 정보에는 교육정보, 진로-직업 정보, 개인-심리적 정보가 있다.

① 교육 정보

학습자들의 교육과 직접적인 관련이 있는 정보들을 말한다. 가장 대표적인 것으로 교육과정이나 교과과정에 관한 정보가 있는데, 처음 성인학습을 시작하는 성인 내담자들뿐만 아니라 학업을 지속하려는 성인 내담자들에게 이후의 교육과정이나 교과과정에 대한 정보들을 제공하여 적합한 교육계획을 세워 진행하도록 도울 수 있다. 그 외에도 특별활동이나 스터디 그룹 등에 관한 정보, 장학금 등 학자금 지원에 관한 정보, 효과적인 공부방법에 관한 정보, 학사행정에 관한 정보 등 학습자들의 교육에 직접적인 도움을 줄 수 있는 정보들이 이에 해당된다.

② 진로-직업 정보

성인학습자들 중에는 그들이 받는 성인교육이 이후 진로와 직접적으로 연결되기를 희망하는 경우가 많다. 따라서 이러한 경우에는 진로-직업에 관한 정보를 제공해 주어야 한다. 진로-직업과 관련한 정보는 산업구조 및 직업구조의 변화, 다양한 직업의 종류, 노동 및 직업 관련 법규 등의 일반적인 정보부터 특정 직업에서 하는 일이나 특정 직업에 취업하기 위한 방법이나 조건 등의 구체적인 정보에 이르기까지 다양하다. 경우에 따라서는 구인, 구직 등의 취업 정보와 아르바이트 정보 등의 실질적인 정보도 제공될 필요가 있는데, 이를 위해서는 성인학습기관이 지역사회의 여러 기관과 연계하여 구인, 구직 등의 정보를 공유하는 것이 좋다. 이러한 진로-직업 정보와 관련한 더 자세한 내용은 제8장에서 살펴보기로 한다.

③ 개인-심리적 정보

성인 내담자들이 자기 자신에 대해 더 잘 이해할 수 있도록 돕기 위하여 개인에 대한 객관적인 정보를 제공해 줄 수 있다. 이러한 개인심리적인 정보는 성격검사나 심리검사, 적성검사 등을 통해 개인의 특성에 관한 객관적인 정보를 제공해 주어 자기이해를 도울 수 있으며, 상담자의 전문적인 식견하에 상담 시의 면접내용이나 관찰을 통해서 얻어진 것들을 토대로 내담자에 관한 정보들을 제공할 수도 있다.

(2) 융통성의 원리

융통성은 모든 상담자가 공통적으로 갖추어야 하는 자질 중의 하나다(Cormier & Cormier, 1985). 성인 내담자를 도울 때 상담자는 한 가지 이론이나 기법에 얽매이지 않고 각 내담자의 특성과 문제에 가장 적절하게 접근하는 융통성을 가져야 한다. 또한 전반적인 상담 진행과정 중에도 융통성을 가지고 대처할 수 있어야 한다. 발달심리학자인 Kunkel(1939)은 성인기와 노년기의 특징으로 나이를 먹으면서 사람들은 일반적으로 고집 혹은 편집(偏執)이 증가한다는 점을 꼽았다. 즉, 나이가 들면서 사람들은 한번 고집을 피우면 오랜 기간 경직되어 온 사고방식 때문에 결코 번복하지 않으려는 속성이 있다는 것이다. 심지어 그는 이 시기의 편집현상을 성인기의 심리적 위기로 간주하였으며, 이것이야말로 성인 및 노인 교육에서 가장 먼저 다루어야 할 중요한 영역이라고 주장했다. 따라서 편집성향이 강한 성인 내담자들을 상담할 때에 상담자는 반대로 융통성 있는 태도를 가지고 대해야 할 것이며, 이렇게 융통성 있는 상담자의 태도는 성인 내담자들에게 좋은 모델이 되어 그들의 편집증적 성향을 완화시키는 데 도움이 될 수 있을 것이다.

제6장

정신역동적 상담

정신역동적 관점의 상담이론은 Freud의 정신분석적 접근 및 후기 정신분석적 접근에 속하는 학자들의 이론을 말한다. Freud는 19세기 초에서 시작해 1939년 사망할 때까지 인간의 성격과 마음의 이해에 대한 정신분석적 이론을 발달시켰고 이후 심리학계에 가장 큰 영향을 끼쳤던 인물이다. 이후 Freud의 영향을 받아 Freud 이론의 많은 부분을 유지하면서도 그것을 수정, 보완, 변형시킨 이론가들의 사상이 제시되는데, 이들 이론가는 '신 Freud 학파' 혹은 '후기 Freud 학파' 등으로 불린다. 이 장에서는 Freud와 함께 후기 Freud 학파의 대표적인 학자라 할 수 있는 Jung의 이론을 함께 묶어 정신역동적 관점으로 살펴볼 것이다.

정신역동적 관점의 기본 가정은 성격이 사람 안에 있는 힘들에 의해 유도된다는 것이다. 따라서 이 관점에서는 '모든 행동을 동기화하고 움직이는 힘'이라는 아이디어에 초점을 맞추고 이 힘을 밝혀내는 것에 중점을 두고 있다.

1. Freud의 정신분석적 관점

1) 인간에 대한 기본 관점

심리학의 역사에 있어서 가장 큰 영향을 미친 학자라고 해도 과언이 아닐 정도로, Sigmund Freud(1856~1939)는 심리학계에 지대한 업적을 남겼다. 1873년 비엔나 대학교 의과대학에 입학해 1881년 26세 때 의학박사 학위를 취득한 Freud는 1884년 종합병원 신경과 의사로 자리를 잡게 되면서 전문가로서의 입지를 구축하였고, 이듬해에는 프랑스 파리로 건너가 당시 히스테리 최면술 연구로 명성을 얻고 있던 소르본 대학교의 Jean Martin Charcot를 만나게 되었다. 그 당시 프랑스에서는 히스테리, 몽유병, 다중성격과 같은 증상을 치료하기 위해 최면술을 적용하는 것이 유행이었으며 Charcot 역시 그렇게 했다. Freud는 자신의 임상적 경험을 통해 최면술에 의한 히스테리 치료의 효과에 대해 회의를 갖게 되었지만 당시 Charcot의 강의와 임상적 실험에 깊은 흥미를 느끼게 되었고, 이는 신경학자에서 정신병리학자로 전환하게 한 중요한 계기가 되었다. 파리에서 돌아온 후 발표한 일련의 논문은 그 내용이 정신병리에 대한 전통적인 관점에 반하는 것이었는데, 히스테리 증상은 뇌의 기질적인 문제가 아니며 충격적인 경험을 소화할 수 없기 때문에 유발된다는 주장이었다.

한편, Freud는 비엔나에서 의사인 Joseph Breuer로부터 환자가 자신의 증세에 관해 이야기하는 것만으로도 히스테리 증상이 치료된다는 새로운 방법을 알게 되었다. 그리하여 Breuer의 방법인 정화법(catharsis)을 시도하여 그것이 환자의 치료에 효과적임을 알게 되었고, Breuer와 함께 정화법 치료사례들에 관한 저서 『히스테리에 관한 연구(Studies on Hysteria)』(1895)를 출판하기도 하였다. 그러나 이 저서가 완성된 후 두 사람은 히스테리에 있어서 성적인 요인의 중요성에 관한 견해 차이로 결국 결별하게 되었고 Freud는 최면요법이나 정화법과는 또 다른 자유연상법을 개발하여 임상치료에 적용하기 시작하였다.

Freud는 어머니와의 관계에서는 비교적 갈등이 적었으나 아버지와의 관계가 복잡했는데, 1896년 아버지의 죽음을 겪으면서 그는 의식적–무의식적 죄의식으로 매우 고통스러워했다. 그는 당시 자신의 꿈의 의미를 탐색함으로써 성격발달의 역동에 대한 새로운 통찰을 얻을 수 있었다. 이것은 그가 자기 분석에 몰입할 수 있게 한 결정적인 계기가 되었으며 후에 정신분석을 구축하는 태동이 되었다. 또한 이 시기에 환자로부터 얻는 자료들을 확인하기 위해 그는 자기 자신의 무의식을 집중적으로 분석하기 시작하였다. 자신의 꿈을 분석하고 자신의 마음에 떠오르는 온갖 생각을 탐색함으로써 자기 내면의 역동을 이해할 수 있었다. 그리고 이러한 작업으로부터 얻어진 지식을 근거로 정신분석의 기초를 이루는 개념들을 발전시켜 1900년 『꿈의 해석(The Interpretation of Dream)』을 출간하였다. 이 저서가 출간된 후 그는 정신병리학회로부터 무시되었지만 곧 의료계뿐만 아니라 일반 대중 사이에서도 명성이 높아지게 되었다. 1902년에 젊은 의사들이 정신분석의 이론과 실제에 관심을 갖고 연구하기 위해 정기적인 모임을 갖게 되었고, 후에 이 모임은 비엔나 정신분석학회로 발전하게 되었다.

1914년 무렵, Freud는 히스테리 환자들이 실제 일어난 것처럼 보고하는 외상 혹은 무의식적인 환상이 병의 원인이 된다는 것을 간파하고 새로운 사실을 깨달았는데, 바로 실재적 현실 외에도 심리내적인 현실이 존재한다는 것이다. 여기서 그는 무의식적 환상의 기능과 그것이 지닌 힘을 발견하게 되었고 아동기 성욕이론을 정립하였다. 1920년대에 접어들어서는 무의식과 억압에 관해 집중적으로 연구하였고, 그 후 종교, 도덕성, 문화 등의 주제에 관심을 갖고 연구하며 다수의 저서를 출판하였다.

무의식의 중요성을 강조한 Freud의 정신분석을 통해 인간에 대한 포괄적이고 체계적인 이해가 가능해졌다. 즉, 인간의 의식 수준만 놓고 보았을 때 이해할 수 없었던 부분들이 그의 무의식이라는 개념을 도입해서 보면 이해가 가능하게 된 것이다.

Freud는 인간의 정신을 의식과 무의식으로 분류하였다. 의식과 무의식을 빙산에 비유하여 물 위에 떠 있는 작은 부분을 의식(conscious), 물속에 잠겨 있는 부분은 무의식(unconscious) 그리고 파도에 의하여 물 표면에 나타났다 잠겼다 하는 부분은 전의식(preconscious)으로 보았으며, 이렇게 우리가 일상을 살면서 의식하고 있는 내용은 극히 작은 부분이고 우리를 지배하고 있는 정신은 무의식에 의해 지배를 받게 된다는 것을 설명하고 있다.

따라서 Freud의 인간관은 기본적으로 결정론적이다. 즉, 그는 비이성적인 힘인 본능적 추동이나 무의식적 동기가 인간의 행동을 결정한다고 보았으며, 인간을 쾌락을 추구하는 생물학적인 존재로 보고 본능의 중요성을 강조했다. 또한 그는 인간을 비관론적으로 보았다. 그는 인간을 '어두운 지하실에서 끊임없이 갈등하는 존재'로 비유하였다. 그리고 인간은 생물학적인 존재이기 때문에 심리 성적인 일련의 발달단계를 거쳐 성숙해지면서 자신의 강한 성적 추동과 사회적으로 수용될 수 있는 방식으로 행동하려는 욕구 간의 균형을 이루기 위해 노력한다고 보았다.

Freud의 정신분석이론에 따른 인간에 관한 기본 관점을 요약하자면, 인간은 무의식적인 존재이며 인간의 외적인 행동이나 감정 혹은 생각은 정신 내적인 원인에 의해 결정된다고 볼 수 있다.

2) 주요 개념

Freud의 정신분석이론에서 제시된 주요 개념에는 의식 · 전의식 · 무의식의 차원으로 구성되는 의식의 수준, 원초아 · 자아 · 초자아로 구성되는 성격의 구조, 불안, 방어기제, 심리성적 발달단계 등이 있다.

(1) 의식의 수준

Freud는 인간의 정신을 의식과 무의식으로 분류하였다. 의식과 무의식을 빙산에 비유하여 물 위에 떠 있는 작은 부분을 의식, 물속에 잠겨 있는 부분은 무의식, 그리고 파도에 의하여 물 표면에 나타났다 잠겼다 하는 부분은 전의식으로 보았으며, 이렇게 우리가 일상을 살면서 의식하고 있는 내용은 극히 작은 부분이고 우리를 지배하고 있는 정신은 무의식에 의해 지배를 받게 된다는 것을 설명하고 있다.

의식이란 우리가 알거나 느낄 수 있는 모든 경험과 감각을 포함하며, 자신이 주의를 기울이는 순간 곧 알아차릴 수 있는 정신생활의 부분이다. 그런데 이 경험은 단지 잠시 동안 의식될 뿐 우리가 주의를 다른 곳으로 바꾸면 재빠르게 전의식이나 무의식으로 사라지게 된다. 따라서 무의식은 성격의 아주 크고 넓은 부분을 나타내며, 의식은 성격의 아주 작고 제한된 부분만을 나타낸다.

전의식이란 어느 순간에 있어서는 의식되지 않는, 그러나 조금만 자극을 받거나 노력하면 곧 의식될 수 있는 경험을 말하는데, 따라서 흔히 '이용 가능한 기억'이라고 불린다.

무의식이란 정신의 가장 깊고 중요한 부분으로, Freud는 인간행동을 이해하는 데 있어서 무의식을 강조하였다. 이 무의식은 의식 밖에 있기 때문에 전혀 자각하지 못하는 상태에서 은연중에 말과 행동에 영향을 미치는 정신 영역이다. Freud는 이 무의식의 영역에서 인간의 본질적인 추진력, 정열, 억압된 관념 및 감정 등을 찾으려고 시도했다.

(2) 성격의 구조

Freud는 성격이 세 가지의 기본적 구조인 원초아(id, Es), 자아(ego, Ich), 초자아(superego, Uberich)로 구성되어 있다고 보았다. 이 세 가지 성격구조는 각기 서로 다른 원리에 따라 작동한다. 다시 말해, 서로 추구하는 바가 다르다는 것이다. 즉, 정신분석학적 관점에서의 성격이란 원초아, 자아, 초자아의 세 기능이 상호작용함으로써 얻어지는 행동의 패턴이다. 이들 세 가지 기능은 서로 긴밀한 상호작용을 하고 있기 때문에 실제의 행동에 있어서 어느 기능이 주된 역할을 하는지를 결정하기란 쉬운 일이 아니다.

원초아는 태어날 때부터 있으며 자아는 현실의 요구에 대한 대응으로 발달하게 된다. 또한 초자아는 사회적 표상으로 출현한다. 세 측면 모두가 발달하게 되면 원초아에게만 있는 정신 에너지가 원초아, 자아, 초자아로 나누어지며, 이들 사이를 흘러 다니게 된다. 자아는 원초아의 욕구, 현실 욕구, 초아자가 강요하는 제약간의 중재 역할을 한다. 따라서 자아는 본능적 욕구가 현실적으로 또는 사회적으로 승인된 방식으로 만족될 것을 추구한다.

내적 갈등(intrapsychic conflict)은 성격의 한 측면의 목표가 다른 측면의 목표와 충돌할 때 일어난다. 대부분의 내적 갈등은 원초아가 즉각적 만족에 대한 압력을 행사하기 때문에 일어난다. 그러나 성격의 세 측면은 모두 서로 갈등 관계에 있을 수 있다(Rangell, 1988). 그렇다면 내적 갈등은 어떻게 해결되는가에 대해서 세 가지 측면에서 살펴보고자 한다. 첫째는 충동을 제거하는 것이다. 둘째는 욕구를 직접적으로 표현하는 것이다. 셋째는 욕구의 방향을 바꾸는 것이다. 욕구는 완전히 제거할 수 없는 것으로 가정하며, 충동은 의식에서 쫓아낼 수는 있으나 전체 성격에서 쫓아낼 수는 없다. 직접적으로 표현되는 경우는 매우 드물다. 원초아의 욕구가 완전하게 표현되는 경우에는 자아가 강하게 압도당할 것이며 따라서 강한 불안을 경험할 것이다. 그러므로 대부분의 내적 갈등은 욕구의 방향을 바꾸는 것으로 처리되는데, 이렇게 되기 위해서는 성격구조 간의 타협이 있어야 한다. 정상적인 성격기능에서도 내적 갈등은 있는데, 갈등의 해결은 자아가 수행하는 방어과정이며 이 과정에는 정신 에너지가 있어야 한다. 자아가 내적 갈등을 성공적으로 경감시킬수록 자아는 고도의 정신적 기능(문제해결과 창조적 추구)에 에너지가 더 많이 배당된다(Libert & Libert, 1988: 이재창, 정진선, 문미란, 2008에서 재인용). 성격구조의 구체적인 특성에 대해서 살펴보면 다음과 같다.

① 원초아

원초아(id)는 인간의 본능적인 욕구들이 자리 잡고 있는 곳으로서 사람이 태어나는 순간부터 존재한다. 즉, 생득적으로 갖추어진 모든 생리 · 심리적인 에너지(원시적인 충동 · 욕구 · 본능의 총체적인 힘)의 원천이다. 먹고, 마시고, 자고 하는 본능들은 모두 원초아에 의한 것이다. 이러한 본능적 욕구들은 삶의 본능이라 불린다. 삶의 본능 중 Freud가 특히 중요하게 생각한 것은 성적 본능이다. 즉, 그는 성적인 쾌감을 얻고자 하는 것이 인간을 움직이게 하는 가장 중요한 원동력이라고 보았던 것이다. 또한 원초아에는 이러한 삶의 본능들과 더불어 파괴적인 본능, 즉 죽음의 본능이 있다. 사람들이 전쟁을 하고 서로 공격하는 이유는 바로 죽음의 본능 때문이다. 원초아에 자리 잡은 본능적 욕구들은 한 가지 독특한 원리에 따라 작동하는데 그것이 바로 '쾌락의 원리'다. 본능적 욕구들을 지체 없이, 직접적으로 그리고 무조건적으로 충족시키려 하는 것이 바로 쾌락의 원리인 것이다.

원초아는 본능적 욕구의 즉각적이며 자기중심적인 만족을 추구할 뿐만 아니라, 현실을 고려하지 않고 정신적 긴장(psychic tension)의 감소만을 바라는 쾌락 원리(pleasure principle)를 좇아서 행동하며, 현실과 환상(fantasy)의 구별이 없고, 비언어적이며 비논리적이고 체계가 없는 사고를 하며, 본능적 자극(instinctual stimulus)에 대한 1차적 과정의 사고(primary process thinking)를 통하여 욕구를 충족시키는 특징적 기능을 수행한다. 그러나 어떤 현실이건 현실적인 여건 때문에 원초아의 본래 기능을 수행할 수 없을 경우에는 건강한 사람은 꿈(dream)을 통해서, 정신병 환자는 환각(hallucination)의 힘을 빌려서 해결을 시도한다.

아이는 성장함에 따라 부모나 현실적 상황에 의해 다양한 방식으로 욕구 충족이 억제된다. 즉, 아이는 항상 그의 분노를 발산할 수는 없으며 젖을 떼야 하고 배변훈련을 받아야만 한다. 또한 그는 자신이 흥미를 느끼는 모든 대상을 가지고 놀 수는 없다. 결과적으로 충족되지 못한 이러한 욕구들은 무의식 속으로 억압될 수밖에 없고, 무의식화된 욕구들은 숨겨진 채로 사람들의 의식적인 삶에 영향을 미치게 된다.

② 자아

자아(ego)란 원초아의 욕구를 현실에 적응시키고 성격을 집행하는 부분으로서 성격의 의식에 해당되는 의식기능의 주체이며, 원초아의 요구에 대해 외계의 현실적 요청과 초자아의 감시를 받으면서 이들 세 압력의 힘의 관계를 조절하는 기능을 가지고 있다. 자아는 현실세계와 접촉하는 성격의 한 부분으로, 원초아에 자리 잡은 본능적 욕구들과 외적인 현실세계를 중재하는 역할을 한다. 즉, 자아는 '현실의 원리'에 따라 욕구의 충족을 지연시키거나 다른 것으로 대치하게 한다. 현실의 원리의 목적은 욕구를 만족시키는 적당한 대상이나 환경 조건이 성숙될 수 있을 때까지 본능적 만족을 지연시켜 개체의 안전을 보장하는 것이다. 현실의 원리에 따라 행동함에 있어서 중요한 것은 현실을 판단하고 평가하는 현실 감별(reality testing)이다. 현실 감별에 의해서 경우에 따라서는 만족할 만한 대상이나 방법이 발견될 때까지 욕구의 충족을 연기하기도 한다. 이와 같이 간접적이며 지연된 방법으로 자아의 기능을 수행할 때는 언어적 · 논리적이며 객관성을 갖는 성숙된 사고, 즉 2차적 과정의 사고(secondary process thinking)를 사용하게 된다. 예를 들어, 성적인 욕구는 적당한 대상과 적절한 조건이 성숙될 때까지 자아에 의해 지연된다.

③ 초자아

초자아(superego)란 개체가 무엇이 옳고 그른 것인가를 판단하는 데 관여하는 성격의 도덕적 부분(moral branch of personality)을 말한다. 초기에는 부모의 도덕적 권위에 동화(assimilation)함으로써 발달하기 시작하지만, 점차로 다양하게 학습된 사회적 규범이나 가치관을 내면화(internalization)함으로써 원초아와 대립하고 때로는 자아와도 대결하면서 더욱 분명하게 형성 및 발달한다. 특히 초자아는 자아보다 무의식적이며 융통성이 없는 강력한 제동기능을 가지고 있으며, 사회의 안정을 무너뜨리려는 여러 충동적인 행동을 억제하는 특징을 가지고 있다.

초자아는 성장하면서 부모나 선생님들과의 상호작용을 통해 영향을 받은 정통적인 가치관과 사회적인 규칙 그리고 도덕과 양심이 자리 잡는 곳이다. 즉, 무엇이 옳고 그른지, 어떤 일을 해야 하고 하지 말아야 할지 등을 판단하는 것이 초자아의 임무다. 초자아는 도덕적 원리를 추구하여 도덕이나 가치에 위배되는 원초아의 충동들을 견제하고, 자아의 현실적 목표들을 도덕적이며 이상적인 목표로 유도하려 한다. 이러한 초자아에는 두 가지 측면, 즉 양심(conscience)과 자아이상(ego-ideal)이 있다. 양심은 잘못된 행위에 대하여 처벌이나 비난을 받은 경험에서 가치체계가 내면화된 것이다. 즉, 부모나 그 밖의 동기를 가진 사람들에게 언행에 대한 가치평가나 벌을 받았던 것들이 기초가 되어 형성되며, 어른들이 금지했던 것과는 정반대의 언행과 사고를 할 때 느끼는 죄책감(guilty feeling)에 의해서 발달한다. 즉, 어른들에 의해서 강화되고 제시되는 도덕적 기준이 내면화된 것이라고 할 수 있다. 자아이상은 잘한 행위에 대하여 칭찬이나 보상을 받은 경험이 기초가 되어 이상적인 자아상을 형성하게 되고 이를 추구하게 되는 것이다. 아동이 부모나 그 밖의 다른 사람들로부터 인정과 칭찬을 받았던 일들이 기초가 되어 형성된다. 자기만이 갖고 있는 도덕적 자아에 대한 자아상이다.

초자아를 형성시켜 주는 상벌에는 물리적인 것과 심리적인 것의 두 가지가 있다. 물리적인 상이란 아이들이 바라는 먹을 것을 주고, 원하는 장난감을 주며, 어머니나 아버지가 어루만져 주는 스킨십(caress) 등이며, 물리적인 벌은 종아리를 때리거나 갖고 싶어 하는 것을 빼앗는 것을 말한다. 심리적인 상은 말이나 얼굴 표정으로 아이를 칭찬해 주고 인정해 주며, 심리적인 벌은 아이에게 주의를 주거나 불만스러운 표정을 하는 경우다. 초자아가 지나치게 강한 사람은 도덕적으로 흠잡을 데가 없을 정도로 착실한 사람으로 보이지만 자신은 행동의 자유를 누릴 수 없게 되는데, 내면에서는 항상 우울하고 기쁨을 못 느끼게 된다.

이 세 가지 성격구조는 서로 담고 있는 내용과 추구하는 바가 다르다. 따라서 자연히 이들 간에는 마찰과 갈등이 일어나게 된다. 원초아는 본능적 욕구를 직접적으로 충족시키려 하고, 자아는 현실에 비추어 이를 저지하려 한다. 초자아는 원초아와 자아가 이상과 도덕에 위배되는 행위를 하는지 항상 감시한다. 이러한 갈등이 심리적 문제의 근원이 된다. 즉, 자아와 원초아 그리고 초자아 간에 서로 균형을 이루지 못하는 것이 심리적 증상 형성의 출발점이 되고 건강한 성격의 형성에 문제를 일으키는 것이다. 무엇보다도 자아가 원초아와 초자아, 외계의 압력이나 요구의 조화를 이루면서 적당하게 초자아로부터 자유롭게 된다는 것이 건전한 성격의 형성과 적응을 위해서 필요하다. 즉, 건강한 성격은 자아와 원초아, 초자아 간에 균형을 잘 이루었을 때, 특히 자아가 성격구조들 간의 갈등을 중재하고 조정하는 역할을 잘 수행할 때 형성될 수 있다.

(3) 불안

불안은 우리가 경험하는 것들 중 매우 익숙하고 친근한 정서다. Freud는 불안을 닥쳐올 위험에 대한 신호라고 했는데, 위험의 원천은 외재적일 수도 있고 내재적일 수도 있다. Freud는 불안이 내적인 것의 결과라고 인식하였다. 즉, 원초아의 충동 추구의 표현이라고 이해했다.

불안의 유형은 크게 신경증적 불안, 도덕적 불안, 현실적 불안의 세 가지로 분류되는데, 이를 좀 더 자세히 살펴보면 다음과 같다.

신경증적 불안(neurotic anxiety)은 원초아와 자아의 갈등으로 발생한다. 원초아는 충동을 발산하려고 하며, 자아는 충동에 대한 현실적인 제약을 가하고자 한다. 예를 들어, 교수가 수업에서 학생들을 야단쳤을 때 화를 내고 싶은 충동을 참는 것이다. 도덕적 불안(moral anxiety)은 원초아와 초자아의 갈등으로 일어난다. 원초아의 충동은 사회의 도덕적이고 이상적인 규준과 대립되므로 죄책감이나 부끄러움을 느낀다. 현실적 불안(objective anxiety)은 화재가 나거나 거리의 불량배를 만날 때와 같은 현실적이며 외재적인 위협이 있을 때 생기는 불안을 말한다.

각각의 경우에서 불안은 닥쳐올 위험에 대한 신호다. 현실 불안에서 위험은 외재적이다. 실제적 위협을 없애거나 줄이기 위한 현실적인 단계를 취하게 됨으로써 이런 현실 불안을 처리할 수 있다. 신경증적 불안과 도덕적 불안은 닥쳐올 내적 위험의 탓이다. 이러한 경우에는 내적인 방법, 즉 방어기제로 대처할 수 있게 된다.

(4) 방어기제

Freud는 세 가지 자아 간의 갈등으로 인해 불안이 끊임없이 야기된다고 보았다. 그런데 인간은 기본적으로 불안을 원치 않으며 그것으로부터 벗어나기를 원한다. 따라서 인간은 갈등으로부터 비롯된 불안상황에서 자신을 보호하기 위해 다양한 방어기제(defense mechanism)를 사용한다. 방어기제는 현실상황에서 적절한 대처방법이 없을 때 일시적으로 자신을 보호하기 위해서 사용하는 하나의 도피기제라고 할 수 있다. 심리적으로 얻게 되는 부적절한 감정 등의 고통에서 벗어나 안정감을 얻기 위해 사용하는 것들이다. 이러한 방어기제는 일시적으로 사용되는 것이 보통이다. 적절한 대응방법을 찾으면 방어기제가 해제되는데, 지속적으로 사용하여 습관이 된다면 일상생활에서 부적응적인 태도를 형성하게 된다. 그러나 대부분의 경우에 방어기제는 일시적으로 사용된다.

방어기제는 욕구불만의 해소라는 점에서는 일종의 적응기제이지만 다음의 몇 가지 점에서 비효율적이라고 할 수 있다. 첫째, 무의식적으로 작동하는 경우가 많기 때문에 합리적 해결을 할 수 없다는 점이다. 둘째, 해결이 심적 내면에서만 그치기 때문에 근본적인 해결은 할 수가 없고, 현실로부터의 도피에 머무르게 된다는 점이다. 셋째, 결과적으로 합리성이 결여된 부적응 행동을 만들게 된다는 점에서 객관적이고도 합리적이며 자유로운 자아의 기능에 의한 정상적 적응기제에 비해서 바람직하지 못하다. 방어기제의 예에는 다음과 같은 것들이 있다.

① 억압

억압(repression)은 의식하기에는 너무나 충격적이고 고통스러운 경험을 무의식 속에 억눌러 버리는 것이다. 즉, 자기 자신이 또는 사회적으로 승인될 수 없는 욕구를 의식적인 세계에서 말살함으로써 심리적인 안정감을 얻으려고 하는 것이다. 욕구 좌절이나 갈등을 의식에서 떨쳐 버려서 불만이나 갈등을 피하려고 하는 기제다. 억압이 지나치면 현실적인 욕구가 전혀 충족되지 못하고 무의식 속으로 후퇴하여 누적된다. 따라서 무의식 속에 항상 긴장감이 감돌고 있으면서 어떤 계기가 있으면 폭발하여 이상행동으로 나타나게 된다.

② 부인

부인(denial)은 고통을 주는 사실이나 경험을 인정하지 않고 부정해 버리는 것이다. 즉, 불안을 초래한 스트레스 상황을 처음부터 있지도 않았다는 듯이 쉽게 부정하는 것이다. 예를 들면, 배우자의 사망이나 배신을 인정하지 않고 사실이 아니라고 믿는 것, 직장에서 갑자기 해고를 당했을 때 이를 수용하지 못하고 거짓이라고 생각하는 것이다.

③ 투사

투사(projection)는 자신이 지니고 있는 심리적 속성을 마치 타인이 지니고 있는 것과 같이 생각하고 행동하는 것이다. 예를 들면, 자기가 상대방을 미워하면서 상대방이 자기를 미워한다고 뒤집어씌우는 것이다. 본능적이고 무의식적인 원초아의 욕구를 현실적이고 도덕적으로 모두 충족시키기란 어려운 일이다. 그렇게 되었을 때 현실 불안, 도덕적 불안 등이 발생하며, 이런 불안을 해소하기 위해 자신에게서 발생한 문제를 남의 탓이나 환경 탓으로 돌리면서 자신을 방어하려는 행동을 취하게 될 때 투사현상이 나타난다. 즉, 자신이 받아들이기 어려운 충동이나 태도, 행동을 무의식적으로 타인이나 환경 탓으로 돌리는 과정이다. 다시 말하면, 자기의 결점을 어떤 사람이나 사물의 탓으로 돌리는 과정이다. 예를 들어, 아내를 미워하는 남편이 집에 들어가면 아내는 자신을 거들떠보지도 않고 밥도 잘 챙겨주지 않는다고 하면서 아내가 자신을 미워한다고 이야기하는 것이다.

④ 합리화

합리화(rationalization)란 자아가 좌절과 불안을 극복하는 또 다른 방법으로 그럴듯한 이유나 설명을 들어서 불쾌한 현실을 피하려고 하는 것이다. 예를 들면, 미모의 여성에게 프러포즈를 했다가 거절당했을 때, 그 여성의 성격이 나쁘다고 평가함으로써 자신의 상처를 달래는 것이다. 합리화는 비이성적인 행동이 합리적이고 정당한 것처럼 보이도록 하기 위해서 자신을 속이는 것이기 때문에 사실은 합리적이지 않다. 즉, 사회적으로 용납되지 않는 동기를 용납되는 동기로 바꾸므로 자신의 이미지는 회복이 되지만 내면으로는 안정감을 찾지 못하는 것이다.

또 다른 예로는 신 포도와 여우의 이야기를 들 수 있다. 포도를 먹고 싶은 여우가 포도를 따려고 하는데 포도가 높은 곳에 달려 있어서 따 먹을 수가 없었다. 다른 여우가 왜 따 먹지 않느냐고 하자 포도가 너무 시어서 먹기 싫다고 하였다. 사실은 키가 작아서 따 먹을 수 없었던 것이지만 그렇게 말하면 너무 초라해 보일 것 같아서 둘러댄 대답이다. 그래서 합리화는 '신 포도 기제(sour grape mechanism)'라고도 불린다. 사람들이 합리화를 사용하는 이유는 자기의 자존심이 손상받을 위험에 처하면 무의식적으로 자존심을 보호하려 하기 때문이다. 즉, 합리화는 자신의 자존심을 보호하기 위해서 사용하는 방패막이다.

⑤ 승화

승화(sublimation)는 용납할 수 없는 공격성이나 성적인 충동을 사회적으로 인정받을 수 있는 방향으로 표현하는 것이다. 예를 들면, 공격성이 많은 사람이 권투선수가 된다거나, 성적 충동의 직접적인 표현이 어려우므로 예술성 있는 작품으로 표현해 내는 것을 말한다. 즉, 본능적인 욕구를 사회적으로 용인될 수 있는 공개적 · 문화적 · 창조적 · 지적인 활동으로 바꾸어 본래 욕구의 긴장을 해소하거나 발산하는 것을 말한다. 승화는 비교적 건설적이고 바람직한 적응행동으로 인정된다. 많은 위대한 사람이 사용한 기제라고 할 수 있다.

⑥ 퇴행

퇴행(regression)은 잠재적 위험이나 실패를 내포하는 상황 속에 뛰어들었을 때 겪게 되는 어려움을 피하기 위해서 초기 발달단계나 행동양식으로 후퇴하는 것이다. 가장 대표적인 퇴행현상 중의 하나는 동생을 본 첫째가 갑자기 이전 발달단계로 돌아가 동생처럼 아기와 같은 행동을 하는 것이다. 또한 부모의 갈등을 지속적으로 보면서 자란 청년이 자신이 원하는 부모의 상과 현실에서 부딪히는 부모의 상 간의 갈등을 해소하기 위해서 그런 종류의 갈등이 없었던 어린 시절의 상태로 돌아갈 수도 있다. 즉, 소년의 언행, 취미, 차림새 등을 함으로써 현실에서의 갈등 상황을 벗어나는 한편, 부모의 애정을 받았던 때의 행동을 취함으로써 부모의 관심도 받고 자신이 가지고 있던 부모의 상도 현실에서 받아들이게 되는 현상이다. 이러한 퇴행은 성인 사회의 자유와 책임에서 오는 공포와 불안을 어느 정도 감소시켜 주기는 하지만 사실상 적절한 적응방식은 아니다.

⑦ 반동형성

반동형성(reaction formation)은 겉으로 나타나는 태도나 언행이 억압되고 용납

될 수 없는 충동의 정반대인 경우의 심리기제를 말한다. 무의식의 밑바닥에 흐르는 경향, 생각, 바람, 충동 등을 그대로 받아들일 수 없기 때문에 반대행동으로 나타내는 것이다. 반동형성은 흔히 두 단계를 거쳐서 일어나는데, 첫 단계에서는 받아들일 수 없는 충동을 억압하고 두 번째 단계에서는 충동에 반대되는 행동을 의식적으로 한다. 반동형성은 흔히 강박적이고 과장되며 엄격한 특징을 가진 행동 중에서 잘 나타난다. 불안을 감소시키기 위해 사용되는 방어기제이지만 비합리적이고 기만적이고 위선적이기 때문에, 반동형성이 자주 나타나는 사람은 현실을 왜곡해서 보거나 엄격하고 융통성이 없는 성격으로 발달할 수 있다.

(5) 성격발달

Freud는 성격발달의 세 가지 기본 원칙으로 정신적 결정론, 무의식의 중요성, 성적 에너지(리비도)를 제시하였다. 첫째, 정신적 결정론은 인간의 정신적 활동이 이전의 행동이나 사건에 의해 결정된다고 보는 것이다. 둘째, 인간의 행동이 의식적 과정보다는 인식할 수 없는 무의식에 의해 동기가 유발된다고 보았다. 셋째, 본능적인 성적 에너지가 행동과 사고의 동기가 된다고 간주하였다.

특히 Freud는 모든 본능이 근본적으로 성적인 것이라 믿었기 때문에 인간의 성격발달이 성적인 욕구와 밀접한 관련이 있다고 믿었으며 이 성격발달을 심리성적 발달이라 일컬었으며 다섯 단계로 발달단계를 제시하였다. 그리고 각 단계마다 그 단계에서의 욕구가 충족되어야 한다고 하였다. 그렇지 않고 욕구가 충족되지 못하면 나이에 따라 다음 단계로의 계속적인 발달이 진전되어야 함에도 불구하고 그 단계에 그냥 머물러 있으려는 경향이 나타나는데 이를 고착현상(fixation)이라 한다. 반면, 발달이 진행된 경우 어떤 어려움이나 좌절이 경험될 때 욕구 충족이 쉬웠던 앞 단계로 되돌아가려는 경향이 생기기도 하는데 이를 앞 단계로의 퇴행(regression)이라고 한다. 한편, Freud의 주장에 따르면 각 단계마다 인간의 욕구는 충족되어야 하지만 과도한 욕구 충족의 경우도 바람직하지 않다고 한다. 따라서 각 단계에서의 욕구를 적절히 충족시켜야 적응에서의 문제가 생기지 않는다.

① 구순기

구순기(oral stage)는 구강기라고도 하며 유아기에 해당된다. 출생 후 대략 1년 동안에 해당되는 시기로서 리비도가 입에 있기 때문에 주로 빠는 행위를 통해 쾌감을 충족시킨다. 유아가 젖을 먹고 싶을 때, 먹고 싶을 만큼 충분히 먹은 유아는 그만큼 애정체험으로 충만되어 있기 때문에 정서적으로도 안정감을 누릴 수가 있고, 각종 행동에 있어서도 유순함을 볼 수가 있다는 것이다. 이와 같은 경우에는 유아의 대상에 대해서 긍정적인 체험을 하게 된다.

그러나 인공수유나 이유 등으로 구순 욕구의 충족이 좌절되거나 반대로 과도하게 충족되는 경험을 하게 되면 구순 고착 성격을 갖게 된다. 이것은 후에 과식이나 과음, 과흡연 등과 같은 행동특성으로 나타나기도 하고 때로는 타인에 대한 의존 혹은 분노 등으로 표현되기도 한다. 수다스러운 성격, 이야기 중 항상 남의 아픈 부분을 꼬집어 내어 상대방의 감정을 상하게 하는 성격, 기분이 언짢은 경우 무엇이든 먹고 싶어 하는 성격 등도 구강기 성격의 예다.

② 항문기

항문기(anal stage)는 대략 2, 3세에 해당되는 시기로서 리비도 에너지가 항문괄약근의 조정에 집중하게 된다. 따라서 주로 배설행위를 통해 쾌감을 얻는다. 이 시기에는 보통 배변훈련이 시작되는데, 이때 유아는 처음으로 본능적으로 욕구충족을 통제받는 경험을 하게 된다. 구순기에서처럼 이 시기에도 배변훈련과 관련하여 너무 엄격하고 강압적인 경험을 하거나 반대로 너무 느슨한 경험을 하게 되면 항문 고착 성격을 갖게 된다. 항문 고착 성격은 항문 폭발적 성격과 항문 강박적 성격으로 구분된다. 전자의 경우는 보통 지저분하며 정돈되지 않으며 낭비벽이 있는 행동특성을 나타내고, 후자의 경우는 강박적이거나 고집이 세고 완고하며 검소한 반면에 인색한 특성을 나타낸다.

③ 남근기

남근기(phallic stage)에 해당하는 4, 5세경에는 리비도가 항문에서 성기로 옮아

간다. 따라서 성기를 통한 리비도의 만족을 추구하게 된다. 남아의 경우 이성의 부모인 어머니에 대해 성적인 욕망과 애착을 느끼며 아버지를 경쟁자로 생각하는 소위 오이디푸스 콤플렉스(oedipus complex)를 나타낸다. 이러한 과정에서 남아에게 거세불안이 유발되는데, 이 불안을 감소시키기 위해 어머니에 대한 성적인 욕망과 아버지에 대한 적대감을 억압하게 되며, 아울러 아버지에 대한 동일시를 통하여 남성다움을 발달시켜 간다. 오이디푸스 콤플렉스는 이성의 부모에 대한 애착으로 인하여 동성의 부모를 미워하고 적대시함으로써 조성되는 억압된 불안과 공포의 복합적 상태를 말한다. 이와 같은 콤플렉스는 유아기의 대인 관계에서 형성된다고 보고 있다. Freud는 정신분석에서 오이디푸스 콤플렉스를 가장 중요시하였으며, 특히 신경증적 장애(neurotic disorder), 성격장애(personality disorder) 같은 정신질환도 오이디푸스 콤플렉스가 해소되지 못한 상태에 기인한 무의식적 갈등 때문이라고 보았다.

남성의 오이디푸스 콤플렉스에 대해서 먼저 이야기를 하자면 다음과 같다. 소년의 첫사랑은 어머니다. 리비도가 성기 근처에 집중되면 어머니에 대한 사랑은 성적이고 근친상간적인 색채를 띠게 된다. 어머니를 성의 대상으로 대하는 데 있어 아버지가 버티고 있는 것은 당연한 일이다. 소년은 아버지를 없애고 싶은 경쟁자로 본다. 이 공격 욕구로 소년은 아버지가 보복할 거라는 두려움을 느끼게 된다. 여자는 성기가 없다는 것을 알고 있어 아버지가 자신을 거세할(여자로 만들어 버릴) 것이라는 생각을 하게 된다. 거세불안이 어머니에 대한 소년의 사랑보다 강하기 때문에 결국에는 소년이 어머니를 소유하고자 하는 바람을 포기한다. 오이디푸스 콤플렉스의 해결에는 근친상간 성격을 띤 바람의 억압과 아버지와의 방어적 동일시라는 두 과정이 있다. 억압은 생각이나 감정을 완전히 의식 밖으로 밀어내는 것을 말한다. 방어적 동일시는 위협적인 사람을 좋아하는 것(이길 수 없으면 하나가 되라)을 말한다. 이는 공격자와의 동일시라고도 한다(Porder, 1987). 소년은 무의식적으로 아버지는 나를 거세할 것이라는 두려움으로 엄마를 직접 소유할 수는 없지만 간접적으로 엄마를 가질 수 있다고 생각하게 된다. 소년은 아버지의 행동과 태도 및 가치를 동일시함으로써 갈등을 해결한다. 방어적 동일시로 남아는 엄마를 간접적으로 소유하고, 자신의 거세불안에서 벗어날 수 있으며, 적절한 성 역할에 동화된다. 이러한 동일시는 양심의 기초가 된다.

한편, 여아의 경우 이성의 부모인 아버지에 대해 성적인 애착을 느끼게 되는데 이를 엘렉트라 콤플렉스(electra complex)라 부른다. 이러한 과정에서 여아에게 남근선망이 나타난다. 남아, 여아 모두 같은 성의 부모와의 동일시함으로써 이 시기의 갈등을 해결하게 된다. 엘렉트라 콤플렉스는 그리스 신화에 나오는 미케니아의 왕 아가멤논의 딸 엘렉트라에서 유래한 것이다. 엘렉트라는 남동생 오레스테스와 힘을 합하여 아버지를 욕조에서 살해한 어머니의 정부이자 현재의 남편인 에기스타스와 어머니 클리테네스트라에게 복수한다. 그리하여 엘렉트라는 그가 동경하던 영웅적인 아버지의 어두웠던 운명에 대한 회상 때문에 죽을 때까지 결혼하지 못하였다. 이렇듯 여아의 아버지와의 애정적 결합과 어머니에 대한 적대, 증오의 감정으로 복합된 관념상태를 엘렉트라 콤플렉스라고 불렀다.

여아의 첫사랑도 어머니다. 남근기가 되면서 여아는 아버지와 다른 남자들은 남근을 가지고 있으나 자신과 어머니는 없다는 사실을 알게 된다. 여아는 전에는 남근을 가지고 있었는데, 어머니 때문에 없어졌다고 엄마를 비난한다. 엄마에 대한 다른 숙명적 실망과 함께 이 감정은 엄마를 사랑하지 않고 아버지를 더욱 사랑하게 만든다. 아버지에 대한 사랑은 아버지가 남근을 가지고 있기 때문에 선망에 덧붙여 성적인 색채도 띤다. 여아는 남근선망을 가지게 된다. 그러나 여아도 어머니의 사랑을 잃을까 봐 두려워하는데, 이는 엘렉트라 콤플렉스를 해결하도록 여아를 동기화한다. Freud는 여아가 남아에 비해서 엘렉트라 콤플렉스가 더 늦게 해결되고 덜 완전하게 해결된다고 하였다. 오이디푸스적 소망을 이룰 수 없다는 것을 알게 된 여아는 아버지에 대한 바람을 억압하고, 방어적으로 어머니와 동일시를 하게 된다. 이렇게 해서 여아는 어머니와의 사랑을 계속 유지할 수 있게 되며 아버지를 간접적으로 소유하게 된다(Wilkinson, 1991).

무엇보다도 중요한 것은 남근기에 콤플렉스를 해결하는 것은 성격발달에 매우 중요하며, 성공적으로 해결되어야 정상적인 성인의 성격이 형성될 수 있다는 것이다. 그렇지 않으면 정신병리가 야기된다. 아동의 도덕원리(양심)가 남근기에서 부모와의 동일시를 통해서 발달하기 때문이다.

남근기 고착은 남근기 성격으로 드러나는데, 남근기 성격은 무모하고 단호하고 자기확신적이다. 지나친 자부심이나 지나친 자기 만족 등 자기도취적인 요소가 나타나게 되는 것으로 오이디푸스 콤플렉스를 정상적으로 해결하지 못한 경우다. 따라서 거세불안이 남아 있어서 친밀과 사랑을 두려워한다.

④ 잠복기

잠복기(latency stage)는 6세부터 11, 12세 무렵까지를 말하며 초등학교 재학시기와 대략 일치한다. 이 시기는 오이디푸스 콤플렉스를 극복하고서 성적 욕구나 갈등이 억압되는 평온한 시기라고 볼 수 있다. 이 시기에 아동은 지적 활동이나 운동 등 집 밖에서의 사회적 활동에 많은 에너지를 투입하며, 특히 지적인 탐색이나 주위 환경에 대한 탐색이 활발하게 나타난다. 따라서 성적인 에너지는 잠시 잠복해 있게 되는 시기인 것이다. 즉, 개인의 욕구를 억압하거나 억제하여 사회의 규범에 맞추어 나가는 훈련이 필요한 시기다. 다시 말해서, 현실원칙을 착실하게 학습해 놓아야 하는 시기다. 이 단계에서 찾아볼 수 있는 중요한 점은 아버지의 권위상과 금지의 기제(양심)를 받아들여 쾌락원칙(pleasure principle)을 버리고 현실원칙(reality principle)을 따르게 됨으로써 사회적 · 도덕적 자아를 형성하게 된다는 점이다.

이 같은 극복을 원만하게 하지 못하거나 실패하게 되면, 극단적인 경우에는 신경증이나 정신병질에 걸릴 수가 있으며 사회에 대해서 공격적인 행동을 취하게 된다. 또한 범죄에 있어서도 살인과 폭행은 구강기 후기에, 총기강도는 항문기에, 강간은 남근기에 고착된 성격특성의 산물로 해석하는 경우도 있다.

⑤ 생식기

생식기(genital stage)는 사춘기(puberty) 이후 전 생애에 걸쳐 계속되는 시기로서, 리비도가 다시 성기로 돌아오고 성행위를 통한 성적인 만족을 추구한다. 사춘기와 더불어 나타나는 2차 성징으로 인하여 생식선(genital gland)의 기능이 성숙됨에 따라서 성적 에너지가 성기에 집중됨과 동시에 이성에 대한 관심이 커지고 성적 발달이 급진적으로 진행된다는 점에서 붙인 용어다. 이 시기는 또한 정서적 해방과 독립을 추구하는 심리적 이유(psychological weaning)의 시기와 겹치는 시기이기도 하다.

이 시기에 이르면 이성에 대해 진정한 관심을 가지고 성숙한 사랑을 할 수 있다. 이 단계에 이르기까지 순조롭게 발달한 사람은 이타적이고 원숙한 성격을 지니게 된다. 이상적인 생식기적 성격발달을 위해서는 근면을 배워야 하고, 즉각적인 만족을 지연시켜야 하며, 책임감이 있어야 한다. 혹시 아동기 초기에 경험한 심각한 외상으로 인해 성적 에너지의 고착이 있으면 생식기에서의 적응이 어렵다.

그런데 갑자기 진행되는 성적 성숙이나 신체적 발달로 인하여 지금까지의 아동기의 동일성이나 연속성이 흔들리게 됨으로써, 새롭게 탄생하는 자기가 누구이며 자신의 사회적 역할이 무엇인가에 대해서 탐구하지 않으면 안 되는 문제에 직면하게 된다. 이는 청년기에서 풀어야 할 중요한 발달과업(developmental tasks)의 하나인 자아정체감(ego identity)의 확립을 의미한다. 즉, 이 시기에는 제2탄생을 맞이하는 자기를 새롭게 정의하고 새롭게 통합하여 연속성(continuity), 불변성(sameness), 귀속성(belongingness)에 대한 감각과 의식을 흔들리지 않게 뒷받침해 줄 수 있는 자아정체성을 확립하는 것이 필요하다.

그럼에도 불구하고 새로운 동일시의 획득을 주체성을 가지고 취사 선택하지 못하거나 이를 통합하지 못할 때는 정체감 확산(identity diffusion)을 갖게 되며, 진정한 주체적인 자립성도 발휘할 수 없을뿐더러 자아해체를 초래하여 급기야 자아의 위기(부적응, 불안)에 이르게 된다.

이상 리비도를 정신분석적 발달관에서 보는 특징을 심리성적 발달(psychosexual development)과 심리사회적 위기(psychosocial crisis)의 측면에서 살펴보았는데, 인간의 성장이란 결국 발달단계를 원만하게 거쳐감으로써 이루어진다고 볼 수 있다. 그리고 개인의 내적인 욕구와 사회 · 문화적인 요청 사이에 발생하는 갈등이 원만하게 극복될 때 새로운 자아가 형성되고 건전한 성격이 발달한다고 볼 수 있다. 그러나 정상적인 발달과정을 거치지 못하고 성기기 이전의 어느 발달 단계에 고착되어 버리게 되면 각종 적응장애(adjustment disorder), 심리성적 장애(psychosexual disorder), 정동장애(affective disorder), 행동장애(conduct disorder) 등을 갖게 된다. 정신분석적 상담이란 바로 이 고착상태(fixation)로부터 내담자를 해방시켜 주는 것이 그 임무 중의 하나라고 볼 수 있다.

고착은 성장과정 중 많은 갈등과 난관을 만나게 될 때, 발달의 한 시점에 머물러 버리는 상태다. 이렇게 되면 심적 에너지가 그 시기의 문제해결에만 투입되고 머물러 버리기 때문에 다음 발달에 사용될 에너지 양이 부족하게 된다. 그렇기 때문에 고착이 있었던 사람은 성인이 된 후에도 무슨 일로 갈등상태에 빠지게 되면 쉽게 과거의 고착단계로 돌아가서 반응하게 된다(퇴행). 대개 고착은 다음과 같은 이유에서 발생한다. 발달의 어느 단계에 있어서 첫째는 지나친 좌절을 경험하게 될 때(예: 구강기에서 지나치게 이유를 일찍 할 때), 둘째는 지나친 만족을 얻을 때(예: 오랜 기간 수유를 할 때), 셋째는 아이에 대한 부모의 태도가 일정하지 못한 경우(예: 항문기에서 한동안 엄격한 배변훈련을 실시하다가 한동안 무관심할 때)에 발생한다.

읽을거리 6-1 오이디푸스 왕 이야기

옛날에 테베라는 나라가 있었는데, 그 나라 왕이 결혼하여 사내아이를 낳았다. 왕은 그 아이의 미래가 어떻게 될 것인가를 알아보기 위해 점을 쳐 보았다. 그런데 점괘는 아이가 장차 아버지를 죽이고 어머니와 결혼한다는 것이었다. 왕은 그런 비극을 막기 위해 부하를 시켜 아이를 나무에 매달아 죽여 버리라고 명령하였다. 왕은 아들을 죽였다는 죄책감으로 국정을 돌보지 않고 부하들과 방랑의 길을 떠났다. 그런데 아이를 죽이라는 명령을 받았던 부하는 차마 자기 손으로 그 아이를 죽일 수 없어, 아이를 나무에 매달아 죽이라 했지 목을 매달아 죽이라는 구체적인 언급은 없었던 점에 착안하여 다리를 매달아 놓고 돌아와 시키는 대로 하였다고 보고하였다. 그리고 마침 지나가던 이웃 나라 양치기가 나무에 매달려 죽어 가는 아이를 발견하여 구했고, 아이의 이름을 오이디푸스라고 지었다. 그 양치기는 코린토스라는 나라 사람으로서 그 아이를 데리고 자기 나라로 돌아왔다.

그런데 코린토스의 왕은 아이가 없던지라 그 아이를 양자로 삼았다. 그리하여 오이디푸스는 코린토스의 왕자로 잘 자랐다. 청년이 된 오이디푸스는 자신의 운명에 대한 호기심으로 점을 쳤는데, 점괘가 아버지를 죽이고 어머니와 결혼한다는 것이었다. 코린토스의 왕과 왕비를 친부모로 알고 있던 오이디푸스는 그런 비극을 막기 위해 영원히 왕국을 떠날 결심으로 방랑길에 오른다. 좁다란 산길을 가고 있던 오이디푸스는 마침 사냥을 하고 있던 남자들과 시비가 붙어 그중 우두머리를 포함한 3명을 죽였고, 한 사람은 도망갔다. 오이디푸스는 테베왕국으로 들어갔고, 거기서 사람들을 괴롭히는 스핑크스라는 괴물을 지혜로 물리쳤다. 그 공으로 우여곡절 끝에 왕이 사냥길에서 죽어 홀로된 왕비와 결혼을 하여 테베왕국의 왕이 되어 행복하게 살았다. 그러나 결국 자기가 원래 테베왕국의 왕자였고, 코린토스의 왕과 왕비는 양부모라는 사실을 알게 된다. 그리고 산에서 시비가 붙어 죽인 사람이 바로 자기 친아버지고 현재의 부인이 자기 어머니라는 사실을 알게 된다. 이 사실을 알게 된 오이디푸스의 아내 겸 어머니는 자살하고, 오이디푸스는 스스로 눈을 파내어 장님이 되어 방랑생활을 하였다.

3) 상담의 목표

정신분석이론에 따르면 인간은 기본적으로 무의식적인 존재다. 무의식이란 사람들이 한때는 생생히 알고 있었지만 그 어떤 사건으로 인해 망각해 버린 것이 모두 모여 있는 기억의 저장고다. 대개는 의식상태에 붙잡아 두기에 너무 위협적이거나 고통스러운 경험들이 대부분 무의식상태로 잠복하게 된다. 너무나 무섭고 창피하거나 괴로웠던 경험들은 기억하기보다는 차라리 잊어버리는 것이 나은데, 이런 것들이 바로 무의식 속에 저장되어 버리면 의식상태에서는 기억하지 못하게 되는 것이다. 인간은 이러한 무의식의 지배를 받기 때문에 사람들이 겪는 심리적 문제는 무의식이 작용한 결과라 할 수 있다. 무의식의 저장고에 있어야 할 고통스러운 기억들이 마음의 방어력이 약해진 틈을 타서 의식상태로 올라오려고 하는 과정에서 심리적 증상이 형성된다. 따라서 정신분석적 상담의 목표는 자아의 기능을 강화하여 심리적 증상과 관련된 정신적 갈등을 해소하는 데 있다. 이를 위하여 내담자는 자신의 감정이나 행동, 생각 등에 영향을 미치는 무의식적 요소들을 의식의 영역으로 이끌어 내어 더 이상 무의식이 왜곡된 방식으로 현실에 영향을 미치지 못하게 하고, 현재 행동의 적절성과 부적절성을 탐색할 수 있고, 나아가 자신의 문제행동의 원인을 통찰하게 되어 새로운 행동을 할 수 있게 되는 것이다.

4) 상담의 과정 및 방법

정신분석 상담의 과정은 내담자의 문제나 상황 및 상담자의 접근방법에 따라 매우 다양하다. Fine(1973)은 정신분석의 상담과정을 ① 상담관계의 설정, ② 분석의 시작, ③ 최초 상담위기의 경험, ④ 상담의 심화, ⑤ 전이의 훈습, ⑥ 종결의 과정으로 나누었으며, Arlow(1979)는 ① 초기 시작, ② 전이의 발달, ③ 전이의 훈습, ④ 전이의 해결의 네 단계로 이루어진다고 보았다. 일반적으로 정신분석상담에서 상담자는 내담자로 하여금 과거의 경험과 그때그때의 감정들을 거리낌 없이 자유롭게 털어놓도록 격려한다. 이러한 과정에서 상담자는 내담자의 증상과 관련이 있다고 여겨지는 무의식적 자료들을 하나씩 이끌어 내어 분석하고 그 의미를 해석해 준다. 이러한 과정을 통해 내담자는 이제까지 몰랐던 무의식의 내용들을 이해해 나가게 되며, 이렇게 얻은 통찰은 증상을 극복하는 원동력으로 작용한다. 그런데 내담자가 무의식에 대한 완전한 통찰을 이루기까지의 과정은 오랜 시간을 필요로 한다. 따라서 정신분석상담은 다른 형태의 상담에 비해 장기화되는 경향이 있다.

정신분석상담의 주요 기법으로는 자유연상, 꿈의 분석, 해석, 전이의 분석 등이 있다.

(1) 자유연상

자유연상은 환자가 마음에 떠오르는 모든 생각이나 감정, 기억을 아무런 수정도 가하지 않고 상담자에게 보고하는 기법이다. 이때 환자는 자기의 마음속에 떠오르는 생각이 아무리 사소하고 중요하지 않고 당황스럽고 수치스럽고 비논리적이라 하더라도 자기검열의 과정 없이 그대로 상담자에게 보고한다. 자유연상은 연상의 방향을 결정하는 무의식적인 힘들에서 나오는 것으로 흔히 이 연상들은 과거의 아동기 기억들로 끌고 가서 오래전에 잊힌 경험들을 기억하게 함으로써 상담자에게 성격의 구조와 발달에 대한 단서를 제공해 준다. 또한 자유연상을 하는 과정에서 증상과 관련된 과거의 경험이나 기억들이 차츰 드러나게 되며, 상담자는 이를 통해 내담자의 증상이 무의식적으로 어떤 의미를 지니는지를 이해할 수 있게 된다. 정신분석학자들은 자유연상을 이용하여 환자의 과거의 중요 요소들을 재구성할 수 있게 된다.

(2) 꿈의 분석

내담자의 무의식의 정보는 자유연상 외에 꿈을 통해서도 얻을 수 있다. 잠 자는 동안에는 무의식에 대한 자아의 방어가 약해지게 되므로 억압된 욕구와 본능적 충동들이 보다 쉽게 떠올라 꿈으로 표현된다. 내담자가 꾼 꿈은 많은 무의식적 자료를 포함하고 있으므로 꿈의 의미를 분석하고 해석함으로써 상담자는 내담자의 문제를 이해할 수 있게 된다. 꿈의 분석은 환자의 무의식을 탐색할 수 있는 주요한 기법이다. 꿈은 상징적 형태로 무의식적인 바람을 많이 싣고 있다고 가정되므로 무의식을 매우 잘 드러내 준다고 보이기 때문이다. Freud는 꿈을 소망 충족을 위한 위장된 시도라고 보았으며 이러한 소망은 개인에게 수용될 수 없는 무의식적인 동기로 위장되거나 상징적인 형태로 인간의 억압된 욕망, 공포, 갈등을 나타낸다. 이런 점에서 그는 "꿈은 무의식에 이르는 왕도다."라고 했다. 꿈은 꿈에서의 실제 사건(현재몽)과 그런 사건들의 숨겨진 상징적 의미(잠재몽)로 나눌 수 있으며, Freud는 꿈에서 나타난 상징적 의미를 성적 충동과 관련하여 찾으려 했다. 예를 들어, 계단, 사다리는 성관계를 나타내고, 양초, 뱀, 나무 밑 등은 음경을 나타내며, 상자, 문은 여성의 몸을, 이빨 빼기는 거세를 상징할 수 있다는 것이다.

(3) 해석

해석은 상담자가 꿈, 자유연상, 저항, 전이 등의 의미를 내담자에게 지적하고 설명하고 가르치는 것이다. 상담자의 해석을 통해 내담자는 이전에 몰랐던 무의식적 내용들을 차츰 의식적으로 이해하게끔 받아들일 수 있게 된다. 해석 시 주의할 점은 내담자가 그것을 받아들일 수 있을 때에 해야 한다는 것이다. 내담자가 준비되어 있지 않은 상태에서 해석을 하게 되면 이해하기 어려우며, 상처를 받을 수도 있고, 여러 형태의 저항이 표출될 수도 있다.

(4) 전이의 해석

전이(transference)란 어렸을 때 의미 있는 타인과의 관계에서 경험되었던 태도, 환상, 사랑, 증오, 분노 등의 감정들이 현재의 다양한 인간관계와 상황에서 무의식적으로 반복되는 것을 말한다. 즉, 어렸을 때 중요한 사람들의 관계에서 경험했던 느낌, 사고, 행동 유형이 현재 맺고 있는 사람들의 관계로 전치되는 것으로, 상담장면에서는 이러한 것들이 상담자에게 표현되는 것을 말한다. 예를 들어, 특정 상황에서 내담자는 상담자에게 강한 분노를 표현할 수 있는데, 이는 상담자에 대한 분노의 표현이 아니라 상담장면에서 내담자가 상담자에게 중요 인물과의 관계에서 어린 시절 억압되었던 분노 감정을 전치하여 표현하는 것이라고 볼 수 있다. 이러한 전이는 정신분석상담 과정에서 아주 중요한 과정이며 따라서 전이현상이 발생하였을 때 상담자는 이를 잘 해석하여 내담자로 하여금 자신의 과거와 무의식에 대한 통찰을 경험할 수 있도록 해야 한다. 전이에 대한 해석으로 전이 감정이 해소되면 내담자는 과거의 영향으로부터 벗어나게 되며 보다 더 정서적으로 성숙한 인간이 될 수 있다.

5) 성인학습 상담에의 적용

정신분석적 입장에서 보자면 인간의 겉으로 드러나는 감정과 행동 그리고 생각들은 어떤 원인에 의해 미리 결정된다. 이러한 관점에서 보면 다양한 성인학습자의 개인적 특성을 이해하는 것이 가능하다. 예를 들어, 성인학습자 중에는 학업불안이나 대인 관계의 어려움, 정서적 문제 등 다양한 부적응행동 때문에 학업의 지속 혹은 효율적인 학습에 어려움을 보이는 학습자들이 있다. 이때 우리는 학습자의 과거 경험의 어두운 어떠한 면이 현재 갈등의 한 원인이 되어 다양한 형태로 그들의 성장을 방해하고 있다는 것을 이해할 수 있게 된다. 따라서 각 성인학습자들의 성장을 방해하고 있는 과거 경험들을 이해하고 파악할 수 있다면 학습상담이 더 용이해질 것이고, 내담자의 효율적인 학습 진행에 도움이 될 것이다. 또한 성격의 발달에 있어서 유아기의 중요성을 강조한 Freud의 이론은 자녀양육에 대한 각성과 연구를 자극하였는데, 성인학습자들 중 부모의 역할을 감당하며 자녀양육에 관한 어려움과 문제를 호소하는 경우에는 정신분석적인 상담이론에 근거하여 이에 관한 도움을 줄 수도 있다.

2. Jung의 분석심리학적 관점

1) 인간에 대한 기본 관점

Carl Gustav Jung(1875~1961)은 인간의 무의식을 Freud보다 한층 더 심층적으로 연구한 학자다. Jung은 Freud의 영향을 많이 받은 학자 중의 한 사람이지만, Freud가 평생을 통해 주장한 심리성적 발달이론과 인생의 초기, 즉 생후 5, 6세 이전에 성격이 결정된다는 결정론에 반대하며 인간 정신에 대한 분석을 주관적 체험과 현상학을 바탕으로 체계화하였다. 그것이 바로 분석심리학이다. 그는 인간 성격의 성숙은 평생에 걸쳐 진행되며 생의 후반기에 개성화 과정에서 가속화될 수 있다고 보았다.

Jung도 Freud와 마찬가지로 인간의 정신은 의식과 무의식의 구조로 보았고, 인간 정신의 소인인 원형이 유전된다는 것과 원형들로 구성된 집단무의식의 개념을 바탕으로 분석심리학을 개발하였다. 하지만 그는 인간이 생물학적인 본능에 의해 지배되는 것 이상으로 인류의 역사를 통해 발달된 인간의 정신구조를 이해하려고 하였다. 인간은 생물학적 유전뿐만 아니라 문화적 · 정신적 유전도 선조로부터 물려받았으며, 문화나 민족에 따라 다소 다르긴 하지만 집단무의식을 통해 인간이 가진 기본적인 정신이 유전된다고 보았다. 즉, 인간은 집단무의식과 그것의 활동에 의해 영향을 받는 존재인 것이다.

따라서 인류가 보다 발전하기 위해 그리고 각 개인이 자기실현을 이루기 위해 필요한 것은 인류의 뿌리를 이해하는 것이다. 인류 역사의 이해는 나를 이해하는 데 귀중한 자료가 된다. 예를 들어, 단군신화를 비롯해 많은 신화와 전래동화는 우리 민족의 정신에 영향을 미쳐 왔으며 우리는 이러한 것들을 통해 한민족의 정서를 느낀다. 그리고 이들을 통해 전해져 내려오는 정신적 유산은 우리의 자기를 형성하는 데 주요한 역할을 한다.

2) 주요 개념

(1) 정신의 구조

Jung은 전체적 성격인 정신의 수준을 크게 의식과 무의식으로 구분하였다. 더 나아가 무의식을 개인무의식과 집단무의식으로 세분화한 후 집단무의식을 중심으로 분석심리학을 확립하였다.

① 의식

의식(conscious)은 우리가 직접 알고 있는 정신의 부분이며, 자아(ego)에 의해 지배된다. 자아는 비록 정신 전체 속에서는 작은 부분을 차지하고 있지만 의식에 이르는 문지기라는 대단히 중요한 역할을 하고 있다. 인간은 자아를 통해 자신을 외부에 표현하고 외부 현실을 인식한다.

의식과 관련하여 중요한 내용은 태도와 기능을 이해하는 것이 필요하다.

첫째, 태도는 의식의 주인인 자아가 갖는 정신적 에너지의 방향이다. 즉, 자아가 외부 대상에 지향하는 방향이 수동적인가 능동적인가에 따라 성격태도가 결정된다. 능동적인 태도를 외향성(extraversion)이라고 한다. 외향성은 의식을 외적 세계 및 타인에게 향하게 하는 성격태도다. 내향성(introversion)은 의식을 자신의 내적 주관적 세계로 향하게 하는 성격태도다. Jung은 우리 모두가 이러한 두 가지 성격태도를 모두 가지고 있으며 둘 중 어느 태도가 지배적이냐에 따라 태도가 결정된다고 보았다.

둘째, 의식의 기능은 주관적 세계와 외부세계를 지각하고 이해하는 서로 다른 방식을 의미한다. Jung이 제안한 정신적 기능의 구성요소는 사고, 감정, 감각, 직관이다. 이러한 구성요소는 Jung이 제안한 정신의 반대의 원리에 따라 합리적 차원(사고-감정)과 비합리적 차원(감각-직관)으로 구분된다. 그는 이러한 기능 중 어느 것을 우선적으로 사용하는가에 따라 기본적인 성격이 달라진다고 하였다.

Jung은 이러한 심리적 태도와 기능을 조합하여 여덟 가지 심리적 유형인 외향적 사고형, 외향적 감정형, 외향적 감각형, 외향적 직관형, 내향적 사고형, 내향적 감정형, 내향적 감각형, 내향적 직관형이 결정된다고 보았다. 인간의 타고난 성격유형을 검사하는 데 현재 많이 쓰이는 MBTI(Myers-Briggs Type Indicator)는 이러한 Jung의 이론에 기초하고 있다.

② 개인무의식

개인무의식(personal unconscious)은 의식에 인접해 있는 부분으로 쉽게 의식화될 수 있는 망각된 경험이나 감각경험으로 구성된다. 개인무의식의 자료는 개인의 과거 경험에서 비롯된 내용이다. 이런 점에서 개인무의식은 Freud의 전의식과 유사한 개념이지만 무의식까지 포함한 개념이라고 할 수 있다. 개인무의식은 의식되었지만 그 내용이 중요하지 않거나 고통스러운 것이기 때문에 망각되었거나 억제된 자료의 저장소다. 즉, 너무 약하기 때문에 의식에 도달할 수 없거나 또는 의식에 머물 수 없는 경험은 모두 개인무의식에 저장된다.

③ 집단무의식

집단무의식(collective unconscious)은 Jung이 제안한 독창적 개념으로 분석심리학의 이론체계에서 가장 핵심적인 개념이다. 집단무의식은 개인적 경험이 아니라 사람들이 역사와 문화를 통해 공유해 온 모든 정신적 자료의 저장소다. Jung은 인간의 정신적 소인이 유전된 것으로 생각하였다. 따라서 집단무의식은 인류 역사를 통해 선조로부터 물려받은 우리의 행동에 영향을 주는 정신적 소인인 수없이 많은 원형(archetypes)으로 구성되어 있다. 집단무의식은 직접적으로 의식화되지는 않지만 인류 역사의 산물인 신화, 민속, 예술 등이 지니고 있는 영원한 주제의 현시를 통해 간접적으로 관찰될 수 있다.

(2) 원형

집단무의식을 구성하고 있는, 인류 역사를 통해 물려받은 정신적 소인이 원형이다. 원형은 인간이 갖는 보편적 · 집단적 · 선험적인 심상들로 심상이나 이미지이지 내용은 아니며, 꿈, 신화, 동화, 예술 등에서 나타나는 상징을 통해서 표현된다. 이러한 원형은 인간 성격의 주요한 구성요소다. Jung이 언급한 대표적인 원형에는 페르소나, 아니마와 아니무스, 그림자, 자기 등이 있다.

① 페르소나

페르소나(persona)는 원래 고대 그리스의 연극에서 배우들이 쓰던 가면을 말하는 것으로 환경의 요구에 맞추어 조화를 이루려고 하는 적응의 원형을 말한다. 즉, 페르소나는 개인이 사회적 요구들에 대한 반응으로서 밖으로 내놓는 공적인 얼굴을 의미한다. 예를 들어, 사람들이 곧잘 나의 생각, 나의 신념, 나의 가치관, 나의 것이라고 하는 것을 자세히 살펴보면 그것은 결코 자기의 생각이 아닌 남들의 생각, 즉 부모의 생각, 선생의 생각, 다른 친구들의 생각이라고 할 만한 것임을 알 수가 있다. 즉, 집단적으로 주입된 생각이나 가치관인데 마치 자기 것이라고 생각하는 경우가 있는 것이다. 이렇게 페르소나는 내가 나로서 있는 것이 아니고 남과 다른 사람들에게 보이는 나를 더 크게 생각하는 특징을 가지고 있으며 주위의 일반적 기대에 맞추어 주는 태도로서, 진정한 자기(Selbst, self)와는 다른 것이다. 집단과의 관계를 유지하는 동안 자아는 차츰 자기도 모르게 집단정신에 동화되어 그것이 자기의 진정한 개성이라고 착각하는 경우가 있다. 이것을 우리는 자아가 페르소나와 동일시되어 있다고 말한다. 이렇게 되면 집단이 요구하는 역할에 충실히 맞추어 주는 사람, 집단이 옳다고 말하는 규범은 무엇이나 지키는 사람이 된다.

페르소나는 자아로 하여금 외부세계와 관계를 맺게 하여 주는 기능이다. 인간이 집단 속에서 생을 영위하는 이상, 가정과 사회의 교육을 통해서 페르소나를 형성하고 그것을 강화하는 것은 필요한 것이고 또한 필수적인 것이다. 특히 아동기에서 청소년기에 이르기까지 페르소나의 형성은 외부세계와의 관계에서 없어서는 안 될 것이다. 하지만 페르소나와의 동일시가 심해지면 자아는 그의 내적인 정신세계와의 관계를 상실하게 된다. 즉, 자기 자신을 돌보지 못하게 되고 그 존재조차도 잊어버리게 된다.

② 아니마와 아니무스

Jung은 인간이 태어날 때 본질적으로 양성을 가지고 태어났다는 양성론적인 입장을 취했다. 즉, 모든 남성의 정신에는 여성적인 요소가 들어 있고, 모든 여성의 정신에는 남성적인 요소가 들어 있다는 것이다. 이러한 이론적 입장을 반영한 개념이 아니마(anima)와 아니무스(animus)다. 남성의 내부에 있는 여성성을 아니마라 하고 여성의 내부에 있는 남성성을 아니무스라고 한다. 즉, 아니마는 남성 정신의 여성적인 측면들로서 부드러움, 친절, 인내, 수용성, 자연에 대한 친밀감, 용서할 준비 등이고, 아니무스는 여성 정신의 남성적인 측면으로서 독단성, 통제성과 주도성에의 의지, 투쟁성 등이다.

성숙한 인간이 되기 위해서는 남자는 내부에 잠재해 있는 여성성인 아니마, 즉 사랑을 개발해야 하며, 여자는 내부에 있는 남성성인 아니무스, 즉 이성을 개발해야 한다. 그리고 그렇게 되었을 때 남자와 여자는 서로 상대방에 대한 더 깊은 이해와 사랑이 가능해지는 것이다.

③ 그림자

심리학적인 의미에서 그림자(shadow)란 바로 나(자아, Ich)의 어두운 면, 즉 무의식적인 측면에 있는 나의 분신이다. 즉, 인류 역사를 통해 의식에서 억압되어 어두운 무의식에 있는 자료 및 인간의 원초적인 동물적 욕망에 기여하는 원형이다. 그림자는 인간의 양면성, 밝고 긍정적인 면과 어둡고 부정적인 면을 반영한 원형이다. 즉, 그림자는 사회적으로 나쁘다고 생각하는 측면이 있기는 하지만 또한 생명력, 자발성, 창조성의 원천이 되기도 하여 이로움을 주기도 한다. 좀 더 구체적으로 말하자면, 그림자는 그것이 외계의 대상으로 투사되거나 자아가 그것을 처음 의식할 때는 미숙하고 열등하고 부도덕하다는 등 부정적인 인상을 주는 것들이어서 좀처럼 자아가 자기의 일부분으로 받아들이기 꺼리는 것들이다. 그러나 그림자는 본래부터 그렇게 악하고 부정적이고 열등한 것이 아니라 그늘에 가려 있는 것이다. 즉, 무의식 속에 버려져 있어서 분화될 기회를 잃었을 뿐이며, 그것이 의식되어 햇빛을 보는 순간 그 내용들은 곧 창조적이며 긍정적인 역할을 하게 되는 것들이다.

④ 자기

자기(Selbst, the self)는 의식과 무의식을 포함하는 전체 정신을 조절하고 통합하는 중심이며, Jung은 인간이 실현하기 위해 타고난 청사진을 자기라고 보았다. 자기는 전체로서 인간 성격의 조화와 통합을 위해 노력하는 원형이라고 할 수 있다. Jung에 의하면 자기는 다른 정신체계가 충분히 발달할 때까지 나타나지 않으며 인생의 가장 결정적인 변화의 시기인 중년의 시기에 나타난다. 그리고 개인의 자기실현은 자신에 대한 정확한 지각과 미래의 계획 및 목표를 수반한다.

3) 상담의 목표

분석심리학 상담의 목표는 무의식적으로 작용하는 정신원리를 의식화하고 개성화 과정을 촉진하는 것이다. Jung에게 있어서 인간의 성격발달의 목표는 개성화 혹은 자기실현이다. 자기 속에서의 전체화가 어떻게 이루어지는가를 설명하기 위해 Jung은 개성화라는 개념을 사용하였다. 그에 따르면 개성화는 개별 존재가 되는 것을 의미하며, 개성이란 우리가 지닌 가장 내면적이고 비길 데 없는 최후의 유일무이한 것이므로 개성화란 고유한 자기가 되는 것이다. 즉, 개성화란 자기화 혹은 자기실현이며 독특한 개인, 단 하나의 동일체적 존재가 되어 가는 것이라고 볼 수 있다. 이러한 개성화는 인생의 전반기에는 분화를 통해 이루어지고 인생의 후반기에는 통합을 통해 달성된다. 즉, 전체로서 집단무의식을 갖고 태어난 개인은 인생의 초기에 자기에서 분화된 자아가 인생 중반까지 발달하다가 다시 자아가 자기에게 통합되는 과정이 인생 중반 이후에 이루어진다. 따라서 상담자는 내담자를 돕기 위해 분화와 통합의 과정을 통해 성격발달이 이루어지는 단계의 특성을 이해하는 것뿐만 아니라 타고난 자기의 목소리에 귀 기울여 그것을 이해하는 것이 필요하다. 한편, Jung은 개인성과 공동체의 힘 사이의 균형을 찾고자 노력하듯이 기쁨과 고통의 균형을 중요시했다. 극한의 고통과 아픔, 운명적인 일이 받아들여지는 것에서 비로소 전체성과 충만함을 찾는다는 것이다. 그렇기 때문에 상담의 가장 중요한 목표는 내담자를 불가능한 행복 속으로 옮겨 놓는 것이 아니라 그에게 고통을 견딜 수 있는 강성과 철학적 인내를 얻을 수 있게 해 주는 것이다(Wehr, 1999).

4) 상담의 과정 및 방법

(1) 상담의 과정

Jung이 제안한 상담 및 심리치료의 과정은 다음과 같이 고백, 명료화, 교육, 변형의 네 단계로 이루어진다(Douglas, 2005: 노안영, 2005에서 재인용).

① 고백 단계

이 단계에서는 내담자의 강렬한 정서의 방출과 치료적 동맹을 형성한다. 내담자는 자신의 개인사를 고백하면서 정화를 경험하며 의식적 · 무의식적 비밀을 상담자와 공유한다. 상담자는 비판적이고 공감적인 태도를 유지한다. 내담자는 자신의 제한점을 상담자와 나누면서 모든 사람이 약점을 가지고 있다는 점을 지각하면서 인류와의 유대감을 느낀다. 고백을 통해 내담자와 상담자의 치료적 동맹관계가 이루어지면서 내담자는 전이를 형성하게 된다.

② 명료화 단계

이 단계에서는 내담자가 정서적 · 지적으로 자신의 문제에 대한 통찰을 얻게 한다. 내담자의 증상의 의미, 아니마와 아니무스, 그림자, 현재 생활상황과 고통 등이 명료화된다. 또한 현재 겪는 정서적 어려움이나 비현실적인 생각과 환상이 아동기에 어떻게 시작되었는가에 대한 해석이 이루어진다. 그리고 전이와 역전이가 탐색된다. 전이를 이해하는 과정에서 내담자는 상담자가 명료화하는 무의식적인 내용을 표면으로 이끌어 낼 수 있다. 내담자는 이 과정을 통해 문제의 기원에 대해 알게 된다.

③ 교육 단계

이 단계에서는 내담자가 사회적 존재로서 부적응이나 불균형적 삶을 초래한 발달과정의 문제에 초점이 맞춰진다. 즉, 초점이 명료화 단계에서는 개인무의식에 맞춰지지만 교육 단계에서는 내담자의 페르소나와 자아에 맞춰져서 내담자가 슬기롭게 현실적인 사회적응을 할 수 있도록 한다. 많은 경우 내담자는 이 단계를 마치고 치료를 종결한다.

④ 변형 단계

이 단계에서는 내담자와 상담자 간의 역동적인 상호작용을 통해 단순히 사회에 대한 적응을 넘어서 자기실현으로의 변화가 도모된다. 이런 점에서 Jung은 변형단계를 자기실현 기간으로 기술하였다. 이 단계에 있는 내담자는 의식적 경험과 무의식적 경험에 가치를 둔다. 요약하면, 변형 단계의 초점은 내담자가 의식과 무의식을 포함한 전체적 주인인 자기(self)의 실현을 이루기 위한 과정, 즉 개성화를 지향하는 과정에 맞춰진다.

(2) 상담의 방법

분석심리학에서 개인을 이해하고 조력하기 위해 사용하는 기법은 객관적 검사와 투사법에서 꿈분석의 사용에 걸쳐 다양하다. 특히 Jung의 치료방법은 색다르고 다양했다. 그는 Freud와 달리 내담자를 침대에 눕히지 않고 안락한 의자에 앉아 서로 얼굴을 마주 보면서 대화를 나누었으며, 때로는 내담자가 말하고 있는 동안 창문 너머 호수를 응시하기도 했다. 때로는 내담자를 요트에 태운 채 치료를 시도하기도 했다. 또한 간혹 기분이 좋지 않을 때 예약한 내담자가 오면 "오늘은 진료할 수 없으니 집에 돌아가 스스로 치료하시기 바랍니다."라는 무례한 말을 하기도 했다고 한다. 기본적으로 Jung은 단어연상검사, 증상분석, 꿈분석의 기법을 대표적으로 사용하였고 사례사, 상징의 사용, 그림치료와 같은 기법을 사용하기도 하였다.

① 단어연상검사

이 검사는 개인이 어떤 자극단어에 대해 마음에 떠오르는 어떤 단어로 반응하게 하는 투사기법이다. 정서를 유발할 수 있는 100개의 단어(예: 파랑, 나무, 부유한, 죄, 바늘 등)를 사용하여 각 자극단어에 반응하는 데 걸리는 시간과 각 자극단어의 정서적 효과를 알아보기 위해 생리적 반응을 측정하였다. Jung은 이 기법을 내담자들의 콤플렉스 혹은 저항과 갈등의 영역을 밝히기 위해 사용하였다.

② 증상분석

증상분석 기법은 내담자가 경험하고 있는 증상에 초점을 두면서 내담자로 하여금 증상에 대해 자유연상을 하도록 하는 것이다. 이 기법은 Freud의 정화법과 유사한 것으로 증상에 대한 내담자의 연상과 그에 대한 상담자의 해석이 이루어지는 동안에 증상이 호전되고 때로는 증상이 사라지기도 한다.

③ 꿈분석

꿈분석은 Jung의 분석심리학에서 가장 중요한 방법으로 내담자의 무의식을 이해하는 데 사용된다. Jung은 '꿈은 무의식에 이르는 왕도'라는 점에서 Freud의 견해에 동의하였다. 그러나 Jung의 꿈분석은 Freud의 그것과 달랐는데, 그는 꿈이 무의식적인 소망 이상의 의미를 가지고 있다고 보았다.

첫째, 꿈은 미래를 예견해 준다고 보았다. 즉, 꿈은 개인이 가까운 미래에 예상하고 기대하는 경험과 사건을 준비하도록 도와준다는 것이다. 예를 들어, 어떤 사람이 오랫동안 보지 못한 친구를 꿈속에서 보았는데 다음 날 그 친구가 전날 밤 죽었다는 소식을 듣게 되는 경우다.

둘째, 꿈은 보상적이라고 보았다. 즉, 꿈은 어떤 정신구조의 지나친 발달을 보상함으로써 상반되는 정신과의 균형을 유지하도록 도와준다는 것이다. 이런 면에서 꿈은 적응을 위한 노력이며 성격의 결함을 교정하려는 시도라 할 수 있다. 예를 들어, 평소에 매우 수줍음이 많은 사람이 꿈속에서는 매우 사교적이고 활발한 성격으로 등장하는 것이다.

꿈분석을 위해 Jung은 Freud처럼 각각의 꿈을 따로 분석하지 않고 일정한 기간에 걸쳐 내담자가 보고하는 꿈을 함께 분석하였다. 이러한 방식으로 내담자의 무의식 속에 지속적으로 반복되는 주제, 문제를 발견할 수 있다고 믿었다.

5) 성인학습 상담에의 적용

Jung(1933)은 인생에서 중요한 시기인 중년기(30대 후반부터 50대 중반까지)에 많은 관심을 기울였다. 따라서 그의 이론은 성인학습 상담에 시사하는 바가 크다고 할 수 있다.

Jung은 중년기를 중요한 인생의 전환기로 보았는데, 특히 청년의 충동성과 외향성에서 신중성과 내향성으로, 생물학적 힘에 바탕을 둔 흥미나 목표에서 문화적 규범에 바탕을 둔 흥미나 목표로 전환되는 시기라고 보았다. 따라서 중년기가 되면 사회, 시민정신, 철학, 종교 등에 가치를 두게 되며 정신적인 존재가 된다는 것이다.

이러한 변화는 Jung의 중년기 위기(midlife crisis)로 나타나게 된다. 이러한 위기를 잘 극복해야 하는데 그렇지 못해 중년기 에너지 전환이 자연스럽게 이루어지지 않으면 심각하고 지속적인 장애를 겪을 수도 있다고 생각한 Jung은 전환기 장애를 가진 사람을 치료하였다. Jung은 중년기 위기는 개인화를 통해서 혹은 자신의 길을 발견함으로써만 해결될 수 있다고 생각하였으며, 개인화는 외부세계로 향했던 에너지를 내면세계로 향하게 함으로써 이루어진다고 보았다(Crain, 1980). 또한 Jung은 중년기 탈진에 대해 재미있는 이유를 제시하였는데, 탈진이란 긍정적 발달의 관점에서 볼 수 있다는 것이다. 여러 연구결과에 따르면 중년기 위기가 해결되면서 남성이나 여성이나 긍정적 정서를 경험하고 자신의 직업에 대한 열정이 더해진다고 본 Jung의 이러한 견해는 일리가 있는 것으로 볼 수 있다(O'Conner & Wolfe, 1991).

Jung의 이러한 관점을 통해서 볼 때 새로이 학습을 시작하는 성인학습자들의 대다수는 중년기 위기나 전환기 장애를 경험하고 있는 것으로 볼 수 있다. 따라서 상담자는 성인학습자들의 문제를 긍정적 발달의 관점에서 바라볼 수 있어야 하며 그들이 이 위기를 잘 극복하고 개성화를 이루어 나갈 수 있도록 도울 필요가 있다.

제7장

인본주의적 상담

심리학의 제1세력인 정신역동주의의 근간을 이루는 Freud의 정신분석은 인간의 본능적 욕구에 지배된다는 결정론적인 입장 때문에, 그리고 제2세력인 행동주의는 복잡한 인간에게 단순한 동물행동의 연구결과를 적용하려고 한다는 기계론적인 입장 때문에 비판을 받아 왔다. 이러한 두 입장에 대한 비판을 제기하면서 인간의 자유의지를 강조하는 학자들을 중심으로 심리학의 제3세력인 인본주의가 탄생되었다. 인본주의 심리학자들은 개인이 세상을 어떻게 지각하고 생각하고 해석하고 경험하는지를 이해하려고 했는데, 개인이 지각하고 범주화하는 개인의 경험—개인의 현상학(phenomenology)—에 가장 많은 관심을 보인다. 즉, 인본주의적 관점은 현상학과 실존주의를 바탕으로 인간의 가치와 자유의지를 강조하는 입장이다. 현상학은 인간의 주관적 가치를 강조하며 실존주의는 존재론적 입장에서 인간을 이해하려는 철학적 사조다. 이 장에서는 인본주의의 대표적 상담이론인 인간중심 상담과 게슈탈트 상담에 대하여 살펴볼 것이다.

1. 인간중심 상담

1) 인간에 대한 기본 관점

Rogers가 1940년대 초에 창시한 인간중심 상담은 초기에는 정신분석학과 지시적 상담의 입장에 반대하면서 비지시적 상담을 표방하며 등장하여 1970년대에 이르러 내담자중심 상담으로 불리다가, 최근에 와서는 한 개인의 긍정적인 성장가능성을 중시한다는 입장에서 인간중심 상담으로 불리게 되었다.

인간은 기본적으로 자유로우며, 자신의 행동에 책임을 지고, 자신 속에 자기를 이해하고, 자아개념의 기본적인 것을 변화시킬 수 있는 방대한 자원을 가지며, 합리적이고 건설적인 방향으로 지속적으로 성장해 나가는 미래지향적인 존재다. 그러므로 이런 선천적인 잠재력을 발휘할 수 있는 조건들만 적절히 제공되면 무한한 성장과 발달이 가능하다. 따라서 상담이란 이처럼 개인 속에 이미 존재하고 있는 잠재능력을 제약되고 왜곡된 상태로부터 해방시킴으로써 충분히 역할을 수행할 수 있는 성숙한 인간으로의 성장, 즉 자기실현을 촉진할 수 있도록 조력하는 것으로 보고 있다. 이런 자기실현을 이룬 사람의 특징은 자기방어를 위해 현실을 왜곡하지 않으며, 자기 자신에 대한 올바른 이해에 바탕을 둔 신뢰감과 융통성 있는 마음의 자세를 갖고 있고, 실존문제에 대한 해답을 자신의 내부에서 찾으려 하며, 인간적인 성숙이 지속적 과정임을 알고 있다는 것이다.

2) 주요 개념

(1) 유기체

Rogers의 인간 이해를 위한 철학적 입장은 현상학의 영향을 받아 형성되었다. 철학에서 현상학은 즉각적인 경험에 대한 자료의 기술을 추구하는 것을 의미하지만, 심리학에서 현상학은 인간의 자각과 지각에 대한 연구를 의미한다. 즉, 현상학에서 중요한 것은 대상 혹은 사건 그 자체가 아니라 개인이 대상 혹은 사건을 어떻게 지각하고 이해하는가다.

유기체, 즉 전체로서의 개인은 모든 경험의 소재다. Rogers는 "경험은 나에게 최고의 권위다."라고 말할 만큼 유기체의 경험을 중시하였다. 이러한 경험의 전체가 현상적 장을 구성하고 개인이 행동하는 방식은 외적 현실인 자극조건이 아닌 자신의 현상적 장에 의존한다. 유기체는 다양한 경험을 통해 현상학적 장을 마련하고 다양한 자극에 대응할 수 있기 때문에 유기체의 경험은 매우 중요하다.

(2) 실현화 경향성

실현화 경향성(actualization tendency)은 단지 유기체를 유지하는 것 이상이다. 그것은 또한 유기체의 성장과 향상, 즉 발달을 촉진하고 지지한다. 실현화란 개념은 유기체가 단순한 실체에서 복잡한 실체로 성장해 나가고, 의존성에서 독립성으로, 고정성과 경직성에서 유연성과 융통성으로 변화하고자 하며, 자유롭게 표현하고자 하는 유기체의 경향성을 나타낸다. 즉, '유기체를 유지하고 증진시키려는 방향으로 모든 능력을 발달시키는 유기체의 선천적 경향성'이라 할 수 있다. 실현하는 개인이 자신의 욕구와 긴장을 줄이려는 경향성을 포함하지만, 그것은 유기체를 향상시키는 활동으로부터 도출된 기쁨과 만족을 강조한다.

(3) 자아

Rogers의 성격이론에서 핵심적인 구조적 개념은 자아(self)다. Rogers는 개인이 외적 대상을 지각하고 경험하면서 그것에 의미를 부여하는 존재임을 강조한다. 개인의 지각과 의미의 전체적 체계는 그로 하여금 자신의 현상적 장을 구성하게 한다. 개인이 자신 혹은 자기로서 보는 현상적 장의 이러한 부분이 자아다.

자아와 관련된 구조적 개념은 이상적 자아(ideal self)다. 이상적 자아는 개인이 가장 소유하고픈 자아개념으로 잠재적으로 자아와 관련되고 개인이 높게 가치를 부여하는 지각과 의미를 포함한다. 이상적 자아는 Freud의 초자아(superego)와 비슷한데, 초자아는 이상적인 자신의 모습, 즉 사회규범 윤리에 어긋나지 않은 자신의 모습을 말한다. 현실적인 자기와 이상적인 자기의 일치정도가 크면 클수록 진정한 자기가 되며, 건강하고 성숙한 사람이라고 한다. Rogers는 이와 같은 일치된 자기가 되기 위해서는 타인과의 교류를 통한 체험을 강조한다. 이를 위해서는 무조건적 긍정적인 존중을 경험해야 한다. 왜냐하면 개인은 경험을 통해서 자신이 수용하기 어려운 어떤 행동이 있을 때 타인으로부터 무조건적이고 긍정적인 존중을 통해서 있는 그대로 받아들여지게 되며 좀 더 자발적이고 융통성이 있는 성격이 되기 때문이다.

(4) 가치의 조건화

개인의 특정 행동에 대한 외적 가치를 가치의 조건(conditions of worth)이라고 부른다. 가치의 조건은 조건적 긍정적 관심 또는 조건적 부정적 관심에 의해 드러나게 된다. 가치의 조건은 어떤 측면에서는 칭찬받는 느낌을 주지만 다른 측면에서는 그렇지 않다(Rogers, 1959: 이재창, 정진선, 문미란, 2008에서 재인용). 가치의 조건은 종종 유기체적 가치화 과정을 대치시키기도 하고 경쟁하기도 한다. 따라서 외적 기준에 근거한 가치의 조건은 실현화를 통해 자기증진을 추구하는 '최적' 기능을 방해한다. 가치의 조건화는 아동이 하는 주로 눈에 보이는 행동, 즉 외적 준거에 따라 아동을 평가하는 데서 비롯된 것이다. 이것은 의미 있는 대상으로부터 긍정적 자기존중을 받기 위해 자기의 의지와 관계없이 겉으로 최선을 다하는 꼴이 된다. 따라서 아동은 착한 아이가 되기 위해 내적 경험을 무시하게 된다. 이것은 우리가 모든 경험에 대해 개방적이 되어 인간성장을 도모하는 것을 방해하게 된다. 그리고 인간중심 접근에서 강조하는 개인의 주관적인 경험을 왜곡하고 부정하게 만들며, 우리가 독특한 존재로서 자기성장을 이루지 못하게 한다. 이런 점에서 우리가 형성한 가치의 조건화는 끊임없이 우리 자신이 성숙된 인간이 되는 것을 방해하는 주요 원천이라 할 수 있다.

3) 상담의 목표

상담자는 상호 신뢰적인 분위기를 조성하여 내담자가 거리낌 없이 자기를 표현하도록 함으로써 자신의 내면세계를 이해하고 자신의 문제를 파악할 수 있게 한다. 이런 관계 속에서 내담자가 자신의 왜곡된 지각을 수정하고, 현실적 경험과 자아개념 간의 조화를 이루며, 능력과 개성을 발휘하여 자아실현을 통해 완전히 기능하는 사람이 되도록 한다. 이것이 인간중심 상담의 목표다.

4) 상담의 과정 및 방법

인간중심 상담에서 강조하는 상담의 기법은 상담자와 내담자의 상담관계 형성이다. 즉, 인간중심 상담에서는 특정 상담기법보다는 상담자와 대담자의 관계를 중시했다. 관계 형성을 위해 상담자는 공감, 진실성, 무조건적인 긍정적 존중의 태도로 내담자와 함께 생각하고 느끼고 탐색할 수 있어야 한다.

(1) 공감

공감이란 내담자의 생각, 감정, 경험에 대하여 내담자의 입장에 따라 그대로 이해하는 것이다. 즉, 상담자가 내담자와 더불어 함께하는 과정이라 할 수 있다. 상담자는 자신의 개념의 틀을 개입시키지 않고 내담자의 내적 세계를 마치 자신의 내면세계인 것처럼 느껴야 한다. 상담자의 이와 같은 이해는 내담자가 명백히 표현하고 있는 표면적 감정, 사고뿐만 아니라 명백히 표현하지 못하고 있는 내담자의 내면적 감정, 사고를 이해하고 표현하여 내담자의 심층적인 자기탐색을 촉진하게 된다.

(2) 진실성

진실성은 상담자가 내담자와의 관계에서 나타나는 반응의 순간순간 그의 내적 경험과 합치되는 상태를 말한다. 상담자로서의 역할 수행을 위한 가식적인 모습으로서가 아닌 인간으로서의 자신의 모습을 진솔하게 나타내는 것을 말한다. 따라서 진실성이 있는 상담자는 속으로 생각하고 느끼는 것과 겉으로 나타나는 언행이 일치한다. 그런 면에서 일치성이라는 표현을 사용하기도 한다. 상담자의 이런 진실성 앞에서 내담자는 상담과정을 더 쉽게 신뢰할 수 있게 된다.

(3) 무조건적인 긍정적 존중

상담자는 내담자를 전적으로 신뢰하고 수용하여 내담자 자신이 자기이해 및 긍정적인 자기변화에 대한 잠재력이 있음을 깨닫도록 한다. 상담자는 내담자를 갈등과 부조화, 좋은 점과 나쁜 점을 모두 갖추고 있는 그대로의 개인으로 수용한다. 또한 내담자의 행동을 가치의 유무에 상관없이 비판적으로 보지 않으며, 내담자를 있는 그대로 받아들이며, 무조건적이고 긍정적으로 존중해야 한다. 이렇게 되면 내담자는 자신의 약점까지도 기꺼이 나타낼 수 있으며, 있는 그대로의 자기를 수용하면서 자신의 긍정적인 면을 찾고자 하는 힘을 얻게 된다.

5) 성인학습 상담에의 적용

인본주의적인 관점에서 상담자는 내담자의 개인차를 존중하고, 따뜻하고 수용적이고 정확한 공감적 이해로 특징지어지는 관계를 통해 내담자가 자신의 능력을 통합하여 해결책을 발견하도록 격려하고 돕는다. 상담자의 이러한 치료적 분위기는 상담장면 이외에 다른 조력관계와 관련된 여러 장면에서도 효과적으로 작용할 수 있다. 따라서 인간중심적 접근은 심리상담에만 국한되지 않고 교육, 상업, 산업 등의 다양한 장면에 영향을 미치고 있다. 예를 들어, 인간중심 상담의 이론은 학생중심 교육, 인본주의 교육과정에 영향을 미쳤으며, 근래에는 다양한 교육상황, 사회복지, 정신치유나 정신위생 관련 종사자들 및 비슷한 직종에 종사하는 사람들의 훈련에 필수적으로 포함되며, 심지어는 모든 대인 관계에 이르기까지 널리 적용될 수 있다. 따라서 성인학습 관련 기관에서 성인학습자들을 다양한 형태로 상담하게 되는 상담자들은 기본적으로 인간중심 상담에서 강조하는 상담자의 태도를 겸비하여 상담자와 내담자 간의 친밀하고 신뢰할 만한 상담관계를 형성할 수 있도록 해야 한다. 또한 성인학습기관 종사자들이나 상담가들이 일차적으로는 성인학습자들을 조력해 주는 지도자의 입장에 있기는 하지만, 기본적으로는 각각의 학습자들을 존중하고 긍정적인 시각으로 바라보아야 할 것이다. 사실상 성인학습자들은 나름대로 다양한 경험과 연륜을 쌓은 인격체이므로 성인이라는 이유만으로도 존중되어야 한다.

2. 게슈탈트 상담

게슈탈트 상담은 Fritz Perls와 Laura Perls가 1940년대에 창안한 현상학적-실존적 치료로, 지금 이 순간에 미래를 자유롭게 창조하는 개별 인간 존재의 독특한 개별성과 책임감을 강조한다. 인간중심적 상담접근의 창시자인 Carl Rogers는 Fritz Perls와 서로 다른 입장을 가졌지만, 두 사람은 건강과 책임감, 자기실현을 향한 인간 존재의 기본 욕구에 대한 믿음은 공통적이며, 인간 존재의 발전가능성과 자기치유의 힘을 믿었다.

1) 인간관 및 상담목표

게슈탈트(Gestalt)란 모양, 패턴, 전체 형태, 배열(configuration) 등의 개념을 포함하고 있는데, 단순히 부분의 합과는 다르며 그 이상의 의미를 가지고 있다. 전체론적인 접근에 바탕을 둔 게슈탈트 상담에서는 인간 삶의 본질을 생물학적이든 영적이든 간에 의미 있는 전체로서 이해하는 데 관심을 둔다. 게슈탈트 상담의 목표는 자신의 행동, 특히 전체성을 탐색하고, 발견하고, 체험하도록 하는 데 있다. 이 과정을 통해 온전한 자기 자신이 될 수 있도록 한다.

게슈탈트 상담은 중요한 철학적 배경에 뿌리를 두고 있는데 실존주의, 현상학, 장이론을 들 수 있다.

Perls(1976)는 전체적인 장에 대한, 즉 자신과 타인에 대한 알아차림과 책임이 개인의 삶에 의미와 패턴을 부여해 준다고 했다. 알아차림과 책임에 대한 이러한 관점은 자신이 누구인지, 지금 이 순간 무엇을 하고 있는지를 충분히 알아차릴수록 변화를 경험할 수 있는 자유가 더 많아지며, 자신의 반응을 더 잘 선택할 수 있게 된다는 것이다. 그러므로 게슈탈트 상담에서는 알아차림 자체가 충분히 치료적 목표가 될 수 있다.

Yontef(1979)는 게슈탈트 상담을 임상적 현상학이라고 하였는데, 편견이나 가정을 버리고 주어진 상황에서 분명하게 드러나는 경험에 초점을 맞추는 것이다. 한 사람의 개인적이고 독특한 경험이 중요하며 이를 명백히 드러나게 하고 알아차리는 과정을 통해서 자신의 의미를 찾을 수 있게 된다. 실존주의 역시 현상학적인 방법에 기반을 두고 있는데, 실존적 현상주의자는 직접 경험되는 것으로서의 인간 실존, 관계, 기쁨과 고통 등에 초점을 맞추면서 인간은 끊임없이 자신을 재창조하고 발견해 나간다고 본다.

Levin의 장이론(field theory)은 아인슈타인의 물리학에서 영감을 얻었는데, 행성의 중력은 행성에 내재된 공간-시간 장과의 관련성으로 이해된다는 관점이다. 따라서 개인인 우리에게 내재된 사회적 세상의 맥락에서 이해할 필요가 있다. 즉, 사회적 환경적 맥락에서 개인에게 가치를 두며, 이는 개인과 사회의 통합을 강조하며, 상호의존과 상호 연결체계로 볼 수 있다. 개인은 그 자신의 사회적 물리적 세상의 생태계 내에서 잘 성장할 수 있으며, 또한 개인 자신의 진정한 잠재력을 달성할 때 사회를 향상시킬 수 있다는 것이 장이론적 관점이다.

이러한 철학적 배경을 둔 게슈탈트 상담은 인간의 주요 행동이 자신의 지각과 경험 그리고 실존에 대해 의미를 부여하고자 하는 욕구에서 비롯된다고 본다. 따라서 대부분의 기법은 인간의 욕구가 어떻게 나타나서, 어떻게 좌절되고, 어떻게 충족되는지를 탐색하고 알아차리는 데 근거를 두고 있다.

인간 욕구의 경험들을 의미 있는 것으로 만드는 지각의 기본 원리로 '전경과 배경'을 들 수 있다. 이는 욕구가 일어나고, 우선순위를 정하고, 그것이 충족되는 과정을 설명하는 것이다. 한 개인에게 '전경'으로 떠오르는 것은 그에게 주요 관심을 나타내는 것이고, 나머지는 배경으로 물러난다. 우리가 전경을 분명하게 그리고 하나씩 차례로 형성하여 지각하는 것은 배경과 명확하게 구분하여 떠올릴 수 있다는 것이고, 이는 좋은 경험이라고 볼 수 있다.

전체로부터 배경과의 관계 속에서 전경이 떠오르고, 전경과 배경의 이러한 관계가 의미다. 전경과 배경이 교체되는 순간들의 연결체는 '경험주기', 즉 게슈탈트 형성과 파괴의 주기로 이루어지는데, 이것이 환경과의 관련성 속에서 유연하게 이루어져야 유기체의 성장으로 이어질 수 있다. 좋은 게슈탈트는 선명하며, 전경/배경 관계는 개인의 즉각적인 욕구의 변화하는 양상에 대해 반응하고, 또 그로부터 힘을 얻는다.

그러나 이 관점에서 만성적으로 혹은 외상적인 사건으로 방해를 받아서 전경과 배경의 교체가 이루어지지 않고 전경에 경직(고착)되었거나 혹은 분명한 전경을 형성하지 못하면, 적절한 게슈탈트를 자연스럽게 형성하여 완결 짓지 못하게 된다. 이는 '고정된 게슈탈트(fixed Gestalt)'나 '미해결된 경험/상황'을 초래하고, 지금 이 순간 자신이나 타인 혹은 환경과 접촉하는 것을 어렵게 하고, 결국 새로운 게슈탈트 형성을 막게 되어 성장에 방해가 되는 것이다.

게슈탈트 심리학자들(Zeigamik, 1927)은 완결되지 않았거나 해결되지 않은 경험은 심리적 긴장을 수반하며, 인간에게는 '미해결 상황'을 완결 지으려는 경향이 있다고 하였다. 즉, 미완의 것들을 의미 있는 방식으로 완성하려는 욕구가 인간에게는 본래적으로 있다고 설명하고 있다. 이러한 '미해결 과제'는 상담에서 다루어야 할 중요한 상담주제가 된다. 게슈탈트의 형성과 파괴가 차단되거나 경직되었을 때, 욕구가 인식되고 표현되지 않을 때, 충족되지 못한 욕구들이 불완전한 게슈탈트를 형성하고 관심을 요구하며 새로운 게슈탈트의 형성을 방해하게 되는 것이다.

아동기 때 해결되지 못한 상황들은 '미해결된 과제' 또는 '불완전하게 형성된 게슈탈트'로 경험하게 되는데, 이는 '지금-여기'에서의 기능과 관련된 행동, 지각 그리고 사고를 방해하여 심리적 에너지를 묶어 버리고 소진시켜서 지금 현실에서 효과적으로 기능하지 못하게 한다. 부적절한 인지적 완결이 그 예가 될 수 있는

데, 어린 시절의 부모의 불화가 자신이 착하지 않아서 생긴 일이라고 부적절하게 인지적으로 판단하는 경우를 들 수 있다. 이러한 부적절한 인지적 완결은 인간에게 본래 타고난 완결의 경향성 때문에 그 당시 이해되지 않는 갈등의 상황을 부적절하긴 해도 이해할 수 있도록 도와주었지만, 성인이 되어서는 대인 관계에서 생길 수 있는 갈등을 모두 자기 탓으로 돌리게 되는 패턴으로 반복되어 우울 등 심리적 문제를 반복하게 만든다.

이때 상담자는 미해결된 과제를 상담에서 제대로 완결하도록, 즉 해결하도록 도와주어야 한다. 게슈탈트 형성과 파괴의 과정이 선명하고도 자연스럽게 내담자의 행동과 알아차림을 하도록 하여, 우선적인 욕구에 의해 조직화되고 에너지가 동원되는 전체를 이룸으로써 스스로 자신을 조절하는 것이 가능해지도록 해야 할 것이다.

2) 상담의 과정 및 방법

게슈탈트 상담은 모든 상담과정에서 '즉시성(immediacy)'과 '관계성(relationship)' 그리고 '실험(experimentation)'에 초점을 맞춘다. 치료적 만남에서 지적 능력뿐만 아니라 창조성과 자발성을 지지한다.

게슈탈트 상담의 기본 원리는 다음과 같다.

첫째, 게슈탈트 상담은 현상학적이다. 그것의 유일한 목적은 알아차림이며, 그것의 방법은 알아차림의 방법이다.

둘째, 게슈탈트 상담은 전적을 대화적 실존주의에 기초한다. 즉, 나-너 접촉/철수 과정에 의거해서 모든 현상을 이해한다.

셋째, 게슈탈트 상담의 개념적 토대 혹은 세계관은 '전체론'과 '장이론'에 기초하고 있다.

즉, 게슈탈트 상담에서는 직접적인 경험과 실험하기(현상학), 직접적인 접촉과

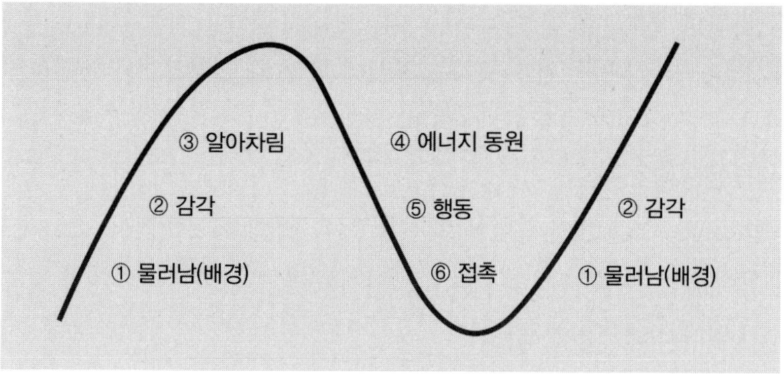

[그림 7-1] 게슈탈트 형성과 파괴의 주기

출처: Zinker (1977).

개인적인 현전의 사용(대화적 실존주의), 무엇과 어떻게 그리고 지금-여기의 장이론을 강조한다.

유기체(개인)는 환경(관계)과의 관련성에서 그때그때마다 자신의 마음 혹은 욕구를 선명하게 알아차리고 분별해서 접촉을 통해 생존하고 성장할 수 있다고 하면서 게슈탈트 형성과 파괴의 주기를 통해 이를 설명한다.

이때 개인이 장(환경) 안에서 알아차림과 접촉 과정에 방해를 받으면 성장이 멈추고 정지되면서 자연스러운 흐름이 진행되지 않고 신체적 · 심리적인 불편감(disease)을 경험하게 되는데, 이를 접촉경계혼란 현상으로 설명하고 있다. 성인학습자의 성장에 방해가 되므로 상담에서 주요하게 다루어야 할 상담주제(문제)가 될 수 있다. 접촉경계혼란(contact boundary disturbance)의 구체적인 내용은 다음과 같다.

- **둔감화**(desentization): 신체적 아픔이나 감각들이 무시되고 인식되지 못하고 외부 환경으로부터의 자극이나 정보들도 차단된다. 따라서 삶의 기쁨이나 즐거움 역시 느끼지 못하는 상태다.
- **내사**(introjection): 무비판적으로 작용하는 당위(should)의 지배를 받아서 진정한 자신의 마음이나 욕구들이 소외되어 내면에서 당위와 소외된 자기와의 갈

등의 딜레마에서 벗어나지 못하고 소진되는 문제를 가지게 된다.

- **투사**(projection): 인식하지 못하는 자신의 특성, 태도 감정이나 행동을 타인에게서 보고, 타인과 갈등을 일으킨다. 이때 자신의 것으로 인정하고 알아차리는 작업이 필요하다.
- **융합**(confluence): 개인과 대상 혹은 환경이 구별되지 못하면서 서로 다르다는 감각이 없다. 이때 자신의 감각도 느끼지 못할 뿐만 아니라 진정한 접촉도 할 수가 없어서 결국은 분열된다.
- **반전**(retroflection): 다른 사람에게 하고 싶은 것을 반대로 자신에게 하고 있는 것으로, 예를 들어 부모를 공격하고 싶지만 현실적으로 어려워서 그 방향을 자신으로 돌려서 자신을 비난하거나 학대하는 행동을 하는 것 혹은 타인이 자신에게 해 주길 바라는 행동을 스스로에게 하는 것도 해당된다.
- **편향**(deflection): 타인 혹은 환경과의 접촉으로 인한 불안이나 불편감을 회피하기 위해서 알아차림을 흩트리는 행위들, 예를 들면 장황하게 빙빙 돌려서 말하거나, 눈을 마주치지 않거나, 지나친 웃음으로 회피하는 행동들이 해당된다.
- **자의식**(egotism): 지나치게 자신에게 몰두하여 의식하고 관찰하는 것으로, 이로 인해 환경과 접촉하여 만족감을 느끼지 못하고 공허함을 호소한다.

알아차림과 접촉주기의 건강한 흐름을 방해하여 신체적·심리적 문제 및 어려움을 야기하는 접촉경계혼란을 다루는 것이 중요한데, 이때 과정에 대한 알아차림을 촉진시키고, 개인이 진정으로 원하고 도움되는 행동(예: 자기표현 및 자기주장) 등을 안전한 상담장면에서 해 보도록 안내한다면, 성장이 정지된 지점에서 다시 성장을 촉진시키는 방향으로 도움을 줄 수 있을 것이다.

게슈탈트 상담에서는 특히 통찰에 이르기 위해서 초점을 맞춘 알아차림과 실험을 사용하는데, 이는 개인의 성장을 위해서는 체험이 효과적이기 때문이다. 개인적인 알아차림뿐만 아니라 알아차림 과정 자체도 탐구한다. Yontef(1979, 2008)는 상담자와 내담자가 그들의 관계를 어떻게 경험하는지는 특별한 관심사라고 하였는데, 심리적인 성장을 방해하는 주제들을 안전하고 건강한 관계 경험을 통해 다루어 해결하고 성장을 촉진할 수 있기 때문이다.

진정한 접촉에 근거한 관계 속에서 상담자 그리고 내담자의 적극적이고 치유적인 현전(presence)을 이용해서 작업을 하는데, 무엇보다도 지금 여기에서의 경험을 강조한다.

게슈탈트 상담에서는 경험을 명료화하는 행동적인 기법들을 활용한다. 감정이나 행동 혹은 내용보다는 실험을 통해 발견해 나가는 과정이 중요하다.

Rogers식 상담이 반영과 명료화를 강조한다면, 게슈탈트 상담에서는 알아차림을 높이는 것, 대화와 현상학적인 작업으로부터 떠오르는 것을 윤리적인 수행의 범위 내에서 어떤 것이든 사용할 수 있다. 즉, 알아차림과 대화는 게슈탈트 상담에서 두 가지 주요 치료 도구다. 알아차림이란 개인/환경 장의 가장 중요한 사건들을 있는 그대로 접촉하고 있는 과정을 말한다. 효과적인 알아차림은 자신을 아는 것뿐만 아니라 현 상황을 알고, 그 상황에서 자신이 어떠한지도 아는 것이다. 이러한 알아차림과 접촉은 자연스럽고 자발적인 변화를 가져온다. 알아차림과 자기수용, 즉 있는 그대로 존재할 권리가 있을 때에 성장할 수 있는 것이다.

치료적 접촉의 질과 유형이 중요하고, 상담자의 태도는 중요하지만, 기법들 간의 차이는 그다지 중요하지는 않다. 그럼에도 불구하고 몇몇 기법을 논의하는 것이 전반적인 방법론을 안내해 줄 수 있을 것이다.

① 머무르기: 내담자가 보고하고 있는 감정을 계속 느끼도록 하는 것으로, 내담자가 어떤 감정을 심화시키고, 충분히 작업해서 완결 지을 수 있는 능력을 높여 준다.

② 행동으로 해 보기: 내담자에게 감정이나 생각을 행동으로 표현해 보도록 한다. '그 사람에게 그것을 말하도록' 혹은 그 대상이 거기 없다면 빈 의자를 놓고 말하는 것 같은 일종의 역할극을 하도록 한다. 이것은 알아차림을 증가시키기 위한 방법으로 하는 것이지, 카타르시스의 한 형태로 하는 것은 아니다.

③ 과장: 이는 '행동으로 해 보기'의 특별한 한 형태다. 내담자에게 보다 강렬하

게 상상된 광경을 느끼게 해 주기 위해서 어떤 감정이나 생각, 동작 등을 과장해 보라고 제안한다. 동작, 소리, 시 등으로 연기하는 것은 창조성을 자극하면서도 치료적일 수 있다.

④ **유도된 상상**: 때로 연기보다는 시각화를 통해서 보다 효율적으로 어떤 경험을 지금-여기로 가져올 수 있다. 예를 들면, 대인불안을 경험하는 내담자에게는 구체적인 상황을 지금 여기서 생생하게 떠올려 경험해 보라고 한 후 그가 어떻게 자신의 불안을 초래했는지 알아차리게 할 수 있다. 상상은 기대된 사건, 은유적 사건일 수 있는데 과거에 일어났던 사건과 더 잘 접촉할 수 있도록 그 사건을 재창조한다. 상상이 세부적이 되면서 내담자는 자신의 경험에 주목하게 된다. 이러한 상상은 바람직한 자기격려의 가능성을 알아차리도록 도와주고, 이를 통합하는 과도기로서 기능한다. 또한 상실, 버려짐 등의 경험에 대한 감정을 일으키기도 한다.

⑤ **풀어 주고 통합시켜 주는 기법**: 내담자들은 일반적인(때로는 편협한) 사고방식의 굴레에 속박되어 있어서 다른 가능성을 알아차리지 못할 때가 많다. 부정이나 억압과 같은 방어기제나 문화적 · 학습적 요소들이 작용한다. 이럴 때 내담자가 사실이라고 믿는 것이 무엇이든 간에 그 반대를 상상하도록 내담자에게 권유하는 것이다. 내담자가 허용하고 통합하지 못하는 것들을 통합할 필요가 있는데, 예를 들어 울음 혹은 긴장과 같은 부정적인 과정에 말을 부여해 보라고 권유할 수 있다. 정서를 말로 표현할 때 몸의 어느 곳에 그것이 있는지 알아차리도록 질문할 수도 있다.

게슈탈트 상담이 진행되면서 내담자가 알아차리고, 책임감을 갖고 접촉하기를 배움에 따라 그들의 자아기능은 향상된다. 더 깊은 자기탐색을 할 수 있고, 퇴행과 과잉의존 없이 아동기의 경험을 탐색할 수 있고 현재의 알아차림으로 가져올 수 있다.

알아차림을 통한 성장은 학습자의 독립성과 가치 그리고 지각하는 능력을 존중해 주는 사랑의 '나-너 관계'로부터 생겨나는 것이라고 할 수 있다.

3) 성인학습 상담에의 적용

게슈탈트 상담에서는 개인적인 관계 맺기, 현전 그리고 경험을 중요시한다. 체험하기에 관한 Rogers식 접근법을 사용하는 치료자들의 연구에서는 치료자에 관계없이 직접적인 경험을 중요시하는 접근에서 효과가 입증되었다. 이와 같은 원리는 성인을 대상으로 그들의 학습 및 성장을 촉진하기 위한 방법으로 직접적인 경험을 적용할 필요가 있다고 볼 수 있다.

게슈탈트 상담은 상담자와 내담자 간의 첫 만남, 즉 첫 접촉으로 시작된다. 상담자가 내담자를 만날 때 전체적인 한 존재로 지금 여기에서 진실되게 있는 그대로 보고 대화한다면, 내담자가 좀 더 안정감과 신뢰를 가지고 자신의 삶의 과제에 필요한 학습과정에 좀 더 적극적으로 참여할 수 있을 것이다. 상담장면에서는 지금 여기에서 경험(관계를 포함하여)하는 것에 대한 알아차림을 통하여 미해결된 과제를 선명하게 떠올리고, 이를 완결하기 위해서 지금 여기 안전한 상담장면에서 필요한 작업(실험)을 하도록 안내할 수 있다.

이러한 상담에서의 작업들은 성인들이 학습하는 내용뿐만 아니라 과정, 즉 지금-여기에서 특히 학습환경 및 관계에서 경험하는 것들을 알아차리도록 도울 수 있다. 더 나아가서 개인이 자신의 성장에 필요한 새로운 행동을 시도해 보면서 학습과정을 스스로 조절하고 책임감과 자존감을 높일 수 있을 것이다. 이러한 책임감과 조절력에 대한 증가는 학습 방해요인들에 부딪혔을 때 좌절하고 회피하기보다는 자기격려 및 자기지지와 관련된 자원들을 활용하면서 학습동기를 촉진하여 성장할 수 있도록 할 것이다.

인간은 생존하기 위해서 환경과 에너지를 교환해야 하고 그러면서도 자신을 환경으로부터 다소 분리된 개체로 유지해야 한다. 분별하기 위한 알아차림과 공격성을 사용해서 자양분은 섭취하고 독이 되는 것은 거부하면서 환경에 적응하고 자신은 보호하고 조절한다. 신념, 규칙, 자기 이미지, 역할에 관한 정의 등도 마찬가지로 동화과정을 통하지 않는다면 경직되고 반복적인 행동 토대가 되어 성장을 방해하게 되므로 알아차림과 동화를 통해 성장으로 이끌어야 한다.

학습자는 자신의 과제들을 하고, 스스로 세상을 경험하고(실험하고, 지각하고, 느끼는 것), 스스로 충분한 지지를 확보하고 있는지를 파악하고, 자신의 내적 그리고 외적인 자원(resources)들을 충분히 활용하는 것이 필요하다. 더 나아가서는 자신과 가족 그리고 사회와의 관계적인 연결성을 유연하게 유지하는 것도 중요할 것이다.

그 외에도 게슈탈트 상담은 단기적 위기개입에서(O'Cornell, 1970), 정신건강 전문가들의 알아차림 훈련으로(Enright, 1970), 교사나 다른 이들에게 창의성을 가르치기 위해서(Brown, 1980), 죽음을 앞둔 사람에게(Zinker & Fink, 1966), 그리고 조직발달을 위해서(Herman, 1972)도 사용되어 왔다.

게슈탈트 상담에서 강조하는 알아차림과 관계적이며 접촉적인 경험을 통한 성장은 성인을 대상으로 하는 다양한 교육현장에서 그 적용 가치가 높다고 볼 수 있을 것이다.

읽을거리 7-1 생각 알아차림

마음이 가라앉고 견딜 수 없이 힘든 상태에서 나오지 못한다면, 몸과 마음의 자연스러운 에너지 흐름이 방해를 받고 있는 상태라고도 볼 수 있다. 마음은 사람들 혹은 환경(자연 혹은 활동)과의 대화 및 상호작용의 기쁨과 만족감을 온전히 음미해서 마음의 영양분으로 흡수할 때 마음의 회복력을 높일 수 있다.

지금 나에게 일어나는 소박한 기쁨의 순간들을 온전히 느낄 수 있는가? 느끼려고 할 때 어떤 생각들이 스쳐 지나가고 있는가?

우선적으로 내가 나의 마음을 살펴주어야 하는데, 오히려 반대로 나의 마음을 외면하는 생각들이 들 때, 그 생각들을 알아차릴(awareness) 필요가 있다.

"잘하고 싶은데 난 안되는 사람이야." "잘 못하는 모습, 힘든 모습을 보이고 싶지 않다." "좋은 모습만, 잘하는 모습만 보이고 싶은데, 그럴 수 없을 때 견딜 수 없다."

이런 생각들이 습관적으로 든다면, 마음의 순환을 방해하면서, 지금 여기의 기쁨의 순간들도 잘 느끼지 못하고 마음의 영양분으로 활용할 수가 없다.

이러한 생각들을 인식한다면, 그 순간 생각들이 멈추어지면서 마음의 에너지가 흐르기 시작할 것이다. 그리고 자신과 타인과의 관계적인 연결감을 추구하는 마음들이 자신을 안내할 것이다.

제8장

행동주의 및 인지행동적 상담

1. 행동주의적 상담

1) 인간관 및 상담목표

20세기 초 우세했던 정신역동이론에 반기를 들고 형성된 행동주의는 심리학의 제2세력이라고 할 수 있는 주요한 이론으로서 20세기 후반을 지배해 왔다. 행동주의자들은 인간의 관찰될 수 있는 행동만이 과학적 심리학의 연구주제가 된다고 주장하였다. 따라서 행동주의적 접근은 외현적 행동과 그 행동에 영향을 주는 환경에 대한 연구를 강조하며, 인간행동의 원리나 법칙을 설명하는 학습이론에 근거한다. 학습이론에서는 인간의 모든 행동이 주어진 환경에 의해 결정된다고 본다. 또한 특정한 행동이 어떻게 형성되었는가를 실험심리학을 통해 구체적으로 보여 줌으로써 문제행동을 변화시키기 위한 상담의 이론적 체계 형성에 공헌하였다. 이러한 학습이론이 상담에 적용된 행동주의적 상담은 행동수정 또는 행동치료라고도 불린다.

행동주의적 접근의 기초가 되는 중요한 학습이론으로는 Pavlov의 고전적 조건

형성과 Skinner의 조작적 조건형성을 들 수 있다. 고전적 조건형성은 자극과 반응 사이에서 영향을 미치지 않던 중성 자극(예: 개에게 종소리)이 무조건 자극(예: 개에게 고기)과 연합됨으로써 조건 반응(예: 침을 흘리는 반응)인 행동이 만들어지는 학습과정이다. 반면, 조작적 조건형성은 특정 반응(예: 쥐가 지렛대를 누르는 반응) 후 주어지는 보상(예: 쥐에게 먹이)에 의해 그 반응(예: 쥐가 지렛대를 누르는 반응)이 더 빈번해지는 것을 '강화'라고 하고 이를 학습으로 보는 입장이다. 행동주의적 상담은 이러한 고전적 조건형성과 조작적 조건형성이라는 학습원리를 인간활동에 논리적으로 확장한 것이다. 그러나 오늘날의 행동주의적 상담은 더 이상 고전적 조건형성과 조작적 조건형성 이론의 임상적 적용이라고 단순히 정의할 수 없을 정도로 발전을 이룩하였다.

행동주의에서 인간은 그들의 반응과 미래 행동을 형성하고 결정하는 환경에 직접적으로 영향을 받는 존재다. 즉, 인간은 조건화의 산물이지, 환경을 변화시키는 행위자는 아니다. 따라서 인간의 문제를 잘못된 학습에서 비롯된 것으로 간주하며, 특정한 행동을 이끌어 내고 유지시키고 제거하는 환경적 반응이나 사건 사이의 상호작용과 관계를 강조한다. 이 같은 맥락에서 보면 인간의 다양한 문제행동이나 부정적인 정서는 학습의 결과라고 볼 수 있다. 대표적인 예로 Watson의 공포 조건형성 실험을 들 수 있는데, 그는 이 실험에서 Albert라는 아이에게 처음에는 아무런 반응도 일으키지 않았던 흰쥐에 대한 공포 감정을 학습을 통해 만들어 냈다. 이와 같이 행동주의 학자들은 다양한 부정적인 정서가 학습, 즉 조건형성에 의해 형성된다고 주장한다. 또 다른 예로, Skinner는 우리가 어떤 행동을 한 후에 주어지는 강화에 의해 행동이 조건 형성된다는 조작적 조건형성의 원리를 제시하였다. 즉, 인간의 문제행동은 이후에 주어지는 강화경험에 의해 형성된다는 것이다. 예를 들어, 수업시간에 발표를 했더니 칭찬을 들은 학생은 다음 수업시간에도 계속 발표를 잘하게 되는 것을 생각해 볼 수 있다. 반대로 수업시간에 발표를 잘못하여 창피를 당한 경험이 있는 학생은 결국 발표불안이 생기고 발표상황을 계속해서 회피하는 행동을 하게 된다.

한편, Bandura는 행동주의적 상담으로 관찰이나 모방을 통해 행동이 학습된다는 사회학습이론을 제안하였다. 사회학습이론은 인간의 행동은 강화와 벌을 통해서만 형성되는 것이 아니라 타인의 행동을 관찰하고 모방함으로써 학습이 이루어진다고 보아 대리학습이라고 한다. 또한 자신이 직접적 강화를 받지 않더라도 다른 사람이 보상이나 벌을 받는 것을 관찰함으로써 간접적으로 강화를 받아 보상받는 행동은 학습되고 벌받는 행동은 학습되지 않는다. 이러한 입장에서 성인학습자의 행동이나 정서적 문제 역시 관찰과 모방을 통해 이루어진다고 본다.

따라서 행동주의에서의 상담의 목표는 조건형성에 의해 학습된 부적응행동을 다시 새롭게 조건 형성시킴으로써 적응행동으로 수정시키는 것이다. 즉, 학습된 부적응적 행동을 제거하고 적응적 행동이 형성될 수 있는 학습경험을 제공하는 과정이다.

2) 상담의 과정 및 방법

행동주의 학습이론에 기초한 체계적인 처치전략을 통해 행동을 변화시키는 것을 행동수정이라 한다. 이러한 행동수정을 통해서 부적응행동은 감소하고, 바람직한 행동은 증가하며, 새로운 행동이 습득될 수 있다. 일반적인 행동수정의 단계는 〈표 8-1〉과 같다(이재창, 정진선, 문미란, 2008).

표 8-1 행동수정의 일반적인 단계

단계	구체적 행동
1. 문제의 확인	문제행동의 사전관찰과 기록, 문제행동의 결과, 관련된 환경적 단서를 확인
2. 목표행동 정하기	변화시켜야 할 행동, 새롭게 학습시킬 행동 또는 소거해야 할 행동이 무엇인지를 결정
3. 강화(혹은 처벌)방법 정하기	강화물 결정과 강화방법(혹은 처벌), 행동을 강화시키는 가장 효과적인 보상물과 보상(혹은 처벌)이 언제, 어떻게 제시될 것인지를 결정
4. 행동수정 계획표 작성	1, 2, 3단계에서 한 것을 토대로 계획표 작성

5. 행동수정의 실제 (강화 혹은 처벌 실시)	행동관찰 및 행동보상(혹은 처벌)의 실시 및 기록
6. 평가	처치 후 행동의 변화 및 실천 정도 기록과 평가, 강화의 효율성과 적절성 평가

행동주의 상담의 과정은 다음의 4단계로도 설명할 수 있다(강봉규, 1999).

① **부적응행동의 규명**: 행동수정을 위해서 부적응행동을 구체적이고 관찰 가능하며 측정이 가능한 행동으로 세분화하여 서술적 용어로 정의하는 것이다.
② **현재의 상태 파악**: 행동수정 계획을 세우기 위한 사전 단계로 행동의 기초선을 측정하는 단계다. 즉, 현재 그 행동이 얼마나 빈번하게, 얼마나 오랫동안 그리고 언제, 어느 상황에서 일어나고 있는지 등을 측정하는 것이다.
③ **강화의 실시**: 이전까지의 작업을 기초로 하여 행동수정 계획을 세운 후 그에 따라 강화기법을 적용하는 단계다. 이때 정적 강화, 부적 강화, 정적 처벌, 부적 처벌 등을 사용할 수 있다.
④ **행동 변화의 평가**: 행동수정의 효과를 검증하기 위해 행동수정 기법이 적용되기 이전과 비교하여 평가를 한다. 이때 목표한 대로의 행동 변화가 나타났음이 확인되면 상담을 끝내게 된다.

행동수정을 실시하기 위한 기법은 다양하다. 행동의 비율을 증가시키기 위한 방법에는 정적 강화, 부적 강화, 행동계약의 기법이 있고, 새로운 행동을 학습시키기 위한 방법으로는 행동조형(shaping), 행동연쇄, 보조법(prompting)과 용암법(fading)이 있으며, 행동의 비율을 감소시키기 위한 방법에는 벌, 혐오법, 타임아웃, 반응대가, 소거 등이 있다. 기타 기법으로는 토큰과 토큰경제법, 모델링, 자기통제, 체계적 둔감법 등이 있다. 이러한 기법은 각 상담의 목표를 달성할 수 있는 가장 좋은 기법들을 선택하여 계획을 세운 후 적용한다.

행동주의 상담기법 중 정적 강화는 선호하는 보상물을 제공함으로써 행동의 빈도를 높이는 강화법이고, 부적 강화는 혐오하는 자극을 제거해 줌으로써 행동의 빈도를 높이는 강화법이다. 행동계약은 목표행동과 강화물이나 강화 스케줄 등을 구체적으로 설정하여 행동을 수정하는 방법이다.

새로운 행동을 학습시키기 위한 방법인 행동조형(shaping)은 새로운 전체 행동을 학습할 때 세분화된 행동단위로 나누어 달성하기 쉬운 행동부터 학습시키는 일련의 과정을 의미한다. 학습하고자 하는 행동은 함께 발생하는 여러 개의 자극-반응으로 구성되어 있는데 이를 학습시키는 것을 행동연쇄라고 한다. 한편, 보조법은 말 그대로 행동수정에 필요한 도움을 제공하는 것을 의미하고 용암법은 이러한 도움을 점진적으로 줄여 가는 과정을 의미하는 기법이다.

행동의 비율을 감소시키는 행동수정 기법으로 혐오법은 담배갑의 경고 그림처럼 불쾌한 그림이나 사진, 구토제, 전기충격 등과 같은 벌 또는 혐오 자극을 사용하여 바람직하지 않은 행동을 소거시키는 방법이다. 타임아웃은 더 이상 강화를 받지 못하는 장소로 격리시키는 일종의 벌에 해당된다.

한편, 토큰경제법은 바람직한 행동을 할 때마다 그 자체로는 강화효과가 없으나 강화물로 바꿀 수 있는 토큰을 주어 행동을 강화하는 기법이다. 체계적 둔감법은 단계적으로 불안이나 공포 등의 부적응문제를 제거하는 방법으로 이완훈련, 위계작성, 둔감화의 3단계로 적용된다. 예를 들어, 고소공포증을 가지고 있는 내담자에게 공포감을 제지할 이완을 학습시킨 후, 이완시킨 상태에서 공포감이 가장 낮은 장면부터 떠올리게 하여 공포가 느껴지면 이완하게 하는 과정을 반복적으로 실시함으로써 더 이상 그 장면을 떠올렸을 때 공포감을 느끼지 않도록 한다.

행동수정 과정에서 직접 상황에 직면해 보고 공포나 불안을 감소시키는 방법이 현장참여법(in vivo)이며 최근에는 과학기술의 발달로 컴퓨터, 공학기계, 시뮬레이션 장치, 증강현실 기술 등을 이용한 가상현실 치료법이 등장하였다.

3) 성인학습 상담에의 적용

성인학습자들 중에는 과거 경험으로 인해 학습에 대한 부정적인 정서나 부적응적인 행동이 학습된 사람들이 있다. 예를 들어, 발표불안이나 시험불안 같은 다양한 학업불안을 가지고 있는 성인학습자들의 경우, 과거 학창시절에 발표나 시험 상황에서 불쾌한 자극을 경험한 것이 원인이 되어 그 후로 불안이 생기고 이를 자꾸 회피하게 되면서 문제가 커진 것을 알 수 있다. 이에 행동주의적 상담이론은 이러한 학습자들을 이해할 수 있는 관점을 제공해 주며 그들의 문제를 해결할 수 있는 실마리를 제공해 줄 수 있다. 예를 들어, 발표불안이나 시험불안이 조건 형성된 학습자의 경우 이완훈련이나 체계적 둔감법과 같은 행동수정 기법을 이용하여 불안을 경감시켜 줄 수 있다.

또한 여러 가지 행동주의 상담기법 중에서 성인학습자들에게 효과적으로 실시할 수 있는 기법은 자기통제 기법이다. 자기통제 기법이란 자기관리라고도 하며 새로운 행동을 학습하거나 행동을 변화 혹은 수정하기 위해 개인이 행동수정 전략들을 스스로 적용하는 것이다. 즉, 행동수정 전략을 사용하여 스스로 관리하고 통제하는 것으로 개인 자신이 행동 통제의 주체가 된다. 따라서 자기주도적인 학습이 중요한 성인학습자들에게는 외부에서 통제하고 관리해 주는 행동수정 기법보다는 스스로 자신의 행동을 통제하고 관리할 수 있는 자기통제 기법이 더 효과적이다. 예를 들어, 효율적인 시간관리를 하지 못하는 학습자의 경우 스스로 시간관리 계획을 세우고 실행에 옮기게 하며 그 결과에 따른 보상이나 처벌도 스스로 규정하여 실시하도록 도울 수 있다.

사회학습이론의 입장에서 성인학습에서 성공적으로 과제 수행을 하는 타인의 행동을 모델링하거나 영상이나 책 등의 각종 매체를 통해 간접적으로 학습하는 학습이 가능하다. 다양한 체험과 실습 상황에서 사회학습이론이 적용될 수 있다. 또한 이러한 모델링이 효과적으로 이루어지기 위해 과제를 수행할 수 있다는 인지적 요인인 '자기효능감(self-efficacy)'을 촉진시키는 프로그램을 제공할 수 있다. 자기효능감은 특정 과업을 수행하는 데 있어서 성공할 수 있다고 생각하는 인식이다. 성인학습자의 자기효능감도 강화와 모델링을 통해 형성될 수 있다.

2. 인지행동적 상담

1) 인간관 및 상담목표

인지행동적 상담이론은 1960년대 초에 등장한 이론으로 비교적 짧은 역사를 가지고 있지만 현재 상담의 주요 접근으로 자리매김하고 있다. 인지행동적 접근은 주로 두 가지 움직임을 통해 나타나는데, 하나는 행동주의 심리학자들이 인지적인 절차를 채택하게 된 것이고, 다른 하나는 인지주의 치료자가 행동적 기법을 채택하게 된 것이다. 즉, 이 접근은 인지적인 절차와 행동주의적인 절차가 통합된 개념이라고 볼 수 있다.

인지행동적 접근에서는 사람들의 감정과 행동이 모두 인지에서 나온다는 입장을 취한다. 감정이나 행동도 중요하지만 그것들은 모두 인간이 어떻게 생각하느냐에 영향을 받는다는 것이다. 인지행동적 상담은 Ellis의 인지정서행동치료와 Beck의 인지치료로 크게 발전하였다. 두 이론 모두 심리적 문제의 원인을 인지(사고)에 두고 있는데, 이를 인지정서행동치료에서는 비합리적 사고, 인지치료에서는 인지적 오류로 명명하였다.

인지정서행동치료에서 인간은 합리적이고 올바른 사고와 비합리적이고 올바르지 못한 사고를 모두 할 수 있는 존재이므로 인간의 문제행동은 비합리적 사고에 의해 형성된다고 본다. 즉, 사람들이 어떤 특정한 부정적인 생각(예: 나는 사랑받지 못할 사람이다)을 하기 때문에 부정적인 정서(예: 우울감)를 느끼게 되고, 결국 문제행동(예: 대인 관계 회피)을 하게 된다는 것이다. 따라서 상담의 목표는 부적응을 겪고 있는 사람의 생각을 먼저 변화시키는 것이다. 생각이 변한다면 감정과 행동도 뒤따라 변하게 될 것이다.

인지치료에서는 인지적 오류가 존재하는 도식(schema)을 찾고 이러한 사고가 타당한지를 확인함으로써 기능적이고 현실적인 사고로 수정하게 하는 데 목표가 있다. 인지치료에서는 어떤 상황에 직면하면 자동적으로 떠오르는 생각을 자동화된 사고라고 한다. 이 자동적 사고의 인지도식이 역기능적일 때 문제가 발생하게 된다. 인지도식의 역기능이란 도식에 인지적 오류가 나타나는 것이다. 인지도식이 변화하는 것이기 때문에 인지치료에서는 이러한 왜곡된 사고를 수정하는 것을 인지적 재구조화라고 한다. 따라서 인지치료의 목표는 인지적 재구조화를 꾀하는 것이라고 볼 수 있다.

인지치료는 특히 우울증이나 공포증, 불안증의 치료에 유용한 것으로 나타났다. 현재는 행동적 접근과 접목되어 인지행동치료로 불리고 있으며 수용-전념치료, 마음챙김 기반치료, 변증법적 행동치료 등으로 발전해 왔다.

2) 상담의 과정 및 방법

인지행동적 접근은 하나의 단일한 이론이라기보다는 인간에 대한 기본 관점과 심리적 문제의 발생 및 치유과정에 대한 주요 원리들을 공유하는 여러 가지 개별적 이론들의 집합체로 보는 것이 더 적절할 것이다. 이러한 개별적 이론들은 인지가 제일 중요하며 따라서 인지를 변화시킴으로써 내담자의 심리적 문제를 변화시킬 수 있다는 인지행동적 접근의 기본 가정은 공유하지만, 문제를 해결하는 데 동원되는 구체적인 방법이나 과정 면에서는 조금씩 차이가 있다(이장호, 정남운, 조성호, 1999).

인지정서행동치료에서는 '……해야 한다'와 같은 '당위성'과 관련된 신념들인 비합리적 사고를 수정하는 것을 목표로 한다. 인지정서행동치료를 진행하는 방법과 과정은 'ABCDE 모형'으로 설명할 수 있다. 여기에서 A는 내담자가 노출되었던 문제장면이나 선행사건(Antecedents), B는 선행사건에 대한 내담자의 신념(Beliefs), C는 선행사건 때문에 생겨났다고 내담자가 보고하는 정서적 혹은 행동적 결과(Consequences), D는 비합리적 신념에 대한 상담자의 적극적인 논박(Disputes), 그리고 E는 비합리적 신념을 논박 또는 직면한 결과(Effects)다. 여기에서 중요한 것은 두 가지다. 첫 번째는 내담자의 문제를 보는 관점으로, 모형에서 보자면 A, B, C 간의 관계다. 내담자가 겪는 심리적 문제(C)의 원인이 선행사건(A)

자체가 아니라 그 선행사건을 받아들이고 해석하는 내담자의 신념체계(B)에 있다는 것이다. 즉, 같은 사건이라도 사람에 따라 다르게 해석하고 받아들이기 때문에 이로 인해 심리적 문제가 유발되는 사람이 있는가 하면 그렇지 않은 사람도 있다는 것이다. 두 번째는 상담의 과정과 방법에 대한 것으로, 모형에서 보자면 D와 E의 관계다. 즉, 상담자는 내담자의 비합리적 신념의 부당성을 적극적으로 논박(D)하여 그것을 합리적인 신념으로 변화시킴으로써 정서적 건강과 적응적 행동을 할 수 있게 하는 효과(E)를 얻는 것이 인지정서행동치료의 방법과 과정이 되는 것이다.

이와 같은 ABCDE 모형에 근거하여 상담을 진행하는 절차를 요약하여 제시하면 다음과 같다.

① 인지정서행동치료의 기본 철학 및 논리를 내담자가 믿도록 설명하고 설득하기
② 상담과정에서 내담자의 자기보고 및 상담자의 관찰을 통해 비합리적 신념을 발견하고 규명하기

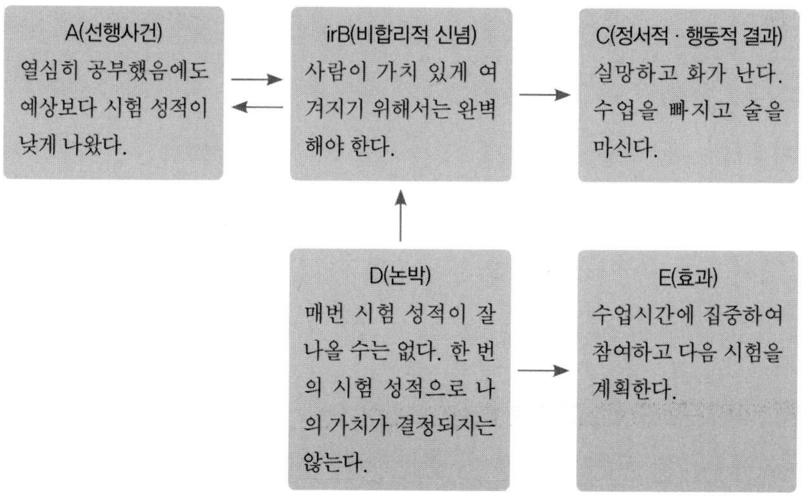

[그림 8-1] 인지정서행동치료 예시

③ 내담자의 비합리적 신념에 대한 상담자의 직접적인 논박 및 합리적 신념의 예시 또는 시범
④ 비합리적 신념을 합리적 신념으로 대치시키기 위한 인지적 연습의 반복
⑤ 합리적 행동 반응을 개발 · 촉진하기 위한 행동연습

비합리적 신념을 논박하는 구체적인 방법에는 여러 가지가 있다. 예를 들어, 지적이나 설득, 비현실적인 생각에 대한 과잉강조, 극적 부정 등의 정서유발 기법들과 문제장면에서의 역할연습, 과제물 주기, 행동 변화에 대한 강화 등의 행동적 기법들이 있다.

Beck이 개발한 인지치료는 최근에 인지행동치료로 불리고 있다. 인지치료는 심리적 문제의 원인이 되는 인지적 오류인 도식(schema)을 찾아내어 수정하는 접근이다. 이러한 오류가 많을수록 심리적인 문제가 발생할 가능성이 커진다(한국초등상담교육학회, 2006). 대표적인 인지적 오류는 다음과 같다(Beck et al., 1985).

① 임의적 추론: 증거가 없거나 반증될 증거가 있는 채로 짐작하여 결론을 내린다. 예를 들어, '저 사람이 말은 안 하지만 분명히 나를 비웃고 있을 거야.'라고 생각하는 경우에 해당된다.
② 선택적 추상화: 자신이 이미 지닌 사고를 지지하는 정보에만 관심을 둔다. 예를 들어, '안 듣고 있는 사람이 몇 명 있는 것으로 보아 사람들은 내 얘기를 무시하는 거야.'라고 생각하는 경우다.
③ 과잉일반화: 몇 가지 제한된 내용을 근거로 결론을 내린 후 그 결론을 관련된 상황과 관련되지 않은 상황 전반에 적용시킨다. 예를 들어, '지난번 시험을 못 봤으니 이번에도 못 볼 거야.'라고 생각하는 경우다.
④ 과장 및 최소화: 실제 중요도의 정도와 다르게 과대평가하거나 과소평가한다. 예를 들어, '괜찮다는 것은 잘하지 못했다는 말일 거야.'라고 생각하는 경우가 해당된다.
⑤ 개인화: 결론을 내리기 위한 근거가 없음에도 사건의 원인을 자신에 둔다. 예

를 들어, '저 사람들이 웃는 이유는 내 얘기를 하는 것일 거야.'라고 생각하는 경우가 해당된다.

⑥ **파국화**: 현실적인 가능성 없이도 부정적 결과가 나타날 것이라고 생각한다. 예를 들어, '만일 이 친구랑 헤어지게 되면 내 인생은 끝나는 거야.'라고 생각하는 경우다.

⑦ **이분법적 논리**: 흑백논리의 사고로 이것 아니면 저것의 절대범주로 구분하려 한다. 예를 들어, '끝까지 하지 못할 바에야 시작하는 것은 의미가 없어.'라고 생각하는 경우다.

⑧ **명명하기와 잘못된 명명하기**: 부정적인 측면을 부여하는 명칭을 사용하여 그에 따라 행동한다. 예를 들어, '나는 마마보이라 어쩔 수가 없어.'와 같이 생각하는 경우가 해당된다.

인지치료에서는 도식을 생의 초기부터 형성되는 기본 신념으로 보았다. 따라서 심리적 문제를 야기하는 역기능적 도식도 어린 시절의 경험에 의해 생겨나고 핵심 신념이 된다. 그런 후에 발생하는 다양한 사건과 상황에 의해 도식이 활성화된다. 이렇게 활성화된 도식이 자동적 사고로 나타나고 개인의 정서, 행동, 생리적 반응에 영향을 주게 된다.

날짜	상황	자동적 사고	감정	인지적 오류	대안적 사고
5월 20일	친구가 약속시간보다 20분이나 늦게 왔지만 미안하다는 말을 하지 않는다.	나를 무시한다.	화, 짜증	임의적 추론	친구가 늦게 오다 보니 정신이 없나 보다.

[그림 8-2] 자동적 사고 기록지 예시

인지치료의 상담과정은 내담자의 인지의 타당성 또는 현실성, 유용성을 점검하여 수정하는 것이다. 이를 위해 인지치료에서는 인지적 오류를 찾기 위한 자동적 사고 기록지나 역기능적인 사고 기록지를 사용하며 특별한 의미 이해하기, 절대성에 도전하기, 재귀인하기, 인지 왜곡 명명하기, 흑백논리 도전하기, 파국에서 벗어나기, 장점과 단점 열거하기, 인지 예방연습 등의 기법을 적용한다(노안영, 2005).

3) 성인학습 상담에의 적용

성인학습자 중에는 과거의 여러 가지 경험으로 인해 나름대로의 가치관이나 경직된 사고를 가지고 있는 경우가 많은데, 그중에서도 특히 부정적이고 비합리적이고 역기능적인 인지를 가지고 있는 사람들은 효율적인 성인학습의 진행에 어려움을 보인다. 예를 들어, '나는 항상 완벽해야만 하고 실수를 하면 안 된다'라는 비합리적인 생각을 가지고 있는 학습자의 경우, 스스로를 항상 어떤 틀에 가두게 되며 이로 인해 부적응행동이나 정서를 보이게 된다. 따라서 상담자는 학습자들에게서 이러한 부정적이고 비합리적이고 역기능적인 인지를 발견하여 적절한 논박을 통해 수정할 수 있도록 도와야 한다. 그러나 이때 상담자는 성인학습자를 존중하는 태도로 논박해야 하는데, 학습자 자체가 아닌 학습자가 가지고 있는 비합리적 신념에 대해서만 논박을 해야 한다. 논박의 결과로 부정적인 인지를 수정하게 되면 성인학습자는 훨씬 안정되고 편안한 상태로 학습에 임할 수 있을 것이다.

또한 학습자가 자기 자신, 세상, 미래에 대해 부정적 사고 패턴인 도식을 가지고 있을 때 무기력감이나 우울감, 불안을 느낄 수 있다. 이러한 인지의 타당성을 검증하고 수정된 인지를 행동으로 실천할 수 있는 기회를 제공하는 것은 성인학습의 효과를 증가시킬 수 있다.

읽을거리 8-1 비합리적인 사고(비)와 수정된 합리적인 사고(합)

- 〈비〉 자신은 주위의 모든 사람으로부터 항상 사랑과 인정을 받아야 한다.
  〈합〉 자신의 욕구나 흥미를 희생하면서까지 다른 사람의 사랑을 받으려고 하기보다는, 남에게 먼저 사랑을 베풀고 창조적이며 생산적인 사람이 되고자 노력하는 과정에서 다른 사람으로부터 인정과 사랑을 받게 된다.

- 〈비〉 사람이 가치 있게 여겨지기 위해서는 완벽해야 한다. 즉, 유능하고 성취적이어야 한다.
  〈합〉 자신에게 충실하고 결과에 집착하기보다는 활동 그 자체를 즐기고, 완전하게 되기보다는 배우려고 노력한다.

- 〈비〉 어떤 사람들은 악하고 나쁘며 악랄하다. 그러므로 그와 같은 행위를 하는 사람은 반드시 비난과 처벌을 받아야 한다.
  〈합〉 자기의 잘못을 고치고, 향상시키려고 노력하며, 타인의 실수를 인정하려고 노력한다. 자기 자신뿐 아니라 타인도 비난하지 않는다.

- 〈비〉 자신이 바라는 대로 일이 이루어지지 않으면 파멸이다.
  〈합〉 사람들이 간혹 좌절에 부딪히는 것은 정상적인 일이며 그때 만약 다른 대처방법이 없다면 그 사실을 있는 그대로 받아들이는 것이 합리적인 대처다.

- 〈비〉 인간의 불행은 외부환경 때문이며 인간의 힘으로도 그것을 통제할 수 없다.
  〈합〉 자신의 내부에서 불행이 온다는 것을 알고 있으며, 외부의 사태 때문에 초조하거나 괴롭더라도 이 사태에 대한 합리적 판단과 자기언어화를 통해 자신의 반응을 변화시킬 수 있음을 안다.

- 〈비〉 위험하거나 두려운 일은 항상 일어날 가능성이 있으므로 이것은 커다란 걱정의 원인이 된다.
  〈합〉 앞으로 발생할 수도 있는 위험이 자기가 생각하는 것만큼 그렇게 파국적인 것이 아니라는 것과 위기상황에 직접 부딪쳐 확인해 보는 일이 중요하다는 것을 알고 있다.

- 〈비〉 인생에 있어서 어떤 어려움이나 주어진 자기 책임을 직면하는 것보다 이를 회피하는 것이 더 쉽다.
  〈합〉 자기가 져야 할 책임이 있다면 분석하고 자기훈육을 한다. 도전적이며 책임을 지고 문제를 해결하는 생활이 즐겁다는 것을 안다.
- 〈비〉 과거의 경험이나 사건은 현재의 행동을 결정하며 인간은 과거의 영향에서 벗어날 수 없다.
  〈합〉 과거의 영향을 분석하고 자기 자신에게 과거와 다르게 행동하도록 하여 현재의 자신을 변화시켜 갈 수 있다.
- 〈비〉 사람은 타인에게 의존해야만 하고 자신이 의존해야 할 누군가가 있어야만 한다.
  〈합〉 사람은 독립하려고 하고, 책임지려고 하며, 도움이 필요할 때는 도움을 받기도 한다.
- 〈비〉 주위의 다른 사람이 환난 속에 처했을 경우 자신도 당황할 수밖에 없다.
  〈합〉 어떤 사람의 행동이 자신에게 혼란을 일으킬 만한 것인지에 대해 결정하고, 만일 그렇다면 그 사람이 변화할 수 있도록 도와주려 한다.
- 〈비〉 모든 문제에는 가장 적절하고도 완벽한 해결책이 있으며 그것을 찾지 못한다면 그것은 파멸이다.
  〈합〉 문제에 대한 가능한 해결책을 찾으려고 하며, 최선의 혹은 가장 적절한 해결책을 받아들인다.

3. 수용전념치료

1) 인간관 및 상담목표

수용전념치료(Acceptace & Commitment Therapy: ACT)는 인지행동치료 내에서 '제3의 동향'이라는 흐름의 일부이다. 즉, 인간의 마음이 어떻게 작용하는가에 대한 기초 연구프로그램인 관계구성틀이론(Relational Frame Theory: RFT; Hayes, Barnes-Holmes, & Roche, 2001)에 기반한다.

인간이 겪는 심리적 문제인 괴로움을 겪고 있다면, ACT의 개념과 절차가 효과적일 수 있는데, 관점의 근본적인 변화를 이야기하고 있는데, 즉 개인적인 사적 경험을 다루는 방식의 변화가 핵심이다.

ACT에서는 다음과 같이 기본적인 개념을 이야기하고 있다.

> "심리적 고통은 정상적이고, 중요하며, 모든 사람이 지니고 있으며 심리적 고통의 증폭을 인위적으로 피하기 위한 단계를 밟을 수는 있어도, 이를 의도적으로 없앨 수는 없다. 그리고 고통을 받아들이는 것은 괴로움을 겪지 않기 위한 하나의 단계이며, 고통이 있음에도 불구하고 자신이 중요하게 여기는 삶을 살 수 있으며, 지금 당장 시작할 수 있다. 그렇게 하기 위해서는, 자신의 마음(생각)에서 빠져나와 삶을 살아가는 방법을 배워야 한다."

예를 들면, 인간은 누구나 불안(anxiety)을 겪는다. 특히 개인적으로 성취하고 싶은 분야에서 평가받는 상황이면 더 불안하다. 이때 불안을 느끼면 수행(발표, 시험 등)을 망치고 관계가 단절되며 다시 회복할 수 없다고 생각한다. 그래서 불안을 느끼지 않으려고 역기능적인 방법으로 감정을 차단한다. 그러나 놀라운 성취를 이루는 사람들도 높은 불안을 겪으며 불안이 있음에도 불구하고 그들의 일에 집중하고 지속하여 성취를 이루어 낸다. 즉, 심리적인 어려움이 있어도 우리는 자신이 원하는 삶을 살아 낼 수 있는 것이다.

불안을 느끼지 않으려고 감정을 차단하고 통제하는 방법을 멈추고, 불안을 수용하면, 오히려 불안이 조절되는 경험을 할 수 있게 된다. 그리고 자신이 원하는 삶을 살아 낼 수 있는 것이다. 원하는 일을 하면서 보람을 느끼고 성취도 이루고, 사람들과 자신의 감정을 표현하고 공감을 주고받으면서 서로 깊은 연대감을 느낄 수도 있다. 불안을 차단하느라 고군분투하며 자신과 타인을 통제하는 방법을 멈추고, 불안을 인정하고 수용하면서 다른 사람들과 교류한다면 더 진실되고 의미 있는 대화를 할 수 있게 된다. 즉, 불안을 느끼면 수행을 망치고 다른 사람들이 비난하며 떠날 것이라는 생각에서 벗어나서, 불안을 수용하며 이를 알아 가고 표현한다면 오히려 사람들과 솔직하게 마음을 나누면서 자연스럽게 연결감을 느끼게 될 것이다. 물론 인격적인 존중의 대화가 가능한 사람들에게 가능할 것이다.

읽을거리 8-2 상어 수조 탐지기

당신이 지금 세상에서 가장 민감한 탐지기를 부착한 채, 상어들로 가득 찬 수조 위에 있는 의자에 앉아 있다고 상상해 보자. 당신이 할 일은 아주 간단하다. 전혀 불안해지지 않으면 된다. 만일 조금이라도 불안해진다면, 탐지기가 이를 알아차리고 의자가 뒤집혀서 당신은 수조 안으로 빠질 것이다.

어떤 일이 벌어질 것이라고 생각하는가? 당신은 틀림없이 불안해질 것이다. 이것이 바로 공황 발작 중에 벌어지는 일이다. 당신은 불안의 조짐을 느끼자마자, 곧 닥칠지도 모르는 끔찍한 일을 상상하고, 그것에 반응한다. 잠시 후에 불안은 고조되고, 당신은 상어 수조 속에 빠지게 된다.

출처: Hayes & Smith (2010).

2) 상담과정 및 방법

다음은 ACT의 핵심적인 치료과정 요소들이다.

(1) 수용

자신이 경험(다양한 신체감각을 포함한 감정들)하는 것이 무엇이든 그것을 인정하고 수용하는 것을 말한다. 이때 개인이 경험하는 것을 회피하지 않고 명료하게 인식하는 것이 필요한데, 이 방법이 고통과 괴로움을 오히려 완화시킬 수 있다.

(2) 인지적 탈융합

자신에게 도움이 되지 않는 부정적인 사고에 초점을 맞추어 선택하여 사실이라고 믿는 것을 멈추고 부정적인 생각들을 떨어뜨려서 거리를 두고 자신과 구분하여 바라보고 인식하도록 돕는다. 생각의 내용을 평가하고 분석하기보다는 과정으로 하나의 현상으로 바라보도록 한다.

(3) 현재에 존재하기

심리 내적인 혹은 환경적인 사건에 대해 생각(비난) 혹은 판단을 내려놓고 그 자체를 인식하도록 한다. 현재 순간의 '알아차림'은 개념적이지 않고 생생하고 살아 있는 만남을 촉진한다.

(4) 맥락적 자기

언어(혹은 사고)와 자신이 동일시 혹은 융합되어 있지 않고 거리를 두고 구분하여 개념화된 자기감이 아니라 순간 알아차리는 자기감을 확장하도록 한다. 따라서 생각의 내용에 대한 집착 및 분석을 줄이고 지금 이 순간 경험의 흐름을 인식하는 과정으로서 자기감을 개발한다.

(5) 가치

자신의 삶에 무엇이 의미가 있는지 인식하고 그 방향으로 행동할 수 있도록 하게 한다. 경험을 회피하거나 인지적 융합에 기초한 선택 및 행동을 줄여 나가서 가치를 추구하는 행동으로 삶을 살아 나가도록 한다.

(6) 전념 행동

선택한 가치를 지향하는 행동을 촉진하고 단기, 중기, 장기적 행동 목표와 관련된 활동을 포함하도록 한다.

즉, 문자 그대로의 생각이나 해석에서 거리를 두는 법을 배우는 것이 필요한데,

가장 흔한 생각은 평가와 자기에 대한 개념화된 생각들이다. 평가적 생각에 걸려들어서 그것이 사실인 양 받아들이는 것을 인지융합이라고 볼 수 있다.

특히 자기 개념화는 생각 그 자체를 거리 두고 바라볼 필요가 있는데, 자기에 대한 인식을 세 가지로 나누어서 설명할 수 있을 것이다. 개념화된 자기, 지속적인 자각과정으로서의 자기, 그리고 맥락으로서의 자기다(Barnes-Holmes, Hayes, & Dymond, 2001).

(1) 개념화된 자기

개념화된 자기(conceptalized-self)는 평가의 대상으로서의 자신으로 '나는 ~이다'의 형식으로 표현된다. 예를 들면, '나는 이상하다' '나는 약하다' '나는 강하다' '나는 착하다' 이러한 개념적 내용으로 가득 찬 자기는 하나의 개념일 뿐이다. 그러나 그러한 자신에 대한 생각들을 사실로 믿는다면, 극심한 우울 및 불안을 일으키게 되고 괴로움에 빠지게 된다. 이러한 생각들을 단지 생각으로 인식하고 거리 두는 것이 필요하다.

(2) 자각과정으로서의 자기

지속적인 자각(ongoing slef-awareness)이란 자신의 경험을 평가적인 내용이 아니라 기술적이고 비판단적이며 현재적이며 유동적으로 아는 것이다. '나는 지금 불안함을 느끼고 있다' '나는 지금 배고픔을 느끼고 있다'

이와 같이 현재 순간에서 경험하게 되는 접촉들은 생각 및 판단에 집착하는 것을 인식하고 멈출 때 더 가능할 것이다. 자기 인식이 아직 발달하지 않은 아동들이 자신의 감정 혹은 느낌이 무엇을 의미하는지 모를 경우가 많으므로, 지금 느끼는 것들을 기반으로 표현하도록 하는 것이 필요하다.

(3) 맥락으로서의 자기

맥락으로서의 자기(self as context)는 관찰 자기(observing self), 초월적인 자기(trancendental self), 비물질적인 자기(no-thing self)처럼 다양하게 표현된다.

의식적인 관찰이 이루어지는 지금 여기(here-now) 지점에 대한 감각은 생소하게 느껴질 수 있다.

우리가 기술할 수 있는 거의 모든 사건들은 하나의 사물로서, 경계를 지닌 하나의 사건으로 경험되는데 바로 여기에 언어적인 지식 자체 한가운데, 자기(nothing self)가 있는데, "당신이 어디로 가든지 거기에 당신이 있다."와 같은 말로 표현될 수 있을 것이다.

그것은 사물이 아니며, 고요한 초월의 상태나 평화로움의 느낌으로 간접적으로 알게 된다. 이를 통하여 인지융합에서 벗어나게 하며, 지금 경험을 수용할 수 있게 되고, 자신의 가치를 추구하게 된다.

자신이 느끼는 것을 느끼고, 생각하는 것을 생각하는 것이 가능하며, 지금 이 순간에 진행 중인 것과 접촉하게 되면서, 탈융합, 수용, 더 나아가서 자신으로서 존재하는 것이 가능할 수 있다. 전통적으로 이러한 연습들로 '마음챙김(mindfulness)' 기법을 사용할 수 있다.

마음챙김이란 경험적인 사건들이 그 순간에 일어날 때, 집착하지 않고, 수용적이며, 판단하지 않으며, 의도적으로 이를 알아차리는 것이다.

3) 성인학습 상담에의 적용

학습에 집중하고 원하는 성취를 얻기 위해서는 정서조절력이 필요하다. 특히 적입적으로나 관계적으로 다양한 삶의 장면에서 크고 작은 스트레스 자극들을 접할 수밖에 없는 성인학습자에게 정서조절력은 더욱 필요할 것이다.

인간은 누구나 우울, 불안, 분노, 흥분, 외로움 등 다양한 감정들을 겪을 수밖에 없다. 그러나 과도하고 격한 분노, 우울, 불안은 정서조절의 어려움뿐만 아니라 생활을 어렵게 하는 행동상의 문제(자살 충동 혹은 심한 무기력 등)를 초래한다.

인지행동치료는 이러한 극도의 우울, 불안 및 분노감정과 긴밀하게 관련된 부적응적이고 부정적인 사고 등을 명료화하고 보다 균형 있고 현실적인 관점으로 변화시키도록 하는 다양한 접근 및 기법들을 소개하고 있다. 즉, 생각들을 검증하고 수정하는 접근들을 사용하고 있다고 볼 수 있다.

수용전념치료에서는 인간이 언어를 사용하기 때문에 파생되는 다양한 생각에 대해 거리 두고 바라보면서 그냥 흘려버리는 인지융합과 수용의 방법을 사용함으로써 극단적인 감정에 휘말리지 않고 심리적인 조절력이 향상하도록 제안하고 있다.

특히 맥락으로서의 자기를 경험하면서 보다 안정적이고 지속적인 자기감을 높이도록 하는 다양한 마음챙김 방법들을 가르치고 있다. 이러한 방법들은 직업현장뿐만 아니라 사회적으로 급변하는 환경 속에서 살아가는 성인학습자들이 마음의 조절력을 습득하여 안정감을 가지고 자신에게 가치 있고 의미 있는 작업들에 집중할 수 있도록 도울 수 있을 것이다.

제9장

성인학습 상담의 내용

성인학습자들은 학습과 직접적으로 관련된 문제(예: 학습방법)뿐만 아니라 이에 간접적으로 영향을 미치는 여러 요인(예: 다중역할에 따른 시간적 제약)으로도 상담을 받을 수 있다. 그러므로 성인학습 상담의 내용은 성인학습자의 개별 특성과 처한 환경에 따라 다양할 수밖에 없다.

실제로 국내의 대표적인 성인 평생교육기관인 한국방송통신대학교에서 성인학습자들을 대상으로 실시하는 이메일 심리상담의 내용을 분석하여 실제적으로 성인들이 학습과정에서 어떤 어려움이 있는지 살펴본 결과 다양한 문제를 호소함을 알 수 있었다.

첫째, 이메일 심리상담의 가장 많은 부분을 차지한 내용은 낮은 자존감, 분노, 우울, 불안 등의 정서문제로 전체 상담의 31.9%를 차지하였다.

둘째, 다중역할, 학습방법, 중도탈락, 경제적 어려움 등의 학업문제로 24.5%가 이에 해당되었다.

셋째, 가족 및 대인 관계에서의 문제로 18.8%가 해당되었다.

넷째, 기타 상담이 16.5%를 차지하였는데, 기타 상담에는 면접상담 및 검사에

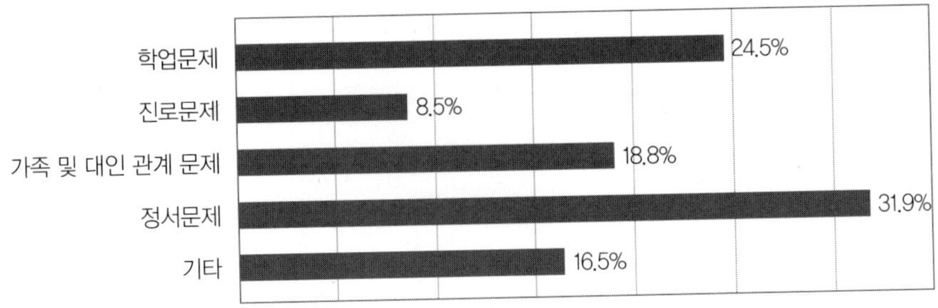

[그림 9-1] 이메일 상담 내용별 비율

출처: 조성연(2007).

대한 문의, 학사상담, 공란(상담내용 없음), 기타 등의 문제가 해당되었다.

다섯째, 진로문제가 8.5%로 나타났으며 여기에는 적성, 취업, 진로 미결정과 같은 문제들이 해당되었다.

이와 같이 성인학습자들이 학습활동을 진행하는 가운데 겪고 있는 어려움의 종류가 다양하므로 상담의 내용도 다양해질 수밖에 없다. 이 장에서는 이러한 성인학습 상담의 내용을 크게 몇 가지로 나누어 살펴보고자 하는데, 학습정보 제공 상담, 학습방법 상담, 진로 및 직업 상담, 심리 및 정서 상담 등이다.

1. 학습정보 제공 상담

평생교육이 확대됨에 따라 많은 평생교육기관이 운영되고 있으며 또한 다양한 성인학습 프로그램이 실시되고 있다. 이렇듯 성인학습기관이나 프로그램이 증가할수록 성인학습자들은 그 많은 기관과 프로그램 중에서 자신의 요구에 부합하는 것을 취사선택해야 하는 문제에 당면하게 된다. 그러나 우리나라의 경우 평생교육기관이나 프로그램에 관한 체계적인 정보를 얻을 수 있는 장치가 아직 마련되어 있지 않으므로 학습자 스스로 많은 정보의 홍수 속에서 스스로 학습정보를 찾기 위해 고군분투해야 한다. 따라서 성인학습자들에게 학습정보에 대한 체계적인 서비스를 제공해서 그들로 하여금 그 정보를 활용하여 앞으로의 교육계획을 수립할 수 있도록 도와줄 필요가 있다.

실제로 성인 일반 및 성인학습 참가자들을 대상으로 한 조사연구에 의하면 성인들은 교육 프로그램에 대한 정보습득 경로에 있어서 신문이나 광고전단과 같은 광고지에 크게 의존하는 것으로 나타났으며, 대부분의 교육기관도 신문광고 등을 통하여 학습자들을 모집하는 실정이다(권두승, 이경아, 1999). 따라서 성인의 평생학습을 진흥시키고 평생학습사회의 실현을 위해서는 국가 차원에서 학습기관, 시설, 프로그램, 지도자, 학습자원 등 성인학습에 관한 다양한 정보를 수집하고 이를 체계적으로 분류 · 정리하여 학습자에게 제공할 수 있어야 한다. 이와 관련하여 일본에서는 「평생학습정보 분류와 양식의 표준화에 대한 보고서」가 1989년에 출간된 바 있으며, 현재 광역 수준에서는 대부분 이와 같은 표준안에 의하여 학습에 관한 정보가 분류되어 있다. 이렇게 분류되어 수집된 정보들은 데이터베이스로 구축되어 학습자들에게 다양한 경로로 제공될 수 있다.

우리나라의 경우에도 평생학습이 더욱 확대되고 발전하려면 이렇게 국가 차원에서 평생학습 정보를 데이터베이스로 구축하여 인터넷이나 지역 관련 기관의 상담창구를 통해 학습자들에게 제공해 주어야 할 것이다. 하지만 아직 우리나라의 실정은 그렇지 못하기 때문에 현재로서는 각 기관 차원에서라도 성인학습자들에게 학습정보를 체계적으로 제공해 줄 수 있는 상담 서비스를 실시하는 것이 필요하다. 이러한 상담 서비스를 통해 성인학습자들에게 교육이나 훈련에 관한 구체적인 정보를 제공하여, 그들이 제공받은 정보를 활용하여 앞으로의 교육계획을 수립하고 체계적으로 학습활동을 진행해 나가도록 도와줄 수 있다.

특히 처음으로 성인학습에 발을 들여놓는 학습자들에게는 학습정보의 제공을 통해 자신의 요구에 부합되는 교육계획을 수립하여 학습활동을 시작할 수 있도록 지원할 수 있으며, 이미 학습을 진행 중인 학습자들에게도 학습정보의 제공을 통해 이후에 연계되는 교육계획을 수립하여 학습활동을 지속할 수 있도록 지원해 줄 수 있다. 한편, 학습정보 제공 상담에는 단순히 기관이나 프로그램에 관한 정보만 제공하는 것이 아니라 학습자 개개인의 특성을 이해하고 그에 부합되는 학습활동을 선택할 수 있도록 원조하는 것도 포함될 수 있다. 앞서 특성요인적 상담이론을 통해 살펴보았듯이 성인학습자의 정확한 자기이해를 바탕으로 하여 그에 부합되는 학습 코스를 선택하고 진로를 선택할 수 있도록 도움을 주기 위하여 학습자 개인에 대한 정보를 상담자와의 면접이나 여러 심리검사 등을 통해 제공해 줄 수 있다.

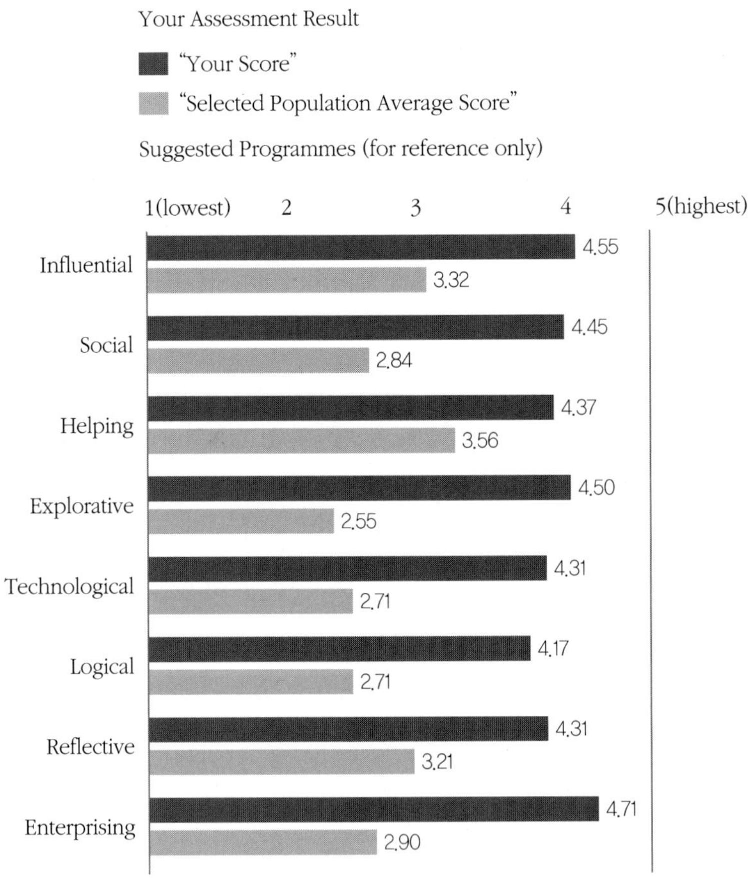

[그림 9-2] MAPP 결과지(예시)

출처: Open University in Hong Kong (2008).

이와 관련하여 홍콩개방대학에서 2002년부터 개발하여 시행하고 있는 학업적성검사(Measrement of Academic Programme Preferences: MAPP)를 예로 들 수 있다(Zhang & Yeung, 2003). 홍콩개방대학에서는 성인 원격대학에서의 높은 중도탈락률을 줄이기 위해 각종 현황조사를 진행한 결과, 학생들이 전공 및 코스에서의 흥미와 동기가 낮을 때 중도탈락을 하게 된다는 점을 발견하였다. 따라서 이를 해결하기 위해 예비학생들을 대상으로 그들의 학업 흥미와 적성에 적합한 코스를 선택하도록 온라인 학업적성검사를 개발하여 그 타당도를 검증하여 온라인상으로 시행하고 있다. 학생들은 전공이나 코스를 선택하기 전에 먼저 자신의 흥미와 적성을 온라인검사를 통해 확인할 수 있으며, 그에 적합한 전공, 코스, 과목을 온라인상으로 안내받게 된다. 또한 전공 및 코스 정보를 확인하면서 가능한 직업 목록도 확인할 수 있어, 개인들은 자신의 적성에 대한 이해를 바탕으로 학업계획을 세우고 진로를 설계하도록 도움받을 수 있고 필요하다면 상담도 받을 수 있다. 이러한 상담 서비스를 통해 성인학습자들이 그들의 심리적 특성, 학업적 흥미 및 직업적 관심에 따라 전공 및 코스 선택을 할 수 있다면 학업성과에서 만족감을 얻고 결과적으로 학습 코스를 마칠 가능성을 높일 수 있다.

우리나라에서도 이러한 학습정보 제공 상담을 통해 성인학습을 시작하거나 지속하려는 성인들에게 미리 자신에게 알맞은 학습 코스를 선택할 수 있도록 돕는다면 성인학습자들이 보다 효율적이고 만족스러운 학습을 할 수 있으므로 중도탈락률도 낮아질 것이다. 우리나라뿐만 아니라 외국 성인 원격대학의 중도탈락률은 약 30~40% 이상으로 성인교육 및 학습의 최대 난제라고 할 수 있다.

우리나라의 경우 특히 성인학습의 상당 부분이 사이버대학 등 원격교육의 형태로 이루어지고 있기 때문에 홍콩개방대학에서와 마찬가지로 온라인으로 자신의 진로와 관련한 검사를 실시하여 그에 맞는 전공이나 학습 코스를 안내해 줄 수 있다면 효과적으로 이용될 수 있을 것이다. 그러나 아직은 기관별로 홍콩개방대학처럼 온라인 심리검사를 개발하여 실시하기에는 무리가 있으므로 오프라인으로 진로 관련 심리검사를 실시하여 학습 선택에 도움을 줄 수 있으며, 또한 인터넷으로 활용 가능한 자원을 이용하여 학습정보를 제공하는 상담이 이루어질 수 있다.

현재 국내에서 인터넷으로 활용 가능한 자원의 대표적인 예로는 고용노동부와 한국고용정보원에서 운영하는 취업정보 사이트인 고용24(https://www.work24.go.kr/)과 한국직업능력연구원에서 운영하는 진로정보센터인 커리어넷(https://www.career.go.kr/)이 있다. 이들 인터넷 사이트에서는 무료로 진로와 관련한 성인용 심리검사를 제공받을 수 있으므로, 성인학습자들이 온라인상에서 진로검사를 실시한 후 그 결과를 상담자와 함께 상담을 통해 활용하면 된다.

2. 학습방법 상담

성인학습자들은 대부분 여러 가지 사정상 오랜만에 다시 교육을 받게 되면서 학습방법을 모르기 때문에 학업에서의 어려움을 호소하는 경우가 많다. 또한 늦은 나이에 다시 공부를 시작하면서 많은 학생이 집중의 어려움, 기억의 어려움, 동기 저하 등 다양한 학습문제를 호소한다. 현재 국내에서는 방송대학이나 사이버대학 등에서 학업을 다시 시작하는 성인학습자들이 많은데, 이들 평생학습기관에서 주로 사용하는 방법인 원격교육이라는 특수한 학습환경의 특성으로 인해 그에 따른 적절한 학습방법을 알지 못하여 학업 지속에 어려움을 호소하기도 한다. 따라서 성인학습자들의 학업동기를 높이고 학업을 지속할 수 있도록 하기 위해서는 적절한 학습방법에 대한 교육이나 상담이 필요하다.

국내의 성인 원격대학에서 실시한 조사연구(조성연, 2007)에 의하면 학업문제 상담 중에서 가장 많은 부분을 차지한 것이 중도탈락의 위기(27.1%)로 나타났으며, 그다음은 학점(25.2%), 학습방법에 대한 어려움과 문의(22.4%)로 나타났다. 그런데 이러한 학업문제는 결국 다 연결되어 있는 것으로 해석할 수 있다. 예를 들어, 학습방법에 대한 어려움이 있는 학습자들이 결국엔 좋은 학점을 얻기가 어려울 것이고, 그러다 보면 중도탈락의 위기를 경험하게 된다고 볼 수 있다. 따라서 성인학습자들에게 필요한 학습방법에 대한 교육과 상담을 통해 효과적으로 공부할 수 있도록 한다면 성인학습자들의 학업지속률도 높일 수 있으며 평생교육의 장이 더 확대될 수 있을 것이다.

근래에 학습자의 효율적인 학습을 증진시키는 다양한 방법이 개발되었고 실제 활용되기 시작하고 있다. 이를 학습전략이라고 하는데, 학습전략에는 공부시간을 어떻게 효율적으로 분배하고 시간을 얼마나 효율적으로 사용하느냐에 관한 학습계획부터 정신집중, 기억력 향상, 독해력 향상, 교재 이해능력, 노트 필기 그리고 시험능력 향상에 이르기까지 많은 것이 포함된다. 이러한 학습전략 프로그램은 결국 학습전략을 배우고 익혀 학습과정에서 학습자가 스스로 자신의 학습을 조절 · 통제해 나갈 수 있도록 하기 위한 것인데, 이를 자기조절학습이라 한다. 특히 성인학습자의 자기조절 학습능력은 학습의 성과에 중요한 요인으로 작용한다. 즉, 성인학습은 학습과정 전반에 걸쳐 학습자 스스로 자신의 학습과정을 통제하고 규제하며 의사결정을 하도록 요구하기 때문에 고도의 자기조절 학습능력과 학습전략을 활용하는 능력이 필요하다.

이러한 학습전략 프로그램의 필요성으로 인해 국내외에서 다양한 프로그램이 개발되어 실시되고 있지만, 대부분 아동과 청소년을 대상으로 하는 프로그램이며 성인을 대상으로 하는 학습전략 프로그램은 많지 않다. 그 가운데 대학생 이상 성인을 대상으로 할 수 있는 학습전략 프로그램의 대표적인 사례로 텍사스 대학교의 Weinstein 교수가 개발하여 실시하고 있는 인지학습전략 프로젝트 LASSI를 소개할 수 있다. 이 프로그램은 열 가지의 지시 모듈로 구성된 웹기반 학습전략 프로그램으로서, 일단 학습전략의 개인적인 강점과 약점을 검사를 통해서 진단하고 개별화된 과제를 제공한다. 그 후 학생들에게 온라인 학습전략 프로그램을 활용하도록 과제가 주어지며, 학생들은 온라인 프로그램을 통해 학습전략 활동들을 연습하고 또한 그에 대한 피드백을 받는다. 이러한 활동은 오프라인에서 개별적으로 혹은 집단을 통해 완성된다.

이 학습전략 프로그램은 현재 텍사스 대학교뿐만 아니라 신시내티 대학교, 스포케인 펄스 커뮤니티 대학교, 로워 컬럼비아 대학교, 패트릭 헨리 커뮤니티 대학교, 펄리버 커뮤니티 대학교, 뉴욕 시립대학교, 앨러배마 대학교 등 미국 내 많은 대학에서 각 대학의 실정에 맞게 수정 · 보완되어 지속적으로 실시되고 있으며, 또한 그 효과가 종단적인 연구결과들을 통하여 제시되고 있다. 예컨대, 텍사스 대학교의 경우 특수한 환경에 처해 있거나 입학 후 학업의 곤란을 겪는 학생들을 위한 특별수업으로 이 프로그램이 제공되고 있는데, 이 수업을 듣고 있는 학생들은 수업을 듣지 않은 학생들 혹은 통계적으로 대조된 학생들에 비해 학업성취도가 발전했고, 졸업에 이르기까지 학업을 유지하는 데 있어서 상당한 차이가 있음을 지속적으로 보여 주었다. 또한 텍사스 대학교에서 실시한 5년에 걸친 종단적 연구결과에 의하면 이 프로그램의 효과에 대해 알 수 있다. 이 연구에 의하면 1990년 가을학기에 들어온 학생들 중에서 이 프로그램을 성공적으로 마친 학생들의 1년 뒤 재학률은 92.3%, 프로그램에 참가하지 않은 학생들의 재학률은 84.9%로 나와, 프로그램에 성공적으로 참가한 학생들의 학업지속률이 높은 것을 알 수 있다. 또한 프로그램을 실시한 지 5년 뒤 졸업률을 비교해 보면, 프로그램을 성공적으로 마친 학생들(입학 시 SAT 성적이 매우 낮았음에도 불구하고)의 5년 뒤 졸업률은 71.4%, 프로그램에 참가하지 않은 학생들의 졸업률은 55.3%로 나타났다. 이를 통해 프로그램에 성공적으로 참가한 학생들은 5년 이내에 졸업할 확률이 높은 반면 프로그램에 참여하지 않은 학생들은 중도 탈락하거나 혹은 5년 이내에 졸업이 어려웠음을 알 수 있다. 그리고 이 16%의 차이는 학습전략에서 프로그램의 장기 유지효과를 지지하는 극적인 결과라고 할 수 있다. 이 결과를 통해 학업적 실패와 부진으로 위기에 빠진 학생들을 도울 수 있는 교육 프로그램의 중요성과 효과를 알 수 있다.

우리나라에서도 이와 같이 성인학습자들의 효율적인 학습방법을 교육할 수 있는 프로그램을 개발 · 실시할 필요가 있다. 그리고 프로그램은 개인상담 프로그램, 집단상담 프로그램, 온라인 프로그램 등 다양한 형태로 제시되어 성인학습자의 상황과 특성에 맞게 실시하면 더욱 효과적일 것이다.

한편, 이러한 프로그램을 개발 · 실시하기 위해서는 성인학습자들의 학습에 영향을 미치는 요인들을 알아야 하는데, 기존의 연구나 프로그램들을 분석해 본 결과 성인학습자의 학습에 영향을 미치는 학습전략의 대표적인 요인으로는 인지 · 초인지전략, 학습동기, 학업불안 및 시험불안, 시간관리, 자원활용의 다섯 가지를 들 수 있다(조성연, 2007). 성인학습자들을 위한 학습전략 프로그램이나 학습방법에 관한 상담 시에 이러한 요인들이 주요 내용으로 포함되어야 하므로 이에 관해 살펴보고자 한다.

1) 인지 · 초인지전략

인지 · 초인지전략이란 학습자가 정보를 처리 · 통제 · 조절하는 데 관련된 전략이며, 국내외에서 운영되는 학습전략 프로그램의 많은 부분을 차지하는 중요 요소다.

인지전략은 학습자가 이전에 경험하지 않았던 문제상황에 자신의 지식과 기능을 사용하는 방법으로 자신의 두뇌를 활용하는 방법이다. 즉, 인지전략은 학생들이 새로운 정보를 약호화하고 조직화하고 재생할 수 있도록 돕는 것으로 시연, 정교화, 조직화 등으로 이루어져 있다. 이러한 인지전략은 인간의 학습된 능력 중 하나로 학습자가 주의집중, 학습, 기억, 사고 등 자신의 내적 과정을 조정하는 기능으로서 새로이 직면하는 문제를 해결하는 데 필수적인 능력이다. 만약 학습자가 주어진 문제에 대하여 새로운 해결방안을 창안하는 능력을 갖게 되거나 혹은 정보를 기억하거나 어떤 과제에 주의를 기울이도록 하기 위한 개인적인 체제를 고안해 낼 수 있다면 인지전략을 학습했다고 할 수 있다.

초인지는 사람들이 자신의 사고과정에 대해 가지고 있는 지식을 가리킨다(Brown, 1980). 여기에는 계획 세우기, 점검 그리고 조절이 포함되며 인지전략의 사용을 평가하고 통제하는 기능을 한다. 초인지전략은 학생들이 자신의 학습과정을 통제하고 실행하도록 돕는 것으로 계획하기, 모니터링, 조절하기로 이루어져 있다. 예를 들어, 학습을 시작하기 전에 '이제부터 수학문제를 풀어야지.' '4시니까 5시 30분까지 교재 25쪽에서 50쪽까지 공부해야지.' '공부하다가 싫증이 나면 이 과제만 끝낸 후 친구와 전화 통화를 해야지.' '나는 잘 참고 끝까지 할 수 있을 거야.' 등의 초인지전략에 의한 학습 자기교시 지시문을 자기학습에 응용하는 것은 의미가 있는 학습전략이다. 따라서 학습을 더욱 효과적으로 하기 위해 학습자들은 인지전략과 초인지전략을 잘 개발하여 활용해야 한다.

실제로 Onwuegbuzie와 Collins(2001)가 연구방법론을 수강하는 대학원생 122명을 대상으로 학습습관검사를 사용하여 측정한 결과, 높은 학업성취 대학원생들은 낮은 학업성취 대학원생들보다 미리 읽기과제를 해 놓고, 규칙적으로 수업에 참석하며, 노트 필기 시에 단축어와 구절화와 의역을 하고, 한 노트에 모든 강좌의 노트를 하며, 수업자료를 일상생활과 연결시키며, 단순 반복적 기억에 의존하지 않는 경향이 있음이 밝혀졌다. 즉, 인지 · 초인지전략을 적극적으로 활용하는 학습자가 더 높은 학업성취도를 보이는 것이다.

이러한 인지 · 초인지전략에는 정보 찾기, 조직화하기, 해석하기, 기억하기, 시험치기, 공부계획법, 공부준비 방법, 암기법, 예습과 복습, 독서능력 향상, 기억력 증진, 노트 작성법 등 다양한 전략이 포함된다. 무엇보다 중요한 것은 학습자들이 자신에게 가장 효과적인 인지 · 초인지전략을 개발하여 이를 학습에 활용하는 것이다.

2) 학습동기

최근에 여러 연구자는 학습전략 훈련에 있어서 자기효능감, 성공에 대한 기대 등의 동기요인의 중요성을 강조하고 있다. 그 이유는 전략에 관한 지식이나 사용방법을 알고 있어도 자신의 노력이 수행에 영향을 미친다는 신념과 기대가 없는 한 전략을 융통성 있게 적용하거나 학습상황에 일반화시킬 수 없기 때문이다(황희숙, 1997). 학습전략에 대한 지식과 실제 사용은 그것을 활용하고자 하는 동기와 밀접한 관련이 있고 학습자의 학습결과를 예측해 주는 좋은 예측자가 되고 있다(성현숙, 김언주, 2003).

이렇게 학습에서 동기가 중요하다는 것을 인식하고 있지만 동기와 관련하여 동기가 무엇인지, 무엇이 동기에 영향을 미치는지, 동기가 학습 및 학업성취에 어떠한 영향을 미치는지 그리고 동기가 어떻게 향상될 수 있는지에 대해서는 전문가들 간에 이견을 보이고 있다(Printrich & Schunk, 1996). Printrich와 Schunk는 동기를 "목표지향적인 행동이 활성화되고 지속되는 과정"이라고 정의하였다. 이러한 정의는 다음의 네 가지 요소를 포함한다.

첫째, 동기는 직접 관찰될 수 없기 때문에 과제 선택, 노력, 지구력 그리고 언어 진술과 같은 행동으로부터 유추할 수 있다. 이러한 점은 동기가 어떤 산물이 아닌 과정임을 나타낸다.

둘째, 동기는 행동추진력의 방향이 되는 목표를 포함한다.

셋째, 동기는 신체적 또는 정신적 활동을 필요로 한다. 신체적 활동에는 노력, 지구력 및 다른 외현적 행동이 포함되고, 정신적 활동에는 계획 세우기, 시연, 조직화, 점검, 의사결정, 문제해결 그리고 평가가 포함된다. 이러한 인지활동들은 목표 달성에 활용된다.

넷째, 동기 유발된 활동은 지속된다(성현숙, 김언주, 2003).

동기는 우리가 학습을 할 때 무엇을, 언제 그리고 어떻게 학습할 것인가에 영향을 미친다고 할 수 있다(Schunk, 1991). 학습동기가 높은 학생은 자신의 학습에 도움이 될 만한 활동에 참여하는 것으로 나타났다. 즉, 교사의 수업에 주의를 기울이고 학습자료를 정신적으로 조직하여 시연함으로써 잘 기억하려고 노력하거나 또한 노트 필기를 잘하여 후속 학습을 용이하게 하려고 하며, 자신의 이해 수준을 자주 점검하고, 학습자료를 이해하지 못하는 경우에 도움을 요청하기도 한다(Zimmerman & Martinez-Pons, 1992). 이러한 활동들은 결국 학습의 향상을 가져온다(성현숙, 김언주, 2003). 따라서 학습동기 또한 학습전략 프로그램에서 중요한 부분을 차지하게 된다. 실제로 국내외 학습전략 프로그램을 개괄한 결과, 여러 프로그램에서 학습동기와 학업적 자기효능감 향상을 위한 구성요소들을 포함하고 있음이 밝혀졌다. 먼저 김영진(1998)의 효율적인 학습상담법에서는 학업성취동기 향상 프로그램을 통하여 자신의 학업성취동기를 점검하고, 학습동기를 촉진하는 요소와 방해하는 요소를 찾은 후 학습책임 분담표를 작성하게 함으로써 학생들의 학습동기를 향상시키고자 한다. 한국교육과정평가원에서는 초등학교 학습부진

아용 학습동기/전략 프로그램에 자아존중감 기르기, 귀인방향 바꾸기, 자기조절 학습능력 기르기 등 학습동기와 자기효능감을 향상시키는 활동을 포함시켰다(조성연, 박미진, 2006에서 재인용). 또한 김정신(2003)의 자기주도적 학습전략 훈련에서는 긴장 완화하기, 자기 격려하기, 감정 점검하기 등을 통해 자기효능감을 향상시키고자 한다. 이 밖에도 많은 국내외 학습전략 프로그램에서 학습동기 및 자기효능감을 향상시키기 위한 활동을 전개하고 있는 것을 볼 때, 학습동기와 자기효능감이 학습전략 프로그램의 중요한 구성요소임을 알 수 있다(김동일, 2005).

성인학습자의 경우, 오랫동안 체계적인 학습을 하지 않는 것이 학습에 대한 자신감을 떨어뜨릴 뿐만 아니라 학습과제의 친밀성 지각 정도와 경험 등이 학습에 대한 자기효능감과 학습신념 통제에도 영향을 미치는 것으로 밝혀지고 있다(Marguie & Huet, 2000). 따라서 성인학습자 집단 간의 학습전략 사용 및 동기의 차이가 실제 학업성취와 어떠한 관련이 있는지 알아보는 것은 성인교육을 위해서도 필요한 일이다(성현숙, 김언주, 2003).

또한 성인학습자들은 대부분 학습동기가 높은 상태에서 학업을 시작하지만, 학업활동을 해 나가는 중 점점 동기가 낮아져 결국엔 학업을 그만두게 되는 경우도 있다. 특히 비실시간 원격교육의 학습활동에서 대부분의 학습자는 능동적으로 학습자료를 찾아야 하며 학습과정에서 교사나 동료 학습자들에게 즉각적인 도움을 받지 못하기 때문에 다른 학습형태보다 자기동기화가 중요하다. 따라서 학습동기는 성인학습자의 학습에 중요한 영향을 미치게 된다.

3) 학업불안 및 시험불안

Benjamin, McKeachie, Lin과 Holinger(1981)는 불안 수준이 높은 학생은 불안이 낮은 학생들만큼 노력도 하고 지속력도 있지만 때로는 그들이 성취를 위해 적절한 학습전략을 사용하지 않으며 매우 비효과적이고 무능한 것처럼 보인다고 했다. 또한 Hill과 Wigfield(1984)는 불안이 높은 학생들은 아예 어려운 과제를 지속하지 못하거나 피한다고 하였다.

Culler와 Holahan(1980)도 불안 수준이 높은 학생들은 낮은 학생들보다 나쁜 학습습관을 가지고 있고, 불안 수준이 낮은 학생은 높은 학생보다 효과적인 학습전략을 사용한다고 밝히고 있다. 그들은 불안 수준이 높은 학생들의 저조한 학업성취도는 적절치 못한 학습전략을 사용해서 과제에 필요한 것을 학습하지 못하기 때문이라고 했다. 그리고 학습자료를 기계적인 방법으로 기억하려고 할 뿐만 아니라 조직화하는 데도 많은 어려움을 겪고 있으면서 학습하는 데 많은 시간을 보내고 있다고 하였다. 그 이유는 공부하는 데 많은 시간을 보냄으로써 좋지 못한 학습전략을 보상하려고 하기 때문이라고 주장한다.

Benjamin 등(1981)은 학생들이 실제 교실장면에서 강의자료를 조직하는 방법을 보다 객관적인 방법으로 측정한 결과, 강의자료의 중요한 개념을 조직화하는 데 있어서 불안 수준이 높은 학생들이 불안 수준이 낮은 학생들보다 비조직적이었음을 발견하였다.

Hembree(1988)는 불안 수준이 높은 학생은 낮은 학생보다 학습자료를 약호화하는 데 어려움을 경험하고 보다 많은 인지적 간섭을 받는다고 했다. 이러한 연구결과들을 통해 학습전략 및 학업성취와 불안은 강한 부적 상관관계가 있다는 것을 알 수 있다. 즉, 불안 수준이 높은 학생들일수록 적절치 못한 학습전략을 가지고 있으며, 혹 좋은 학습전략을 가지고 있다 하더라도 불안이 높으면 학업성취에 큰 영향을 주지 못한다는 것이다. 따라서 학습전략에 있어서 불안은 중요한 부분을 차지한다.

불안 중에서 특히 학업이나 학습상황과 관련한 불안으로는 대표적으로 학업불안과 시험불안을 들 수 있다. 학업불안은 학습자가 전반적인 교과학습과 관련되는 생활 속에서 직면하게 되는 위협 자극에 대한 신념, 긴장, 고민과 같은 정서적인 반응이라고 정의할 수 있다(최진승, 1987).

이러한 학업불안은 일반 불안과 비슷한 성질을 띤다고 볼 수 있으나, 학업에 관한 전반적인 불안이라는 점에서 일반 불안과 구분되며, 시험장면에만 국한되지 않는다는 점에서 시험불안과는 다르다. 시험불안은 평가 또는 시험과 관련해서 발생하는 불안한 상태를 말한다. 시험기간의 학습은 정서에 많은 영향을 받게 되는데, 시험 준비 및 학습에 있어서 가장 큰 정서적 문제는 시험불안이다. 따라서 시험불안은 시험 성적을 예언하는 주요한 변인이다.

Wine(1980)은 시험불안 연구를 개관하면서 염려요인은 수행의 기대나 실제 수행에 부적으로 상관이 있는 반면에, 정서요인은 시험 수행에 일관성 있는 관계를 갖지 못한다고 하였다. Deffenbacher(1986)는 시험상황에 직면할 때 높은 시험불안을 갖고 있는 사람들이 정서보다는 염려를 더 많이 경험하고, 염려가 불안과 관련된 과제 수행 방해의 가장 중요한 근원으로 작용한다고 하였으며, 또한 학업 수행과도 가장 밀접하게 관련되어 있다고 하였다. 그리고 Wine(1980)에 의하면 시험불안은 주의의 문제다. 시험불안이 높은 사람은 시험 스트레스 상황에서 시험 자체보다는 시험과 관련이 없는 사항, 걱정과 염려 등에 주의를 기울이기 때문에 시험에 대응하지 못한다. 시험불안이 심하면 심할수록 과업에 관련되지 않은 자극에 주의를 주고 과업과 관련된 자극을 활용하는 능력은 현저히 떨어지게 된다. 시험불안이 높은 사람은 시험 스트레스 상황에서 주어진 과업, 즉 시험내용에 주의를 주지 못하고 걱정과 자기비난에 주의를 주어서 시험내용에 주의집중을 하지 못한다는 것이다. 시험 스트레스로 인해 불안이 발생하고, 이런 불안은 시험학습 기간에 주의의 폭을 줄이며, 선택적 주의집중을 방해한다.

성인학습자의 경우 과거의 경험이나 자신을 둘러싼 중요한 타인의 영향으로 교육에 관한 태도가 부정적으로 형성되어 있는 경우가 많은데, 이로 인해 학업에 대한 불안 수준이 높을 수 있어서 학업불안과 관련된 문제가 학습상담의 중요한 내용이 될 수 있다.

4) 시간관리

시간을 어떻게 관리하는가 하는 것은 학업성취와 밀접한 관련이 있다. 학업에 실패한 학생들을 조사한 연구결과를 보면 학업 실패의 원인으로는 공부를 하지 않는 것, 목표 설정이 불분명하다는 것, 시간을 제대로 관리하지 못한다는 것 등이 있다(Schmelzer, Schmelzer, Figler, & Brozo, 1987). 또한 학습전략의 차원에서 학업성취도를 일차적으로 결정하는 요인은 시간과 공부관리라는 자세 내지 태도 변인에 있다는 연구도 있다(김영채, 1990). 미국에서 대학 신입생들을 대상으로 학습에 관한 문제행동을 조사한 결과에 의하면 잘못된 학습습관, 진로에 대한 불확신, 잘못된 시간관리 등이 주된 문제인 것으로 나타났으며(Thombs, 1995), 시간관리 검사점수가 학업성취를 예언하는 변인이 되고 있음을 밝히고 있다(Trueman & Hartley, 1996). 또한 우리나라 대학생들의 생활실태와 학업성취의 관련에 관한 한 연구를 보면, 학업성취자의 경우 수강태도가 훨씬 적극적이고 진지했으며, 여가활동에 있어서 학업성취자는 학업부진자에 비해 교재 학습시간을 더 많이 사용하고 있었다. 그러나 학습부진자의 경우 교우관계로 인한 시간 낭비가 주된 요인으로 나타났다(이현우, 1982). 따라서 시간을 보다 효과적으로 사용하고 조직하여 관리하는 것은 학업성취를 향상시키기 위한 계획을 수립하는 데 가장 중요한 요소가 되는 것이다(Massey-Wilson, 1995).

전통적으로 학습시간에 관한 연구들은 개별 학습자가 학습을 완전히 하는 데 필요한 시간량을 학업적성으로 보았다. 그런데 최근의 학습시간과 관련된 연구들은 학습자들이 학습시간을 계획하고 관리하는 인지과정에 초점을 맞추면서 효율적인 학습 시간관리를 자기조절학습을 위한 하나의 전략으로 보게 되었다(한순미, 2004).

시간관리 훈련은 단순히 '시간'을 '관리'하는 프로그램이 아니라 목표를 정하고 이를 달성하기 위한 '활동'을 적절하게 '수행'하는 것이다. 활동관리, 생활관리를 통하여 자신의 삶을 적극적으로 통제하려는 자원관리 전략에 해당한다고 볼 수 있다. 효과적인 시간관리를 위해서는 자기지원 관리의 차원에서 개인의 주의집중 능력, 이전의 목표 성취 여부, 실행능력이나 동기 수준 등 자신의 인지적 · 정서적인 측면에 대한 정보를 인식하고 있어야 한다. 진정한 시간관리는 자기관리의 인지적 측면과 활동 주체의 성취동기나 의욕, 자기관리 전략의 능숙한 사용에 대한 자신감, 목표에 대한 희망, 자기효율성 등이 포함된 정서적인 측면의 상호작용을 통하여 이룰 수 있다(김동일, 2005).

유능한 학습자는 시간이 제한적이라는 사실을 인식하기 때문에 과제를 완성하는 데 필요한 시간이 얼마나 소모되고, 이에 필요한 인지전략은 무엇인지 늘 고려한다. 시간관리는 지능보다도 학업성취를 더 많이 예언하였고, 자기효능감 및 목표 설정과도 관련이 있는 것으로 나타났다(Britton & Tesser, 1991). 시간관리 능력은 인지적 결과뿐만 아니라 정의적 결과에도 영향을 주는데, 시간관리를 잘하는 대학생은 그렇지 못한 대학생에 비해 자신의 수행을 높게 평가하고, 자신의 학습과 삶에 만족했으며, 자신의 역할을 더 뚜렷하게 지각하고, 스트레스를 덜 느꼈다(Macan, Shahani, Dipboye, & Phillips, 1990: 한순미, 2004에서 재인용).

시간관리 행동이 개인의 능력을 극대화시킬 수 있다는 점 그리고 그것이 가진 적응적 가치와 대처방법으로서의 효용성은 다수의 문헌에서 확인할 수 있다(Britton & Tesser, 1991; Macan et al., 1990). 그러한 증거들이 제시하는 공통점은 비록 한 개인이 가지고 있는 능력이 그리 뛰어나지 않더라도 그러한 능력을 제한된 영역 내에서 효과적이고 지속적으로 투여하게 되면 상당한 성취가 가능하다는 것이다. 즉, 잘 선택된 제한적인 목표와 하위 목표에 주의를 기울이고 반복적인 노력을 투여하면 특정 영역에서의 상당한 성취가 가능하게 되며, 이와 반대로 많은 능력을 갖고 있더라도 목표를 선택하고 우선순위를 부여하는 능력이 없으면 개인적 자원은 지리멸렬하게 사용되고 성취는 상대적으로 적어지는 것이다(Britton & Tesser, 1991).

또한 학생들에게 실제로 시간관리 훈련을 실시한 후의 효과에 대한 연구가 있다. Macan 등(1990)의 연구에서는 스트레스를 받는 대학생들에게 시간관리 프로그램을 제공하였는데, 시간을 잘 조정하고 통제할 수 있는 정도가 높을수록 학업만족도가 높고, 역할혼미의 지각이 낮으며, 스트레스에 따른 신체화 증상이나 역할행동에 따른 부담이 적은 것으로 밝혀졌다.

Kirby(1977)도 대학생을 대상으로 공부방법 강좌의 한 부분으로 수행된 시간관리 훈련의 효과를 조사하였다. 훈련집단과 통제집단을 대상으로 사후평가로서 공부습관, 태도, 만족감, 공부방법에 대한 긍정적인 지각에 대한 설문조사를 실시한 결과, 시간관리 훈련집단이 통제집단보다 성취감이나 성적 향상을 지각하는 것으로 나타났다.

Rudmann(1992)은 대학 신입생을 대상으로 시간관리, 공부기술, 공부전략 등을 포함한 오리엔테이션 코스를 이수하게 한 결과 성공적으로 코스에 참여한 학생이 보다 더 확실한 학문적 목표를 갖게 되었다고 하였다(조성연, 박미진, 2006에서 재인용). Britton과 Tesser(1991)는 시간관리 훈련이 학업성취에 영향을 주며 학업성취를 예언하는 훌륭한 변인임을 밝히고 있다. 또한 Manalo 등(1996)의 연구에서는 시간관리, 학습습관, 시험 준비, 기억, 집중력 등에 대한 훈련을 실시한 결과 훈련을 받은 학생과 받지 않은 학생 간에 학업성취에 있어 의미 있는 차이가 있음을 보여 주고 있다(조성연, 박미진, 2006에서 재인용).

학생상담에 있어서 시간관리 훈련이 필요하다는 연구도 있다. 학업성취와 관련한 스트레스 관리에 있어 시간관리가 중요하다는 것이다. Estress와 Castellanos (1998)는 시간관리와 역할 관련 스트레스 간에 밀접한 관계가 있음을 밝히고, 적절한 시간통제 훈련을 통해 역할 관련 스트레스를 관리할 수 있다고 하였다(조성연, 박미진, 2006에서 재인용).

이를 종합해 볼 때 시간관리는 학업성취와 상당한 관련이 있음을 알 수 있다. 먼저 시간을 질적인 개념으로 이해하고 관리하는 것이 필요하다고 볼 수 있으며, 다음으로 학생들에게 있어 시간관리 훈련 프로그램이 학업성취에 도움을 줄 수 있음을 알 수 있다.

5) 자원활용

자원관리 전략은 학습자가 학업을 수행하는 노력을 시작하고 지속할 수 있게 해 주는 학습지지적 전략들이며 시간 및 학습환경 관리, 노력 조절, 동료학습, 도움 요청 등의 자원관리 전략 역시 학습전략 프로그램에서 빼놓을 수 없는 중요 요소다. 특히 성인학습의 특성상 대부분의 학습자는 능동적으로 학습자료를 찾아야 하는 경우가 많으며, 더욱이 현재 우리나라에서 평생교육의 큰 장이 되고 있는 사이버대학 등 원격으로 운영되는 평생교육기관에서는 학습과정에서 교수나 동료 학습자들에게 즉각적인 도움을 받을 수 없기 때문에 보다 적극적으로 학업에 도움을 받을 수 있는 자원들을 찾아 나설 필요가 있다. 김정신(2003)은 초등학생을 대상으로 하는 자기주도적 학습전략 훈련에서 질문, 요청하기, 협동하기, 타인에 대한 감정이입 등의 활동을 통한 사회적 전략을 포함시켰다. 윤정륜(1991)은 학습태도 개발 프로그램을 통해 학생들에게 시간관리 전략과 정신집중 전략을 제공함으로써 자원관리 능력을 향상시키고자 했다. 오원석(2004) 또한 동료나 교사, 성인들에게 사회적 도움을 구하는 회기를 프로그램 후반부에 투입함으로써 학습전략 프로그램에서 자원관리 전략을 중요 요소로 간주한 것으로 볼 수 있다. Zimmerman과 Martinez-Pons(1992)의 자기조절 학습전략에서는 동료, 교사 등 사회적 도움을 강조하였다. 이처럼 국내외에서 운영되고 있는 많은 학습전략 프로그램이 시간 및 학습환경 관리, 노력 조절, 동료학습 도움 요청 등의 자원관리 전략을 중요한 요소로 생각하고 있는 것을 볼 수 있다(김동일, 2005).

이와 같이 자기 자신의 물리적 및 사회적 환경을 조절하는 학습환경 관리와 도움을 구하는 행위는 주요 학습전략이다(Trawick & Corno, 1995). Zimmerman과 Martinez-Pons(1992)는 높은 학업성취 학생이 낮은 학업성취 학생들보다 환경관리를 보다 많이 하며, 자기조절 학습자는 물리적 환경을 자신의 요구에 맞추어 재구조화함을 보고한 바 있다. 또한 성취동기를 가지고 능동적으로, 학습에 대해 숙달적이고 과제지향적인 접근을 시도하는 학생들은 필요할 때에 도움을 요청하기 쉬운 성향을 보인다는 것이 보고되고 있다. 즉, 학문적 도움을 구하는 것은 적절한 학습전략적 반응임을 반영한다(Ames & Lar, 1982).

3. 진로 및 직업 상담

성인학습자들이 학습에 참여하는 동기는 매우 다양하다. 이들 중에는 학습활동 자체를 위해 학습에 참여하는 사람도 있고, 때로는 지식 자체를 추구하며 학습에 참여하는 사람도 있다. 하지만 그중 다수는 실제적이고 실용적인 이유를 가지고 있다. 즉, 직업적 진보나 진로개발을 위한 목적을 가지고 학습을 시작하는 것이다. 또한 성인학습에서 쌓은 커리어가 이후 진로나 직업 선택과 실질적으로 연계되기를 희망하는 학습자들이 많다. 왜냐하면 아동이나 청소년과 다르게 성인의 주된 활동 영역은 직간접적으로 일과 직업의 세계이어서 성인교육이 이러한 세계에 지향되어 있을 수밖에 없기 때문이다.

또한 급변하는 사회 속에서 평생직장이라는 개념은 사라진 지 오래이고, 따라서 다수의 성인은 이직이나 직업전환을 고려하게 된다. 특히 우리나라의 경우 'IMF 사태' 이후에 고용시장은 더욱 불안정해져서 이른바 '사오정(사십오 세 정년)' '오륙도(직장에 오십육 세까지 있으면 도둑)'와 같은 용어들이 회자될 정도의 불안정하고 어려운 상황이 되었다. 이러한 상황 속에서 직업에서 더 높은 지위를 차지하려는 목적을 위해 혹은 경쟁에서 뒤떨어지지 않으려는 목적을 위해 성인학습에 참여하는 성인학습자들이 늘어나고 있다. 예를 들어, 국내 성인학습의 큰 부분을 차지하고 있는 방송대학이나 사이버대학의 경우 이러한 목적으로 학사학위를 취득하려는 성인학습자들이 많다. 그리고 이들 중에는 전문성 향상을 위해 이후 대학원에 진학하기를 희망하는 학습자들도 많다. 또한 국내 성인학습의 많은 부분을 차지하고 있는 주부 학생들의 경우에도 그동안 매진했던 가정일과 양육에서 벗어나 나름대로의 진로를 개발하고 이를 직업과 연결시키기 위한 실질적인 목적을 가지고 성인학습에 참여하게 된다. 그러나 불안정하고 급변화하는 고용시장 속에서 다수의 성인학습자는 어떤 진로를 선택해야 할지, 또 그 선택을 실천에 옮기기 위해 어떤 수단과 방법을 강구해야 할지 몰라 무력함을 느끼고 불안해할 수밖에 없다. 따라서 이러한 성인학습자들을 대상으로 하는 진로 및 직업 지도나 상담은 성인학습 상담의 주요한 부분을 차지하게 된다.

이러한 성인학습자들을 위한 진로 및 직업 상담에는 다양한 내용들이 포함될 수 있는데, 대표적인 것으로는 성인들의 진로개발을 돕기 위한 상담이 있다. 이는 자신에 대한 정확한 이해를 바탕으로 직업정보를 탐색하고, 합리적인 의사결정을 통하여 진로를 선택하고, 이를 달성하기 위한 체계적인 준비활동을 할 수 있도록 돕는 과정으로 진행된다. 이를 위한 진로 및 직업 상담의 방법도 다양한데, 학습방법 상담과 마찬가지로 개인상담 프로그램, 집단상담 프로그램, 온라인 프로그램 등 다양한 형태로 제시되어 성인학습자의 상황과 특성에 맞게 실시할 수 있다. 그리고 인터넷 자원을 활용한다면 앞서 학습정보 제공 상담에서 소개했던 고용24와 커리어넷의 여러 자료와 정보를 활용할 수 있다. 고용24와 커리어넷에서는 진로 관련 심리검사뿐만 아니라 각종 직업과 관련한 정보, 취업정보가 함께 제공되고 있으므로 성인학습자들의 필요와 요구에 따라 효과적으로 사용될 수 있다.

또한 이직자와 직업전환자들 중 특히 실직의 경험이 있는 성인들을 위해서 상담자는 직업정보를 탐색하거나 새로운 대안들을 모색하기 전에 정서적인 변화, 즉 불만, 비난, 자기비난, 실패감 등을 잘 다스릴 수 있도록 도와주어야 한다. 이는 개인상담이나 비슷한 여건에 놓인 학습자들이 함께 참여하는 집단상담의 형태로 이루어지면 효과적일 것이다.

그런데 성인학습자들은 각기 다른 다양한 배경과 상황에 처해 있고 그에 적절한 진로 및 직업 상담이 이루어져야 하므로 진로 및 직업 상담의 구체적인 내용은 다양해질 수밖에 없고 그만큼 어려움이 따른다. 따라서 어느 정도 진로 및 직업 상담의 가이드라인이 제시될 필요가 있다.

이에 선진 외국의 경우에는 대학에서의 진로 및 직업 지도에 포함되어야 하는 내용에 대한 국가적 수준의 기준을 가지고 있는데, 이러한 기준은 단지 대학에서의 진로지도에 한정되어 있지 않으며, 평생 진로개발의 관점에서 학교에서 성인에 이르는 주요 단계별로 어떠한 진로지도가 이루어져야 하는지, 또한 진로지도의 결과로 갖게 되는 역량이 무엇인지에 대한 국가적 가이드라인이다. 이렇듯 국가적인 수준에서 진로교육의 목표 및 내용체계가 논의되는 것은 생애 단계별 진로발달의 특성이 고려된 체계적인 진로교육을 통하여 균형 있는 진로개발을 촉진할 뿐만 아니라 진로교육의 질적 수월성을 높이고자 하는 의도가 담겨 있다고 할 수 있다(임언, 최동선, 강혜영, 2006). 따라서 외국의 국가 차원의 진로지도 서비스의 목표와 내용을 살펴보는 것은 국내 성인학습자들의 진로 및 직업 상담에 시사하는 바가 크므로 이에 관해 살펴보기로 한다.

1) 미국의 진로개발지침

미국은 1989년에 처음으로 다양한 진로상담 및 진로개발 전문가 조직의 참여 하에 국가진로개발지침(National Career Development Guidelines: NCDG)을 공표하였다. 그리고 2003년부터 미국 교육부는 평생 직업능력 개발을 요구하는 환경 변화를 반영하기 위하여 진로개발지침을 수정 · 보완하는 작업을 추진하였다. 이렇게 국가적 수준에서 개발한 진로개발지침을 기초로 많은 주(state)에서 주 수준의 진로개발 역량 또는 진로지도 모형을 개발하였다. 또한 지침을 기초로 학생들의 진로개발을 지원하기 위한 활동 가이드나 교과과정 가이드 등을 제작하였다. 국가적 수준에서 개발한 진로개발의 목표 및 내용체계는 진로개발 전문가들의 훈련을 지원하기 위한 훈련 모듈 및 프로그램을 개발하는 기초로 활용되고 있다(임언 외, 2006). 미국의 진로개발지침은 다른 나라들의 진로개발지침의 개발에 영향을 주고 있는데, 예를 들어 캐나다의 진로개발지침인 BLWD(Blueprint for Life/Work Designs)는 미국의 NCDG를 토대로 개발되었다. 다음은 1989년에 개발된 미국 NCDG의 내용이다.

(1) 영역 및 수준별 진로발달 능력

표 9-1 학교급별 진로발달 영역 및 능력

	초등학교	중학교	고등학교	성인
자기정보	자기개념의 중요성에 대한 이해	긍정적 자기개념의 영향에 대한 지식	긍정적 자기개념의 영향 이해	긍정적 자기개념을 유지하는 기술
	다른 사람과 상호작용하는 기술	다른 사람과 상호작용하는 기술	긍정적으로 다른 사람과 상호작용하는 기술	효과적인 행동을 유지하는 기술
	성장과 변화의 중요성에 대한 인식	성장과 변화의 중요성에 대한 지식	성장과 발달의 영향에 대한 이해	발달적인 변화와 변천에 대한 이해

<table>
<tr><td rowspan="5">교육적이고 직업적인 탐색</td><td>교육적인 성취의 이익에 대한 인식</td><td>진로기회에서 교육적인 성취의 이익에 대한 지식</td><td>교육적인 성취와 진로계획 사이의 관계에 대한 이해</td><td>교육과 훈련에 가입하고 참여하는 기술</td></tr>
<tr><td>일과 학습 간의 관계에 대한 인식</td><td>일과 학습 간의 관계에 대한 이해</td><td>일과 학습의 긍정적인 태도의 필요성에 대한 이해</td><td>일과 평생학습에 참여하는 기술</td></tr>
<tr><td>진로정보의 이해와 사용에 대한 기술</td><td>진로정보를 찾고, 이해하고, 이용하는 기술</td><td>진로정보를 찾고, 평가하고, 해석하는 기술</td><td>진로정보를 찾고, 평가하고, 해석하는 기술</td></tr>
<tr><td>개인적인 책임감과 좋은 일 습관의 중요성 인식</td><td>직업을 구하고 얻는 데 필요한 기술에 대한 지식</td><td>직업을 구하고, 얻고, 유지하고, 변화를 준비하는 기술</td><td>직업을 구하고, 얻고, 유지하고, 변화를 준비하는 기술</td></tr>
<tr><td>일이 사회의 필요성과 기능에 어떻게 관계되는지에 대한 인식</td><td>일이 경제와 사회의 필요와 기능에 어떻게 관계되는지에 대한 이해</td><td>사회적인 필요와 기능이 일의 특성과 구조에 어떻게 영향을 주는지에 대한 이해</td><td>사회적인 필요와 기능이 일의 특성과 구조에 어떻게 영향을 주는지에 대한 이해</td></tr>
<tr><td rowspan="4">진로계획</td><td>의사결정 방법 이해</td><td>의사결정 기술</td><td>의사결정 기술</td><td>의사결정 기술</td></tr>
<tr><td>생애 역할의 상호관계에 대한 인식</td><td>생애 역할의 상호작용에 대한 지식</td><td>생애 역할의 상호작용에 대한 이해</td><td>개인과 가족생활에서의 일의 영향력에 대한 이해</td></tr>
<tr><td>남성/여성 역할의 변화와 다른 직업에 대한 인식</td><td>남성/여성 역할의 변화와 다른 직업에 대한 지식</td><td>남성/여성 역할의 지속적인 변화에 대한 이해</td><td>남성/여성 역할의 지속적인 변화에 대한 이해</td></tr>
<tr><td>진로계획 과정에 대한 인식</td><td>진로계획 과정에 대한 이해</td><td>진로계획 기술</td><td>진로변화를 위한 기술</td></tr>
</table>

출처: International Career Development Library.

(2) 국가진로개발지침: 능력과 지침
(National Career Development Guidelines: Competencies and Indicators)

〈표 9-1〉에서 제시된 진로개발지침에서 성인들이 달성해야 하는 능력과 그에 따른 지침을 자세히 살펴보면 다음과 같다(Kobylarz, 1996). 국내에서도 성인대상 진로발달 프로그램을 계획・실시할 때에 이러한 지침을 참고하면 유용할 것이다.

① **자기정보**(self-knowledge)

- 능력 I: 긍정적인 자기개념을 유지하는 기술
  - 긍정적인 자기개념을 설명한다.
  - 기술, 능력, 흥미, 경험, 가치 및 성격적인 특성과 그들의 진로결정에의 영향력을 확인한다.
  - 일, 학습 및 여가와 그들의 자기인식에 대한 영향력을 확인한다.
  - 자기에 대한 현실적인 이해를 설명한다.
- 능력 II: 효과적인 행동을 유지하는 기술
  - 감정과 생각을 표현하는 적절한 대인 관계 기술을 설명한다.
  - 스트레스의 증상을 확인한다.
  - 자기패배적인 행동을 극복하는 기술을 설명한다.
  - 지지를 확인하고 계획을 연결하는 기술을 설명한다(역할 모델을 포함한다).
  - 재정적인 자원을 관리하는 기술을 설명한다.
- 능력 III: 발달적인 변화와 변천에 대한 이해
  - 개인적인 동기 및 포부가 시간에 따라 어떻게 변화하는지 기술한다.
  - 나이와 이를 조절하기 위한 직업 수행 적응에 따라 일어나는 신체적인 변화를 기술한다.
  - 생활 변화를 요구하는 외부 사건(예: 실직, 이직)을 확인한다.

② **교육적이고 직업적인 탐색**(educational and occupational exploration)

- 능력 IV: 교육과 훈련에 가입하고 참여하는 기술
  - 적절한 교육과정을 통해 진로목적을 성취하기 위한 장 · 단기계획을 기술한다.
  - 교육기회를 기술하는 정보를 확인한다(예: 직업훈련 프로그램, 고용자 후견인 훈련, 대학원 및 전문가 교육).
  - 교육과 훈련을 지지하는 지역사회 자원을 기술한다(예: 아이 돌보기, 대중교통, 공공헬스 서비스, 정신건강 서비스, 복지 혜택).

- 교육과 훈련을 위한 개인적인 장애를 극복하기 위한 전략을 확인한다.

• 능력 V: 일과 평생학습에 참여하는 기술
- 학습활동을 성취하는 능력에 대한 확신을 설명한다(예: 공부하기, 시험 보기).
- 교육적인 성취와 생애경험이 직업기회와 어떻게 관계되는지 기술한다.
- 교육과 훈련을 지지하는 조직적인 자원을 기술한다(예: 학력보충반, 상담, 수업료 지원).

• 능력 VI: 진로정보를 찾고, 평가하며, 해석하는 기술
- 최근의 진로정보 자원을 확인하고 이용한다(예: 컴퓨터화된 진로정보 체계, 간행물과 미디어 자료, 멘토).
- 정보는 자기평가, 진로계획, 직업, 예상되는 고용주, 조직적인 구조, 고용주 기대에 대해서 기술한다.
- 직업전망 정보의 유용성과 한계점을 기술한다.
- 직업기술에 주어진 환경 속에서 개인이 이용할 수 있는 다양한 직업기회를 확인한다.
- 직업에 대한 잘못된 정보를 제공한 요인을 확인한다.
- 특정한 고용주와 계약 실시에 관한 정보를 기술한다.

• 능력 VII: 직업을 구하고, 얻고, 유지하고, 변화를 준비하는 기술
- 희망한 진로목표와 부합하는 구체적인 고용상황을 확인한다.
- 취직자리를 확인하는 기술을 설명한다.
- 동료, 친구 및 가족을 통해서 직업탐색 연결망을 만드는 기술을 설명한다.
- 이력서를 준비하고 취업지원서를 완성하는 기술을 설명한다.
- 성공적인 취업 인터뷰를 준비하고 참여하는 데 기본적인 기술과 태도를 설명한다.
- 효과적인 일 태도와 행동을 설명한다.
- 성공적인 직업에서 요구하는 지식, 기술 및 태도에 영향을 주는 변화(예: 개인적인 성장, 기술적인 발전, 생산품 또는 서비스에 대한 요구의 변화)를 기술한다.
- 직업 변화를 지원하기 위한 전략을 설명한다(예: 수습과정, 진로 사다리, 멘

토, 수행평가, 정보망, 지속적인 교육).

–조직을 통해 이용할 수 있는 진로계획 및 서비스 장소를 기술한다(예: 교육기관, 경영/산업체, 노동자, 지역사회 기관).

–한 직업에서 다른 직업으로 옮길 수 있는 기술을 확인한다.

• 능력 VIII: 사회적인 필요와 기능이 일의 특성과 구조에 어떻게 영향을 주는지에 대한 이해

–가치와 생애유형에 영향을 주는 일의 중요성을 기술한다.

–사회의 필요와 기능이 직업 공급과 요구에 어떠한 영향을 주는지 기술한다.

–훈련 프로그램 및 고용기회와 관련된 직업, 산업 및 기술적인 경향을 기술한다.

–세계 경제의 이해와 그것이 개인에게 얼마나 영향을 주는지 설명한다.

③ **진로계획**(career planning)

• 능력 IX: 의사결정 기술

–교육, 훈련 및 진로목적에 대해서 의사결정을 하는 개인적인 기준을 기술한다.

–출세, 경영유형, 직업환경, 이득 및 다른 고용상태에 의해서 취업기회를 평가하는 기술을 설명한다.

–개인적인 진로결정에서의 교육, 일 및 가족 결정의 영향력을 기술한다.

–의사결정에 영향을 주는 개인적이고 환경적인 상황을 확인한다.

–효과적인 진로 의사결정 기술을 설명한다.

–결정의 잠재적인 결과를 기술한다.

• 능력 X: 개인과 가족 생활에서 일의 영향력에 대한 이해

–가족 및 여가기능이 직업 역할과 결정에 어떻게 영향을 주는지 기술한다.

–개인의 진로에서 개인 및 가족 발달단계의 영향력을 결정한다.

–일, 가족 및 여가활동의 상호작용 방법을 기술한다.

–가족 구성원과 일, 가족 및 여가 요구를 협상하는 전략을 기술한다(예: 결단

과 시간관리 기술).

- 능력 XI: 남성/여성 역할의 지속적인 변화에 대한 이해
  - 성적 기준과 태도에 대한 최근 변화를 기술한다.
  - 노동력의 성적 특성 경향성을 기술하고 개인 자신의 진로계획에 대한 적용을 평가한다.
  - 고정관념이 있는 직업의 불이익을 확인한다.
  - 교육, 가족 및 직업환경에서 고정관념을 배제하는 행동, 태도 및 기술을 설명한다.
- 능력 XII: 진로 변화를 위한 기술
  - 진로발달의 일반적인 양상으로서 변화활동(예: 최근 상태에 대한 재평가, 직업 변화)을 확인한다.
  - 변화하는 동안의 유용한 전략을 기술한다(예: 정보망, 스트레스 관리).
  - 자영업에 필요한 기술을 기술한다(예: 경영기획 개발, 마케팅 전략 결정, 자본공급원 개발).
  - 퇴직 전 계획에서 필요한 기술과 정보를 기술한다.
  - 초기 계획에 정보를 보강하고, 고등학교 이후에 이해될 시안적인 결정을 포함하여 개별 진로계획을 개발한다.

2) 영국 교육기술부의 진로지도 서비스에 관한 권고사항

앞서 살펴본 미국의 NCDG가 학생들이 성취해야 하는 기준에 대한 지침이라면, 영국에서는 대학의 진로지도 담당기관에서 제공할 서비스의 내용과 관리에 대한 기준을 제시하였다. 맨체스터 대학교의 부학장인 Martin Harris(2001)는 고등교육국의 의뢰를 받아 대학 진로교육에 대한 총괄적인 검토를 통하여 진로지도 분야(sector), 대학(institution), 직업 · 진로지도 서비스(career services)의 각 차원에 대한 권고문을 작성하여 대학에서의 직업진로지도가 내실화되기 위한 총체적인 방안을 제시하였으며, 그 내용은 다음과 같다(임언, 최동선, 강혜영, 2006에서 재인용).

(1) 진로지도 분야(sector)에 대한 권고

- 대학의 진로지도 서비스에서 학생들에게 제공해야 할 핵심 서비스를 명료하게 정의
- 재학생뿐만 아니라 졸업 후 2년까지는 대학 진로지도 서비스를 받도록 함
- 졸업생에게 서비스를 제공할 때 자원의 불평등한 분배문제를 고려하여 상호공제방식을 적용
- 고용주에게 제공되어야 할 서비스의 핵심 내용을 정의
- ICT 인프라 강화
- 인력 선발과 개발에 관련된 우수 실천 지침 작성

(2) 대학(institution)에 대한 권고

- 진로지도 서비스가 명확히 정의되고 명료한 미션과 목표 및 목표 달성을 위한 관리체제 도입
- 진로지도와 관련하여 학생과 졸업생의 권리문 작성
- 핵심적인 진로지도 서비스가 제공될 수 있도록 예산 배분
- 모니터링 체계 검토, 모니터링을 통하여 확보한 정보 활용 정도 검토
- 매 학기 특별한 진로지도 서비스가 필요한 학생을 파악하여 서비스 제공
- 노동시장 요구, 고객의 요구를 검토하고 그 차이를 파악함. 노동시장 정보를 업데이트함에 있어서 지역 및 국가기관과 협의하여 일관되고 유용한 정보가 수집, 활용될 수 있도록 함
- 이용자의 피드백을 수집하고 활용하는 과정을 검토
- 단과대학 및 기타 기관과 관계를 맺고 서비스를 개선
- 지역 내 파트너십과 자료의 공유를 통하여 비용효율적 서비스 제공
- 진로지도 서비스 관련 ICT 투자
- 고용주와의 협력관계를 통하여 졸업생에 대한 일자리 확보 및 직업체험 지원

(3) 직업 · 진로지도 서비스(career services)에 대한 권고

- ICT가 진로지도 서비스와 관련하여 가질 수 있는 가능성에 주목
- 정보, 조언, 지도에 관한 파트너십에 참가하여 우수 사례를 확산하며 협력체제 구축
- connexion 서비스와 건강한 협력을 맺어 connexion 서비스 파트너십이 코스 결정과 진학 결정을 하는 데 자리 잡을 수 있도록 함
- 노동시장으로의 이동에 특별히 더 장애를 느끼는 취약계층의 진로지도에 대한 요구를 충족시키기 위하여 타 기관과의 협력체제 구축
- 고용주와의 협력관계를 검토하여 학과 수준에서 고용주와 접촉이 필요한 경우 지원

한편, 권고문에 기초하여 주요 주체를 대상으로 설문조사를 실시하였으며 그 결과 중의 하나로서 직업 · 진로지도의 핵심 서비스로 ① 자질이 높은 진로지도 상담가가 객관적인 정보를 제공하는 것, ② 진로상담, ③ 졸업 후 진로와 노동시장에 대한 정보를 제공하거나 접근이 용이하도록 하는 것, ④ 특정 직업에 대한 접근성, 일과 관련된 기회에 대한 접근을 용이하게 하는 것, ⑤ 진로관리와 구직기술의 개발을 지원하는 것, ⑥ 이력서, 면접기술 조언, JOB 세미나, 졸업생 관리, 문의사항 안내, 동등한 접근 가능성 보장 등을 제시하고, 핵심 서비스에 추가되는 서비스로는 ⑦ 졸업생을 위한 배려, ⑧ 고용주와의 네트워크, ⑨ 입학예정자 지도를 제시하였다. 아울러 직업 · 진로지도 서비스에서 고용주에게 제공되어야 하는 핵심 서비스로 ① 인력 충원을 위하여 학생들에게 접근 가능하도록 하며, ② 해당 학교를 졸업하는 학생들의 기술과 지식에 대한 정보를 제공하며, 이때 구직기술, 직업기초 능력, 진로관리 기술 등이 포함된 정보를 제공한다(임언 외, 2006).

3) 미국과 영국의 진로지도 서비스 개발지침의 시사점

앞서 살펴본 미국과 영국의 진로지도 서비스 개발지침을 통해 학생과 기관(대

학 등) 차원의 미션을 도출해 낼 수 있다. 즉, 성인학습자들의 직업 및 진로교육, 취업지원 서비스를 통하여 학생들 개개인이 성취해야 할 것들과 성인학습기관 차원에서 제공하여야 할 진로지도 서비스의 내용을 제시하면 다음과 같다. 앞으로 각 기관에서 성인학습자들을 위한 진로지도 서비스 프로그램을 개발 · 실시하고자 할 때에 이를 참고해서 한다면 좋을 것이다.

(1) 진로지도 서비스의 목표(학생 차원 미션)

- 자기이해를 통한 긍정적인 자아개념 형성
- 대인 관계 능력 개발
- 다양한 역할(다중역할)의 이해와 균형
- 평생학습의 중요성 이해, 진로목표 달성을 위해 평생학습에 참여
- 진로목표의 구체화, 진로계획 수립, 관리
- 의사결정에의 적극적 참여
- 진로계획에 객관적인 진로정보 활용
- 구직 및 직업의 유지, 전환을 위하여 요청되는 역량강화
- 사회경제적 요구, 환경 변화를 이해하고 대처방안 마련

(2) 진로지도 서비스의 주요 내용(대학 등 기관 차원 미션)

- 진로개발 역량을 증진시킬 수 있는 상담 및 프로그램 제공
  - 자기이해, 직업탐색, 진로설계, 의사결정 효능감 제고 프로그램 운영
- 취업역량을 증진시킬 수 있는 업무 제공
  - 취업 관련 진로 상담 및 프로그램 운영
  - 취업 관련 특강 개최
  - 취업, 진로 관련 교과목 운영
  - 취업, 진로 관련 책자 발행
- 학생들의 취업활동을 지원
  - 효과적인 구직활동을 위한 서류작성 및 면접 방법 등 제공

– 세부 직업에 대한 정보 제공 및 자기주도적 직업 탐색 지원

- 취업지원 업무를 담당
  – 구인자 DB 확보 및 관리
  – 취업지도/취업상담
  – 취업정보 전산망 운용
  – 구인 · 구직과 관련된 진로정보 제공
- 입학예정자, 졸업생을 위한 서비스 제공

4. 심리 및 정서 상담

발달학적으로 볼 때 성인기는 가정적 · 경제적 · 사회적 등 여러 면에서 안정되고 확고한 위치를 차지하는 시기이지만 반대로 여러 면에서 위기를 경험하게 되는 시기인 것도 사실이다. 즉, 성인기의 발달과업을 잘 달성하지 못한 경우 특히 심리적 위기를 경험하게 된다. 이에 대해 Erikson은 성인전기에는 고립감에, 성인중기 이후에는 침체감에 빠지는 내적 · 심리적 위기를 경험하게 된다고 했다. 앞서 언급했듯이 고용시장이 불안정해지고 실업률이 증가하는 우리나라의 경우 고립감과 침체감의 위기를 경험하게 되는 성인들은 날로 증가하는 추세다.

또한 성인기에는 나이를 먹음에 따라 생리적으로 소멸 또는 감소의 위기를 겪게 된다. 즉, 각종 호르몬의 감소로 인하여 생식능력이 저하되고, 신체적–생리적 성장과 발달 대신 퇴화와 퇴보로 인하여 발달의 위기가 초래된다. 또한 근육능력이나 건강 악화로 인하여 노동능력에도 비상이 생기게 되고, 이러한 여러 가지 노쇠현상을 겪으면서 우울이나 분노, 불안 등의 심리적 어려움에 시달릴 수도 있다. 여성의 경우 성인 중 · 후기는 폐경기와 맞물려 갱년기 우울증을 경험하게 되는 것이 그 대표적인 예라 하겠으며 이는 남성의 경우도 별반 다르지 않다.

한편, 성인학습자들 중 학업에 어려움을 호소하는 성인들의 경우 오랫동안 누적되어 온 낮은 자존감의 문제를 가지고 있는 경우가 많다. 자존감이 낮은 학습자

들은 학습에 의욕을 가지고 적극적으로 참여하지 못하기 때문에 결국 학업 지속에 어려움을 나타낸다. 또한 성인학습자의 경우 과거의 실패경험이나 자신을 둘러싼 중요한 타인의 부정적인 영향으로 교육과 학습에 관한 태도가 부정적으로 형성되어 있는 경우가 많으며, 이로 인해 학업에 대한 불안이 야기될 수 있고 그 결과로 낮은 학업성취를 보이게 되면 우울 등 부정적인 정서를 경험하게 된다. 특히 성인의 경우 다양한 사회적인 관계를 맺고 있으므로 심리 · 정서적인 어려움은 이러한 관계에서의 갈등과 맞물려 나타나기도 한다. 예를 들어, 직장인의 경우는 직장 내부에서 동료나 상하 직원과의 관계에서 갈등을 호소하며, 주부의 경우에는 남편과의 갈등이나 자녀 문제가 심리 · 정서적 문제와 맞물려 나타나 결국 학업 지속에 어려움을 유발하게 된다.

이렇게 다양한 심리적 위기를 경험하는 성인들이 성인학습에 참여할 경우, 이는 학습에 그대로 영향을 미치게 되어 효율적인 학습을 저해하는 요소로 작용하게 된다. 실제로 성인 원격대학에서 진행된 이메일 심리상담의 가장 많은 부분을 차지한 내용이 낮은 자존감, 분노, 우울, 불안 등의 정서문제였다(조성연, 2007)는 점을 보면 성인학습자들의 심리 · 정서적인 문제가 성인학습자들의 학습에 직간접적으로 영향을 미침을 알 수 있다. 따라서 성인학습자들이 효율적으로 학습을 진행할 수 있도록 돕기 위해서는 이러한 심리 · 정서적인 측면의 상담이 절실히 요구된다고 볼 수 있다.

심리 · 정서적인 측면에서 다루어야 할 상담의 구체적인 내용은 개인 내적인 문제로 우울, 무기력, 자신감 상실, 불안, 분노 등이 있으며, 이와 맞물려 있는 외적인 문제로는 여러 인간관계에서의 갈등 등 다양한데, 이러한 심리 · 정서적인 문제의 상담은 심리상담 전문가의 몫이라고 할 수 있다. 그러나 현재 우리나라 성인교육기관의 실정상 기관별로 전문적인 심리상담자가 배치되어 상담활동을 진행하는 것은 어려우므로 각 성인학습기관은 지역의 여러 상담기관과 연계하여 관련 전문가의 협력을 도모할 수 있는 체계를 구축해야 한다.

읽을거리 9-1 사례: 성인학습자가 실제로 호소하는 심리 · 정서적 측면에서의 어려움

- "내가 무엇을 얻고자 하는 것인지도 모르겠고 공부가 힘에 부칩니다. 의욕 상실, 자신감 상실 때문에 좀 쉬었다 다시 시작할까 하는 생각을 하고 있습니다."
- "집중력이 매우 낮고 항상 정신이 산만하여 때로 집중력을 갖고 공부를 한다 해도 잘 못합니다. 공부를 하려고 해도 잘 안 되니 자꾸 우울해지고 무기력해지면서 대인기피증까지 심합니다. 학업을 지속하는 것이 너무 힘이 듭니다."
- "학업에 대해 의기소침해지고 자신감이 떨어지고 있으며 앞으로의 삶에 대해 걱정이 됩니다."
- "항상 우울한 기분이 들고 자꾸 자신감이 없어지고 짜증나고 화나고 툭하면 울 것 같고 무기력하고 쉽게 피로해져서 잠만 오고 모든 것이 귀찮아 공부를 못하겠어요."
- "자꾸 우울한 기분이 들어요. 모든 걸 포기하고 싶어지고 폭식증이 생겨 살도 많이 쪘어요."
- "무기력해지는 느낌도 받아요. 뭔가 생각했는데 까먹어요. 기억하기 싫은지, 듣기가 싫은지 보고 익혀야 하는데 지루하기만 합니다. 집중을 잘 못하겠어요. 책을 읽어도 눈에 안 들어와요."
- "자신감도 없고 스스로 공부를 하려고 노력하지 않습니다. 하려고 할 때면 몸이 너무 피곤해서 졸음만 옵니다. 공부는 되지 않고 불안감이 점점 자신을 잃게 만듭니다."
- "신혼 때 남편의 의처증이 심각했습니다. 생활의 탈출구와 스트레스를 풀기 위한 방법으로 공부에 매달릴 때 남편의 눈치를 봐야 합니다. 제가 우울증에 걸려서 자살이라도 할까 봐 걱정이 되어 상담을 신청합니다."
- "도움을 주지 않고 무시만 하는 남편에게 너무 화가 나고 이제는 내가 정말 할 수 있을까 하는 의문도 든답니다. 학업을 계속해야 하는지 아니면 꿈을 접어야 하는지 계속 고민하다가 2학기 등록기간도 놓치게 되었죠. 모든 게 뒤죽박죽된 것 같아요."

심리 및 정서 상담은 개인상담이나 집단상담을 통해 이루어질 수 있다. 또한 방법적인 면에서 보면 실시간 면접상담이나 이메일상담, 게시판상담, 채팅상담, 전화상담 등의 다양한 형태로 이루어질 수 있다.

이러한 성인학습자들의 심리 및 정서 상담의 구체적인 내용과 목표로 삼을 수 있는 것으로는 다음과 같은 것들이 있다.

① 자존감과 자신감의 증진
② 가족관계, 직장에서의 대인 관계 등 인간관계의 향상
③ 자신과 타인에 대한 사랑과 책임성의 향상
④ 인생에서의 불안과 두려움의 감소
⑤ 자기표현의 개발
⑥ 부정적인 감정 해소 및 감정표현
⑦ 주의집중력의 증진
⑧ 적극적인 동기부여 및 실행력 증진
⑨ 학업적 성취를 통한 자아실현의 증진

성인학습자의 학습능력을 높이기 위해 효과적인 학습전략을 활용하고 학습불안을 조절하는 능력을 증진하는 것이 우선적으로 필요할 것이다. 결국은 본인에게 맞는 진로 목표를 설정하고 그에 적합한 평생교육 프로그램을 선택해서 직업 및 여가 등 균형 있는 삶을 영위하는 데 목적이 있을 것이다.

성인학습자가 분명한 목적 의식을 가지고 자신을 유연하게 조절하면서 학습을 추진하는 심리적 역량이 중요하다고 볼 수 있다. 성인학습자가 학습 목표를 설정하고 추진하기 위해서는 심리적 역량으로 무엇이 필요하며, 상담자는 어떻게 도와줄 수 있을까?

자아존중감과 자기효능감 증진 그리고 대인관계(가족관계) 문제는 성인학습자의 호소문제로 늘 제기되고 있다. 성인학습자는 직업적 혹은 개인적 필요에 의해 학습목표를 설정하고 있고, 이는 각 개인마다 중요한 의미와 독특한 배경이 있으므로 이에 대한 이해가 개별적으로 필요할 것이다. 그리고 이러한 학습목표와 그 의미들은 개인적인 이유(목표, 흥미, 가치관 외)도 있지만, 성인학습자가 생활하는 관계 맥락(가족, 사회, 문화 외)을 떼어 놓고는 생각할 수 없다.

특히 인간은 대인관계에서 좌절하기도 하고 격려받기도 하며 서로 영향을 주고 받는 사회적 존재이므로, 그 사람이 어떤 관계를 맺고 살아가는지, 어떻게 심리적인 힘을 얻을 수 있는지 개별적으로 탐색하고 이해하면서 심리적인 지원 및 역량을 늘려 가는 것은 필수적으로 다루어야 하는 상담과제이다.

이를 위해 자신과 가족(중요한 대상) 간 서로 격려하고 성장을 촉진하는 관계 맺는 것이 중요한데 이를 위해서는 심리적인 안정감과 자존감을 유지하는 것이 필요하다. 예를 들면, 마음을 인식하고 표현하기, 상대방과 효과적으로 대화하기, 심리적인 회복탄력성 키우기, 의미 있는 방식으로 사회에 공헌하기 등 여러 가지 등을 생각해 볼 수 있다.

그중에서도 성인학습자, 즉 개인이 자신의 마음을 알아 가고 적절하게 표현하고 효과적으로 소통하는 능력을 갖추는 것이 중요하다고 볼 수 있다. 이러한 자존감과 소통능력의 기본은 효과적인 자기 인식 및 표현 그리고 정당한 자기주장이라고 할 수 있다.

자기주장은 다른 사람들을 존중하면서, 개방적이고 진솔한 의사소통을 하도록 하는 데 그 목적이 있다고 할 수 있다. 자기주장에서 우리가 염두에 두어야 할 철학적인 주제는 모든 사람들은 직업, 위치, 배경 등과 상관없이 본질적으로 평등하고 존중받을 가치가 있다는 것이고, 각 개인이 다른 사람들의 권리를 침해하지 않는 선에서 자신을 자유롭게 표현할 권리를 가진다는 데 있다.

그리고 자기표현 및 자기주장을 통해 대인관계를 촉진하는 것이 바람직하므로 이때 위험성과 이득을 확실히 탐색하는 것이 필요할 것이다. 이때 자신이 원하는 것이 무엇인지, 관계에서 하고 싶은 것이 무엇인지 명확히 아는 것이 중요할 것이다.

실제적으로 자기주장을 할 때는 '나-진술문(I-statements)'의 형식이 많이 제안되고 있다. 자신이 주장할 것을 분명히 하고, 상대방에게 눈을 맞추고, 단호한 목소리로, 열려 있으면서 자신감 있는 태도로 인내심을 가지고 하도록 안내한다. 이때 성인학습자가 상대방에게 표현하고 싶은 메시지를 이야기하는 동안 스스로 편안함과 통합됨을 느끼는 것이 중요하다고 볼 수 있다.

자기주장은 건강한 어른 모드를 강화할 수 있다. 자신을 표현하는 적합한 자아

언어를 사용할 때마다 자신의 인격발달을 돕게 된다.

조건적 진술(conditional-statements)은 '만일 ……한다면'의 형식으로, 다른 사람이 문제가 되는 행동(예: 내담자를 부당하게 공격하기)을 하고 있는 상황에서 사용할 수 있다. 예를 들면, 주부 내담자가 아이들을 데리고 시댁이나 친정집에 방문할 때 그곳에서 부당하게 공격받거나 무시당하는 상황에 처한다면, 다음과 같은 형식으로 자기주장을 하면서 자신과 아이들을 보호할 수 있을 것이다. "만일 당신이 우리를 존중해 준다면, 우리는 여기 머물러서 좋은 시간을 보내겠지만, 나를 부당하게 비난한다면 우리는 떠나겠다. 당신의 선택에 달려 있다."

이러한 작업들을 할 때는, 내담자가 이 과정에 동의하고, 소통할 방법들을 구체적으로 모색하고, 그것을 말하는 연습을 하고, 원래 계획했던 말과 돌발상황에 대처하는 말과 행동들을 반복해서 연습하는 것이 필요하다.

다음은 자기표현 및 주장을 촉진하기 위하여 살펴봐야 할 사항들과 간단한 사례를 제시하였다. 이를 참고로 하여 성인학습자의 자기 인식 및 주장을 평가하고 적절한 상담 접근을 고려할 수 있을 것이다.

표 9-2 자기표현 및 자기주장 촉진을 위한 평가지

평가 항목	평가 내용	기타
1. 현재 문제는 무엇인가?	• (정당한) 화가 나는 상황에서 화를 표현하기 어려움 • 화 감정을 인식하기 어려움 • 신체 긴장의 만성화, 우울, 불안, 자살사고	
2-1. 자기표현이 전반적인 문제인가?	• 전반적인 문제임	
2-2. 특정 상황과 관련되는가?	• 가족(혹은 커플)관계에서 (필요한)싫은 소리를 못함 • 학업이나 직장에서의 실패에 대한 두려움, 불안이 큼	
2-2-1. 예 혹은 아니요에 관한 것인가?	• 거절이 어려움	
2-2-2. 요청하는 것에 관한 것인가?	• 요청하기 어려움(성취에 집착) • 요청하는 것을 의지하는 것으로 지각하거나 '의지하면 약한 사람이다'라는 경직된 사고	

2-2-3. 다른 사람에게 한계를 두는 것인가?	• (집단에서) 부당한 대우에 대응하기보다는 참는 행동으로 갈등상황을 회피함 • '힘든 감정을 보이는 것은 상대방에게 굴복하는 것이다'라는 경직된 사고
3. 실제적인 자기주장 행동 평가	
3-1. '나-진술'	• "나는 더 이상 부당하게 당하고 살지 않겠다." • "나는 존중받기(챙김받기)를 원한다."
3-2. '조건적-진술'	• "나에게 계속 무례하게 행동한다면, 거리를 두겠다/더 이상 용납하지 않을 것이다/필요한 조치를 취할 것이다." • 돌발상황에 대비가 필요(예: 상대방이 더 크게 화를 내거나 비난할 경우) • 낮은 단계부터 설정하여 자기표현 작업 연습
4. 자기표현행동을 방해하는 과정들	
4-1. 생각?	• '이러한(자기주장) 것을 하는 게 잘못하고 있는 것 같고, 하면 안 될 것 같다.'
4-2. 감정?	• '자기주장을 해 봤자 소용없을 것 같고 무섭다.' '다른 사람 마음을 상하게 할 것 같다.'
4-3. 신체감각?	• 신체 긴장
4-4. 행동?	• 회피-인터넷 검색, 쇼핑 외
5. 실존적(알아차림) 언어 사용하기	• "나(너)는 나에게 친절하기를 원한다." • "나(너)는 내가 나를 대접해 주기 원한다."
6. 개별적으로 고려할 점	• 감정, 욕구를 알아 가면서 필요한 내적 혹은 외적(관계적) 지지(support)망 구축하기

〈표 9-2〉의 내용을 참고로 하여 성인학습자의 건강한 자존감 및 의사소통 능력을 높이기 위한 자기 인식 및 표현에 관한 내용들을 구체적으로 평가해 보고 적합한 상담적 개입을 고려할 수 있을 것이다.

표 9-3 자기표현 및 자기주장 촉진을 위한 평가지 작성하기

평가 항목	내용	기타
1. 현재 문제는 무엇인가?		
2-1. 자기표현이 전반적인 문제인가?		
2-2. 특정 상황과 관련되는가?		
2-2-1. 예 혹은 아니요에 관한 것인가?		
2-2-2. 요청하는 것에 관한 것인가?		
2-2-3. 다른 사람에게 한계를 두는 것인가?		
3. 실제적인 자기주장 행동 평가		
3-1. '나-진술'		
3-2. '조건적-진술'		
4. 자기표현행동을 방해하는 과정들		
4-1. 생각?		
4-2. 감정?		
4-3. 신체감각?		
4-4. 행동?		
5. 실존적(알아차림) 언어 사용하기		
6. 개별적으로 고려할 점		
7. 기타		

제10장

성인학습 상담의 기술

성인학습자를 만나는 전문가에게는 적절한 상담기술이 필요하다. 조력기술이라 불리는 상담기술은 성인학습자와의 대화에서 사용되는 기법이다. 그러나 성인학습자를 대하는 모든 상황에서 상담기술이 필요하지만 기술의 습득보다 더 중요한 것은 태도다. 성인학습자를 상담할 때 요구되는 태도는 제5장에서 살펴보았듯이 무조건적 긍정적 존중, 일치성, 공감 등으로 Rogers(1951)의 인간중심 상담이론을 근거로 한다. 무조건적 긍정적 존중(unconditional positive regard)은 개인을 연령, 성, 인종, 경력 등과 상관없이 존귀하고 가치 있는 존재로 수용하는 것이다. 진정성(genuineness)은 상담자가 성인학습자에게 정직해야 하는 진실성을 의미한다. 일치성(congruence)은 상담자의 음성, 신체언어, 언어표현 등이 다 같이 일관성이 있어야 함을 의미한다. 공감(empathy)은 상담자가 내담자의 고민과 감정을 내담자의 입장에서 이해하고 있다는 것을 내담자에게 전달할 수 있는 능력을 의미한다(Sharf, 2008). 이러한 태도를 기본으로 하여 요구되는 상담기술은 다음과 같다.

1. 관심 기울이기

모든 인간관계에서 질적인 관계가 이루어지기 위해서는 상대방에게 관심을 기울이는 것부터 출발해야 한다. 관심 기울이기를 통해 상대방이 전달하고자 하는 의사를 정확히 이해하려고 노력할 뿐 아니라 그에게 그와 같은 사실을 전달해 줄 수 있다. 이러한 관심의 전달은 대인 간의 상호작용을 강화하고 촉진시키는 데 도움이 되기 때문에 특히 관계 형성의 초기 단계에서는 필수적이다(Ivey, Normington, Miller, Morrill, & Haase, 1968). 예를 들어, 상대방을 잘 바라보는 것은 관심 집중의 기본적인 행동특징이다. 대화 시 상대방을 바라보지 않고 다른 곳을 향해서 시선을 두고 마주 앉아 있다면 상대방은 자신에게 관심이 없다고 느낄 것이고, 그렇게 되면 마음을 열기 어려울 것이다. 따라서 성인학습 상담 시에 상담자는 편안한 자세, 적절한 시선의 접촉 그리고 즉각적인 언동 반응 등과 같은 관심 기울이기 행동을 통해 상대방에게 관심을 전달해야 한다.

관심을 기울일 때 사용할 수 있는 미시적 기술은 여러 가지가 있지만 그중 대표적인 것은 SOLER로 요약하여 설명할 수 있다(Egan, 1994).

① **S**: 상대를 바로(Squarely) 바라본다. 상대방에게 관여하고 있다는 자세를 취하는 것으로 '나는 당신과 함께 있다. 당신과 함께 나누고 싶다.'라는 뜻을 전달한다. '바로'라는 말은 문자 그대로 상대방에게 관심이 있다는 사실을 전달해 준다.

② **O**: 개방적인(Open) 자세를 취한다. 상대방과 상대방의 말에 마음을 열고 있다는 증거로서, '내가 지금 취하고 있는 자세는 내가 개방적이고 만나고 싶은 태도를 갖추고 있다는 사실을 상대방에게 얼마나 잘 전달하고 있는가?'를 자문해 볼 필요가 있다.

③ **L**: 이따금 상대방 쪽으로 몸을 기울인다(Lean). 상대방 쪽으로 몸을 기울이는 것은 내담자와의 의사소통을 촉진시키는 일종의 신체적 유연성 또는 반

응성을 가리킨다.

④ E: 좋은 시선의 접촉(Eye contact)을 유지한다. 상대방과의 좋은 시선의 접촉은 '당신과 함께 있다. 당신에게 관심을 느끼고 있다. 당신이 하는 말을 듣고 싶다.'라는 뜻을 전달해 준다.

⑤ R: 편안하고(Relaxed) 자연스러운 자세를 취한다. 편안한 자세는 두 가지 사실을 뜻하는데, 우선 조바심하거나 주의를 분산시키는 표정을 짓지 않는 것이다. 그다음으로 개인적인 접촉과 표현의 도구인 몸짓을 편안하고 자연스럽게 하는 것이다.

2. 경청

상담은 경청으로부터 시작한다. 경청이란 상담자가 내담자의 말과 행동에 선택적으로 주목하는 것을 말한다. 경청은 내담자로 하여금 생각이나 감정을 자유롭게 표현할 수 있도록 북돋아 주며, 자신의 방식으로 문제를 탐색하게 하며, 상담에 대한 책임감을 느끼게 한다. 따라서 내담자의 말과 행동에 대한 경청은 상담을 성공으로 이끄는 요인이다(이장호, 정남운, 조성호, 2006). 상담자는 성인학습자에게 집중하면서 그들이 하는 이야기를 주의 깊게 들어야 한다. 이때 성인학습자의 언어적 표현이 주로 이루어져, 상담자는 말은 하지 않지만 관심을 가지고 경청하고 있음을 비언어적 메시지로 전달해야 한다. 앞서 살펴본 SOLER 기법을 통해 성인학습자에게 집중하면서 다정한 눈빛으로 정면을 바라보고 대화를 나누는 동안에는 자연스럽게 시선을 맞춘다. 다리나 팔을 꼬지 않고 개방적인 자세를 취하고, 상대방을 향해서 몸을 약간 기울여서 앉는 것이 좋다. 또한 성인학습자가 편안한 분위기에서 이야기할 수 있도록 상담자 역시 긴장을 풀고 이완된 자세를 취해야 한다. 이러한 상담자의 태도를 통해 성인학습자는 상담자가 자신의 말을 귀 기울여 잘 듣고 있다는 것을 느낄 수 있을 것이다.

또한 경청의 과정에서는 성인학습자가 하는 이야기를 주의 깊게 듣는 동시에 성인학습자가 보이는 태도와 행동에 관심을 가지고 관찰하는 것이 좋다. 언어적 메시지보다 눈빛, 목소리, 제스처와 같은 비언어적 메시지가 중요한 의사소통의 요소가 될 수 있으므로 이러한 요소에 대한 세심한 관찰과 분석이 성인학습자를 이해하는 데 중요한 자료가 될 수 있다. 경청이란 내담자의 말뿐 아니라 행동에도 주의를 기울여 잘 듣는 것이다.

3. 질문

질문은 성인학습자에 대한 구체적인 정보를 얻기 위해서 또는 성인학습자가 특정한 요구, 주제, 사건들을 기술하고 심층적으로 탐색하도록 하기 위해서 사용된다. 바람직한 질문의 형태는 개방적이고 명확하며 알아듣기 쉬워야 한다(이장호 외, 2006).

질문의 유형은 폐쇄형 질문과 개방형 질문으로 나눌 수 있다. 폐쇄형 질문은 구체적인 정보를 요구할 때 사용되고 성인학습자는 대개 '예' 혹은 '아니요'로 답하게 된다. 이러한 폐쇄형 질문은 성인학습자의 견해에 대한 풍부한 응답을 끌어내지 못하기 때문에 필요시에만 사용하는 것이 바람직하다. 개방형 질문은 성인학습자에게 상황, 감정, 사건 등의 내용, 방법, 시기, 장소 등에 대해서 좀 더 상세한 설명을 통해 폭넓은 답변을 요구하는 것이다.

또한 질문은 단일 질문이라야 한다. 즉, 한꺼번에 두 가지 이상의 사안에 대해 묻는 질문은 성인학습자가 응답하기 곤란하므로 한 번에 하나의 사안에 대해 묻는 단일 질문이 바람직하다. 그리고 질문은 되도록 간결하고 명확하여 알아듣기 쉬워야 한다.

일단 질문을 한 다음에는 잠시 멈추고 기다리면서 응답에 대한 심리적 압박을 느끼지 않도록 성인학습자에게 응답할 시간을 충분히 주어야 한다(이장호 외, 2006).

다음은 폐쇄적 질문과 개방적 질문의 예다.

상담자: 지난 학기에 평생교육원에서는 어떤 과목을 수강하셨습니까? (**폐쇄적 질문**)

학습자: 문예창작 수업을 들었습니다.

상담자: 수업은 좋았습니까? (**폐쇄적 질문**)

학습자: 네, 괜찮았습니다.

상담자: 수업시간에는 무엇을 배웠습니까? (**개방적 질문**)

학습자: 시나 수필을 어떻게 써야 하나에 대해 공부했는데, 저는 특히 시 창작에 대해 관심을 가졌습니다. 문예창작 수업을 듣는 동안 제가 시를 쓰게 되었다는 점에 정말 뿌듯했습니다. 강사님과 함께 듣는 수강생들이 좋은 말씀을 많이 해 주셨습니다.

상담자: 그러한 경험들이 앞으로 어떻게 활용될 수 있을까요? (**개방적 질문**)

학습자: 이 분야의 대학 진학을 진지하게 생각하게 되었습니다. 전공을 하면 아동을 위한 시를 쓰는 작가가 될 수 있겠다는 생각을 하게 되었습니다.

4. 계속 반응

성인학습자와의 상담에서는 고개를 끄떡이거나 손동작을 사용하는 것과 같은 비언어적 행동으로 성인학습자로 하여금 자기개방을 계속하도록 독려하게 된다. 계속 반응은 대화하는 상대방의 분위기와 이야기 흐름에 장단을 맞추어 주는 것으로 장단 맞추기라고도 말한다. 계속 반응은 대개 짧은 어구로 이루어진다. "예, 그랬군요." "좀 더 얘기해 보세요." "그 점에 대해 좀 더 이야기해 주시겠습니까?" "계속하시지요." "으흠." "그래서요?" "그다음에는 어떻게 됐습니까?" 등과 같은 짧은 언어적 표현을 사용할 수 있다(Sharf, 2008). 이러한 계속 반응은 대화를 촉진하는 반응으로 우호적인 대화의 분위기를 잡고 대화의 흐름을 부드럽게 이어 준다(한국초등상담교육학회, 2006).

상담자: 지금 직장에서 마음에 안 드는 부분은 어떤 것입니까? (**개방적 질문**)

학습자: 사실 오랫동안 일해 왔기 때문에 익숙한 점이 많습니다. 직장 동료들과의 관계도 좋고 일 자체에는 불만이 없습니다. 그런데 월급이 너무 적은 것 같습니다. 돈 들어갈 데는 많은데 월급이 적어 불만입니다.

상담자: 월급이요? 좀 더 얘기해 보세요. (**계속 반응**)

학습자: 생활비로 쓰고 나면 남는 돈이 전혀 없습니다. 게다가 다른 직장에 다니는 친구들과 비교했을 때 한참 적은 것 같습니다. 그래서 좀 더 나은 보수를 받을 다른 직장을 알아보고 있습니다.

상담자: 예……. 그래서요? (**계속 반응**)

학습자: 직장을 알아보다 보니, 제가 너무 이직에 대한 준비를 하지 못한 것 같은 생각이 들었습니다.

5. 반영

반영은 성인학습자의 말과 행동에서 표현된 기본적인 감정, 생각 및 태도를 상담자가 다른 참신한 말로 부언해 주는 것이다(이장호 외, 2006). 이때 성인학습자의 표현 중 인지 측면의 '내용'은 관계된 사람들, 대상, 상황, 사건, 생각, 의견, 판단, 행동, 경험 등을 포함하고, '정서'는 기쁜, 즐거운, 행복한, 슬픈, 분노한, 역겨운, 찝찝한 등 감정 또는 정서를 지칭하는 모든 내용을 포함한다(한국초등상담교육학회, 2006).

'내용'에 초점을 두고 되돌려 주는 반응은 내용반영이라 하고, '정서'에 초점을 두고 되돌려 주는 반응은 감정반영이라고 한다. 상담자의 내용반영은 성인학습자가 제공하는 정보에 초점을 맞추게 되고, 감정반영은 성인학습자의 정서적 단어나 문장을 포함하게 된다. 그러나 반영은 성인학습자의 말을 그대로 되돌려 주는 것이 아니라 상담자가 동일한 의미와 수준의 말로 표현하여 전달하는 것이다.

반영은 성인학습자의 이야기에 상담자가 귀 기울이고 있고 잘 이해하고 있는지 확인할 수 있는 기회가 된다. 성인학습자 입장에서는 자신의 말을 다른 사람에게 들음으로써 보다 적극적으로 자신의 내면을 탐색할 수 있는 기회가 된다. 이러한 반영은 성인학습자의 언어적 진술뿐만 아니라 비언어적 메시지인 억양, 몸짓, 안색까지 포함한다. 인지와 정서는 모두 성인학습자의 문제에 연관이 되어 있기 때문에 내용과 감정 반영이 모두 필요하다.

학습자: 고등학교를 졸업하고 잠깐 직장을 다니다가 결혼해서는 가정주부로 있었어요. 그동안 아이들 키우는 일밖에는 한 일이 없는 것 같아요. 그런 제가 막상 다시 뭔가를 배우려고 하니 걱정이 많이 됩니다.

상담자: 고등학교 졸업 후부터 오랜 기간 자녀양육을 주로 하셨나 봅니다. (**내용 반영**)

상담자: 새롭게 공부를 하려고 하니 걱정이 되고 불안한 마음이 들겠군요. (**감정 반영**)

6. 강화

강화는 행동주의 상담기법의 하나로 성인학습자의 바람직한 행동을 증가시키기 위한 언어적 반응을 하는 것이다. 이러한 성인학습자의 행동에 대한 언어적 강화기법은 성인학습 상담에서 자주 사용되는 기본 기법이다. 특히 학습상황에 대한 자신감이 부족하여 주저하는 성인학습자를 격려하는 데 효과적이다. 성인학습자의 욕구나 동기, 노력을 지지해 주고 학습활동이 유지되도록 하는 데 강화기법은 필수적이다.

학습자: 고등학교를 졸업하고 잠깐 직장을 다니다가 결혼해서는 가정주부로 있었어요. 그동안 아이들 키우는 일밖에는 한 일이 없는 것 같아요. 그런 제가 막상 다시 뭔가를 배우려고 하니 걱정이 많이 됩니다.

상담자: 그런 상황에서 공부를 시작하신다니 대단합니다. 어렵게 시작하는 공부인 만큼 열심히 하실 것으로 기대됩니다. (**강화**)

7. 정보제공

성인학습자와의 상담에서는 많은 정보제공이 요구된다. 이러한 정보제공은 주로 교육 및 학업과 관련된 정보 및 직업이나 그 외의 생활과 관련된 정보로 이루어진다. 성인학습자에게 제공되는 정보는 신뢰할 수 있는 것이어야 하며 정확하고 최신의 것이어야 한다. 제공되는 정보는 성인학습자 입장에서는 전문가에게서 나오는 것이기 때문에 무비판적으로 받아들일 가능성이 많다. 따라서 왜곡이나 오류 없는 정확한 정보가 제공되어야 하며 상담자의 개인적인 의견이 정보형태로 전달되는 일이 없도록 주의해야 한다. 또한 정보의 질뿐 아니라 양적인 측면에도 주의를 기울일 필요가 있다. 즉, 한꺼번에 너무 많은 양의 정보를 제공하게 되면 성인학습자는 정보에 압도되어 오히려 더 혼란을 겪을 수 있다.

정보제공 기술을 사용할 때 정보가 필요한 시점, 필요한 정보의 내용, 정보의 제공방식 등을 고려해야 한다. 성인학습자가 정보제공을 요청하거나 수용할 준비가 되었다고 판단될 때 제공한다. 또한 주제와 관련이 없는 정보를 불필요하게 제공하지 않도록 해야 하며 내용은 성인학습자의 요구와 필요의 수준에 맞도록 한다. 정보를 제공하는 방식도 중요하다. 정보는 성인학습자 수준에 맞추어 제공되어 성인학습자가 사용 가능한 지식으로 변환될 수 있어야 한다.

학습자: 제가 평생교육사 자격증을 따고 싶은데, 어떤 과목을 이수해야 하는지를 모르겠습니다.

상담자: 평생교육사 자격증을 받으려면 필수과목과 선택과목을 이수하고 3주 이상의 실습을 해야 합니다. (**정보제공**)

학습자: 과목과 실습을 이수만 하면 자격증이 나오는 건가요?

상담자: 필수과목과 선택과목 그리고 실습을 이수하고 성적이 평균 80점 이상이어야 합니다. (**정보제공**)

8. 명료화와 구체화

명료화는 상대방의 대화내용을 분명히 하고 상대방이 표현한 바를 정확히 지각하였는지 확인하는 대화기술인 반면, 구체화는 성인학습자의 메시지 중 불분명하고 불확실한 부분, 애매모호해서 혼란을 주는 부분, 자신만의 고유한 지각이 반영되어 선뜻 이해하기 어려운 부분 등을 정밀하게 확인하는 방법이다(한국초등상담교육학회, 2006).

명료화가 성인학습자의 메시지 중 의미 있는 내용을 분명히 하는 것이라면, 구체

학습자: 저는 사람들을 도와주는 일을 하고 싶습니다. 그런 일에서 느끼는 보람이 저에게는 큰 의미가 있습니다. 그래서 그런 일을 하는 직업을 가지고 싶습니다.

상담자: 어떤 일로 사람들을 돕고 싶은가요? (**구체화**)

학습자: 학습환경이 열악한 아이들을 돕고 싶습니다. 아이들이 학교공부를 잘 따라갈 수 있도록 가르치는 일이면 좋을 것 같습니다.

상담자: 그러니까 아이들의 학업과 관련된 일을 하고 싶으신 거군요. (**명료화**)

화는 언급된 메시지의 내용을 자세히 알아보아 확인하는 기술이라고 볼 수 있다.

9. 공감

공감은 상담자가 성인학습자의 입장에서 이해하고 이를 언어적 표현으로 전달하는 기법이다. Rogers(1959)는 공감을 다른 사람의 내적인 준거의 틀을 정확하게 이해하고, 그것의 감정적인 요인과 관계된 의미를 마치 자신이 그 사람인 것처럼(as if) 자각하는 상태라고 보았다. 성인학습자의 내적 준거의 틀 안에서 그들을 이해하고 공유된 내면의 경험을 표현하는 것이다. 공감은 성인학습자가 표현할 수 있었던 감정의 내면적 의미들을 정확하게 표현하거나, 성인학습자의 내면적 자기 탐색과 완전히 같은 몰입 수준에서 성인학습자가 표현한 감정과 의미에 첨가하여 의사소통하는 것을 말한다(이장호, 금명자, 2008).

이때 상담자는 성인학습자를 공감적으로 이해하고 이를 전달하기 위해 공감 반응 공식, 즉 '……(내담자 말의 핵심내용)하기 때문에 ……(내담자의 감정)하시는군요.'를 이용할 수 있다.

학습자: 생활비로 쓰고 나면 남는 돈이 전혀 없습니다. 게다가 다른 직장에 다니는 친구들과 비교했을 때 한참 적은 것 같습니다. 그래서 좀 더 나은 보수를 받을 다른 직장을 알아보고 있습니다.

상담자: 예……. 그래서요? (**계속 반응**)

학습자: 직장을 알아보다 보니, 제가 너무 이직에 대한 준비를 하지 못한 것 같은 생각이 들었습니다.

학습자: 막상 이직을 준비하다 보니 준비가 되지 않은 것 같아서(내담자 말의 핵심내용) 더 불안해지셨군요. (내담자의 감정) (**공감 반응**)

활동 10-1 상담기술연습

1. 다음의 질문을 개방형 질문으로 바꾸어 보시오.
(폐쇄형 질문) 당신의 남편이 당신을 실망시키고 있다는 말씀이시지요?
(개방형 질문) → ____________________

[2~6] 다음 학습자의 말을 잘 듣고 상담자의 적절한 반응을 해 보시오.

학습자: 앞으로 공부를 계속할 수 있을지 걱정이에요. 전 예전에 학교 다닐 때 좋은 성적을 받아 본 적이 없거든요. 물론 이번 학기엔 다섯 과목 중에서 세 과목에서 A+를 받았지만 그건 운이 좋았기 때문이고요. 앞으로도 절대 잘해 낼 수 없을 거예요.

2. 내용반영 → ____________________

3. 감정반영 → ____________________

4. 공감반영 → ____________________

5. 강화반영 → ____________________

6. 계속반영 → ____________________

7. 다음 학습자의 말을 주의 깊게 잘 듣고 명료화 반응을 해 보시오.

학습자: 글쎄요. 전에는 내 삶을 잘 관리한다고 생각했는데, 요즘에는 정말 힘들어요. 생각대로 되는 것은 하나도 없고 공부도 안 되고 잡생각만 많아요. 그러다 보니 자꾸 지각하거나 결석하게 되고, 그렇게 자꾸 수업에 결손이 생기니 모르는 것들이 많아지고, 그래서 수업시간에도 딴생각만 하고 집중하지 못하지요. 제대로 안 하니 부인과 자녀들에게도 면목이 없어지고, 음…… 예전에 고등학교 때까지는 선생님이나 부모님이 하라는 대로 하면 되었는데, 지금 이렇게 나이가 들어서 다시 공부를 시작한 후로는 뭐든 스스로 해야 한다는 생각에 엄두가 안 나고 시간만 흘려보내게 되고, 그러다 보니 너무 지치는 것 같아요. 벌써 공부 시작한 지 1년 반이 다 되어 가는데, 제가 도대체 지금 무얼 하고 있는지 모르겠어요.

상담자 → ______________________________

8. 학습자의 말을 주의 깊게 잘 듣고 구체화 반응을 해 보시오.

학습자: 인간관계가 너무 힘들어요. 나만 못난 것 같고 사람들이 나를 안 좋아하는 것 같고 내 흉만 보는 것 같아요. 그래서 사람들 만나기도 싫고 여기에도 나오기 싫어요.

상담자 → ______________________________

9. 다음 학습자의 질문에 대해 정보제공 반응을 해 보시오.

학습자: 진로를 결정하기가 너무 어려워요. 혹시 제게 어떤 문제가 있어서 이렇게 어려운 것이 아닐까요. 그리고 제가 어떤 쪽에 적성과 흥미가 있는지도 모르겠어요. 그래서 어떤 학습 코스를 선택해야 할지도 모르겠고요. 혹시 제게 도움이 될 만한 적성검사 같은 것이 있을까요?

상담자 → ______________________________

각 반응의 예

1. 남편에 대한 당신의 감정에 대해 더 말씀해 주실 수 있겠어요?
2. 예전에 학교 다닐 땐 성적이 좋지 않았는데, 이번 학기에는 세 과목에서 A^+를 받으셨군요.
3. 예전에 공부를 잘하지 못했다는 생각 때문에 앞으로도 잘할 수 없을 것 같은 걱정이 된다는 말씀이시지요.
4. 예전에 공부를 잘하지 못했다는 생각 때문에 앞으로도 공부를 잘할 수 있을지에 대해 염려하고 계시군요.

5. 물론 그렇게 생각할 수도 있지만, 가정일과 학습을 병행하면서 다섯 과목 중에서 세 과목을 A^+를 받으신 건 정말 잘하신 거예요.
6. 네, 그렇군요……. 계속 말씀해 보시지요.
7. 고등학교 때까지와는 달리 이젠 스스로 알아서 해야 한다는 것이 부담스러워 공부하는 것이 힘들게 느껴진다는 말씀이지요? 그러다 보니 자꾸 학습에 소홀하게 되시고요.
8. 특히 어떤 사람들하고의 관계가 어려우신가요? 특히 당신을 더 힘들게 만드는 사람이 있을 것 같은데요.
9. 진로를 잘 결정하는 것이 쉽지 않은 일이죠. 진로 결정과 관련해서 도움이 될 만한 검사로는 CTI 진로사고검사가 있어요. 그리고 적성과 흥미와 관련하여 도움이 될 만한 검사로는 Holland 적성탐색검사가 있고요. 우리 상담실에서 두 가지 모두 실시가 가능하답니다.

제 11 장

성인학습 상담자의 자질과 역할

1. 성인학습 상담자의 자질

상담이란 기본적으로 상담자와 내담자 간의 상담관계를 통해서 이루어지며 이 관계의 질이 상담에 있어서 양쪽 모두의 성장을 촉진시키는 가장 중요한 요인이다. 따라서 상담의 가장 중요한 도구는 상담자 자신이라고 할 수 있다. 이에 효과적인 상담자가 소유해야 하는 바람직한 자질이나 특성들에 관해 여러 학자는 나름대로 견해를 제시하고 있다. 대표적인 예로, Hackney와 Cormier(2001)는 효과적인 상담자의 특성으로서 자기자각과 이해, 심리적 건강, 자신과 타인의 인종적 · 민족적 · 문화적 요인에 대한 이해와 민감성, 개방된 마음, 객관성, 유능감, 신뢰감, 대인 관계에서의 친근감의 여덟 가지를 제시하였다. 이 외에도 여러 학자가 효과적인 상담자에게 요구되는 자질들을 제시하였는데, 여기에서는 일반적으로 상담자의 자질로 들 수 있는 두 가지, 즉 인간적인 자질과 전문적인 자질로 나누어 좀 더 자세하게 살펴보기로 한다.

1) 상담자의 인간적 자질

'든 사람'은 어떤 분야에 대해 전문적 지식을 잘 갖추고 있는 사람을 말하고, '된 사람'은 인격적 소양이 훌륭한 사람을 말한다. 그런데 상담자는 전문적 자질과 인간적 자질이 동시에 필요하므로 든 사람인 동시에 된 사람이기도 해야 한다. 그 이유를 살펴보면 다음과 같다.

상담자로서 문제해결 방법을 다양하게 구비하여 그것을 적절히 활용하는 것은 성공적인 상담을 위해서는 필요한 일이다. 하지만 상담 방법이나 기법만으로는 문제의 해결을 기대하기 어렵다. 내담자를 이해하지 않고서는 그가 겪는 문제의 의미와 성질을 제대로 이해하기 어려우며, 내담자 자신의 문제해결 의지와 노력을 이끌어 내지 못하면 문제해결 자체가 되지 않는다. 따라서 상담자는 내담자에게 인간적 신뢰감을 주고 내담자를 이해하고 존중하며 배려하는 인간적 태도를 끊임없이 발휘해야 한다. 이러한 태도는 상담자가 어느 정도 성숙한 개인으로서 인간적 자질을 갖추지 않으면 발휘되기 힘들다. 상담자가 인간적 자질을 갖추어야 하는 이유가 바로 여기에 있다.

또한 상담자는 자신을 이해할 수 있는 만큼만 내담자를 이해할 수 있고, 자신의 문제를 해결할 수 있는 만큼만 내담자의 문제를 해결할 수 있으며, 자신이 성장할 수 있는 만큼만 내담자를 성장시킬 수 있다. 이런 의미에서 인간으로서의 상담자는 그가 가진 전문적 지식 및 경험과 더불어 상담에서 가장 중요한 치료적 도구 중의 하나인 셈이며, 따라서 인간적 자질이 요구된다. 상담자는 끊임없이 자기를 향상시키려는 노력을 해야 한다.

마지막으로 내담자들은 상담자가 어떤 삶의 가치관들을 지니고 있는지, 어떠한 태도나 생각으로 살아가는지, 그가 얼마나 경험에 개방되어 있고 진솔한지 등을 관찰하고 마음에 새기게 된다. 이렇게 내담자는 부지불식간에 상담자로부터 다양한 인간적 영향을 받게 되는 것이다. 이렇게 볼 때 상담자는 자신이 내담자에게 하나의 본보기 역할을 할 수 있음을 충분히 인식하여야 하고, 본보기로서의 자신이 어떠한지를 끊임없이 점검해야 하며, 나아가 자신을 성장시키는 노력을 게을

리해서는 안 된다.

성인학습 상담자가 지녀야 할 인간적 자질의 대표적인 것으로는 다음과 같은 것들이 있다.

(1) 인간에 대한 깊은 이해와 신뢰

상담이란 상담자와 내담자 간의 관계를 통하여 이루어지는 작업이다. 즉, 상담은 인간과 인간 사이의 관계를 통해 이루어진다. 따라서 상담자는 기본적으로 인간에 대해 깊이 이해하여야 하며 또한 인간이라는 존재 자체에 대해 신뢰감을 가지고 있어야 한다. 상담자가 자기 자신에 대한 깊은 이해와 신뢰, 내담자에 대한 깊은 이해와 신뢰를 소유하고 있을 때 효과적인 상담 작업을 이루어 갈 수 있다.

(2) 자기성찰 능력과 자기수용

상담자는 내담자에게 큰 영향을 미치며 좋은 본보기가 되기 위하여 부단히 성장하고 노력해야 하지만, 상담자도 인간이기에 불완전할 수밖에 없고 이런 상담자 자신의 불완전한 모습은 어떤 식으로든 상담과정에 영향을 미치게 된다. 따라서 상담자는 끊임없는 자기성찰을 통해 자기 자신을 성장시켜 나가야 한다. 또한 상담자 자신이 불완전할 수밖에 없음을 스스로 인정하고 수용함으로써 역시 불완전할 수밖에 없는 내담자를 이해하고 수용할 수 있어야 한다.

(3) 타인에 대한 열린 마음(개방성)

상담자는 내담자를 비롯한 타인에게 열린 마음을 가지고 있어야 내담자를 있는 그대로 이해하고 수용할 수 있다. 이러한 상담자의 개방적인 태도는 어쩌면 그동안 자신이 지닌 어려움으로 인해 마음의 벽을 쌓고 살아왔을지도 모르는 내담자들에게는 인간관계 속에서의 좋은 모델로 작용할 것이다.

(4) 삶에 대한 진지함과 용기

상담자가 내담자를 돕기 위해서는 용기와 자신감이 필요하다. 특히 성인학습자들은 과거의 부정적인 경험들로 인해 자신감 부족과 변화에 대한 두려움을 가지고 있는 경우가 많다. 이러한 성인학습자들에게 문제해결과 변화에의 용기를 심어 주기 위해서는 먼저 상담자가 용기와 자신감이 있어야 한다. 상담자가 삶을 살아가면서 겪는 많은 도전에 좌절하지 않고 끊임없이 자신을 격려하고 인내심을 가지고 직면하는 태도를 지녀야 내담자를 잘 조력할 수 있다.

(5) 심리적 건강과 안정감

상담자는 항상 심리적인 안녕과 평온함을 유지할 수 있어야 한다. 상담자가 심리적으로 건강하고 안정되어 있어야 심리적으로 불안정하고 건강하지 못한 내담자를 잘 도울 수 있다는 것은 당연한 이치다. 따라서 상담자는 여가나 취미생활과 같이 스트레스를 극복하고 심리적인 안정을 유지하기 위한 여러 가지 자신만의 방안을 개발할 필요가 있다.

(6) 긍정적인 삶의 태도 및 유머감각

내담자는 어떤 식으로든 어려움이 있어서 상담을 청하게 되었을 것이고 부정적인 삶의 태도를 가지고 있을 수 있다. 따라서 상담자는 긍정적인 삶의 태도를 가지고 내담자를 만나야 하며 이를 통해 내담자 또한 부정적인 상황에서도 긍정적인 것을 발견할 수 있는 힘을 기를 수 있도록 해야 할 것이다. 이때 상담자의 유머는 내담자의 태도와 인식을 전환시켜 주는 데에 큰 도움이 될 수 있어 상담자는 시기적절하게 유머감각을 발휘할 필요가 있다.

2) 상담자의 전문적 자질

상담은 일반적인 대화와는 다르게 어떤 뚜렷한 목표를 지닌다. 일차적 목표는 증상 또는 문제해결의 목표로서, 내담자가 호소하는 심리적 불편이나 증상을 경감시켜 주는 것이다. 이차적 목표는 성장촉진적 목표로서 내담자가 내면적인 자유를 회복하고 자신이 가지고 있는 수많은 가능성과 잠재력을 드러낼 수 있도록 성격을 재구조화하여 인간적 발달과 인격적 성숙을 이루도록 하는 것과 관련된다. 그리고 상담자가 이 같은 상담목표를 충실히 달성하기 위해서는 그것에 필요한 전문적 지식과 경험을 미리 갖추는 것이 필요하다. 상담자의 전문적 자질이란 이러한 지식과 경험 또는 이해를 제대로 갖추는 것을 뜻한다.

성인학습 상담자가 지녀야 할 전문적 자질에는 다음과 같은 것들이 있다.

(1) 상담이론에 대한 이해

상담이론은 인간의 부적응행동 혹은 이상행동을 체계적으로 기술하고, 그러한 부적응상태가 생긴 이유나 과정을 설명하며, 이를 토대로 앞으로 일어날 일들을 예측하여 궁극적으로 부적응 또는 이상행동을 변화시키고자 하는 목적으로 연구되었다. 따라서 성인학습 상담자는 상담이론에 대해 이해하고 이를 적용하여 내담자가 호소하는 어려움에 대해 이해할 수 있어야 한다.

(2) 상담을 효율적으로 진행하는 방법과 절차에 관한 이해

전문적인 상담자는 효율적인 상담의 방법과 절차들을 잘 숙지함으로써 내담자에게 바람직한 변화가 일어나도록 잘 구조화되고 체계화된 상담을 진행시켜 나갈 수 있다. 이렇듯 여러 상담이론을 기반으로 하여 구조화되고 체계화된 상담을 진행하는 것이 비전문가에 의해 이루어지는 상담과의 차이점이라 할 수 있다.

(3) 상담실습 경험과 훈련

전문적 상담자로 활동하기 위해서는 폭넓고 다양한 실습경험과 훈련과정을 거쳐야 한다. 여러 심리학적 지식과 상담이론에 대하여 숙지하는 것도 전문성을 키우기 위해 꼭 필요한 과정이지만, 상담이라는 것은 이론만으로 될 수 있는 것이 아니다. 따라서 전문적인 상담자로 활동하기 위해서는 충분한 상담실습 경험을 해야 하고 사례 지도, 사례 회의 및 발표, 집단 프로그램 경험 등의 훈련을 받아야 한다.

(4) 정보분석 능력

성인학습자와의 상담에서는 많은 정보제공이 요구된다. 이때 제공되는 정보는 전문가에게서 나오는 것이기 때문에 성인학습자의 입장에서는 무비판적으로 수용하게 될 수도 있다. 따라서 성인학습자에게 제공되는 정보는 신뢰할 수 있는 것이어야 하며 정확하고 최신의 것이어야 한다. 성인학습 상담자는 왜곡이나 오류 없는 정확한 최신의 정보를 제공하기 위하여 정보분석 능력을 갖추어야 한다. 정보분석 능력을 통하여 다양하고 수많은 정보 속에서 각 성인학습자에게 가장 필요하고 적절한 정보를 취사선택하여 제공할 수 있어야 한다.

(5) 상담자로서의 권위와 전문성

성인학습 상담자는 내담자인 성인학습자에게 신뢰를 주기 위하여 상담자로서의 권위와 전문성을 확보해야 한다. 특히 상담자가 성인학습자에 비해 연령이 적거나 비슷한 경우 성인학습자는 상담자를 신뢰하기 어려울 수 있는데, 이때 상담자는 전문적인 상담자로서의 권위를 보여 줄 수 있어야 한다. 그런데 권위는 권위 자체를 내세울 때 보이는 것이 아니라 상담자가 전문가로서의 소임을 다하고 책임감 있게 행동할 때 보이는 것이다. 따라서 상담자 자신도 자신의 전문성을 스스로 신뢰하고, 책임감 있고 당당하게 상담에 응해야 하며, 전문성을 키우기 위하여 부단히 노력해야 한다.

(6) 전문가로서의 책임과 윤리에 대한 이해

상담자는 내담자가 현재 상태보다 더 나은 상태로 변화할 수 있도록 조력해야 하는 책임과 함께 내담자의 이익과 안전에 위배되는 행동을 해서는 안 되는 의무가 있다. 즉, 상담자는 내담자에게 피해를 주는 어떠한 행동도 해서는 안 된다. 모든 전문직에는 전문가로서의 책임감과 윤리가 요구된다. 특히 상담전문직은 학문적 특성을 고려해 볼 때 윤리적인 책임감이 더 중요하다고 할 수 있다. 따라서 상담자의 책임감과 윤리성은 전문적인 상담자가 지녀야 할 주요 자질이다. 상담자의 윤리 중 대표적인 것은 내담자의 비밀을 철저하게 보장해 주는 것이며, 상담자의 지위나 권위를 이용해 내담자를 이용하지 않는 것이다.

2. 성인학습 상담자의 역할

성인학습은 다양한 장소에서 여러 유형의 학습자들을 대상으로 매우 다양하게 실시되고 있다. 따라서 이러한 다양한 성인학습자를 만나는 성인학습 상담자들은 그만큼 다양한 역할을 수행하게 된다. 성인학습 상담자의 역할을 정리해 보면 다음과 같다.

1) 자원제공자

성인교육에 있어서 자원이란 효과적인 성인교육을 위해 제공될 수 있는 모든 것으로 물건, 사람, 돈, 정보 등을 전부 포함하고 있다. 예를 들어, 물적 자원으로는 문헌자료, 시청각 교재 등 기존의 교재들이 해당되며 일상생활이나 환경에서 학습에 자료로 사용될 수 있는 모든 사물이 포함된다. 또한 장학금 등 학습 진행과 관련해 필요한 재정원조, 학습과 관련한 여러 경비도 물적 자원에 포함시킬 수 있다. 인적 자원으로는 교육자, 스터디 그룹이나 동아리 등의 학습자 조직, 관련 지식과 기능, 정보, 아이디어를 가진 사람들과의 네트워크, 상담자 등이 해당된다. 정보자원으로는 학습과 관련한 여러 수준의 필요 정보와 관련 정보가 있다. 이렇게 성인교육에서 활용될 수 있는 자원들은 여러 가지가 있는데, 특히 성인학습자들에게는 이러한 자원들을 얼마나 잘 활용하는지가 학습에서의 성패나 효과에 큰 영향을 미치게 된다. 예를 들어, 원격 성인학습기관에서의 학습자들은 혼자서 학습을 진행시켜 나가야 하는 어려움이 있으므로 인적 · 물적 자원들을 잘 활용한다면 학습의 효과를 높일 수 있을 것이다. 따라서 성인학습자들을 상담하는 상담자들은 자원제공자의 역할을 잘 수행해야 한다.

자원제공자란 학습과정을 진행시키기 위해 자원과 그것에 관련한 정보를 제공하는 역할을 하는 인물로서 단순한 정보제공자와는 다르다. 자원제공자는 앞서 살펴보았던 학습자가 활용할 수 있는 여러 가지 자원을 제시·제공함으로써 학습자의 요구에 응하고 목표 달성에 필요한 정보를 제공하여 학습과정을 도와야 한다.

2) 프로그램 개발자와 연구자

성인학습자들의 학습을 촉진할 수 있는 좋은 프로그램들을 개발하여 제공하는 것은 상담자의 주요한 역할이다. 예를 들면, 성인학습자들을 위한 학습전략 프로그램이나 진로개발 프로그램 등을 개발하는 것이다. 또한 상담자는 내담자에 대해 더 깊이 이해하고 더 효과적으로 돕기 위하여 늘 관심을 가지고 연구해야 하는데, 특히 성인학습자들의 경우 일반적인 내담자와는 다른 양상과 다양한 특성을 가지고 있을 수 있으므로 그들의 특성에 관해 더 잘 이해할 수 있도록 관련 연구를 진행할 필요가 있다. 성인학습자를 더 잘 돕기 위한 학문적·실험적 연구를 통해 그들에 대한 이해와 더불어 발생하는 문제를 더 효율적으로 해결할 수 있는 방안들을 찾아내야 한다.

3) 교육자

국내 성인교육의 여건상 강의자가 상담자의 역할을 함께 수행하게 되는 경우가 있다. 즉, 성인학습자들이 강의자에게 학습과 관련한 도움을 요청하여 강의자가 상담을 수행하게 되는 경우다. 이런 경우에는 특히 기본적으로 상담자에게 교육자로서의 역할이 있지만, 강의자가 아니라 상담을 전문적으로 담당하는 성인학습 상담자에게도 교육자의 역할이 필요하다. 즉, 상담 진행 시에 교육자의 역할도 수행하게 된다는 것이다. 예를 들면, 상담자는 성인학습자들에게 그들을 위한 학습전략 프로그램을 실시할 때 학습의 효과를 높일 수 있는 여러 전략에 대한 교육을 실시할 수 있다. 이 외에도 성인학습자들의 학습에 도움이 되는 여러 사안에 대해 교육할 수 있다.

4) 촉진자 또는 조력자

Knowles(1980)는 개인이 성숙해짐에 따라, 대개 나이가 들어 감에 따라 자기주도적이 되고 경험을 활용하여 학습하는 경향이 강하기 때문에 성인학습에 있어서 교사 주도적인 교육방법보다는 학습자 주도적인 교육방법이 보다 적절하다고 하였다. 따라서 교사는 성인이 자기주도적 학습자가 될 수 있도록 도와주는 촉진자의 역할을 할 경우에만 학습기술이 성인에게 알맞을 수 있다고 하였다. 성인학습에 있어서 촉진자란 '학습을 하기 편하게 하는 자'라는 의미로 사용되고 있다. 즉, 학습자의 성장과 변화를 지탱해 주는 역할을 하는 것이다.

이는 성인학습 상담에서도 마찬가지라고 할 수 있다. 상담자는 성인학습자가 자신의 어려움과 문제를 해결함에 있어서 자신의 경험을 바탕으로 주도적으로 해결책을 찾아갈 수 있도록 옆에서 도와주는 역할을 해야 한다. 이렇게 촉진자의 역할을 함으로써 성인학습자가 학습을 편하게 지속적으로 진행해 나가며 성장할 수 있도록 지탱해 주어야 한다.

5) 모델링

모델링은 대부분의 학습상황에서 일어나며, 이러한 모델링을 통한 학습은 매우 중요하다. 상담에서도 내담자들은 상담자의 행동을 모방하고 상담자의 어떤 신념과 태도를 자신의 것으로 동일시하기도 한다. 따라서 상담자는 좋은 모델로서 내담자에게 본보기가 되어야 한다.

6) 멘토

멘토란 '충실한 친구이며 조언자'라는 의미를 가진 말로서, 최근 교육현장에서 그 가치를 인정받아 교육과 학습의 효과를 증대시키기 위한 목적으로 널리 확대되고 있다. 특히 멘토는 학습자와 교수자가 장기적인 상호작용이 가능할 때 학습자와 함께 방향을 결정하고 수행하는 동반자로서의 역할을 하게 된다. 이때 멘토로서의 상담자는 성인학습과 직접적으로 관련된 내용에 국한해서만 도움을 주는 것이 아니라 학습자의 전반적인 생활이나 미래에 관련된 것에까지 조언, 인도, 지원해 주게 된다. 왜냐하면 성인학습자들은 발달적인 특성에 의하여 학습과 직접적으로 관련된 것뿐만 아니라 기타 다른 해결해야 하는 과제들에 당면하게 되는 경우가 많은데, 이러한 것들이 간접적으로 성인학습에 영향을 미치게 되므로 이러한 과제들을 잘 해결해 나갈 수 있어야 하기 때문이다. 상담자가 성인학습자에게 다방면으로 또한 지속적으로 멘토 역할을 해 주면 성인학습자의 학습이 더 효율적으로 이루어질 것이다.

7) 학습관리자

성인학습 상담자는 학습 진행을 파악하고, 평가의 결과를 기록하고, 다른 학습과정의 정보를 제공하는 등 성인학습자의 학습과정을 진행시키는 도우미 같은 역할을 해야 하는데, 이를 학습관리자라 칭할 수 있다. 초 · 중 · 고 · 대학생들과 달리 성인학습자들은 대부분 스스로 자신의 학습을 구조화하여 주도적으로 진행해 나가야 하는 어려움이 있다. 하지만 이것이 성인학습자 혼자서 하기에는 어려운 작업일 수도 있다. 이때 상담자가 학습관리자로서의 역할을 하면서 도와줄 필요가 있다. 단, 상담자가 성인학습자의 학습을 지나치게 주도적으로 관리하게 되면 성인학습자의 자기주도적 학습에 반(反)하게 되어 주객이 전도될 수 있으므로 그렇게 되지 않도록 신중하게 해야 한다.

제3부 성인학습 상담의 실제

제 12 장

학습전략 진단검사

1. 검사 안내

1) 목적 및 내용

성인학습자들이 학습을 효과적으로 진행해 나가기 위해서는 학습방법에 대해 배우고, 학습에 필요한 여러 가지 기술(학습전략)을 습득하는 것이 필요하다. 이를 위해서 성인학습기관에서는 성인학습자들을 위한 학습전략 증진 프로그램을 개발하여 제공할 필요가 있다. 그런데 먼저 각 성인학습자들이 현재 학습 스타일에서 어떠한 특성과 문제를 가지고 있는지를 점검할 수 있다면, 그들의 강점은 더욱 강화시키고 약점은 보완할 수 있는 방향으로 프로그램의 개입이 이루어질 수 있으므로 더욱 효과적일 것이다.

따라서 이 장에서는 성인학습자들의 구체적인 학습문제를 진단하기 위한 목적으로 개발된 학습전략 진단검사를 소개하고, 다음 장에서는 이러한 학습전략을 증진시킬 수 있는 학습전략 프로그램을 소개할 것이다.

이 학습전략 진단검사는 2,300여 명의 성인학습자를 대상으로 하여 개발되었으며, 그 타당성이 검증된 검사도구다. 성인학습자들의 학습 및 자기조절학습과 관련한 여러 선행연구를 기초로 하여 성인학습자들의 학습에 중요한 영향을 미치는 변인들을 요인 분석한 결과, 추출된 인지전략, 학습동기, 학업불안, 시간관리, 자원활용의 5개 요인으로 구성되었다(조성연, 박미진, 2006). 검사 요인 및 측정내용은 〈표 12-1〉과 같다.

표 12-1 학습전략 진단검사의 요인 및 측정내용

요인		측정내용
학습 기술	인지전략 (16문항)	학습에 집중하여 학습내용에서 중요한 부분(핵심 개념과 주제)을 파악하고 이해하며 요약하여 기억하는 데 효과적인 방법을 알고 실천하는지에 대한 영역이다. 점수가 높을수록 효율적인 학습을 위한 인지전략을 많이 사용하는 것으로 본다.
학습 태도	학습동기 (13문항)	공부를 하는 데 뚜렷한 목표의식을 가지고 있으며 학습에 대한 흥미를 가지고 있는지에 대한 영역이다. 학습동기가 높은 사람들은 자신이 원하는 목표성취에 필요한 행동을 꾸준히 하고자 하는 노력을 한다. 점수가 높을수록 학습에 대한 동기 수준이 높은 것으로 본다.
	학업불안 (10문항)	공부와 시험과 같은 학업 수행을 할 때 느끼는 심리적 불안정이다. 심리적 불안은 개인적인 문제 혹은 학업문제에 대한 근심, 초조, 스트레스 등이 반영되어 학업 수행을 방해한다. 점수가 높을수록 학업 수행에서 불안 수준이 낮은 것으로 본다.
자기 관리	시간관리 (12문항)	강의시간, 과제물 작성, 시험공부를 하는 시간을 계획하고 확보하여 효율적으로 시간을 활용하는 영역이다. 시간관리를 잘하는 사람은 학업에 필요한 시간을 충분히 가지고 계획에 따라 효과적으로 시간을 잘 사용한다. 점수가 높을수록 효과적으로 시간관리를 하는 것으로 본다.
	자원활용 (7문항)	학업을 수행하는 데 필요한 인적 자원(교수, 스터디 그룹, 가족과 같은 중요 인물 등)과 물적 자원(학습교재, 인터넷 사이트, 강의, 참고자료 등)을 충분히 가지고 있으며 이를 효율적으로 활용하는지에 관한 영역이다. 점수가 높을수록 학습과 관련된 인적 및 물적 자원을 잘 활용하는 것으로 본다.

2) 활용방법

학습전략 진단검사는 다음과 같이 활용될 수 있다.

첫째, 성인학습자들이 효과적이고 독립적인 평생학습자가 되도록 돕는 유용한 도구가 될 수 있다. 즉, 성인학습자들이 자신의 현재 학습전략의 특성과 문제에 대해 파악함으로써, 강점은 개발하고 약점은 보완하여 이후 학습에 도움을 줄 수 있는 평가도구로 활용할 수 있다. 이 검사에서는 5개의 하위요인에 따른 백분위 점수 상 · 중 · 하 분류에 따라서 각각에 해당하는 조언을 제공하고 있으므로, 진단검사 결과를 통해 성인학습자 스스로 자신의 학습전략을 점검하고 더욱 효과적으로 학습하기 위해 앞으로 필요한 부분들을 파악할 수 있다.

둘째, 성인학습자들의 성인학습 상담의 보조자료로 활용될 수 있다. 학습에 어려움을 호소하는 학습자와의 상담에서 이 진단검사를 실시하게 되면 학습문제를 좀 더 명확히 할 수 있어서 효과적인 상담이 이루어질 수 있다.

셋째, 성인학습자들의 학업지속률을 높이는 데에 도움이 될 수 있다. 중도탈락의 위험이 있는 학습자들을 대상으로 학습전략 진단검사를 실시하고, 그중에서 점수가 유의미하게 낮은 학생들을 선별하여 적극적으로 그들에게 필요한 학습지도 및 상담 서비스를 제공한다면 성인학습자들이 학업을 지속하는 데 도움이 될 것이다.

2. 학습전략 진단검사

1) 학습전략 진단검사지

문항	전혀 그렇지 않다 ①	그렇지 않다 ②	그렇다 ③	매우 그렇다 ④
1. 나는 공부할 때 쉽게 집중하지 못한다.				
2. 나는 중요한 시험일수록 더 불안하다.				
3. 나는 공부가 재미있다.				
4. 나는 시간을 정해 놓고 공부한다.				
5. 나는 우선순위를 정해 놓고 그 순서에 따라 공부한다.				
6. 나는 의문점이나 과제물 등에 대해 도움을 받을 동료들이 있다.				
7. 나는 시험을 칠 때 잘 모르는 문제가 많더라도 끝까지 푼다.				
8. 나는 시험공부를 하기 전에 실행 가능한 계획을 먼저 세운다.				
9. 나는 공부할 때 핵심 내용을 먼저 파악하려고 한다.				
10. 나는 시험 보기 전에 시험을 못 볼까 봐 걱정한다.				
11. 나는 내가 하고 싶은 공부를 하는 것에 만족한다.				
12. 나는 강의를 열심히 듣고 내용을 이해하려고 노력한다.				
13. 나는 어떻게 하면 집중해서 공부할 수 있는지를 안다.				
14. 나는 의문점이나 과제물 등에 대해 튜터나 교수에게 도움을 청한다.				
15. 나는 공부나 과제를 하다가 모르는 문제가 생기면 그 문제를 해결하려고 한다.				
16. 나는 계획한 일정에 따라 공부한다.				
17. 나는 논술형 시험을 칠 때 먼저 개요를 구상한다.				
18. 나는 학점을 잘 못 받을까 봐 걱정한다.				
19. 나는 강의나 교재내용에서 배울 만한 것이 없다.				

20. 나는 재미없는 과목일지라도 학점을 높이기 위해 열심히 공부한다.				
21. 나는 공부한 내용을 내 말로 정리해 본다.				
22. 나는 의문점이나 과제물 등에 대해 도움을 주고받을 스터디 그룹이 있다.				
23. 나는 공부하는 목표가 분명하므로 열심히 공부한다.				
24. 나는 실천할 수 있는 공부 일정을 짠다.				
25. 나는 공부를 하고 난 후에 그 내용을 설명할 수 있다.				
26. 나는 공부를 시작해서 집중할 때까지 시간이 많이 걸린다.				
27. 지금 하는 공부가 졸업 후 내가 하고 싶은 일과 연관된다.				
28. 나는 시험공부를 할 때 벼락치기보다는 평소에 조금씩 한다.				
29. 나는 공부하는 동안만큼은 몰두한다.				
30. 나는 학업과 관련하여 도움을 받을 수 있는 학교 내 기관을 알고 있다.				
31. 나는 지금 공부하는 것에 만족하고 있다.				
32. 나는 자투리시간을 활용하여 공부한다.				
33. 나는 시험공부를 할 때 예상문제를 내고 풀어 본다.				
34. 나는 시험 준비를 했더라도 시험 전에는 불안하다.				
35. 나는 지금 하고 있는 전공 분야가 재미있다.				
36. 나는 강의를 듣거나 과제를 할 시간을 내기 어렵다.				
37. 나는 중요한 내용은 기억할 때까지 반복해서 본다.				
38. 나는 공부하는 데 가족 등 주변 사람의 도움을 받고 있다.				
39. 나는 접해 보지 못한 새로운 문세에 도전하는 것을 즐긴다.				
40. 나는 과제나 시험공부를 예상시간 내에 마친다.				
41. 나는 시험문제 유형에 맞게 시험을 준비한다.				
42. 나는 공부한 시간에 비해 공부한 분량이 적다.				
43. 나는 강의를 듣는 시간이 지루하게 느껴지지 않는다.				
44. 나는 강의를 듣거나 공부할 정해진 공간이 있다.				

45. 나는 공부한 내용을 기억하는 나름대로의 효과적인 방법이 있다.				
46. 나는 과제물 작성이나 교과 공부에 필요한 교재 및 학습자료를 충분히 가지고 있다.				
47. 공부가 나의 진로에 필요하다.				
48. 나는 아무리 바빠도 공부시간을 마련하려고 노력한다.				
49. 나는 공부할 때 중요한 내용을 표시해 둔다.				
50. 나는 시험 때 생기는 불안을 이기는 나만의 방법이 있다.				
51. 나는 공부를 통해 내 생활의 다른 부분에도 활력을 느낀다.				
52. 나는 공부한 내용을 도표나 그림으로 만들어 기억한다.				
53. 나는 공부에 필요한 정보가 있는 웹 사이트를 알고 있다.				
54. 나는 가끔 마음이 불안해 공부할 의욕을 상실한다.				
55. 나는 공부한 내용을 문제로 만들어 풀어 본다.				
56. 나에게는 공부에 집중하지 못하게 하는 고민이 있다.				
57. 나는 공부를 하고 난 후 이해하지 못한 것이나 빠뜨린 것이 있는지 확인한다.				
58. 나는 공부에 관련된 스트레스를 많이 받는다.				

요인	번호
인지전략	1*, 5, 9, 13, 17, 21, 25, 29, 33, 37, 41, 45, 49, 52, 55, 57
학업불안	2, 10, 18, 26, 34, 42, 50*, 54, 56, 58
학습동기	3, 7, 11, 15, 19*, 23, 27, 31, 35, 39, 43, 47, 51
자원활용	6, 14, 22, 30, 38, 46, 53
시간관리	4, 8, 12, 16, 20, 24, 28, 32, 36*, 40, 44, 48

* 역채점

2) 학습전략 진단검사 규준표

	상	중	하
인지전략 원점수 합	50 이상	39~49	38 이하
학습동기 원점수 합	45 이상	35~44	34 이하
학업불안 원점수 합	29 이상	19~28	18 이하
시간관리 원점수 합	37 이상	29~36	28 이하
자원활용 원점수 합	20 이상	13~19	12 이하

3) 학습전략 진단검사 결과 어드바이스

(1) 인지전략

① 점수가 높은 사람의 특성

인지전략에서 높은 점수를 받은 사람들은 학습을 할 때 효율적인 전략을 많이 사용한다. 이들은 새로운 정보와 자료를 기억하고 이해하는 데 필요한 실제적인 전략을 잘 사용한다. 예를 들어, 효과적인 기억법이라든지, 노트필기 전략, 집중력을 높이기 위한 전략, 효과적인 공부방법 등 학습의 효율성을 높일 수 있는 나름대로의 인지전략들을 사용하여 학습을 하므로 학업성취도가 높게 나오는 경향이 있다.

② 점수가 낮은 사람의 특성

인지전략에서 낮은 점수를 받은 사람들은 학습을 할 때 효율적인 전략들을 사용하지 못하므로 학습에 소요한 시간과 노력에 비하여 낮은 학업성취도를 보일 수 있다. 따라서 자신에게 맞는 여러 가지 인지전략을 개발하여 사용한다면 지금보다 높은 학업성취도를 기대해 볼 수 있다. 개발할 수 있는 인지전략에는 기억력과 집중력을 높이기 위한 전략, 효과적인 노트필기 전략, 그 외에 자신만의 효율적인 공부방법 등이 있다.

(2) 학습동기

① 점수가 높은 사람의 특성

학습동기가 높은 사람들은 학습을 할 때 뚜렷한 목표의식을 가지고 있으므로 무엇을, 언제 그리고 어떻게 학습할 것인가에 대해 잘 알고 있다. 또한 자신의 목표를 성취하는 데 필요한 행동을 꾸준히 하고자 노력한다. 따라서 이들은 중간에 혹시 학습에 대한 흥미가 떨어지더라도 자신의 학습동기를 일깨워 학습행동을 지속하고자 노력하므로 좋은 결과를 얻을 수 있다.

② 점수가 낮은 사람의 특성

학습동기가 낮은 사람들은 학습을 할 때 뚜렷한 목표의식을 가지고 있지 않기 때문에 학습활동에 적극적으로 임하지 않는다. 따라서 학습에 대한 의욕이나 흥미를 잃기 쉽고, 심하면 무기력증에 빠져 학습과 관련된 활동뿐만 아니라 그 밖의 활동에도 소극적으로 되며 성공에 대한 기대감이 낮고 지속성, 참을성이 부족해 학습을 중단하게 될 수도 있다.

(3) 학업불안

① 점수가 낮은 사람의 특성

학업불안이 낮은 사람들은 학습활동에 방해가 되는 내적인 문제들이 비교적 적거나 혹시 있다고 하더라도 이를 잘 제거하거나 통제할 수 있는 힘이 있다. 따라서 이들은 학습하는 동안 공부하는 것에 집중할 수 있으며 시험기간에도 자신을 잘 관리하여 최상의 수행을 할 수 있다. 단, 어느 정도의 불안, 즉 적당한 긴장감은 최상의 수행에 도움이 되므로 불안 수준이 너무 낮은 사람들은 적정 수준의 긴장감은 유지할 필요도 있다.

② 점수가 높은 사람의 특성

학업불안이 높은 사람들은 심리적인 불안의 수준이 높아 공부나 시험과 같은 학습활동을 할 때 지장을 초래하게 된다. 이들은 많은 걱정과 불안으로 인해 학습에 집중하기가 어렵다. 특히 시험불안이 심한 사람들은 시험 기간에 심한 긴장상태가 지속되며, 시험 볼 때 실수를 많이 하고 심하면 수면 부족, 식욕 부진, 탈모 등의 여러 가지 증상을 갖게 되기도 한다. 심리적인 불안은 개인 내적인 문제일 수도 있고 학업문제에 관련된 스트레스일 수도 있으므로 공부에 방해가 되는 이러한 문제들을 제거하거나 통제하여야 한다.

(4) 시간관리

① 점수가 높은 사람의 특성

시간관리 능력이 높은 사람들은 시간을 낭비하지 않고 효율적으로 사용한다. 이들은 제한된 시간을 잘 활용하기 때문에 여유 있게 목표를 달성할 수 있으며 정신적 · 육체적 스트레스를 덜 받게 된다. 과제나 공부를 할 때에도 실행 가능한 계획을 세우고 계획된 일정을 따라 진행하므로 예상시간 내에 마칠 수 있다. 시간조절을 통해 자유시간을 잘 활용할 수 있으므로 부담 없이 운동, 독서, 사교활동 등의 즐거운 활동에 시간을 투자할 수도 있어 폭넓은 삶을 살 수 있다.

② 점수가 낮은 사람의 특성

시간관리 능력이 낮은 사람들은 시간을 효율적으로 사용하지 않기 때문에 낭비하는 시간이 많다. 따라서 목표를 달성하기 위해서는 항상 막바지에 서두르고 분주하게 움직여야 하므로 정신적 · 육체적 스트레스를 경험할 수도 있다. 과제나 공부도 벼락치기로 하는 경우가 많으며 기한 내에 마치지 못하는 경우도 있다. 따라서 이들은 학습활동을 할 때 계획적으로 할 필요가 있으며 낭비하는 시간을 점검하여 줄이고 자투리 시간을 잘 활용하여야 한다.

(5) 자원활용

① 점수가 높은 사람의 특성

자원관리에서 높은 점수를 받은 사람들은 학교생활과 학습활동을 전개하는 데 필요한 도움을 찾을 수 있는 방법을 잘 알고 있다. 학교생활의 어려움이나 학습활동에 난관이 생겼을 경우 동료나 선배, 교수님, 조교 등 주변 사람들의 도움을 받거나 학교 홈페이지, 학습 동아리 등을 활용할 줄 안다. 이후에도 문제가 생겼을 때 도움을 받을 수 있는 방법들을 계속 확보하면 더 좋은 결과를 가져올 수 있다.

② 점수가 낮은 사람의 특성

자원관리 능력이 낮은 사람들은 학교생활과 학습활동을 전개하는 데 어려움이 생겼을 때 도움을 받을 방법을 별로 확보하고 있지 못한 상태다. 문제해결을 위해 도움을 받을 수 있는 방법에는 여러 가지가 있다. 학교생활이나 학습활동에 어려움이 생겼을 때 학교에서 제공하는 여러 학습자원(도서관, 스터디 모임 등)을 활용하는 방법이 있다. 다양한 방법을 통해서 학교생활이나 학습활동의 어려움을 해결할 수 있는 경로를 확보하는 것이 필요하다.

제 13 장 학습전략 프로그램의 실제

1. 학습전략 프로그램 안내

1) 목적 및 내용

이 프로그램은 앞서 제시한 학습문제 및 학습전략 진단을 바탕으로 개발된 성인학습자의 자기주도적 학습능력을 증진시키기 위한 학습전략 프로그램이다. 학습전략 진단검사와 마찬가지로 성인학습자의 학업성취도와 긴밀하게 관련되는 요인으로 밝혀진 인지전략, 학습동기, 학업불안, 시간관리, 인적 · 물적 자원활용의 5개 요인으로 구성되어 있다. 이러한 구성요소는 학습과 관련한 인지적 · 정서적 · 행동통제적 영역을 모두 포괄하는 내용이므로, 성인학습자에게 필요한 주요 학습전략을 종합적으로 다룰 수 있는 것으로 볼 수 있다.

2) 활용방안 및 기대효과

학습전략 프로그램은 다음과 같이 활용될 수 있다.

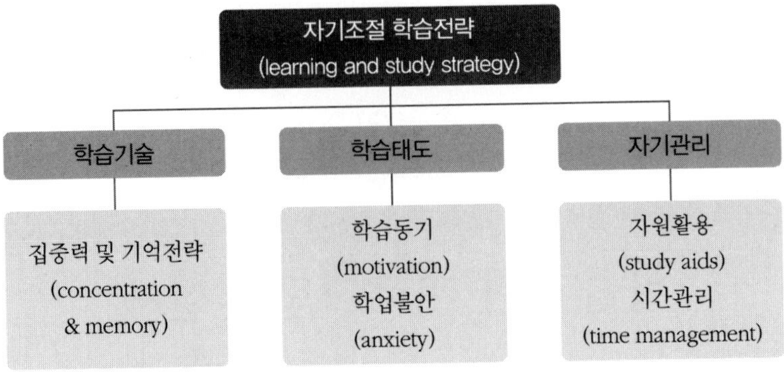

[그림 13-1] 성인 자기조절 학습전략 구성요소

첫째, 성인학습자들은 앞 장에서 제시된 학습전략 진단검사를 통해 학습전략 강점 및 약점을 진단한 후에 개별적으로 이 프로그램을 활용할 수 있다. 이때 다음과 같은 과정을 거치게 된다.

① 자신의 학습전략을 점검해 볼 수 있는 학습전략 진단검사를 실시하고 그 결과를 확인한다.
② 자신의 학습전략 진단결과를 확인한 후에 부족한 학습전략 요인을 개발할 수 있는 학습전략 프로그램을 제공받는다.
③ 제공된 프로그램을 실시한다. 이때 학습전략의 내용에 관한 숙지와 함께 개별적인 활동기능을 통하여 충분한 학습 및 적용이 가능할 수 있도록 한다.

둘째, 학습전략 진단검사와 마찬가지로 성인학습자들의 성인학습 상담의 보조자료로 활용될 수 있다. 학습에 어려움을 호소하는 학습자와의 상담에서 이 진단검사를 실시한 후 그 결과에 따라 학습자에게 필요한 프로그램 부분을 활용하여 상담을 진행하게 되면 좀 더 구체적이고 적극적인 개입이 가능할 것이다. 특히 첫 번째 경우처럼 성인학습자 혼자 개별적으로 활용할 때와는 달리 상담에서는 학습자의 활동내용에 대해 상담자의 피드백과 강화가 제공될 수 있으므로 더욱 효과적일 것이다.

셋째, 이 프로그램은 집단 프로그램의 형태로 활용될 수도 있다. 학습전략 프로그램은 학습문제를 가진 학생들에게는 처치효과를, 문제를 가지지 않은 학생들에게는 예방효과를 가져올 수 있다. 따라서 학습에 어려움을 호소하는 학습자들을 대상으로 혹은 일반 성인학습자들을 대상으로 하여 집단 프로그램의 형태로 실시하게 되면, 학습문제를 가진 학생들은 해결책을 찾을 수 있을 것이며 문제를 가지지 않은 학생들은 더욱 효과적인 학습을 위한 강화를 받을 수 있는 기회가 될 것이다. 또한 함께 활동을 하면서 서로가 모델이 되고 조력자가 되어 더욱 다양하고 유용한 학습전략들에 대한 도움과 정보를 주고받음으로써 효과를 극대화할 수 있을 것이다.

2. 학습전략 프로그램의 실제

1회차: 학습동기

● 목표

- 공부와 관련된 자신의 마음을 점검해 본다.
- 학습동기를 저해하는 요인을 파악한다.
- 학습동기를 증진하고 유지할 수 있는 방법을 알고 적용한다.

● 활동내용

- 들어가기
- 학습동기 이해하기
  - 학습동기의 역할과 중요성
  - 학습동기가 높은 사람과 낮은 사람의 특징
- 학습동기 증진 및 유지시키기
  - 학습동기 저해요소
  - 학습동기 증진 및 유지 방안
- 마무리하기

1) 들어가기

'우리가 무언가를 원해도 하고자 하는 동기가 없으면 원하는 것을 성취할 수 없다.' 학습동기란 한마디로 공부에 대한 마음가짐이라고 할 수 있다. 다시 말하면, '공부에 대해서 얼마나 관심과 열의를 가지고 있는가?'를 말하는 것이다.

활동 13-1 학습동기 점검하기

① 공부를 시작한 이유는 무엇인가?(대학, 평생교육원, 시간제등록 등)

____

____

____

② 처음 마음과 지금 마음은 어떻게 달라졌는가? 혹은 어떻게 유지되고 있는가?

____

____

____

③ 그 원인은 무엇이라고 생각하는가?

____

____

____

학습동기는 학습자로 하여금 학습행동을 일으키게 하는 의욕을 갖게 하며, 목표를 달성하기 위한 행동을 취하려는 노력과 열정을 불러일으킨다. 따라서 학습의 성공에 있어서 학습동기는 중요한 역할을 한다.

자신의 학습동기에 대하여 점검해 보고, 학습동기를 증진시킬 수 있는 방안에 대하여 생각해 봄으로써 성공적으로 학업 수행과 학업성취를 하도록 도움을 받을 수 있다.

2) 학습동기 이해하기

(1) 학습동기의 역할과 중요성

학습동기는 학습자로 하여금 학습행동을 일으키게 하는 의욕을 갖게 한다. 또한 학습동기의 차이는 행동상의 차이를 가져올 뿐만 아니라 그 행동에 투자하는 노력과 시간의 차이도 함께 가져온다.

특히 성인학습자의 경우 대부분 학습에 대한 동기가 높은 상태에서 학업을 시작하지만, 학업활동을 해 나가는 중 점점 동기가 낮아져 결국에는 학업을 그만두게 되는 경우도 있다. 특히 비실시간 원격교육을 받는 경우에 많은 학습자들은 능동적으로 학습자료를 찾아야 하며 자기 스스로 동기화되어 학업을 수행해야 한다. 따라서 학습자들은 학습동기를 고취하여 학습활동을 지속할 수 있도록 노력해야 하며, 과정 중에 학습동기 수준을 높게 유지해야 과정을 잘 마칠 수 있다.

학습동기가 높은 사람과 낮은 사람은 각각의 특징이 있다. 이러한 특징에 비추어 자신의 학습동기 수준을 점검해 보고, 만약 학습동기가 낮을 경우 학습동기를 저해시키는 요인을 찾아내어 이를 조절해야 한다.

(2) 학습동기가 높은 사람과 낮은 사람의 특징

① 학습동기가 높은 사람의 특징

- 공부가 자기 자신의 개인적 · 학문적 · 사회적 그리고 직업적 목표들과 어떻게 연결되는지를 잘 알고 있다(예: 이 과정을 마치면 어떤 자격증이 주어지는지 알고 있다).
- 이 과정에서 성공하기 위해 노력할 수 있도록 자신의 목표에 항상 초점을 둔다.
- 자신의 학습 코스에 열심히 참여하고 제시된 학습과제를 열심히 배운다.

- 어려운 개념이나 복잡한 과제가 주어지더라도 포기하지 않고 열심히 공부한다.
- 성공에 대해서 자기 자신의 노력의 결과로 귀인하는 경향이 많다.
- 자신이 변화시킬 수 없고 통제할 수 없는 변인들도 있다는 것을 이해하며, 자신이 통제할 수 있는 요인들(예: 학습시간, 정열, 공부할 때 쏟는 노력 등)에 초점을 둔다.

② 학습동기가 낮은 사람의 특징

- 공부가 그들 자신의 개인적 · 학업적 · 사회적 그리고 직업적 목표들과 어떻게 연결되는지를 분명하게 알고 있지 못하다.
- 강의를 듣거나 과제를 하는 등 학습활동을 할 때 쉽게 주의가 분산되고 집중력이 떨어진다.
- 과제나 공부를 시작하기가 어렵다.
- 공부를 할 때 노력을 덜 기울이는 경향이 있고, 과제를 시작하는 것과 완성하는 데에 어려움을 많이 느낀다.
- 낮은 학업성취도에 대해 다른 사람이나 상황 탓을 하는 경향이 있다. 즉, 공부를 충분히 하지 않았다거나 핵심내용을 파악해서 공부하지 못했다고 스스로 책임을 지려 하기보다는 교수 탓을 하거나 시험문제가 어려웠다고 불평하는 경향이 있다.
- 학습내용이나 과제가 어렵다고 생각되면 쉽게 포기하는 경향이 있다.

이 중 자신에게 해당되는 특징들은 어느 것인가? 이를 통해 자신의 학습동기 수준은 어떻다고 볼 수 있는가?

3) 학습동기 증진 및 유지시키기

학습동기를 증진하고 유지시키기 위해서는 일단 학습동기를 저해하는 요소들에 대해 살펴보고 나서 이를 극복하기 위한 방안들을 모색해야 한다.

(1) 학습동기 저해요소

- 가족이나 직장 동료 등 주위 사람들의 지지나 지원체계가 부족하다.
- 재정적인 어려움이 있다.
- 선택한 코스나 과목이 내가 기대했던 것과 다르다.
- 다른 사람들이 모두 나보다 잘한다고 생각되어 위축된다.
- 학과와 과목에 흥미는 있지만 학습에 문제(읽기, 쓰기 등)가 있다.
- 직장일과 집안일 등으로 너무 피곤하고 부담된다.
- 시간 낭비(TV, 컴퓨터 등)를 하게 된다.
- 실패에 대한 두려움이 있다.
- 잘못된 학습습관을 가지고 있다.
- 기초실력이 부족하다.
- 적성에 맞지 않는 공부를 하고 있다.
- 졸업만을 목적으로 삼고 있다.
- 소극적인 성격을 가지고 있다.

당신의 학습동기 저해요소는 무엇인가?(나의 학습동기를 떨어뜨리는 감정, 생각 등) 그리고 이를 어떻게 해결할 수 있을지 생각해 보라.

(2) 학습동기 증진 및 유지 방안

① 수강과목을 선택할 때 평소 흥미와 관심이 많은 분야를 선택한다

그래야 공부하는 데 재미와 흥미를 가질 수 있고 동기를 유지할 수 있다. 지금까지 수강한 과목 중에서 평소 흥미와 관심이 있었던 과목과 그렇지 않은 과목을 떠올려 보고 그 과목들을 공부할 때 동기 수준이 어떻게 달랐는지를 떠올려 보면 이해될 것이다.

② 고립감은 동기 수준에 영향을 미칠 수 있다

혼자서 공부해야 하는 것은 학습동기를 저하시키는 중요한 요인이다. 따라서 보충 교육시간이나 동료들과의 스터디 그룹, 교수와의 만남 등에 적극적으로 참여하여 혼자서 공부하는 외로움에서 벗어난다(364쪽의 자원활용 부분 참조).

③ 낮은 자신감 역시 학습동기를 저하시킨다

할 수 있다는 자신감이 떨어지게 되면 학습하고자 하는 의욕이 생기지 않는다. 그러므로 학습을 수행할 때 항상 나는 잘할 수 있다는 자신감을 가지고 임해야 한다. 혹시 자신감 부족으로 학습 의욕이 떨어지는 사람은 '자기효능감 증진활동'을 하면 도움이 될 것이다.

자기효능감이란 자신이 성공할 가능성에 대해 얼마나 신념을 가지고 있는가를 말한다. 자기효능감이 높을수록, 즉 성공에 대한 자신감이 있을수록 동기가 증진되며 결과적으로 성공할 가능성도 높아진다. 반면에, 자기효능감이 낮을수록 동기는 떨어지게 되며 결과적으로 성공할 가능성은 줄어든다. 따라서 자신의 성공 가능성에 대해 어떤 신념을 가지고 있는지 점검해 보고 자신감을 고취하도록 노력한다.

활동 13-2 자기효능감(성공에 대한 자신감) 증진활동

현재 자신이 성공할 가능성에 대해 어떤 신념을 가지고 있는지 점검해 보자.

① 과거를 돌아보면서 자신의 성공경험을 떠올려 적어 보자. 특히 자신이 자랑스럽게 느꼈고, 에너지가 충전되는 느낌을 받았던 것으로, 아주 어렸을 적 기억도 포함된다. 그것은 뭔가 대단한 것이 아니어도 좋다. 요리, 자원봉사, 그림 그리기, 경주 같은 것일 수도 있다.

____

____

____

앞의 기억들을 떠올려 본 소감이 어떠한가? 느낌을 적어 보자(예: 뿌듯함, 만족스러움, 기쁨 등).

② 자신의 장점을 찾아 적어 보자. 사소한 것이어도 좋다. 가능한 한 많이 적어 보자.

자신의 장점들을 적어 본 소감이 어떠한가? 어떤 생각이 드는가? (예: '나에게 이런 장점들이 있었구나.' '그러고 보니 나도 꽤 괜찮은 걸.' 등)

③ 자신에게 힘을 줄 수 있는 말을 적어 보자(예: 다짐의 말, 명언, 속담 등). 그리고 그것을 큰 종이에 적어서 잘 보이는 곳에 붙여 두고 스스로를 동기화한다.

자신감을 기르는 다섯 가지 방법 tip

- 나에게는 훌륭한 인생을 구축할 능력이 있다.
- 그래서 나는 절대로 중도에 그만두지 않는다.
- 무엇이든지 내가 마음속으로 강렬히 원하는 것은 반드시 실현될 것이라고 확신한다.
- 그래서 매일 30분 이상씩 성취한 모습을 상상한다.

- 나는 자기암시의 위대한 힘을 믿고 있다.
- 그래서 매일 10분간 정신을 통일하여 자신감을 기르기 위한 '자기암시'를 한다.
- 나는 인생의 목표를 명확하게 종이에 쓴다.
- 다음은 한 걸음 한 걸음 자신감을 가지고 전진해 가는 것이다.
- 정도(正道)에 따라 행동하지 않고는 부도 지위도 결코 오래가지 않는다.
- 그래서 이기적이거나 비열한 방법으로는 성공하지 않겠다.

–Napoleon Hill

활동 13-3 학습에 대한 자기통제 연습하기

다음의 표를 이용하여 현재 나의 학습 진도와 활동을 점검해 본 후 학습에 있어서 효율적으로 자기통제의 경험을 할 수 있도록 하자.

- 작성방법: 이번 학기에 당신이 수강하는 과목들을 적고 각 영역의 학습별로 현재 얼마나 학습이 진행되고 있는지를 평가하여 100점 만점으로 점수를 적어 보자.

수강과목	학습 진행 정도						
	교재학습	강의	스터디	보충학습	시험 준비	과제물	기타

위의 표를 작성한 후 다음의 질문에 대답해 보자.

① 내가 가장 학습을 잘하고 있는 과목과 그렇지 못한 과목은 무엇인가?

___

___

___

② 내가 가장 잘하고 있는 영역의 학습과 그렇지 못한 것은 무엇인가?

____

____

____

③ 앞으로 내가 더욱 학습해야 할 과목과 영역은 무엇인가?

____

____

____

④ 스스로 자기통제 경험을 한다

학습과 관련된 자신의 상황, 감정, 성공경험 등이 외부 요인에 의해 통제되는 것이 아니라 스스로 통제할 수 있다고 느낄 때, 자신감이 높아지고 학습에 대해 계속적인 통제력을 가지려고 노력하게 된다.

학습에 있어서 얼마나 자기통제를 하는가는 학습동기의 유지와 학업성취에 큰 영향을 미친다. 따라서 공부를 하면서 내가 얼마만큼 학습을 하고 있는지, 얼마나 잘 관리하며 학습을 진행하고 있는지를 중간중간 점검해 볼 필요가 있다.

⑤ 성공적인 경험을 많이 한다

성공적인 경험을 해 보는 것은 이전에 성공했던 일에 대해서 더 많은 관심을 갖고 잘할 수 있도록 해 준다. 성공경험을 더 많이 하기 위해서는 과도하게 욕심을 부리지 말고 자신의 능력에 맞는 목표와 과제를 설정하는 것이 중요하다.

⑥ 정서적으로 안정을 유지한다

불안, 우울, 혼란과 같은 정서적인 상태는 학습에 영향을 미치게 된다. 학습동기를 높이려면 이러한 부정적인 정서를 이겨 내고 적응하는 것이 중요하다. 혹시 정서적인 어려움이 심해 학습에 지장을 초래하고 있다면 상담전문가의 도움을 받아 볼 필요가 있다.

⑦ 신체적인 건강관리를 한다

학습과 관련된 효율적인 정보처리가 일어나려면 정서적으로 안정되어 있을 뿐 아니라 신체적으로도 건강해야 한다. 피로하거나 체력이 저하되고 허약할 때는 오랫동안 학습에 몰두하기가 어렵다.

⑧ 부정적인 환경에 대처할 수 있어야 한다

학습동기를 저해하는 부정적인 환경요인으로는 지나치게 어려운 학습내용, 지나치게 경쟁적인 학습 분위기, 동료나 교수와의 소원한 관계, 지나치게 높은 주위의 성취 압력 등을 들 수 있다. 학습동기를 높이려면 이러한 부정적인 환경요인을 제거하거나 그러한 환경에 대처하는 방안을 습득하도록 노력해야 한다.

⑨ 성공이나 실패에 대하여 스스로가 책임을 진다

성공과 실패의 원인을 어디에 두느냐에 따라 학습동기와 학업성취도가 달라질 수 있다. 학습동기가 높은 사람들은 성공이나 실패에 대하여 스스로 책임을 지려고 하는 데 반해, 학습동기가 낮은 사람들은 학습결과가 안 좋을 때 스스로 책임을 지려 하기보다는 교수 탓을 하거나 시험문제가 어려웠다고 불평하는 경향이 있다. 또한 결과가 잘 나왔을 때에도 자신의 노력의 결과로 생각하기보다는 운이나 외부적인 요인의 결과로 생각하는 경향이 있다. 따라서 이후의 학습에서 더욱 좋은 결과를 얻을 수 있기 위해서는 성공과 실패에 대하여 스스로가 책임을 질 필요가 있고, 필요한 노력을 해야 한다.

⑩ 스스로 내적으로 동기부여를 해야 한다

사람들마다 공부를 하는 이유가 다르다. 어떤 사람들은 내적으로 동기화되어 공부하는 반면 어떤 사람들은 외적으로 동기화되어 공부한다.

내적 동기란 자기 자신으로부터 나오는 동기로 자신의 목표, 가치, 흥미 등을 포함하는 것이다. 즉, 스스로 공부하고자 하는 마음으로 공부하고 스스로 학습에 대한 기쁨과 성취감을 느끼며 공부하는 것이다. 외적 동기란 자기 자신의 밖으로부터 오는 것으로 자신에게 영향을 주는 다른 사람들의 목표와 가치와 관심을 포함하는 것이다. 예를 들어, 벌이나 비난을 받지 않기 위해 공부를 한다거나, 다른 사람을 기쁘게 하기 위해, 다른 사람에게 인정받기 위해 공부하는 경우는 외적으로 동기화된 경우에 해당된다.

일반적으로 학업에 대한 외적 동기보다는 내적 동기가 클수록 공부에 재미를 느끼며 스스로 책임감을 지니게 되어 학업성취도도 올라간다.

활동 13-4 내적으로 동기부여하기

자신이 현재 공부를 하는 이유 세 가지를 내적 동기를 이용하여 적어 보자. 또한 점수를 잘 받기 위해, 누군가의 인정을 받기 위해서가 아닌 자기 자신으로부터 나오는 동기를 생각하여 적어 보자.

- 나는 외국인들을 만나도 잘 대화할 수 있도록 영어를 잘하고 싶다.
- 나는 나의 꿈인 사회복지사가 되기 위하여 사회복지를 전공하고 싶다.

①

____

____

____

②

____

____

____

③

---

⑪ 지원체계를 잘 활용한다

학습동기가 높은 사람들은 학습하는 데에 도움이 될 수 있는 지원체계에 대해 잘 알고 있으며 또한 이를 잘 활용한다. 따라서 학습과 관련된 중요한 정보나 도움을 받을 수 있는 여러 지원체계에 대해 숙지하고 이를 잘 활용해야 한다. 이를 위해서는 기관 홈페이지, 안내책자 등을 항상 꼼꼼히 살펴보아야 하며, 도움이 될 만한 지원체계들을 적극적으로 활용해야 한다(364쪽의 자원활용 부분 참조).

⑫ 목표를 설정한다

목표 설정은 자기가 어디에 있는지, 원하는 것이 무엇인지를 더 확실하게 해 주며 현실과 미래를 살펴볼 수 있도록 해 준다. 목표 설정은 동기의 유지와 증진을 위해서 가장 중요한 요소다. 자신이 하고자 하는 것에 대한 분명한 방향성과 그림이 있어야 동기가 유지되기 때문이다. 따라서 목표가 확고하게 설정되어 있으면 학습동기가 고취될 수 있다.

활동 13-5 목표 설정하기

① 자신의 가치관, 신념, 흥미에 기초하여 목표를 설정한다.

효율적인 목표 설정을 위해서는 자신에 대한 이해가 우선되어야 한다. 이를 위하여 목표를 설정하기 전에 다음과 같은 질문들에 답해 볼 필요가 있다.

- 내가 진정으로 원하는 것은 무엇인가?
- 내가 관심을 가지고 있는 목표는 나에게 무엇을 가져다줄 수 있는가?
- 목표를 실현하기 위해 나는 어떤 노력을 할 수 있는가?

이러한 질문들에 대한 답을 생각해 보며 목표를 설정해 보자.

나의 목표를 적어 보자.

② 목표는 구체적이고 측정 가능한 것으로 설정한다.

목표를 구체적이고 측정 가능한 것으로 설정해야 목표 달성을 위해 무엇을 해야 할지 알 수 있으며, 다 하고 난 후 목표를 달성했는지 여부에 관해서도 평가할 수 있다. 다음의 예시를 참조하여 앞에서 설정한 목표를 구체적이고 측정 가능한 것으로 다시 표현해 보자.

- 나는 지난 학기에 친구들과 너무 많은 시간을 같이 보내서 성적이 좋지 않았다. 그래서 이번 학기에는 친구들과 시간을 보내는 대신 공부에 더 많은 시간을 할애할 것이다. (×)
- 나는 일주일에 주말 하루 동안만 친구들을 만나고, 대신 공부하는 데 전념할 것이다. (O)

구체적인 것으로 수정한 나의 목표를 적어 보자.

③ 목표를 도전적이면서도 현실 가능한 것으로 설정한다.

목표는 적당히 도전적이면서도 현실적이고 실행 가능한 것으로 잡아야 한다. 목표가 도전적이지 않으면 나태해질 수 있으며, 너무 높으면 달성하기 어려워 미리 포기하고 좌절하게 된다. 다음의 예시를 참조하여 표현해 보자.

- 나는 전공과목 세 개의 시험에서 모두 100점을 받겠다. (×)
- 나는 전공과목 세 개의 시험에서 최소한 85점 이상을 받겠다. (O)

도전적이고 현실 가능한 나의 목표를 적어 보자.

④ 각 목표별로 시작할 때와 마칠 때를 분명히 한다.

시작시간을 분명히 계획해 놓지 않으면 그것을 시작하기까지 시간이 너무 오래 걸릴 것이며, 끝마칠 시간을 분명히 계획해 놓지 않으면 제때에 마칠 수 없게 된다. 따라서 목표별로 시작할 때와 마칠 때를 분명히 계획하게 되면 언제 시작해야 하는지를 알게 되고 서두르지 않고 끝마칠 때까지 충분한 시간을 할애할 수 있다. 다음의 예시를 참조하여 다시 표현해 보자.

- 나는 A과목의 과제를 이번 학기 내에 마칠 것이다. (×)
- 나는 A과목의 과제를 4월 12일에 시작하여 5월 1일에 마칠 것이다. (O)

앞에서 설정한 목표를 도전적이면서도 현실적이고 실행 가능한 것으로 적어 보자.

⑤ 단기목표와 장기목표를 함께 세운다.

단기목표는 근시일(하루, 일주일 혹은 몇 달) 내에 성취할 수 있는 목표들이다. 장기목표는 자신의 가장 의미 있고 중요한 목표들로 긴 시간(한 학기, 1년, 5년, 10년 혹은 그 이상)에 걸쳐 달성해야 할 목표다. 앞에서 설정한 나의 목표들을 살펴보고 그것들을 장기목표와 단기목표로 구분해 보자. 혹시 장기목표가 빠진 영역이 있다면 새로이 추가한다.

단기목표와 장기목표를 고려하여 지금까지 작성한 목표들을 다음과 같이 표로 정리해 보자.

장기목표	
중간목표 2(향후 10~20년) ( )~( )세	
중간목표 1(향후 3~10년) ( )~( )세	
단기목표(향후 1~3년) ( )~( )세	
올해의 목표	
이달의 목표	
이번 주의 목표	
오늘의 목표	

▶ 예시

장기목표	성공한 CEO(스스로 만족감 느낄 수 있는)
중간목표 2(향후 10~20년) ( )~( )세	성공한 CEO
중간목표 1(향후 3~10년) ( )~( )세	대학원 다니면서 인터넷 사업
단기목표(향후 1~3년) ( )~( )세	학사학위 취득 대학원 진학 + 인터넷 사업 준비
올해의 목표	학점 평균 C 이상 이수하기 전공 자격증 관련 자료 찾고 자격증 취득을 위한 계획 세우기 → 목표 달성 후 보상: 가족과 함께 제주도 여행

이달의 목표	중간고사 빼놓지 않고 모두 보기 리포트 기일 내에 작성하여 제출하기 → 목표 달성 후 보상: 낚시 하러 가기
이번 주의 목표	전공과목 리포트 기본 틀 잡기 시험공부 50% 하기 → 목표 달성 후 보상: 주말에 늦잠과 휴식(반나절)
오늘의 목표	시간관리 계획표(주간, 월간) 작성하기

⑥ 목표를 달성한 뒤에는 자기 자신에게 보상을 준다.

목표를 달성한 후 자신에게 스스로가 적절한 보상을 주면 다른 목표들도 성취하고 싶은 동기를 유발하게 된다. 목표를 달성하고 난 뒤 자신에게 어떠한 보상을 주겠는가?

• 이번 학기에 평균 B학점 이상 받으면 방학 때 3박 4일 여행을 간다.
  목표 달성 후 자신에게 줄 보상은 무엇인가?

___

___

___

4) 마무리하기

지금까지 학습동기를 증진시키고 유지할 수 있는 방법들에 대해 생각해 보았다. 하지만 실제로 이를 실행하기란 쉬운 일이 아니다. 끊임없이 자신을 점검하고 다짐하여 꾸준히 실행해 나갈 수 있도록 노력해야 한다.

활동 13-6 공부하는 나의 마음 다지기

① Joachim de Posada의 『마시멜로 이야기(Don't Eat the Marshmallow Yet)』를 보면, 마시멜로는 지금 당장은 순간적인 쾌락과 만족감을 주지만 결과적으로는 남는 것이 없게 만드는 것으로 늦잠의 달콤한 유혹, 컴퓨터 게임의 유혹, 흡연, 음주 등을 말한다.
그렇다면 지금 나를 공부로부터 멀어지게 만들며 달콤하게 유혹하고 있는 마시멜로들은 무엇인가?

____

____

____

② 이 마시멜로들의 유혹을 이겨 내고 노력한다면 이후에 내가 받게 될 더 크고 만족스러운 결과는 무엇인가?

____

____

____

③ 이 마시멜로들의 유혹을 어떻게 이겨 낼 수 있겠는가? 또한 학습동기와 의욕이 떨어질 때마다 자신에게 힘을 줄 수 있는 좋은 글귀나 명언들을 적어 보자.

____

____

____

2회차: 인지전략

- 목표
  - 자신의 기억방법을 점검해 보고 기억하는 다양한 방법을 알아보고 연습한다.

- 효율적인 학습을 위해서 집중력의 방해요인을 확인하고 집중력과 관련된 자신의 내적 · 외적 방해요인을 파악하고 관리할 수 있다.

● 활동내용

- 들어가기
- 집중력
  - 집중력이란 무엇인가
  - 집중이 잘 안 된다면
  - 집중력 향상을 위한 심리적 환경 만들기
  - 집중력 향상을 위한 외부환경 만들기
  - 집중력을 유지하기 위한 방법
  - 집중력 훈련기법
- 읽기와 쓰기
  - 읽기
  - 쓰기
- 기억하기
  - 육감(six senses)의 이용
  - 효과적인 기억전략
- 시험 치기

1) 들어가기

인지전략이란 학습에서 사용되는 집중하기, 읽기, 쓰기, 기억하기, 시험 준비하기 등을 효과적으로 수행하는 방법을 의미한다. 따라서 인지전략은 정보를 처리하고 기억하고 가공하는 일련의 기술인 학습전략이라고 볼 수 있다.

학습을 잘하기 위해서는 학습에 대한 동기와 노력이 필요하지만 효과적으로 공부하는 기술도 필요하다. 효과적으로 학습하기 위해서는 먼저 기꺼이 공부에 시간과 노력을 투자하고자 하는 의지를 가져야 한다.

인지전략을 학습하게 되면 효율적인 학습이 가능하다. 모든 사람에게 같은 인지전략이 같은 효과를 가져오지 않는다. 나에게 맞는 나만의 인지전략을 찾아 익힐 필요가 있다.

- "대학교의 수업을 효율적으로 듣는 법과 시험을 잘 볼 수 있는 방법에 대해 알고 싶습니다. 효과적으로 스스로 공부할 수 있는 방법도 배우고 싶습니다."(성인학습자 A)
- "저는 학습에 집중하여 중요한 내용을 파악, 이해, 기억하는 데 효과적인 방법이 무엇인지 알아야 할 것 같습니다."(성인학습자 B)
- "투자한 시간에 비해 집중을 하지 못하니, 진도는 얼마 나가지 못해 속상하고 공부에 대한 의욕이 꺾일 때가 많습니다."(성인학습자 C)

2) 집중력

(1) 집중력이란 무엇인가

'공부한 시간에 비해 남는 것이 없다.'라면 공부시간을 효율적으로 집중해서 보냈는지를 생각해 봐야 된다.

집중력은 하나의 특정한 사물이나 활동에 정신을 집중하는 것으로 모든 생각과 관심을 쏟는 것을 말한다. 간단하게 말하자면, 집중력은 이 순간 오로지 한 가지만을 생각하는 것이다. 집중하고 있다는 것을 아는 순간 더 이상 집중하지 못한다. 진짜 집중하는 순간은 오직 과제만을 잡고 있는 순간이다.

집중해서 공부하지 않는 것은 공부가 아니라 시간을 보내는 것이다. 따라서 집중력에 따라 학업성취가 결정된다고 해도 과언이 아니다. 집중할 수 있는 능력은 타고나는 것이 아니라 노력과 연습으로 개발되는 것이다. 또한 집중은 습관이다.

활동 13-7 집중력이란 무엇인가

집중해서 무언가를 했던 경험을 떠올려 보고, 어떤 일을 할 때 어떤 상황이었는지를 기억해 보자.

예: "몇 년 전에 추리소설을 읽었는데, 누가 범인일지를 생각하느라 책 외에 다른 것은 눈에 보이지도 않았어요. 제 눈은 오로지 종이의 활자만 보였고 머릿속에는 책의 내용으로 꽉 차 있었어요. 동생이 불러도 왜 대답이 없냐고 방문을 열 때까지 시간이 가는 줄도 몰랐어요."

- 집중하는 순간 주변의 분위기와 완전 차단되고 오직 한 가지에 모든 생각과 관심을 모았다면 집중한 것이다.
- 집중하는 동안 시간이 얼마나 지나는지, 누군가가 나의 이름을 부르는지, 내 주변에서 어떤 일이 일어나는지를 모르는 채 한 가지 일에만 빠져 있게 된다.

(2) 집중이 잘 안 된다면

집중이 잘 안 된다면 내적 소음이나 외적 소음이 있는지 확인해 본다. 내적 소음은 집중하는 나의 내부에 있는 방해 자극이다. 잡념, 걱정, 불안 등은 집중해서 공부하는 것을 방해한다. 외적 소음은 집중을 하는 당신의 외부에 있는 방해 자극이다. 공부하는 장소의 조명, 가구, 소음 등은 집중을 방해한다.

집중력 향상을 위해 내적 소음을 없애려면 심리적 안정을 취하고, 외적 소음을 없애려면 학습환경을 정비할 필요가 있다.

활동 13-8 집중을 방해하는 내적 소음

다음 활동을 통해 나의 집중을 방해하는 내적 소음에는 무엇이 있는지 생각해 보자.

다음은 집중을 방해하는 요인들이다. 방해되는 정도에 따라 1에서 5까지 점수를 매겨 표시해 보자. 1은 전혀 방해되지 않는 상태이고, 5는 가장 방해가 많이 되는 상태다. 그리고 아래의 항목은 일반적인 방해요인이므로 나만의 방해요인이 있는 경우에는 빈칸에 적어 보자.

내적 소음	점수(1~5)
1. 딴생각이나 공상	(　　)
2. 걱정, 고민	(　　)
3. 아프거나 피곤한 몸	(　　)
4. 자신감 부족	(　　)
5. 학습내용에 대한 흥미 및 이해 부족	(　　)
6.	(　　)
7.	(　　)

출처: 김영진(1998).

(3) 집중력 향상을 위한 심리적 환경 만들기

- 계획이 있어야 불안감을 덜 느끼므로 실현 가능한 계획을 세워 공부를 시작한다.
- 휴식을 위한 낮잠은 15분 정도가 적당하므로 이보다 오래 자지 않는다.
- 책상 앞에서 걱정이나 고민을 하지 않도록 개인적인 정서문제를 해결한다.
- 학과공부에 대한 불안을 해결한다.
- 신체적 피로를 극복하는 방법을 개발하고 활용한다.

활동 13-9 집중을 방해하는 외적 소음

다음 활동을 통해 나의 집중을 방해하는 외적 소음에는 무엇이 있는지 생각해 보자.

다음은 집중을 방해하는 요인들이다. 방해되는 정도에 따라 1에서 5까지 점수를 매겨 표시해 보자. 1은 전혀 방해되지 않는 상태이고 5는 가장 방해가 많이 되는 상태다. 그리고 아래의 항목은 일반적인 방해요인이므로 나만의 방해요인이 있는 경우에는 빈칸에 적어 보자.

외적 소음	점수(1~5)
1. 음악, 소음, TV	(　　)
2. 가족 등 주변인의 방해	(　　)
3. 배고픔	(　　)
4. 조명	(　　)
5. 정돈되지 않은 책상 및 공간	(　　)
6.	(　　)
7.	(　　)

출처: 김영진(1998).

(4) 집중력 향상을 위한 외부환경 만들기

- 이곳저곳 옮겨 다니는 것은 새로운 적응을 요구하며 집중력을 저하시킨다. 그러므로 오로지 '공부만!!' 하는 장소를 만든다.
- 공부 장소에서는 잡담, 편지쓰기, 낮잠, 음식 먹기 등을 피하며 '공부만!!' 하는 습관을 들인다.
- 공부 장소는 조명, 통풍, 가구의 배치, 소음 등의 방해요인을 제거하여 공부하기에 가장 효율적인 장소로 만든다.

활동 13-10 집중력 향상을 위한 외부 환경 만들기

먼저 내가 주로 공부하는 장소를 자세히 그려 보자. 그다음 나의 학습에 도움이 되는 장소에는 ○표, 방해가 되는 장소에는 ×표를 해 보자.

(5) 집중력을 유지하기 위한 방법

- 공부를 시작하면 가능한 한 빨리 집중 단계로 들어갈 수 있는 습관을 들인다.
- 공부하기 전에는 흥분되는 일(exciting activities)을 피하고, 우리의 몸과 마음을 안정시켜 공부하기 적합한 상태로 만든다.

[그림 13-2]를 보면 학습 초반에는 집중해서 공부하기가 어려울 수 있다(initial distactions). 그러나 이 시기를 지나면 집중이 가장 잘되는 시간(concentration peak)이 오게 되고 그 이후 일정시간이 지나면 휴식시간(time for a break)이 필요하게 된다.

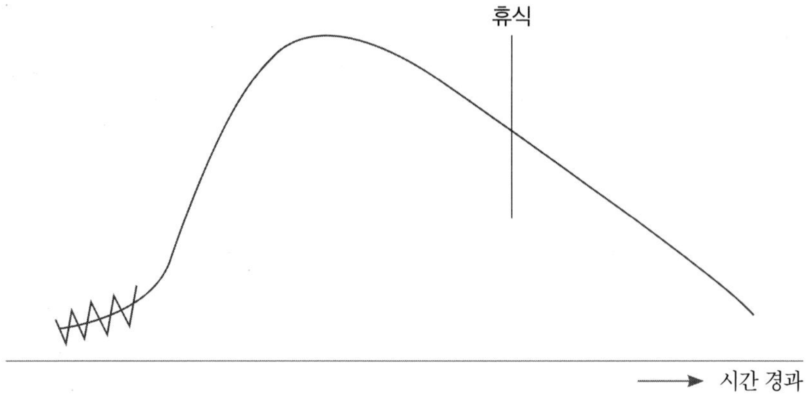

[그림 13-2] 학습 집중과정

(6) 집중력 훈련기법

① 집중공간법

자기최면 방법으로, 책상을 둘러싸고 있는 주변 환경에는 아무것도 없다고 생각한다.

② 체크법

집중이 안 된다고 생각되면 빈 종이에 체크를 한다. 집중이 될수록 체크되는 빈도가 줄어드는 것을 볼 수 있다.

③ 연필기법

연필 끝에 집중하여 글을 읽으면서 연필로 집중해서 본 경우 표시를 한다. 집중되지 않는 경우에는 다시 읽는다.

3) 읽기와 쓰기

(1) 읽기

읽기는 학습의 중심적인 요소이며 모든 학습은 읽기에서 시작된다고 해도 과언이 아니다. 효과적인 읽기방법으로는 PQ4R 전략이 있다.

① 훑어보기(Preview)

글을 읽기 전 주요 내용을 알아보기 위해 제목, 요약 등을 대강 훑어본다.

② 질문하기(Question)

훑어본 내용과 관련된 문제를 예상해 본다.

③ 읽기(Read)

적당한 속도로 책의 내용을 자세히 읽는다.

④ 숙고하기(Reflect)

책을 읽으면서 혹은 읽고 나서 내용이나 앞에서 했던 질문에 대한 답을 깊이 생각해 본다.

⑤ 외우기(Recite)

읽은 내용 중 중요한 내용을 속으로 암송한다.

⑥ 다시 읽기(Review)

읽은 내용을 다시 검토한다.

효과적인 읽기를 위해 기억할 사항

- 글을 읽으면서 머릿속에 그림을 그려 본다.
- 글을 읽은 후 자기 자신에게 자세히 그 내용을 설명할 수 있게 한다.
- 읽은 내용에 대해 스스로에게 질문해 본다.
- 글의 주제나 핵심 아이디어를 찾아낸다.
- 글을 읽은 후 요약·정리하며 주제 문장이나 핵심 아이디어는 반드시 표시해 둔다.

(2) 쓰기

쓰기, 즉 필기하기는 강의내용을 그대로 받아 적는 것이 아니라 중요한 내용을 체계적으로 정리하는 것이다. 이러한 쓰기를 잘하기 위해서는 먼저 경청과 글 읽기를 효과적으로 해야 한다.

① 쓰기의 원칙

- 체계적으로!
- 시각적으로 조직화!!
- 필기는 빨리
- 필기는 간단히
- 덧붙여 쓸 수 있도록 여백을 둔다.

② 효과적인 쓰기를 위해 기억할 사항

- 수업내용을 언제라도 기억하기 쉽도록 일목요연하게 정리한다.
- 수업의 주요 주제가 무엇인지를 알고 항상 염두에 두면서 필기한다.
- 수업시간의 80%는 듣는 데, 20%는 쓰는 데 사용한다.
- 자신만의 쓰기전략을 만든다.
- 각 과목에 맞는 노트 필기를 한다.

- 학습의 효과를 높이기 위해 서너 가지 색을 사용하여 중요한 내용에 포인트를 준다.
- 필기내용을 잘 조정하여 산만하지 않도록 한다.
- 노트에 여백을 충분히 두어 추가할 내용이 생기면 언제라도 적을 수 있도록 한다.
- 강의내용을 빠짐없이 잘 듣는다.

활동 13-11 필기 연습

다음의 코넬식 노트 필기법을 보고 자신의 필기법과 비교해 보자.

단서란	노트 필기란	메모란
중요한 개념이나 용어, 소제목 등을 적는다.		필요한 관련 사항을 적는다.
기록	문장은 간단히, 내용은 정확히, 속도는 신속하게 필기한다. 적어도 자신이 무엇을 적었는지 나중에 알아볼 수 있도록 필기한다. 주로 노트 필기란에 쓴다.	
축약	'단서란'에 '노트 필기'에 쓴 내용의 요점이나 질문을 쓴다. 수업을 마친 후 바로 오른편에 필기한 것을 토대로 질문들을 만들어 본다. '질문을 적는 것'은 의미와 내용 관계를 명확하게 해 주며 기억을 강화시켜 준다.	
암송	종이로 노트 필기한 부분을 덮는다. 그러고 난 후 질문의 핵심 단어들, 단서란만 보면서 자신의 언어로, 질문에 대한 답이나 단서가 지시하는 내용이나 사실들을 큰 소리로 말해 본다.	
복습	최소한 매일 10분 정도는 이전의 모든 노트를 다시 읽어 보는 데 시간을 투자한다. 기억하는 데 도움이 된다.	

※ 요약란

수업이 끝나면 이 공간(페이지 하단)의 앞에 적은 필기내용을 요약하여 적어 둔다.

※ 효과적인 노트 필기는 기록, 축약, 암송, 복습 단계를 통해 이루어진다.

출처: 전명남(2004).

〈코넬식 필기 노트〉

단서	노트 필기	메모

4) 기억하기

기억이란 사실, 관념, 명칭 등과 같은 정보를 회상하는 능력을 의미한다. 기억은 학습의 필수요소다.

왜 기억하지 못하는가? 부정적인 자아개념, 심리적 이유, 기억내용을 사용하지 않음, 다른 정보에 의한 방해 혹은 혼동, 기억할 만큼 충분히 학습하지 않음 등을 이유로 기억이 이루어지지 않는다.

(1) 육감(six senses)의 이용

기억은 시각, 청각, 촉각 등의 감각이 많이 동원될수록 잘된다.

- 읽었을 때 10% 기억한다.
- 들었을 때 20% 기억한다.
- 보았을 때 30% 기억한다.
- 보고 들었을 때 50% 기억한다.
- 친구들과 이야기했을 때 70% 기억한다.
- 내가 경험했을 때 80% 기억한다.
- 누군가에게 가르쳐 줬을 때 95% 기억한다.

① 시각

- 학습한 내용에 대한 표, 도표, 그림을 활용한다.
- 나만의 표, 도표, 그림을 작성한다. 멋있게 만드는 것보다 간단하고 명확하게 만드는 것이 더 중요하다.
- 강조할 부분이나 어려운 내용은 과장되거나 재미있게 표시해 둔다.
- 복잡해 보이지 않도록 여백을 충분히 두고 내용 간의 관련성이 확실히 드러나도록 표시한다.
- 시각화를 위해 서너 가지 색으로 표시한다.

② 청각

- 필요시에는 녹음매체를 이용하여 중요한 내용을 녹음하여 듣는다.
- 가능하다면 함께 공부하는 사람들과 수업내용에 대해 이야기를 나눈다.
- 암기할 내용이나 학습한 내용을 읽을 때 리듬에 맞추어 본다.

③ 촉각

- 중요한 내용은 그려 보고 써 봄으로써 뇌가 동작을 기억하도록 한다.

- 학습내용과 연관된 제스처, 동작 등을 반복한다.
- 필기는 좋은 촉각경험이 될 수 있다.

④ 미각 및 후각

감각 중 가장 강한 감각기능임에도 불구하고 학습에서는 사용되는 경우가 많지 않다. 나의 미각, 후각을 학습한 내용을 기억하는 데 연관시켜 볼 수 있다.

⑤ 직관

직관은 입증하기는 어렵지만 우리의 학습에 중요한 감각 중 하나다. 설명할 수는 없지만 때로는 자신의 육감이 정확한 경우들이 있다. 그러나 꼭 기억할 것은 육감도 학습에서 나온다는 것이다.

(2) 효과적인 기억전략

기억을 잘하기 위해 염두에 두어야 할 사항

- 원래 못 외우거나 머리가 나쁘다고 해서 암기를 못하는 사람은 없다. 누구나 잘할 수 있다는 자신감을 갖도록 한다.
- 공부하는 내용에 흥미를 갖는다.
- 공부한 후에 1분간의 복습은 기억력을 2배로 늘어나게 하므로 반복하여 본다.
- 공부한 내용을 요약하는 습관을 기른다.
- 장시간씩 가끔 하는 공부보다는 단시간씩 자주 하는 공부가 더 도움이 된다.
- 기억할 필요가 있는 주요 내용은 표시를 하거나 색인카드로 만들어 어휘, 용어, 사실 등의 기억을 증가시킨다.
- 기억능력은 연습을 통해 향상될 수 있다.
- 효과적인 기억을 돕는 전략으로 시각화, 정교화, 조직화, 기억술이 있다.

① 시각화

시각적 이미지로 기억하는 방법으로 가장 오래된 기억방법이다. 장소법이 대표적인 방법으로, 우리가 잘 아는 공간적 인상 위(예: 우리의 몸, 우리 가족, 집, 학교)에 연결시켜 기억하는 방법이다.

친숙한 장소에 배열되어 있는 대상들을 순서대로 먼저 떠올린 다음, 기억해야 할 항목들에 대한 심상을 형성하고, 마지막으로 친숙한 장소의 대상들과 기억해야 할 항목들을 서로 결합시켜서 상호작용하고 기괴한 심상으로 떠올린다. 나중에 이 항목들을 기억할 때는 친숙한 대상들의 심상을 하나하나 떠올리면서 기억해 낸다.

예: '핫도그, 고양이, 토마토, 바나나, 위스키'를 '우리집'에 대입한다.
　우리집: 현관문 → 신발장 → 거실 → 부엌 → 화장실
　우리집: 핫도그 → 고양이 → 토마토 → 바나나 → 위스키

첫째, '현관문에 거대한 핫도그가 걸려 있는 모습'을 떠올려 보고, 둘째, 항목을 기억하기 위해서 친숙한 장소인 '신발장'을 머릿속에 떠올리고는 '고양이가 신발장 속에 있는 모습'을 떠올리고, 셋째, 거실을 떠올리면서 '거실에 토마토가 가득 널려 있는 모습'을 생각한다. 바나나가 부엌 바닥에 널려 있는 상황과, 마지막으로 '화장실에서 위스키를 몰래 먹는 아빠의 모습'을 떠올리면서 암기한다.

② 정교화

기억할 내용에 의미를 부여하여 기억하는 방법이다. 이름이나 전화번호 또는 어떤 추상적인 단어나 정보를 기억하기 쉽게 어떤 의미를 부여해서 기억하는 것이다.

- 구체화법(확정법): 어렵고 모양이 없는 단어를 볼 수 있는 단어로 바꾼다.
- 바꿈법: 간단한 물건이나 소리가 비슷한 다른 말로 바꾼다.

- 분해법: 긴 단어나 잘 바뀌지지 않는 말들을 나누어 기억하기 쉽게 한다.
- 대용법: 외국어를 공부할 때 쓰는 방법으로, 발음 등에 의미를 부여하여 기억한다.

예: 현제명(작곡가)의 '희망의 나라로'(노래)를 외울 때
→ 현제 우리나라는 희망이 있다.

③ 조직화

이미 기억한 정보를 조직화하여 기억하면 기억이 더 잘된다. 표나 그림을 이용하면 효과적으로 조직화하는 데 도움이 되기도 한다.

조직화에는 결합법과 연쇄기법이 있다. 결합법은 자극어와 반응어를 결합시켜 영상화해서 기억하는 방법이다. 기억할 내용을 이용해서 하나의 그림으로 기억하는 방법도 해당된다. 연쇄기법은 여러 가지 이름 또는 사건 등 관련이 없는 내용들을 연결시켜 기억을 돕는 방법이다.

연쇄결합을 잘하려면

- 가능한 한 말이 되게 결합하여 연상한다.
- 밀접한 관계가 있는 것처럼 연상한다.
- 이것저것 망설이지 말고 한번 생각한 것은 절대 바꾸지 않는다.
- 될 수 있으면 빨리 생각하여 그림형태로 머릿속에 기억한다.
- 가능한 한 강한 인상이 남도록 말을 만든다.

예: 대뇌피질의 구조에 대해 외우기-전두엽, 측두엽, 후두엽, 두정엽
→ (전)쟁은 양(측)의 (두)다리를 (후)드득 떨리게 한다.

④ 기억술

기억술은 쉽게 기억할 수 있는 방법으로 두문자법이 대표적이다.

순서가 정해진 것은 첫 글자를 순서대로 외우고, 그렇지 않은 것은 자주 사용하는 단어로 만들거나 최대한 발음하기 쉽도록 배열하여 외운다. 이때 외워야 할 첫 글자가 많을 경우 3~4자로 끊어 가락이나 리듬을 붙여 기억한다. 또한 앞글자만으로는 분명하게 구별되지 않을 때에는 두 번째 글자를 이용한다든지 하여 나름대로의 융통성을 발휘하여 기억한다.

예: 삼국시대에 망한 나라 순서는 백제, 고구려, 통일신라, 발해 건국 → 백고통발

예: Piaget의 인지발달 단계는 감각운동기, 전조작기, 구체적 조작기, 형식적 조작기 → 감전구형

5) 시험 치기

시험은 학습결과를 평가하는 정형화된 수단이다. 시험을 잘 치기 위해서는 다양한 시험에 대비하는 데 필요한 시험 준비, 시험 치르기 그리고 시험불안에 대처하기 등의 기술을 익혀서 효과적으로 사용할 수 있어야 한다.

활동 13-12 시험 치기

시험에서 좋지 않은 성적을 받았다면 그 이유에 대히 생각해 보자. 다음의 예를 참고하여 문제 정도가 심각하다고 생각되는 것부터 우선순위를 정하여 적어 보자.

예: 강의에 집중하지 않았음. 시험에 신경을 안 씀. 과목이 싫음. 벼락공부가 효과가 없었음. 공부할 시간이 부족했음 등

① ______________________________

② ______________________________

③ ______________________________

④ ______________________________

⑤ ______________________________

⑥ ______________________________

⑦ ______________________________

⑧ ______________________________

⑨ ______________________________

⑩ ______________________________

시험 준비를 위한 tip

- 시험 준비를 무조건 일찍 시작한다.
- 노트 정리를 잘해 둔다.
- 과목별, 시험유형별(선택형, 논술형)로 시험 준비를 한다.
- 필요할 때에는 벼락공부라도 한다.
- 시험공부는 짧게, 여러 번 한다.

3회차: 학업 스트레스 극복

● 목표

- 학업 및 시험불안 스트레스에 대해 이해한다.
- 학업 및 시험불안 스트레스에 대한 효과적인 대처방안을 습득한다.

● 활동내용

- 들어가기

- 불안에 대한 이해
  - 불안에 대한 분석활동
  - 불안 스토리
  - 불안에 대한 공식적인 정의
  - 지각 점검
  - 불안 조절하기(알아차림)
  - 불안에 대한 ABC 모델
- 불안 극복하기
  - 불안이 매우 높은 학생과 불안이 다소 낮은 학생의 생각 비교
  - 자기비난적 사고를 알아내고 격려하는 신념으로 바꾸기
- 새로운 행동 실행하기
  - 새로운 신념으로 새로운 행동 취하기
  - 불안 증상 감소시키기
  - 1분 명상

1) 들어가기

가정과 직장 생활을 병행하면서 공부하는 경우가 많은 성인학습자에게는 스트레스 관리가 학업의 성공을 위해 매우 중요하다.

- "공부할 때 슬럼프를 좀 더 쉽게 극복할 수 있는 방법을 알고 싶습니다."
- "시험 볼 때 긴장이 너무 심해서 손이 떨려 글쓰기 힘듭니다. 이러한 불안을 조절하고 싶습니다."

성인학습자들에게 학업 스트레스가 있는 것은 자연스러운 일이다. 그러나 불안이나 스트레스가 지나치게 높으면 학습활동(집중, 사고능력, 수행능력)에 방해가 되

므로 이를 조절하는 것이 필요하다.

시험이나 과제 등을 앞두고 불안이 생길 수 있으나 시험이나 과제 등의 평가상황을 지나치게 부정적이고 위협적으로 받아들이게 되면, 이러한 상황을 피하고 싶은 마음이 들게 된다. 이러한 반응은 흔히 자신도 모르는 사이에 일어날 수 있다.

따라서 이러한 불안이나 스트레스를 자각하고(aware) 보다 건강한 방법으로 극복하는 방법들을 활용해야 한다. 그러면 집중력이 높아지고 학습활동에 바로 노력을 쏟을 수 있게 되어 학습성취도를 높일 수 있다.

2) 불안에 대한 이해

(1) 불안에 대한 분석활동

다음 각 질문에 대해 간단하게 대답해 보자.

질문	대답
1. 스트레스를 받아서 당신이 알고 있는 자료내용을 잊어버린 적이 있습니까?	예, 아니요
2. 시험 전에 시험을 어떻게 볼지 매우 걱정되었던 적이 있습니까?	예, 아니요
3. 부담이 심해서 학업에 집중할 수 없었던 적이 있습니까?	예, 아니요
4. 학점 때문에 쉽게 좌절됩니까?	예, 아니요

질문에 '예'라고 대답한다면 학업에 있어서 불안 증상이 있을 가능성이 있다.

(2) 불안 스토리

최근 6개월 내의 학업상황(혹은 다른 상황)에서 지나치게 불안을 경험한 적이 있는가? 있다면 무슨 일이 일어났는지 간단하게 적어 보자.

① 구체적인 상황(언제, 어디서, 누구와, 무엇을, 어떻게, 왜)의 내용이 들어가도록 상황을 기술해 보자.

② 신체적 · 정서적 · 인지적으로 어떤 증상이 있었는가?

- 신체적 증상: 위경련, 집중력 저하 등
- 정서적 증상: 불안, 분노, 죄책감 등
- 인지적 증상: 부정적인 생각, 지속되는 걱정 등

③ 그 상황에서 어떤 생각들이 스치고 지나갔는가, 그 순간에 스치고 지나가는 생생한 생각들은 무엇이었는가?

④ 불안을 줄이기 위해 무엇을 시도했는가, 극복하기 위해 시도한 방법들이 도움이 되었는가 혹은 그 상황을 피하는 행동을 하였는가?

활동 13-13 불안 스토리 활동

지난 6개월 동안 특별히 불안했던 때를 기술해 보자.

① 구체적인 상황(언제, 어디서, 누구와, 무엇을, 어떻게, 왜)을 기술해 보자.

____

____

____

② 신체적 · 정서적 · 인지적으로 어떤 증상이 있었는가?

____

____

____

③ 그 상황에서 어떤 생각들이 스치고 지나갔는가, 그 순간에 스치고 지나가는 생생한 생각은 무엇이었는가?

____

____

____

④ 불안을 줄이기 위해 무엇을 시도하였는가, 극복하기 위해 시도한 방법들이 도움이 되었는가 혹은 그 상황을 피하는 행동을 하였는가?

활동에서 기술한 불안 스토리를 기억하면서 작업을 하게 될 것이다. 불안을 유발하는 요소들과 불안을 감소시키는 방법에 대한 이해를 도울 것이다.

(3) 불안에 대한 공식적인 정의

'불안'에 대한 정의가 무엇이라고 보는가? 자신이 생각하는 '불안'의 정의를 적어 보고, 공식적인 정의와 비교해 보자.

활동 13-14 '불안'에 대한 정의 활동

① 불안이란 무엇인가?

② 불안에 대한 자신의 생각과 공식적인 정의를 비교해 보자.

불안에 대한 공식적인 위협에 대한 지각(perception) 혹은 걱정. 부정적인 결과에 대한 예상(expectation)

불안은 지각(perception) 혹은 예상(expectation)이라는 점을 주목하자. 불안은 사건이나 상황이 아닌 사건에 대한 신념, 기대, 지각에서 유발된다. 시험불안을 유발하는 것은 다가오는 시험 자체가 아니라 시험에 대한 지각이다. 불안이 우리의 신념에서 나오는 것이기 때문에 신념을 바꿈으로써 불안의 조절이 가능하다. 불안을 조절하여 학업에 대한 긍정적인 태도와 집중력을 높일 수 있다.

'100분의 불안보다 5분의 행동이 당신의 학업성취도를 높일 것이다.'

(4) 지각 점검

다음 문장이 맞는지 체크해 보자.

□ 우리는 언제나 우리가 불안할 때를 알고 있다.
□ 불안은 압박감이 높은 직장생활을 하는 사람들에게만 있다.
□ 정서는 조절될 수 없다.
□ 불안은 상황에 의해서 일어난다.

위 문항들은 많은 사람이 불안에 대해 가지고 있는 잘못된 생각이다.

- 우리는 우리가 불안할 때를 언제나 알고 있는 것은 아니다. 나중에 어떻게 영향을 미치는지 알지 못할 때도 있다.
- 압박감이 높은 생활을 하는 사람들이 더 불안할 수도 있지만 그렇지 않은 사람들이 불안을 경험하지 않는 것은 아니다.
- 정서는 조절될 수 있다. 예를 들어, 불안에 대해 알고 또 어떻게 조절하는지 방법을 아는 것으로 극복할 수 있다.
- 불안은 상황에 의해 일어날 수도 있으나 그 상황을 어떻게 지각하는가에 따라 일어난다. 즉, 다가오는 시험에 불안할 수 있으나 어떻게 다루는가에 따라서 조절될 수 있다.

(5) 불안 조절하기(알아차림)

불안을 조절하기 위해서는 우선 불안을 느낄 때 알아차리는 것(자각)을 높여야 한다. 이러한 자각을 높이는 다양한 경험이 필요하다. 자신에 대한 자각을 개발하는 작업을 하지 않으면 자신이 불안한지 알아차리지 못할 때가 많다. 불안을 초반에 알아차리는 것은 조절하는 데 훨씬 쉽다. 불안은 누구나 느끼는 정서다. 그러나 조절할 방법이 필요 없다는 것은 아니다.

- 어떻게 느끼는지 자각한다.
- 우리의 경험, 신념, 기대 등을 돌아본다.
- 이러한 신념과 기대를 바꿈으로써 정서를 조절할 수 있다.

(6) 불안에 대한 ABC 모델

불안이 어떻게 학업문제를 야기하는지에 대한 이해를 도모하는 모델을 제시하고자 한다.

사건이 불안을 유발하는 것은 아니다. 사건은 대부분 중립적이다. 불안이 사건에서 나온 것이 아니라면 어디에서 나오는 것일까? 당신 자신, 사건, 가능한 결과에 대한 당신의 해석(신념)이 불안 수준을 결정하는 경우가 많다. 우리는 신념을 알아차림으로써 어떤 신념이 나를 불안하게 만들고 성공하게 하는지 체크해 볼

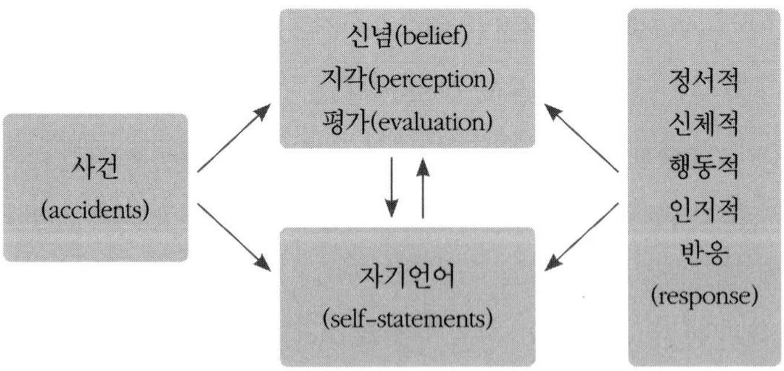

[그림 13-3] 불안에 대한 ABC 모델

수 있다. 일단 이러한 신념을 알아내면 불안을 감소시킬 수 있다. 또한 증상을 알아차림(자각)으로써 증상 자체를 줄일 수 있다.

- 정서적: 감정(예: 슬픔, 짜증, 분노 등)
- 신체적: 신체적 증상(예: 두통, 위경련, 손에 땀, 심장 박동 증가 등)
- 행동적: 행동방식(예: 수행 정지, 충동적 등)
- 인지적: 사고방식(예: 사고과정장애, 망각, 미결정 등)

3) 불안 극복하기

(1) 불안이 매우 높은 학생과 불안이 다소 낮은 학생의 생각 비교

다음은 어려운 시험 등의 상황에 대한 생각의 차이에 따라 결과(반응)가 다를 수 있다는 예를 나타낸 것이다.

① 불안이 높은 학생의 사고

사건	사고 및 신념	결과(반응)
어려운 시험	• 자신에 대해 비난적 사고 예) '나는 뒤처졌다.' '나는 열등한 학생이다.' '나는 원래 시험을 잘 못 본다.' '나는 머리가 좋지 않다.' • 지적 능력에 대해 비난하는 사고 예) '나는 IQ가 나쁘다.' • 자신의 무능함에 대해 걱정하는 사고 • 어려운 과제에 당면하여 자신의 능력에 대한 믿음을 잃는 사고 • 이전에 성취했던 것들에 대해 자신감을 잃는 사고 • 어려운 과제에 도전하기 어려움	스트레스 위경련 손에 땀 집중력 저하 자기회의

② 불안이 낮은 학생의 사고

사건	사고 및 신념	결과(반응)
어려운 시험	• 뭔가 실패했을 때 어떤 형태로든 자신을 비난하지 않으며, 효과적인 방법과 전략을 구한다. 예) '학점은 지금 현재 기술과 노력을 나타낸다.' '학점이 지능이나 존재가치를 나타내는 것은 아니다.' '학점도 중요하지만 학습의 가치와 지적인 성장이 중요하다.' • 어떻게 어려운 문제를 해결할 수 있는지에 집중한다. 예) '내용이 어려워질수록 더 노력해 보도록 하자.' '이 문제를 해결하기 위해 찬찬히 잘 살펴보도록 하자.' • 어려운 문제를 해결하기 위해 새롭고 정교한 전략들을 배우려고 한다. 예) '시간을 들여서 공부한다면 뚜렷하게 성취할 수 있다.'	침착 이완 확신 집중

활동 13-15 학업 및 시험에 관한 나의 생각(mind-set) 점검

① 어떤 학생들은 학습에서 숙달지향적(mastery-oriented)이며 어려운 문제에 도전하고 노력을 쏟는다. 그런데 어떤 학생들을 그렇지 않다. 능력 혹은 지능과 실력(숙달성)은 관계가 있는가?

학생들의 능력 혹은 지능과 실력(숙달성)은 전혀 관계가 없다. 아무리 머리가 좋은 학생이라도 도전을 회피하고 노력하기 싫어한다면 학습효과가 없다. 그다지 머리는 좋지 않지만, 현실적인 목표를 설정하고 도전하며 행동을 지속한다면 높은 성취를 이룰 것이다. 어린 연령부터 성인 연령에 이르기까지 지적인 능력은 개발될 수 있는 것이다. 일, 독서, 교육 등에 도전하고, 열심히 일하고, 장애요인들을 극복하기 위해 열성을 다해야 한다.

② 과제에 불안해하기보다 도전하도록, 학습에 숙달되도록 하기 위해 어떻게 도와줄 수 있는가?

숙달된 학생들은 자신이 똑똑해 보이는 것에 신경 쓰기보다 학습에 집중한다. 어려움을 경험할 때, 자신의 무능함에 대해 걱정하기보다 노력과 극복전략(방법)에 집중한다. 이러한 사실은, 교사나 부모들은 학생의 능력에 대해서가 아니라 노력에 대해서 칭찬해야 할 필요가 있음을 시사한다.

학생 성적이 좋지 않을 때, 교사나 학부모는 노력이나 전략에 대해 이야기해 주어야 한다. 잘못 알고 있는 것이 무엇인지, 지금 할 수 있는 것은 무엇인지에 관해 이야기해 주어야 한다. 그러면 학생이 실력을 키우는 데 도움이 될 것이다. 또한 교사나 학부모들은 학생들이 도전을 좋아하도록 격려해야 한다. 쉬운 과제를 잘하는 것보다는 적절하게 어려운 과제에 도전하여 해결방법을 찾는 기쁨을 느끼도록 격려해야 한다. 학습에 대한 가치를 중요시해야 한다. 많은 학생이 학점에 매달리고 학점이 자신의 가치를 나타낸다고 생각한다. 학점도 중요하지만 학습이 더 중요하다.

출처: Carol (2000).

활동 13-16 태도가 모든 것이다

① 당신은 긍정적인 태도를 가지고 있는지 생각해 보자.

- 과제가 아무리 어렵더라도 기꺼이 배울 마음이 있는가?
- 공부할 때 최선을 다하는가, 과제를 풀기 위한 실력을 증진시키려고 하는가?
- 자신의 과업에 열성을 가지고 있는가?
- 도전하고 부딪치고 새로운 아이디어를 시도하는가?
- 너무 심각하기보다 유머를 가지고 있는가?

② 긍정적인 태도를 가지기 위한 일곱 가지 쉬운 방법에 대해 살펴보자.

- 자신감을 갖는다.
- 긍정적인 마음을 갖는다.
- 시간을 잘 지킨다.
- 시간이 필요한 일에 대해서 인내심을 갖는다.
- 자신이 소중하고 재능이 있음을 믿는다.

- 목표를 설정하고 달성하기 위해 행동한다.
- 인생을 즐긴다.

③ '긍정적 태도' 체크리스트

질문	예	아니요
1. 자신을 믿는가?		
2. 발전하기를 원하는가?		
3. 자신의 목표가 있는가?		
4. 목표를 달성할 계획이 있는가?		
5. 기꺼이 발전적으로 변화하고자 하는가?		
6. 시간을 잘 지키는가?		
7. 인내심이 있는가?		
8. 잘 듣는 태도가 있는가?		
9. 실수에 너그러운가?		
10. 인생을 즐겁게 사는가?		

④ 긍정적 사고와 부정적 사고

긍정적 사고	부정적 사고
먼저 계획을 함 '현실적인 계획을 세우겠다.'	부주의함 '별로 중요하지 않다.'
기꺼이 배우려는 태도 '도움을 요청해야겠다.'	운명주의 '될 대로 되라.'
주의 깊음 '집중을 유지해야겠다.'	수동주의 '별로 재미없다.'
목표를 인식함 '발전하고 싶다.'	무관심 '이해를 못하겠다.'
신념 '최선을 다하겠다.'	냉소주의 '시간을 쓸 가치가 없다.'
의지 '지금 당장 해야겠다.'	나태함 '너무 골치 아프다.'

활동 13-17 시험과 시험불안에 대한 대처전략

대부분의 학생에게 시험은 스트레스원이다. 어떤 학생들은 발전적인 방향으로 스트레스를 다루기도 한다. 그러나 자신을 비난하는 방법은 오히려 시험결과가 실제보다 안 좋게 나오게 만들기도 한다. 다음에서는 보다 효과적으로 시험을 보도록 돕는 대처전략을 소개하고자 한다. 당신만 시험상황에서 불안한 것이 아니라 대부분의 학생이 불안해한다는 점을 기억하자.

① 스트레스를 가중시키는 행동들을 생각해 보자.

- 불규칙적인 생활
- 밤새우기
- 불규칙적인 식사와 인스턴트 식품 섭취
- 비효율적인 학습방법의 사용
- ______________________________
- ______________________________
- ______________________________

② 효과적인 대처전략에 대해 살펴보자.

- 정기적으로 학습 점검, 식사, 수면 그리고 이완시간을 계획하자. 적어도 시험 2주 전에는 시험을 준비하자.
- 하루 24시간 공부하려고 하지 말라. 기억을 유지하는 능력이 급속히 감소한다.
- 집중을 하는 평균 한계를 넘어서 공부하도록 스스로에게 강요하지 않는다. 집중할 수 있는 시간이 10분 혹은 20분 정도라면, 그 기간에 집중하여 공부하고 잠깐 동안 휴식하라. 짧고 정기적인 학습시간이 장기의 단회 학습시간보다 더 효과적이다.
- 균형 잡힌(5군 식품) 식사를 하고 물을 많이 섭취하자. 커피를 지나치게 많이 마시는 것은 불안을 유발할 수 있고 사고과정에 혼선을 가져올 수 있다.
- 약을 사용하거나 술을 마시는 것은 명료하게 사고하는 능력을 감소시킨다. 전문가의 도움으로 명상을 하도록 하자.
- 공부의 필요성을 지속적으로 그리고 합리적으로 인식한다.
- 시험을 보는 데 방해가 되는 문제가 있다면 시험 전에 해결한다.

(2) 자기비난적 사고를 알아내고 격려하는 신념으로 바꾸기

- 불안했던 상황을 기억해서 표현한다.
- 위험에 대한 지각을 구체적으로 표현한다.
- 자신의 목표와 갈등을 표현한다.

자신에게 합리적이고 믿을 만한 새로운 신념을 알아보고 과제물 및 학업을 할 때 새로운 신념이 효과가 있는지 평가한다.

활동 13-18 자기비난적 사고를 알아내고 이를 격려하는 신념으로 바꿔 보자

① 자기비난적 사고에는 어떤 것이 있는가?

- ____________________
- ____________________
- ____________________

② 새롭게 나를 격려하는 신념에는 어떤 것이 있는가?

- ____________________
- ____________________
- ____________________

4) 새로운 행동 실행하기

(1) 새로운 신념으로 새로운 행동 취하기

- 새로운 신념에 부응하는 구체적인 행동을 한다.
- 신념 변화과정을 살펴본다.
- 분명하고 구체적인 행동을 계획한다.

활동 13-19 행동계획

목표:

행동계획	시작시간	생길 수 있는 문제	문제를 극복할 전략	진행경과

(2) 불안 증상 감소시키기

자기비난적인 신념을 알아차리고 변화시키게 되면 불안 증상이 완화될 수 있다.

활동 13-20 불안 증상 감소시키기

① 이완훈련과 명상을 연습해 보자.

② 불안을 완화시키는 다른 방법을 생각해 보자.

- 신나게 노는 것을 배우자.
- 규칙적인 운동을 하자.
- 어려움에 대해 이야기하자.
- 결과가 아닌 과정에 집중하자.
- 긍정적인 사람이 되자.
- 약물, 알코올, 커피 등은 불안을 더 심하게 하므로 피하자.
- 준비하자!! 학업불안에 대처하는 가장 좋은 방법은 준비하는 것이다.
- 연습하자!! 시험을 본다면 미리 연습하자. 혼자 연습하든지, 동료들과 연습하자.

- 연습은 자신감을 높이고 실제 상황에서 편안하도록 도와준다.
- ____________________
- ____________________
- ____________________

불안 감소 tip: 1분 명상

Thich Nhat Hanh 스님이 제안한 분노, 슬픔, 외로움, 두려움, 죄책감, 미움 등의 감정을 조절하는 방법은 다음과 같다.

- 감정을 먼저 인식한다(알아차림).
- 그것과 하나가 된다(수용).
- 감정을 바라보면서 편안히 호흡한다.
- 그리고 감정을 놓아 버린다.
- 마지막으로 감정의 뿌리를 들여다보면 그 감정으로부터 자유로워지기 위해 무엇을 해야 할지, 무엇을 하지 말아야 할지 깨닫게 된다.

감정과 하나가 된다는 것은 그 감정을 없애려고 노력하거나 혹은 회피하는 것이 아니다. 그냥 있는 그대로 그 감정을 (하나의 전체 덩어리로서) 알아차리고 받아들이면서(바라보면서) 머무른다는 의미다. 그리고 그 감정을 하나의 전체 덩어리로서 (긴장을 풀면서) 놓아 버리는 것이다. 감정의 뿌리를 들여다본다는 것은 감정을 돌아보면서 그 감정이 어떻게 발생했으며, 어떤 과정을 거쳐서 사라졌는지를 통찰하라는 의미도 된다.

4회차: 시간관리

● 목표

• 자신의 시간관리 수준을 파악한다.

• 시간관리의 필요성과 방법을 안다.

• 과제목표와 우선순위를 정할 수 있다.

• 자신의 시간을 통제하고 남는 시간을 활용할 수 있다.

• 학습을 위한 계획표를 작성하고 실천할 수 있다.

● 활동내용

• 들어가기

• 나의 시간관리 수준은?

• 시간관리의 필요성과 이점

 –시간관리의 필요성

 –시간관리의 이점

• 시간관리의 원리

• 효율적인 학습목표 설정 및 우선순위 정하기

 –학습목표 설정 시 고려할 사항

• 시간 기록표 작성 및 분석

 –시간 기록표 작성방법

 –시간 기록표 분석방법

• 주간 계획표 작성하기

 –계획을 세우는 일의 장점

 –계획을 세우는 순서

1) 들어가기

시간관리는 성공적인 학습의 열쇠다. 공부뿐만 아니라 대인 관계, 운동, 일에서도 시간을 최상으로 활용해야 한다. 우리에게 주어진 시간은 모두 동일하며 그 시간을 어떻게 활용하는지가 성공적인 학습의 핵심이다.

2) 나의 시간관리 수준은?

모든 사람에게 일주일은 168시간이다. 당신은 이 시간을 얼마나 효율적으로 활용하고 있는가? 나의 시간관리 수준부터 알아보자.

결코 그렇지 않다: 1 / 그렇지 않다: 2 / 보통이다: 3 / 그렇다: 4 / 매우 그렇다: 5

문장	점수
1. 나는 계획 수립시간을 갖는 것으로 하루를 시작한다.	
2. 나는 하루에 해야 할 일들의 목록을 만든다.	
3. 나는 약속이나 수업시간을 잘 지킨다.	
4. 나는 뜻하지 않은 일들로 인해 계획을 수정해야 하는 때가 거의 없다.	
5. 나는 다른 사람에게 내가 요청한 것들의 진행상황을 상기시킨다.	
6. 나는 내 일에 만족한다.	
7. 나는 장 · 단기 계획을 잘 세우고 있다.	
8. 나는 다른 사람에 대한 약속과 책임을 잘 지킨다.	
9. 나는 내게 할당된 일을 주어진 시간에 완수한다.	
10. 나는 마감시간이 정해진 구체적인 목표를 가지고 있다.	
합계	

점수를 다 매긴 후에 채점을 해 보자. 채점 결과는 다음과 같이 파악해 볼 수 있다.

- 10~15점(불충분함): 당신의 시간과 인생관리를 위해 계획을 시작할 것을 강

력히 권한다. 닥치는 대로 일하는 습성을 버리고, 계획에 따라 일을 처리함으로써 효율성을 높여 보자.

- 16~25점(평균 이하): 당신이 계획을 세우는 방식을 개선해야 한다. 일의 우선순위를 정하고, 세부적인 것에서부터 시작해 결정된 사항을 추진력 있게 진행해야 한다.
- 26~35점(평균): 자신의 가치와 목표에 따라 소중한 일에 초점을 맞추고, 중단되어 있는 긴급한 일을 처리해야 한다.
- 36~45점(평균 이상): 당신은 효율적으로 계획을 세우고 있다. 소중한 일을 지속적으로 추진하라.
- 46점 이상(탁월함): 당신은 훌륭한 계획체계를 가지고 있다. 당신의 인생을 통제해 나갈 수 있으며, 마음의 평화와 높은 생산성을 동시에 누리게 될 것이다.

3) 시간관리의 필요성과 이점

(1) 시간관리의 필요성

- 시간을 낭비하지 않고 일을 끝낼 수 있다.
- 일의 진행방식을 개선할 수 있다.
- 가장 좋은 결과를 얻을 수 있다.
- 크게 당황하는 상태나 스트레스 상태가 줄어든다.
- 일에 대한 만족도가 높아진다.
- 보다 높은 동기가 생긴다.
- 보다 고도의 일에 도전할 자질을 닦을 수 있다.
- 업무와 업적에 대한 중압감이 줄어든다.
- 일에 있어 실수가 적어진다.
- 공적인 면과 사적인 면에서 가장 좋은 결과를 얻을 수 있다.

(2) 시간관리의 이점

- 장래 계획: 미래를 위해서 계획을 세우고, 그것을 이루기 위한 구도를 잡을 수 있다.
- 독서: 전공, 전문 분야와 관련된 책을 읽을 수 있고, 새로운 주제를 연구하거나 취미활동을 할 수 있다.
- 커뮤니케이션: 여유시간에 주위 사람들과 개인적인 친분관계를 가질 수 있다.
- 휴식: 시간관리를 통해 충분한 휴식시간을 확보할 수 있다. 적당한 휴식은 집중력을 배가시킬 수 있다.
- 사고: 혁신을 통해서 개선된 방식과 새로운 기회를 가지게 된다. 시간적 여유가 많을수록 새로운 도전을 받아들이고, 극복하기 위한 사고를 할 수 있는 시간을 갖게 된다.

4) 시간관리의 원리

① 목표가 뚜렷해야 한다

오늘 공부할 것이 무엇인지, 어디까지 공부할 것인지 목표가 제대로 서 있지 않으면 우왕좌왕하게 된다. 결국 손에 잡히는 대로 하다 보면 정작 해야 할 중요한 공부를 하지 못하는 결과를 낳게 될 수도 있다.

② 오늘 해야 할 일을 나열하고 우선순위를 세운다

해야 할 여러 가지 일이나 공부를 적어 보고, 그중에서 가장 중요한 것을 A, 그 다음으로 중요한 것을 B, C와 같이 우선순위를 세워 본다. A라고 표시된 것을 끝마치기 전까지는 다른 것들은 생각하지 않는다. 이런 식으로 중요도에 따라 우선순위를 세워서 공부한다면 정말 중요한 것은 반드시 할 수 있게 되어 효과적인 시간관리를 할 수 있다.

③ 학습계획표를 반드시 작성하고 실천 여부를 평가한다

학습계획표는 자신의 취향에 따라 작성하되 구체적으로 작성할수록 달성할 가능성이 높아진다. 공부할 과목 및 교재, 범위, 공부할 시간, 우선순위까지 계획표에 포함되도록 한다. 그리고 마지막에 실천 여부를 평가하는 부분을 만든다. 평가를 하면 다음 계획을 세우는 데 참고가 되므로 반드시 실천 여부를 평가하도록 한다.

④ 자투리 시간을 잘 활용한다

학습자들을 주의 깊게 관찰해 보면 자투리 시간을 제대로 활용하는 사람이 10%도 안 된다. 하루 동안 생기는 자투리 시간을 다 모아 보면 약 2시간 정도가 된다. 자투리 시간을 잘 활용하는 방법은 자투리 시간에 해야 할 공부를 미리 준비하는 것이다.

⑤ 자신의 시간관리 체크리스트를 만들어 보자

하루 일과를 마치기 전에 시간관리를 제대로 했는지 다음과 같은 팁을 이용하여 평가하고 반성한다면 시간을 좀 더 잘 관리하고 활용할 수 있을 것이다.

효율적인 시간관리 tip

- 공부하는 시간을 빼는 것이 최우선이다. 자신이 어떻게 시간을 사용하고 있는지 분석한 후 학습할 수 있는 시간을 최대한 확보하자.
- 모든 계획은 '현실적'이어야 한다. 실천 가능한 계획을 세우자.
- 쉬는 시간과 공부하는 시간을 구별하자. 이도 저도 아니면 그냥 버리는 시간이 된다. 충분한 휴식과 놀이는 학습을 돕는다.
- 우리에게 주어진 24시간은 동일하다. 제한된 시간을 어떻게 활용하느냐, 자투리 시간을 어떻게 활용하느냐가 시간관리의 핵심이다.
- 학습시간 확보를 위해 주변 자원(동료, 가족 등)을 활용하자.

5) 효율적인 학습목표 설정 및 우선순위 정하기

목표가 있으면 시간을 집중적으로 활용할 수 있다. 시간을 효율적으로 사용하기 위해서는 계획을 수립해야 하고, 계획의 수립은 목표에서 출발한다. 목표를 갖는 것만으로 삶은 크게 달라질 수 있다.

학습목표 설정 시 고려할 사항은 다음과 같다.

① 목표는 까다로워야 한다

까다로운 목표가 있어야 최선을 다하고자 하는 동기가 생긴다. 너무 쉬운 목표를 세우지 말라. 자신을 기만하게 된다.

② 목표는 성취 가능해야 한다

그렇다고 너무 높게 비현실적으로 잡아서도 안 된다. 스스로를 좌절시켜 포기하게 만들 뿐이다. 성취 가능하지 않은 목표는 사기만 꺾고 동기를 약화시킨다.

③ 목표는 구체적이면서 측정 가능해야 한다

자신이 세운 목표가 모호하고 구체적이지 않다면 그것을 성취했다는 것을 알 수 없다. '영어 공부를 더 많이 하겠다.'라는 목표는 적절하지 않다. '일주일에 4번 이상, 하루 30분씩 영어 공부를 하겠다.'라는 식으로 구체적으로 목표를 정하자.

④ 목표에는 데드라인이 있어야 한다

데드라인이 없을 경우 목표를 심각하게 여기지 않게 된다. 데드라인은 목표 설정에서 매우 중요한 기능을 한다. 긴박감을 느끼면서 목표 성취를 향해 나아가는 과정을 알 수 있게 해 준다. 이와 같은 긴박감은 목표성취율을 높이는 역할을 한다.

⑤ 목표는 관련된 사람들이 동의할 수 있는 것이어야 한다

목표를 설정하면 목표를 달성해야겠다는 의지를 갖게 된다. 따라서 목표를 정

할 때에는 그 목표를 달성하는 데 협력해야 할 사람들을 참여시키고 동의를 얻는 것이 좋다.

⑥ 목표는 글로 적어 놓아야 한다

머릿속에만 있는 목표는 생각할 때마다 바뀔 수 있다. 목표를 글로 적어 놓을 뿐 아니라 항상 눈에 띄는 곳에 붙여 놓고 정기적으로 되새긴다.

⑦ 목표는 유연해야 한다

상황의 변화로 인해 더 이상 실현가능성이 없는 목표를 고집스럽게 잡고 있어서는 안 된다. 상황에 따라 목표를 하향 혹은 상향 조정할 수 있어야 한다. 단, 환경이 부정적으로 바뀐다고 해서 목표를 서둘러 낮추는 습관은 주의하자.

활동 13-21 학습목표 설정 및 우선순위 정하기

현재 내가 갖고 있는 학습목표와 데드라인, 우선순위를 적어 보자.

① 시험 준비 혹은 중요한 학습과제를 위해 자신이 달성해야 할 학습목표를 설정해 보자.

____

____

____

② 모든 목표는 데드라인이 있어야 한다. 설정한 목표의 데드라인을 적어 보자.

____

____

____

③ 우선순위를 정하는 가장 중요한 목적 중의 하나는 한정된 에너지이면서 가장 소중한 에너지인 시간을 어디에 얼마나 사용할지를 알기 위한 것이다. 5개 이상의 목표를 적어 보고, 학습목표에 부합되는 일을 최우선순위로 설정해 보자.

④ 시험 준비를 위해 일주일간 해야 할 일들의 목록을 우선순위별로 3단계(꼭 해야 할 일, 해야 할 일, 하면 좋은 일)로 나누어 적어 보자.

• 우선순위 1(꼭 해야만 한다)

• 우선순위 2(해야만 한다)

• 우선순위 3(하면 좋다)

6) 시간 기록표 작성 및 분석

시간 낭비 요인들을 가려내고 자신이 시간을 어떻게 사용하고 있는지 분석하기 위해서는 하루를 어떤 식으로 보내는지 점검해 봐야 한다. 자신이 하루 생활을 어떻게 하고 있는지 시간 기록표를 작성해 보고, 항목에 맞춰 자신의 시간 사용을 분석하자. 분석 후에는 낭비되고 있는 시간을 알 수 있다.

(1) 시간 기록표 작성방법

- 모든 항목을 기록하라.
- 구체적으로 적으라.
- 공백 없이 모든 것을 기록하라.
- 잠시 수다를 떨거나 커피를 마시는 일도 빠뜨리지 말라. '사소한' 일 때문에 얼마나 많은 시간이 낭비되고 있는지 알 수 있어야 한다.
- 시간이 경과할 때마다 기록하라.
- 하루 일과를 마치고 나서 한꺼번에 작성할 만큼 기억력이 좋은 사람은 없다. 정직하게 기록해야 한다.

(2) 시간 기록표 분석방법

- 최우선순위의 목표업무를 시작한 것은 몇 시인가, 더 일찍 시작할 수 없었는가, 목표 성취에 방해되는 것은 무엇인가?
- 가장 오랫동안 방해를 받지 않고 보낸 시간은 언제인가?
- 가장 생산적인 때는 언제이고, 가장 생산적이지 못한 때는 언제인가?
- 주요 목표를 어느 정도 이루었는가, 이루지 못했다면 그 이유는 무엇인가?
- 계획표대로 활동했는가?
- 어떤 종류의 방해가 일어나며 어떻게 통제하였는가, 누가 가장 큰 방해가 되었는가, 방해가 생긴 이유는 무엇인가, 방해를 없애는 방법은 무엇인가?
- 좀 더 효율적으로 할 수 있었던 일이 있다면 그것을 어떻게 할 수 있었을까 생각해 보자.
- 무엇인가를 기다리거나 이동하는 시간이 생산적으로 사용되었는가?
- 다른 사람과의 의사소통이 효율적이고 적절했는가?
- 우선순위에 따라 시간을 사용했는가?

활동 13-22 시간 기록표

① 시간 기록표 양식에 맞춰 기록표를 작성해 보자.

시간 기록표

날짜:　　　년　월　일

- 활동 우선순위 기준

1 = 중요하고 긴급함(꼭 해야 할 일)

2 = 중요함(해야 할 일)

3 = 일상적인 일(다른 사람에게 맡겨도 되는 일)

4 = 낭비(하지 않아도 되는 일)

▶ 예시

시간	활동	소비시간	우선순위	자기평가

▶ 예시

시간	활동	소비시간	우선순위	자기평가
7:00	기상, 출근 준비, 이동	2시간	2	지하철 안에서 시간 활용 필요
9:00	출근, 커피 마시기, 신문 읽기	30분	4	신문은 이동시간에 읽어도 됨. 아침 첫 시간 30분이 낭비됨
9:30	오늘 계획 검토	15분	1	시간 잘 활용

9:45	김 대리 전화통화	15분	2	업무에 필요한 얘기함
10:00	예산문제로 한 주임 전화 옴	15분	2	시간 잘 활용. 필요한 얘기였음
10:15	기획 보고서 수정	1시간 45분	2	집중해서 했으면 30분 정도 단축됐을 것임. 산만하게 작업함
12:00	점심식사	1시간	3	김 대리와 식사. 보고서 관련 업무 협조 부탁함
1:00	팀 직원들과 커피, 잡담	30분	4	불필요한 잡담. 점심식사 후 자투리 시간으로 활용할 수 있었으면 좋았을 것
1:30	기획 보고서 완성	30분	1	집중해서 일함
2:00	팀 회의	1시간	1	중요한 회의였음. 기획안 수정사항 다시 나옴
3:00	아내 전화	15분	4	퇴근 후 얘기해도 되는 내용이었음. 5분 정도면 안부전화로 충분했을 듯
3:15	옆 팀 동료 박 과장이 불러냄. 차 마시면서 잡담	30분	4	바쁘다고 나중에 얘기하자고 했으면 좋았을 것. 거절할 때는 거절할 줄도 알아야 함
3:45	협력업체 출장. 이동	45분	3	차 안에서 신문 봄. 오전이랑 비슷한 기사를 반복해서 읽음. 이동 중에 공부했으면 좋았을 걸
4:30	협력업체와 업무회의	1시간	2	중요한 회의이긴 했지만, 김 대리를 보냈어도 됐을 듯
5:30	사무실로 다시 이동	45분	4	지하철에서 졸았음. 피곤함
6:15	남은 업무 마무리	1시간	1	협력업체에 김 대리를 보냈으면 퇴근을 더 일찍 했을 텐데
7:15	퇴근	1시간	3	이동시간 동안 시험공부를 할 수 있도록 꼭 챙겨야겠음
8:15	저녁식사	30분	3	
8:45	TV 시청	1시간 15분	4	뉴스 봄. 신문 읽는 것으로 대치할 수 있음. 낭비한 시간
10:00	기말고사 시험 준비	1시간	1	공부한 시간이 너무 짧음

11:00	인터넷 서핑	30분	4	이 시간에 시험공부를 더 할 걸
11:30	다시 시험공부	30분	1	30분 이상 집중이 힘듦. 좀 더 집중
12:00	TV 시청	40분	4	낭비한 시간. 10분만 보고 공부한다는 게 너무 오래 봄. 아예 TV를 켜지 말아야 함
12:40	취침		3	하루를 뭘 하고 보낸 건지 시험공부는 많이 못함. 업무를 집중적으로 해서 퇴근시간을 당기고 집에서는 TV 아예 켜지 않기!

② 활용하지 못하고 있거나 낭비되는 시간을 찾아보자.

• 없애야 하거나 줄여야 하는 시간 낭비 요소에는 어떤 것들이 있는가?

항목	예상되는 시간 절약

▶ 예시

항목	예상되는 시간 절약
친구와 전화통화	15분
점심식사 후 커피 타임	30분
퇴근 후 TV 시청	1시간
공부하기 전 웹서핑	1시간
합계	2시간 45분

7) 주간 계획표 작성하기

(1) 계획을 세우는 일의 장점

- 방해를 줄여 주고 학습의 생산성을 높여 준다.
- 생산성이 높아지면서 우선순위를 성취할 수 있는 확률이 높아진다.
- 목표가 눈에 띄기 때문에 잘 기억하게 된다. '바쁘다 바빠'가 줄어든다.
- 다른 사람의 요구나 주변 상황에 반응하지 않고 자신의 우선순위에 맞춰 행동하게 된다.

(2) 계획을 세우는 순서

① 계획 세우기

- 그중에 해야 할 중요한 일이나 하고 싶은 일을 생각해 보고 우선순위를 정한다.
- 해야 할 일의 양은 얼마인지 구체적인 계획을 세운다.
- 해야 할 일의 양을 무리하게 많이 잡으면 실천하기 힘들고, 너무 적게 잡으면 시간을 낭비할 수 있으므로 적절한 양을 정한다.
- 일을 하루 중 언제 할지, 몇 시간이 필요한지에 따라 시간 배치를 한다.
- 중요한 학습은 집중이 잘되는 시간에!
- 걸릴 시간을 잘 예측해서 실천할 수 있는 계획을 세운다.
- 해야 할 중요한 일들 이외에 다른 활동을 생각해 보고 시간 배치를 한다.

② 계획 실천하기

- 계획대로 했는지 매일, 매주 점검하고 체크한다.
- 계획표는 그 자체로 훌륭한 체크리스트 기능을 한다.
- 너무 세밀한 계획은 짜기도, 실천하기도 힘들다.
- 숨 쉴 틈은 있게, 만일을 대비하여 조절할 수 있도록 계획을 세운다.

활동 13-23 1주간 학습시간 계획표

① 한 학기 교과목 학습을 위해 일주일 단위로 필요한 시간이 얼마인지 계획해 보자.

활용자원	구체적 활동	소요시간	우선순위(상 · 중 · 하)
교재			
참고교재			
강의			
수업			
기출문제 분석			
시험			
과제물			

② 주간 계획표를 작성해 보자.

	월	화	수	목	금	토	일
6시							
7시							
8시							
9시							
10시							

11시							
12시							
1시							
2시							
3시							
4시							
5시							
6시							
7시							
8시							
9시							
10시							
11시							
12시							
13시							
14시							

시간관리에 실패할 수도 있다. 삶은 예측할 수 없는 수많은 일이 일어나고, 계획대로 실천하지 못하는 일이 종종 있다. 계획을 세우고 실천하는 일에 익숙하지 않기 때문에 처음에는 어려움을 느낄 수 있다. 그렇다고 실패감이나 좌절감을 느낄 필요는 없다. 나만 겪는 문제가 아니고 많은 사람이 시간관리를 어려워한다. 잘되지 않는다고 포기하지 말고 꾸준히 연습해 나가면 시간에 끌려다니는 것이 아니라 시간을 지배할 수 있다.

시간관리는 지금 이 순간부터 시작하라.

5회차: 인적 · 물적 자원활용

● 목표

- 학습자원 활용을 점검하고 자신의 자원활용 수준을 파악한다.
- 학습자원 활용의 구체적인 내용들을 살펴본다.
- 자신에게 적합한 학습자원 활용방안을 적용한다.

● 활동내용

- 들어가기
- 학습자원 활용에 관한 점검
- 의미 있는 학습을 위한 학습자원 활용
  - 교재
  - 자신의 학습자원 만들기
  - 활용 가능한 학습자원(대학)
- 요약

1) 들어가기

성인학습자의 경우 학업 수행방식의 특성상 다양한 자원을 효과적으로 활용하는 것이 성공적인 학업 수행을 위한 필수적인 요건이라 할 수 있다.

학습자원을 잘 활용하는 사람들의 특징을 살펴보면 다음과 같다.

- 교재와 자료들의 힌트, 도움말 등을 잘 활용한다.
- 교재와 노트에 중요한 정보를 표시하는 등 스스로 학습자원 도구들을 만들어 낼 수 있다.
- 의미 있게 학습하기 위해 다양한 학습정보들을 활용한다.
- 새로운 정보들을 보다 쉽게 기억하고 사용하기 위한 자원들을 활용한다.

- 수업에서 핵심 주제와 중요한 정보들을 효과적으로 파악하는 데 도움이 되는 학습자원들을 활용한다.

학습자원을 잘 활용하는 사람들은 학습을 도울 수 있는 외부 자원들(예: 튜터, 스터디 그룹 등)을 잘 활용한다.

2) 학습자원 활용에 관한 점검

학업 수행을 위해 학습자원들을 효과적으로 만들고 활용하는지에 관해 살펴볼 필요가 있다.

- 교재에서 제시하는 학습자원(제목, 요약, 핵심내용 등)들에 집중할 수 있는가?
- 도표나 요약 같은 학습자원들을 스스로 만들어 낼 수 있는가?
- 보충학습 혹은 스터디 모임과 같은 자원들을 활용할 수 있는가?

3) 의미 있는 학습을 위한 학습자원 활용

학습하는 데 있어서 새로운 정보들을 잘 이해하도록 학습자원들을 활용한다면 학업성취도를 높일 수 있다.

- 학습목표에 적합한 학습자원들을 선택한다.
- 교수와 교재는 학습에 있어서 새로운 매체들을 활용하는 데 유용한 도구들을 제공할 수 있다.
- 학습을 더욱 촉진할 수 있는 학습자원들을 스스로 만들고 활용한다.
- 학습 증진을 돕는 다양한 자원을 활용한다.

학습도구들은 다양한 학습상황 혹은 수업유형에 따라 다양한 방법의 학습매체로 제공될 수 있다. 다양한 유형의 학습자원을 만들고 활용한다면, 의미 있는 학

〈교육심리학 과목에서의 주요 학습정보〉

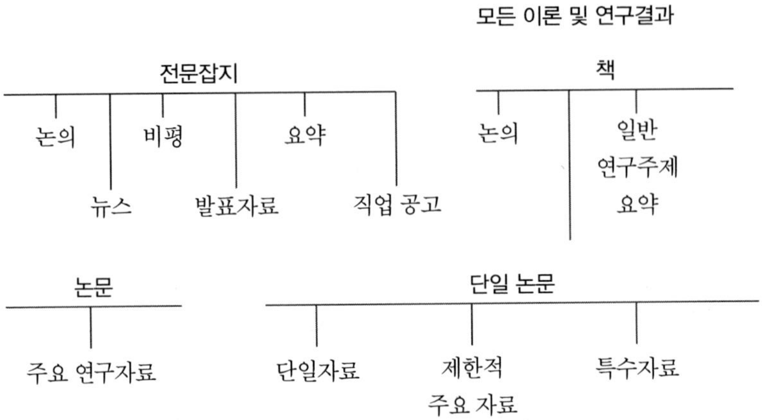

[그림 13-4] 자신의 학습도구 만들기

출처: H & H Publishing.

습이 되도록 내용들을 이해할 수 있게 된다. 또한 학습자원들은 학습과제 혹은 시험에서 중요한 내용들을 기억하는 데 도움이 된다.

(1) 교재

교재는 다음 학습자원들을 제공한다.

- 제목
- 중요 내용
- 도표, 차트, 지도
- 요약
- 질문
- 웹 사이트

〈읽기 전〉

- 책제목

- 표제목
- 장제목
- 각 장의 목표
- 질문
- 각 장의 요약

〈읽는 동안〉
- 웹 사이트
- 보충교재
- 요약 노트
- 질문
- 표
- 핵심 개념
- 참고문헌
- 색인

〈읽은 후〉
- 각 장의 요약
- 핵심 질문
- 참고문헌

(2) 자신의 학습자원 만들기
- 노트 필기
- 다이어그램 그리기
- 차트나 요약본 만들기
- 줄긋기 혹은 교재에서 주요 내용 표시하기

(3) 활용 가능한 학습자원(대학)

① 스터디 모임

자발적 의지로 가입하여 함께 학습하는 적극적 학습자들의 모임일 가능성이 높으므로, 정보 공유나 학습동기의 고취 등 학습 수행과 관련하여 긍정적인 영향이 적지 않다. 즉, 스터디 그룹을 통해 학습동기 고취, 학습정보에 관해 새로운 관점들을 배우도록 돕고, 학습에 보다 적극적이 되도록 도움을 받을 수 있다.

② 동급생

동급생은 학습활동 전반에 걸쳐 개별 학습자가 가장 근거리에서 직접적인 관계를 맺으면서 학습을 함께할 수 있는 정서적 동료이자 선의의 경쟁자로서 학습 지속에 큰 영향을 미칠 수 있다.

③ 선배

선배는 학습적인 면의 조력의 차원에서나 학교의 여러 활동 또는 학사 일정과 관련된 측면에서 후배 학습자들에게 조언자의 역할을 할 수 있다. 모범적인 선배 학습자들을 통해 특정 학습 교과목에 대한 학습방법뿐 아니라 학교생활 전반에 관한 유용한 정보들을 얻을 수 있다.

④ 교수

강의를 하고 문제를 출제하는 담당 교과목에 대한 전문적 지식의 전수라는 점에서는 담당 교수의 직접적인 답변은 무척 중요하다고 볼 수 있다.

⑤ 가족–동료–학습자 자신

학습자들의 성공적 학습활동에 가장 중요한 변수가 될 수 있는 인적 자원은 학습자와 가장 가까운 가족 구성원들과 직장 등의 근접한 시공간을 공유하는 사회적 동료들이다.

학습자는 학습을 통해 자신이 얻고자 하는 구체적인 장 · 단기목표 수립, 구체적인 일 · 월 · 학기별 학습계획 수립, 학습에 필요한 시간계획 작성 등을 정한 다음 이러한 사항들을 주변 사람들과 공유하면서 도움을 청하는 것이 필요하다.

⑥ 도서관

대부분의 대학에서는 학생들의 연구와 학습을 위해 도서관에 다음과 같은 자원들을 구비하고 있다.

- 교재
- 저널
- 신문
- 온라인 자료들
- 스터디룸
- 오디오 및 비디오 매체자료
- 컴퓨터실

⑦ 교수-학습센터

대학마다 교수-학습센터가 제공하는 서비스가 다소 다르기는 하지만 대체로 다음과 같은 서비스들을 제공한다. 이러한 학습자원들은 특정 학업 수행상황에서 학습을 촉진하도록 활용될 수 있다.

- 튜터
- 학습기술 강좌
- 시험불안 조절 강좌
- 컴퓨터 지원
- 읽기 강좌

4) 요약

지금까지 학습자원을 활용하기 위한 방법과 내용들을 살펴보았다. 이러한 내용들을 대학에서의 학업 수행을 촉진하는 데 도움이 된다.

교수 · 학습과 교재에서 제공하는 학습자원들을 활용하는 방법과 스스로 학습자원을 만들고 활용하는 방법을 배우고 대학에서 활용 가능한 학습자원들을 알고 활용하는 것이 필요하다.

이러한 학습자원들은 자신의 학습목표 그리고 습득하기 원하는 기술 및 지식과 관련해서 활용하도록 선택한다. 학습자원 활용을 증진하기 위해서는 학습자인 자신에게 알맞은 학습자원을 선택하는 것이 중요하다.

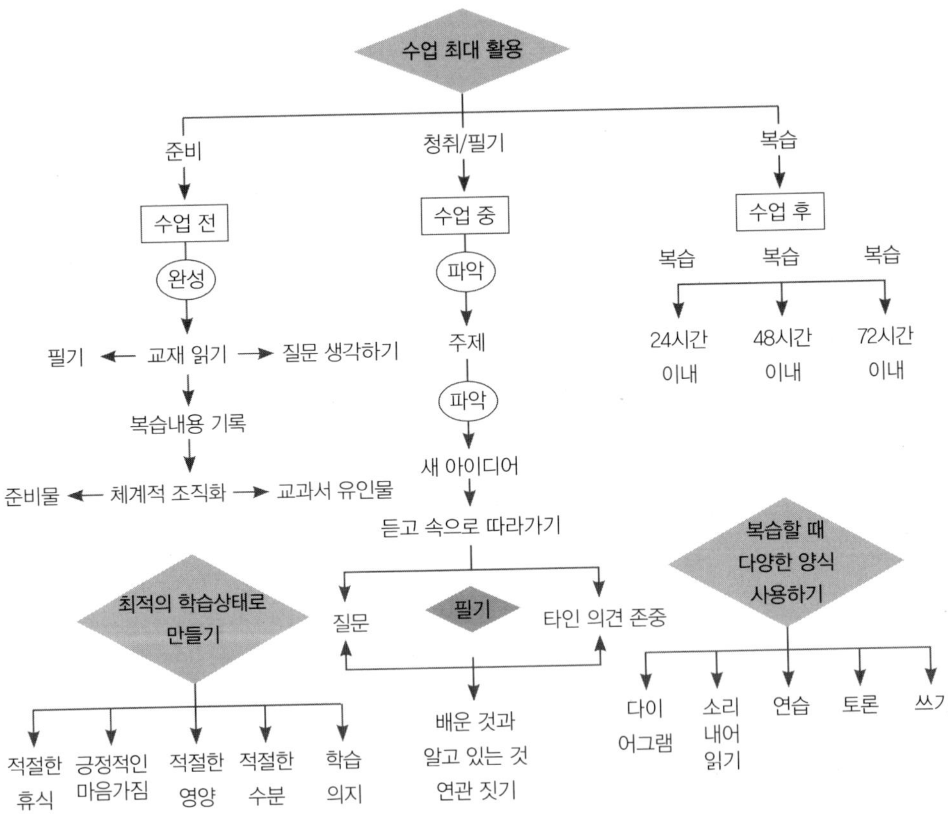

[그림 13-5] 학습전략 다이어그램

참고문헌

강봉규(1999). 상담이론과 실제. 서울: 교육출판사.

강선보, 변정현(2006). 노울즈의 성인교육론에 대한 종합적 고찰-교육사상과 실천적 교육과정을 중심으로-. 교육문제연구, 26, 1-28.

강현욱, 박경민(2012). 도시와 농촌 노인의 우울에 미치는 영향요인 비교. 한국노년학, 32(1), 129-143.

경기일보(2024. 12. 26.). 수원시, 2025년 9개동에 주민자치형 평생학습센터 시범운영. https://www.kyeonggi.com/article/20241226580379?utm_source

고미숙(2001). 인간교육의 의미. 한국교육, 28(2), 29-55.

곽삼근 외(2020). 성인학습 및 상담. 서울: 학지사.

관계부처합동(2019). 인공지능 국가전략 발표. 2019. 12. 17. 보도참고자료.

교육부(2011). 스마트교육 추진전략 실행계획.

교육부(2019). 제6차 교육정보화기본계획.

교육부(2020). 제4차 평생교육진흥 기본계획(2021~2025).

교육부(2023). 에듀테크 진흥방안.

교육부(2023. 6. 7.). AI 디지털교과서 추진방안 발표. 'AI 디지털교과서로 1:1 맞춤 교육 시대 연다. 보도자료.

국가평생교육진흥원(2020). 평생교육 개론.

국가평생교육진흥원(2022). 2022 평생교육백서.

국가평생교육진흥원(2023). 2023 평생교육사 수급 실태 보고서.

권대봉(1999). 성인교육방법론. 서울: 학지사.

권대봉, 배현경, 이현(2008). 성인교수자의 교수행동특성과 성인학습자의 학습몰입의 관계 분석-A기업 사무직의 직무교육을 중심으로-. 한국교육학연구, 4(1), 247-269.

권두승(2000). 성인학습 지도방법의 이론과 실제. 서울: 교육과학사.

권두승(2006). 성인교육자론. 서울: 교육과학사.

권두승, 이경아(1999). 평생교육기관 실태조사를 통한 성인교육 참여율 제고방안(교육부 정책연구보고서, 1999), 222-230.

권두승, 조아미(2006). 성인학습 및 상담(2판). 서울: 교육과학사.

김계현, 김동일, 김봉환, 김창대, 김혜숙, 남상인, 조한익(2000). 학교상담과 생활지도(2판). 서울: 학지사.

김도연, 조민기, 신희천(2020). 상담 및 심리치료에서 인공지능 기술의 활용: 국외사례를 중심으로. 한국심리학회지: 상담 및 심리치료, 32(2), 821-847.

김동일(2005). 학업상담을 위한 학습전략 프로그램. 서울: 학지사.

김보경(2024). 미래교육을 준비하는 교육방법 및 교육공학. 서울: 학지사.

김성현, 박효은, 이동훈(2022). 정신건강 영역에서의 디지털 치료제 동향과 시사점. 한국심리학회지: 상담 및 심리치료, 34(4), 1401-1430.

김신일 외(2020). 평생교육론. 경기: 교육과학사.

김신일(2003). 교육사회학. 서울: 교육과학사.

김신일(2012). 교육사회학. 서울: 교육과학사.

김영진(1998). 효율적인 학습상담법. 서울: 양서원.

김영채(1990). 학업수행과 결합되어 있는 동기 및 학습전략 변인. 계명행동과학, 3(1), 15-38.

김영천(2009). 성인학습자로서 방송통신고등학교 학습자 특성 분석. 중앙대학교 교육대학원 석사학위논문.

김예슬(2016). 국내 학교에서의 에듀테크 활용 현황 및 실태 분석. 고려대학교 대학원 석사학위논문.

김완섭(2019). 개인화된 소프트웨어 교육을 위한 콘텐츠 추천 기법. 디지털융복합연구, 17(8), 95-104.

김은정(1999). 학습양식의 유형 및 구성요소와 교육과정과의 관계에 대한 연구. 연세대학교 대학원 박사학위논문.

김재웅, 정인성(2008). 원격교육활용론. 서울: 한국방송통신대학교.

김정신(2003). 자기주도적 학습전략 훈련이 초등영어교육에 미치는 영향: 학습전략 사용빈도, 선호도 및 학습태도의 변화. 인천교육대학교 대학원 석사학위논문.

김정희(2016). 성인학습의 심리적 치료효과. *Andragogy Today, 19*(4), 67-90.

김중국(2009). 성인초기의 자기주도 학습준비도와 관련변인 연구. 동의대학교 대학원 석사학위논문.

김진영, 김연순, 오선아, 이성주, 이순덕, 진화봉(2023). **교육방법 및 교육공학**. 서울: 북앤정.

김진호(2003). 성인교육 프로그램 참여자의 학습몰입 영향요인에 관한 구조분석. 서울대학교 대학원 박사학위논문.

김진화(2006). 뉴패러다임 평생학습 컨설팅모델 개발 연구. **평생교육학연구**, 12(4), 149-178.

김헌수, 이난(2006). **성인학습 및 상담**(초판). 서울: 태영출판사.

김현철(2011). **스마트교육 콘텐츠 품질관리 및 교수학습 모형 개발 이슈**. 서울: 한국교육학술정보원.

김희정, 김보혜, 김옥수(2011). 노인의 시력 및 청력 저하가 우울 및 인지기능에 미치는 영향-2008년 고령화연구패널조사. **성인간호학회지**, 23(6), 584-594.

남윤석(1988). M. S. Knowles의 성인교육론 연구. 연세대학교 교육대학원 석사학위논문.

노경란, 방희정, 조혜자(2007). 성인애착과 성별에 따른 대인관계 양식의 차이. **한국심리학회지: 여성**, 12(4), 471-490.

노안영(2005). **상담심리학의 이론과 실제**. 서울: 학지사.

민선향(2006). 성인들의 배움에 관한 연구: 학위과정의 참여자를 중심으로. 연세대학교 대학원 박사학위논문.

민용식(2005). 리더십 유형과 학습유형 간의 상관성 연구. 연세대학교 교육대학원 석사학위논문.

박노열(1987). **사회교육방법론**. 서울: 형설출판사.

박성익(1998). **학습전략의 탐구동향. 학교학습탐구**. 서울: 교육과학사.

박승호(1995). 초인지, 초동기, 의지통제와 자기조절학습과의 관계. **교육심리연구**, 9(2), 57-64.

박아람, 이찬(2023). 디지털 정보기술의 발전에 따른 에듀테크의 진화와 미래교육을 위한 역할 고찰. **정보교육학회지**, 27(1), 71-82.

박안선, 이승민(2020). 디지털 치료제의 현황 분석 및 발전 방향. **기술정책 이슈**, 5, 1-65.

박주영, 김시은, 허현영(2022). 청소년상담사의 화상상담에 관한 경험 연구. **청소년학연구**,

29(2), 89-120.

박지수, 길준민(2020). 4차 산업혁명 시대의 에듀테크. 정보처리학회논문지, 9(11), 329-331.

배을규(2006). 성인교육의 실천적 기초. 서울: 학지사.

백영균, 김정겸, 변호승, 왕경수, 윤미현, 최명숙(2024). 인공지능 시대의 교육방법 및 교육공학. 서울: 학지사.

백영균, 박주성, 한승록, 김정겸, 최명숙, 변호승, 박정환, 강신천, 김보경(2010). 유비쿼터스 시대의 교육방법 및 교육공학. 서울: 학지사.

백혜정, 이순묵(2004). 세 집단 간의 비교를 통하여 본 우리나라의 사람들의 도덕지향에 대한 연구: Kohlberg의 도덕발달단계 및 도덕지향을 중심으로. 한국심리학회지: 발달, 17(1), 79-93.

범은애, 전인숙, 한지연(2023). 인공지능(AI) 기반 맞춤형 학습의 효과검증: 기초 수학수업 사례 중심으로. 한국사물인터넷학회논문지, 9(3), 35-43.

산업통상자원부(2018). 2018 이러닝 코리아(e-Learning Korea). 2018. 9. 13. 보도자료.

서봉언(2020). 에듀테크 활용 교육정책 중장기 방향. 대구: 대구미래교육연구원.

서웅찬, 김기일, 정준석(2013). 스마트 시대에서의 실감 미디어 기술 동향. 정보와 통신, 30(5), 78-87.

서은주(2009). 노인의 성공적 노화 구조모형. 경희대학교 대학원 박사학위논문.

서은현(2001). 주관적 연령지각의 양상과 심리적 건강의 관계. 전남대학교 대학원 석사학위논문.

서지현(2025). AI 챗봇 기반 자기주도학습이 성인 독일어 학습자의 문법 능력 향상에 미치는 효과: ChatGPT 활용 사례를 중심으로. 한국외국어대학교 대학원 석사학위논문.

서희전(2018). 증강현실 기반 학습환경에서 학습자의 현존감, 학습몰입감, 사용성에 대한 태도, 학업성취도의 관계 연구. 교육정보미디어연구, 14(3), 137-165.

성현숙, 김언주(2003). 성인학습자집단 간의 자기조절 학습전략 사용, 동기의 차이와 학업성취와의 관계. 교육심리연구, 17(1), 333-354.

소프트웨어정책연구소(2020). 에듀테크산업 동향 및 시사점. 경기: 소프트웨어정책연구소.

송명자(2008). 발달심리학. 서울: 학지사.

송영경(2011). 평생학습사회를 위한 교육방법 및 교육공학. 서울: 교육아카데미.

송은정(2023). 예고된 변화 챗GPT 학교. 서울: 테크빌교육.

수원신문(2024. 12. 13.). 수원시, '2025년 동 평생학습센터 시범사업' 참여동 모집. https://www.newsuwon.com/news/articleView.html?idxno=44673&utm

심혜숙, 이현진(2003). 사이버 상담에서 상담자의 경력에 따른 자기 대화 및 가설형성 차이 분석. 한국심리학회지: 상담 및 심리치료, 15(1), 1-16.

안경민, 김의창(2021). 텍스트 마이닝을 이용한 에듀테크 콘텐츠 유형 분류 및 시스템 개발 성공 요인 분석. e-비즈니스연구, 22(3), 53-73.

안범희(1996). 학교 학습심리학. 서울: 하우.

양지훈, 윤상혁(2023). ChatGPT를 넘어 생성형(Generative) AI 시대로: 미디어, 콘텐츠 생성형AI 서비스 사례와 경쟁력 확보 방안. 미디어 이슈 & 트렌드, 55, 62-70.

양명희(2000). 자기조절학습의 모형 탐색과 타당화 연구. 서울대학교 대학원 박사학위논문.

오광수(2022). 에듀테크(Ede-Tech)를 활용한 중학교 체육수업 건강영역 프로그램 개발 및 적용에 따른 교육 효과 탐색. 조선대학교 대학원 박사학위논문.

오원석(2004). 자기조절학습이 학습부진아의 수학과 학업성취와 자기 효능감에 미치는 효과. 대구대학교 특수교육대학원 석사학위논문.

오은진(2001). 원격대학 교육의 실태 및 개선방안. 직업능력개발연구, 4(2). 한국직업능력개발원.

유경혜(2025). 평생학습기관 성인 대상 AI 교육의 학습성과 측정도구 개발. 경인교육대학교 대학원 석사학위논문.

유귀옥(1997). 성인학습자의 자기주도성과 인구학적 · 사회심리학적 변인 연구. 서울대학교 대학원 박사학위논문.

유승우, 임형택, 권충훈, 이성주, 이순덕, 진희정(2018). 교육방법 및 교육공학. 경기: 양서원.

윤미선, 김성일(2004). 중 · 고생의 학업성취 결정요인으로서 사고양식, 학습동기, 교과흥미, 학습전략 간의 관계 모형. 교육심리연구, 18(2), 161-180.

윤정륜(1991). 학습태도 개발 프로그램. 학생지도연구, 24(1), 1-12. 경북대학교 학생생활연구소.

윤창옥, 윤태수(2025). 비대면 영어학습을 위한 VR기반의 AI 튜터링 서비스 플랫폼 개발. 융합신호처리학회논문지, 26(1), 10-16.

윤하나(2023). 학력 격차 해소 방안으로서 에듀테크 수업효과 분석. 경북대학교 대학원 박사학위논문.

은여옥(2007). 일 지역 성인의 성역할 정체감과 건강행위. 전북대학교 대학원 석사학위논문.

이경아(2002). 기업체 성인학습자의 학습양식 형성 요인에 관한 연구. 고려대학교 대학원 박사학위논문.

이경화(2019). **평생교육 철학의 이해**. 서울: 학지사.

이기천(2007). 3차원 웹기반 가상현실기술을 적용한 골프학습 프로그램 개발 연구. **코칭능력개발지**, 9(4), 353-367.

이기환(2003). 평생교육학습자의 참여동기와 만족도: 관공서의 평생교육을 중심으로. 대구대학교 대학원 박사학위논문.

이덜석(2001). 대학생의 학습방략과 학업성취와의 관계(II). **교육심리연구**, 15(4), 403-421.

이동연(2018). 가상현실(Virtual reality) 기기를 활용한 배트스윙 훈련의 스윙 정확도 학습 효과 비교. 서울대학교 대학원 석사학위논문.

이말순(2015). 성인학습자의 면대면 교육과 원격교육의 학습성과에 대한 인식 비교. 이화여자대학교 대학원 석사학위논문.

이명자, 송영명(2005). 자기조절학습전략, 자기효능감 및 학업성취도 수준에 따른 학업적 동기와 자기평가의 차이. **중등교육연구**, 53(1), 85-104.

이민규(2008). **현대생활의 적응과 정신건강**. 경기: 교육과학사.

이상원(2021). 디지털 치료제와 미래. **병원약사회지**, 38(3), 281-290.

이새별(2005). 연령에 따른 언어적 작업기억 특성의 차이: 고령자집단과 젊은 성인집단의 비교. 서울대학교 대학원 석사학위논문.

이선영(1997). 초・중・고・대학생들의 집단 간 학습유형 차이에 관한 연구. 서울대학교 대학원 석사학위논문.

이성진, 윤경희, 임은미, 김인규, 임진영, 여태철, 황매향(2008). 우리나라 성인의 진로발달과업에 대한 암묵지 탐색. **진로교육연구**, 21(1), 1-17.

이수남, 신현정, 김비아(2014). 청년기와 중년기 성인의 도덕 판단: 인지적 추론과 정서적 직관. **사회과학연구**, 38(2), 63-92.

이시내(2025). 초등교사의 생성형 인공지능 활용 수업에 관한 요구분석. 고려대학교 대학원 박사학위논문.

이영숙(2017). 노인의 심리적 · 성공적 노화에 미치는 영향: 빈곤노인과 비 빈곤노인 비교를 중심으로. 울산대학교 대학원 석사학위논문.

이은진(2025). 생성형 인공지능 챗봇 활용 한국어 초급 말하기 과제 개발 및 적용 연구. 경희대학교 대학원 박사학위논문.

이장호, 금명자(2008). **상담연습교본(2판)**. 서울: 법문사.

이장호, 정남운, 조성호(1999). **상담심리학의 기초**. 서울: 학문사.

이장호, 정남운, 조성호(2006). **상담심리학의 기초**. 서울: 학지사.

이재영, 정영윤(2001). 사이버 집단상담 효과에 관한 연구: 공업계 고교생을 위한 진로 탐색 프로그램을 중심으로. **한국심리학회지: 상담 및 심리치료, 13**(2), 143-160.

이재창, 정진선, 문미란(2008). **자신과 타인의 이해를 위한 성격심리학**. 서울: 태영출판사.

이정의(1997). 대학사회교육 참여동기에 관한 연구: 참여자의 배경특성을 중심으로. 고려대학교 대학원 석사학위논문.

이주일, 강연욱, 박군석, 유경(2009). 욕구충족 및 통제감 지각이 생애후기 성인의 대인애착 성향에 미치는 영향과 애착 선행 변인. **한국심리학회지: 사회 및 성격, 23**(2), 81-101.

이철승, 백혜진(2022). 디지털 리터러시 함양을 위한 교수 · 학습 방법 연구. **디지털융복합연구, 20**(5), 351-356.

이현림, 김지혜(2003). **성인학습 및 상담(초판)**. 서울: 학지사.

이현수(2005). 노인의 기억은 정말로 떨어지는가? **한국심리학회지: 임상, 24**(3), 581-598.

이현우(1982). 대학생들의 생활 실태가 학습 성취에 마치는 영향에 관한 연구. **부산수산대 논문집, 28**, 99-121. 부산: 부산수산대학교.

이형득, 한상철(1987). 학습전략 훈련 프로그램 시안. **지도상담, 12**. 계명대학교 학생생활연구소.

이혜진, 이제영(2023). 증강현실(AR)과 가상현실(VR) 기술을 활용한 메타버스 영어교육의 효과: 메타분석. **영어교과교육, 22**(1), 241-259.

이희준, 차상안, 권해나(2016). 증강현실을 활용한 IT 교육 콘텐츠가 성인 학습자의 학업성취와 학습 흥미 및 몰입에 미치는 영향. **한국콘텐츠학회논문지, 16**(1), 424-437.

임규혁, 임웅(2007). **교육심리학(2판)**. 서울: 학지사.

임병노, 임정훈, 성은모(2013). 스마트 교육 핵심 속성 및 스마트 교육 콘텐츠 유형 탐색. **교육공학연구, 29**(3), 459-489.

임숙경(2007). 여성성인학습자의 평생학습 참여성과 및 영향요인에 관한 구조모형분석. 동아대학교 대학원 박사학위논문.

임언, 최동선, 강혜영(2006). 대학취업지원기능 확충사업 실시효과 및 개선방안 연구: 평가본. 한국직업능력개발원[편].

임창재(2000). 교육심리학. 서울: 학지사.

임형균(2008). 성인학습자의 교육참여동기와 자기주도학습 준비도의 관계 분석. 아주대학교 교육대학원 석사학위논문.

장용성(1991). 말콤 노울스의 안드라고지. 연세대학교 교육대학원 석사학위논문.

장유리, 이정남, 윤현숙, 김수영(2008). 노년기 자기 통제감에 영향을 주는 요인. 한국노년학, 28(4), 1055-1068.

장휘숙(2008). 성인심리학. 서울: 박영사.

장휘숙(2009). 성인초기의 발달과업과 행복의 관계. 한국심리학회지: 발달, 22(1), 19-36.

전명남(2004). 학습전략 업그레이드. 서울: 연세대학교 출판부.

정옥분(2000). 성인발달의 이해. 서울: 학지사.

정인성, 조주연, 안강현(1995). 초고속정보통신망 시범사업 관련 원격교육 시스템의 교육적 활용방안 탐색. 정보과학지, 13, 23-41.

정지선(2006). 생애에 걸친 직업교육체제 구축. 공청회 발표자료. 인천: 한국직업능력개발원.

조성연(2007). 심리상담실 운영보고서. 서울: 한국방송통신대학교 원격교육연구소.

조성연, 문미란(2006). 성인대학생의 진로결정 자기효능감 증진 프로그램 개발 및 효과. 한국심리학회지: 상담 및 심리치료, 18(4), 731-748.

조성연, 박미진(2006). 방송대생을 위한 온라인 학습문제 진단검사 개발연구. 서울: 한국방송통신대학교 원격교육연구소.

조용하(1988). 사회교육방법론. 서울: 교육과학사.

중앙일보(2009). 대학생 취업준비코너. 2009년 9월 30일자 경제면.

진승희(2021). 디지털 가상현실 게임 기반 언어 학습이 영어 학습자의 어휘 및 문화 지식 발달과 정의적 태도에 미치는 영향. 영상영어교육, 22(3), 78-94.

차갑부(1993). 성인교육방법론. 서울: 양서원.

채민수(2024). 지리교육에서 에듀테크 활용과 교사 역량의 관계에 대한 연구: TPACK 분석을 중심으로. 경상국립대학교 대학원 박사학위논문.

최성호, 원종서(2018). 가상현실 교육에서 디바이스의 영향. 한국콘텐츠학회논문지, 18(1), 487-492.

최숙영(2021). 교육에서의 인공지능: 인공지능 활용 교육에 관한 문헌고찰. 컴퓨터교육학회 논문지, 24(3), 11-21.

최진승(1987). 중학생의 불안유형에 따른 학업성취분석과 시험의 인지적 방해 감소 방안. 동아대학교 교육대학원 논문집, 13(8), 9-40.

취업포털 커리어(2009). 대기업 신입사원 조기 퇴사율 설문조사 웹 사이트.

파이낸셜 뉴스(2009). 사내 대학에 관한 코너 웹 사이트.

한국 법제처(2024). 평생교육법.

한국경제(2024. 12. 24.). 한국 '초고령 사회' 진입… 10년 뒤 다가올 미래. https://www.hankyung.com/article/2024122464147

한국경제신문(2012. 5. 21.). 고령화, 경제 전반의 활력 저하시킬 수 있다.

한국과학기술정보연구원(2022). 에듀테크(Edutech): 산업 동향 및 전망. *ASTI MARKET INSIGHT, 87*, 1-6.

한국교육개발원(2001). 지역별 평생교육 관계자 연수 자료집.

한국교육개발원(2021). 디지털 전환과 평생교육의 미래.

한국교육개발원(2021). 평생교육 정책동향과 과제.

한국교육개발원(2022). 2022 평생교육통계 자료집.

한국교육개발원(2024). 2024년 평생교육통계 및 한국 성인의 평생학습 실태조사 자료집.

한국교육개발원(2025. 5. 6.). 평생교육통계 2024. 평생교육기관 현황. https://kosis.kr/statHtml/statHtml.do?orgId=334&tblId=TX_334_2009_H2001&conn_path=I2

한국교육개발원(2025. 5. 6.). 평생학습개인실태조사 2024. 평생학습 연평균 참여시간. https://kosis.kr/statHtml/statHtml.do?orgId=334&tblId=DT_33409N_001&conn_path=I2

한국교육학술정보원(2023). 교육현장의 에듀테크 활용 현황 분석.

한국교육학회 사회교육연구회(1991). 사회교육학서설. 서울: 교육과학사.

한국초등상담교육학회(2006). 생활지도와 상담. 서울: 학지사.

한상훈(2003). 성인학습자의 교육참여동기와 자기주도학습의 관계. 평생교육연구, 9(3),

21-40.

한순미(2004). 평생학습사회에서의 자기주도적 학습전략. 서울: 양서원.

한옥영(2023). 생성형 AI 기반 학습자 맞춤형 교육 시스템 설계를 위한 구성 요소 탐구. 컴퓨터교육학회논문지, 26(6), 127-141.

한준상(2002). 성인학습의 원리와 학습방법. 간호학 탐구, 11(1), 7-25.

한지아, 김은정(2020). 스마트 헬스케어. KISTEP 기술동향브리프, 15, 1-34.

홍선영(2008). 양성평등교육 프로그램의 성인학습자 적용 효과 연구. 동아대학교 대학원 박사학위논문.

황성용(2013). 자기성장 창의성 프로그램이 성인학습자의 창의성과 창의적 리더십에 미치는 효과. 숭실대학교 대학원 박사학위논문.

황수연(2025). 인공지능 학습 추천 시스템이 적용된 이러닝에서 학습자 특성에 따른 교육 효과성 분석. 고려대학교 대학원 석사학위논문.

황윤환(1996). 교수-학습 방법의 패러다임적 전환 모색: 객관주의 교육에서 구성주의 교육으로. 한국교육, 23(2), 1-23.

황희숙(1997). 대학생의 학습력 증진을 위한 학습전략 훈련 프로그램의 개발 및 효과분석. 부경대 대학생활연구, 10(1), 7-24.

Adenuga, B. O. (1989). Self-directed learning readiness and learning style preferences of adult learners. Doctoral Dissertation. Iowa State University.

Ames, R., & Lau, S. (1982). An attributional anaylsis of help seeking in academic settings. *Journal of Educational Psychology, 74*(4), 414-423.

Arlow, J. A. (1979). Psychoanalysis. In R. J. Corsini (Ed.), *Current psychotherapies* (2nd ed.). Itasca, Illinois: F. E. Peacock Publishers, Inc.

Atchley, R. C. (2003). Why most people cope well with retirement. In J. L. Ronch & J. A. Goldfield (Eds.), *Mental wellness in aging: Strengths-based approaches* (pp. 123-138). Baltimore, MD: Health Professions Press.

Atkinson, J., & Huston, T. L. (1984). Sex role orientation and division of labor early in marriage. *Journal of Personality and Social Psychology, 46*, 330-345.

Atkinson, R. C., & Shiffrin, R. M. (1968). Human memory: A proposed system. In G. H.

Bower (Ed.), *The psychology of learning and motivation* (Vol. 2). N.Y.: Academic Press.

Australian Government Department of Education (2020). *Vocational education and training(VET) system and adult education policy.* Canberra: Department of Education.

Ausubel, D. (1968). *Educational psychology: A cognitive view.* N.Y.: Holt, Rinehart Winston.

Baidoo-Anu, D., & Ansah, L. O. (2023). *Education in the era of generative artificial intelligence(AI): Understanding the potential benefits of ChatGPT in promoting teaching and learning.* Ontario: Queen's University, Canada.

Baltes, P. B., & Smith, J. (1990). Toward a psychology of wisdom and its ontogenesis. In R. J. Sternberg (Ed.), *Wisdom: Its nature, origins, and development* (pp. 87-120). N.Y.: Cambridge.

Bandura, A. (1977). *Social learning theory.* Englewood Cliffs, NJ: Prentice-Hall.

Bandura, A. (1986). *Social foundations of thought and action.* Engelwood Cliffs, NJ: Prentice-Hall.

Barnes-Holmes, Y., Hayes, S. C., & Dymond, S. (2001). Self and self-directrd rules, In S. C. Hayes, D. Barnes-Holmes, & B. Roche (Eds.), *Relational frame theory: A post skinnerian account of human language and cognition* (pp. 119-139). New York: Plenum Press.

Baruch, G. K., & Barnett, R. C. (1986). Role quality, multiple role involvement and psychological well-being in midlife women. *Journal of Personality and Social Psychology, 5,* 578-585.

Basseches, M. (1984). *Dialectical thinking and adult development.* Norwood, NJ: Ablex.

Beck, A., Emery, G., & Greenberg, R. (1985). *Anxiety disorders and phobias: A cognitive perspective.* New York: Basic Books.

Bee, H. L. (2000). *The journey of adulthood* (4th ed.). Upper Saddle River, NJ: Prentice Hall.

Bem, S. L. (1975). Sex role adaptability: One consequence of psychological androgyny. *Journal of Personality and Social Psychology, 31,* 634-643.

Benjamin, M. McKeachie, W. J., Lin, Y. G., & Holinger, D. (1981). Test anxiety: Deficits in information processing. *Journal of Educational Psychology, 73,* 816-824.

Berkman, L. F., Seeman, T. E., Albert, M., Blazer, D., Kahn, R., Mohs, R., Finch, C., Schneider, E., Cotman, C., McClearn, G., Nesselroade, J., Featherman, D., Garmezy, N., McKhann, G., Brim, G., Prager, D., & Rowe, J. (1993). High, usual and impaired functioning in community-dwelling older men and women: Findings from the MacArthur Foundation Research Network on Successful Aging. *Journal of Clinical Epidemiology, 46,* 1129-1140.

Bernal, D., Snyder, D., & McCanicl, M. (1998). Thc agc and job satisfaction relationship: Do its shape and strength still evade us? *Journal of Gerontology: Psychological Sciences, 53B,* 287-293.

Bond, F. W., & Bunce, D. (2003). The role of acceptance and job control in mental health, job satisfaction, and work performance. *Journal of Applied Psychology, 88,* 1057-1067.

Bond, J., & Coleman, P. (Eds.). (1990). *Aging in society: An introduction to social gerontology.* London: Sage.

Boshier, R. (1971). Motivational orientation of adult education participant: A factor analytic exploration of Houles typology. *Adult Education, 21,* 3-26.

Boshier, R. (1973). Educational participation and dropout: A theoretical model. *Adult Education, 23*(4), 255-282.

Boshier, R. (1977). Motivational orientations re-visited: Life-space motives and the education participation scale. *Adult Education, 27*(2), 89-115.

Boshier, R., & Collins, J. (1985). The Houle typology after twenty-two years: A large-scale empirical test. *Adult Education Quarterly, 35*(3), 113-130.

Bowlby, J. (1982). *Attachment and loss: Vol. I. Attachment* (2nd ed.). NY: Basic Books.

Bowlby, J. (1988). *A secure base: Parent-child attachment and healthy human development.* NY: Basic Books.

Boyle, P. G. (1981). *Planning better programs.* NY: McGraw-Hill Book Company.

Brandtstädter, J., & Greve, W. (1994). The aging self: Stabilizing and protective processes. *Developmental Review, 14,* 52-80.

Brew, J. M. (1946). *Informal education: Adventures and reflections.* London: Faber.

Brewer, W. F. (1974). There is no convincing evidence for operant or classical conditioning in adult humans. In W. B. Weimer & D. S. Palermo (Eds.), *Cognition and the symbolic processes* (pp. 1-42). Hillsdale, NJ: Erlbaum.

Britton, B. K., & Tesser, A. (1991). Effects of Time-Management Practices on College Grades. *Journal of Educational Psychology, 83*(4), 405-410.

Brown, A. L. (1980). Metacognitive development and reading. In R. J. Spiro, B. Bruce, & W. F. Brewer (Eds.), *Theoretical issues in reading comprehension* (pp. 453-479). Hillsdale, NJ: Erlbaum.

Bundesministerium für Bildung und Forschung (BMBF) (2021). *Bildungspolitik und duales System in Deutschland.* Berlin: BMBF.

Buss, D. M. (1994). *The evolution of desire: Strategies of human mating.* NY: Basic Books.

Busse, E. W., & Maddox, G. L. (1985). *The duke longitudinal studies of normal aging: 1955~1980.* NY: Springer.

Cai, Y., Pan, Z., & Liu, M. (2022). Augmented reality technology in language learning: A meta-analysis. *Journal of Computer Assisted Learning, 38*(4), 929-945.

Candy, P. C. (1991). *Self-direction for lifelong learning: A comprehensive guide to theory and practice.* San Francisco: Jossy-Bass Publishers.

Carol, S. D. (2000). *Self-Theories: Their role in motivation, personality, and development.* Philadelphia, PA: Taylor & Francis.

Carstensen, L. L. (1992). Social and emotional patterns in adulthood: Support for socioemotional selectivity theory. *Psychology and Aging, 7,* 331-338.

Carver, C. S., & Scheier, M. F. (2005). 성격심리학[*Perspectives on personality,* 5th ed.]. 김교헌, 심미영, 원두리 공역. 서울: 학지사. (원전은 2004년 출판).

Cattell, R. B., & Horn, J. L. (1982). Whimsy and misunderstanding of Gf-Gc theory: A comment on Guilford. *Psychological Bulletin, 91,* 621-633.

CEDEFOP (2022). *European Qualifications Framework (EQF): Learning outcomes and recognition.* Publications Office of the European Union.

Chen, B., Wang, Y., & Wang, L. (2022). The effects of virtual reality-assisted language learning: A meta-analysis. *Sustainability, 14*(6), 3147.

Clarkson, P. (2010). **게슈탈트 상담의 이론과 실제**[*Gestalt counselling in action*]. 김정규, 강차연, 김한규, 이상희 공역. 서울: 학지사. (원전은 1989년 출판).

Cohen, G. D. (1988). *The brain in human aging.* NY: Springer Publishing Co.

Coleman, P., & Flood, D. (1987). Neuron numbers and dendritic extent in normal aging and Alzheimer's disease. *Neurobiology of Aging, 8,* 521-545.

Commons, M. L., Sinnott, J. D., Richards, F. A., & Armon, C. (Eds.), (1989). *Adult development: Vol. 1. Comparisons and applications of adolescent and adult developmental models.* NY: Praeger.

Cooper, S. E., Campbell, L. F., & Smucker Barnwell, S. (2019). Telepsychology: A primer for counseling psychologists. *The Counseling Psychologist, 47*(8), 1074-1114.

Cormier, W. H., & Cormier, L. S. (1985). *Interviewing skills for helpers: Fundamental skills and cognitive behavioral interventions.* Monterey, CA: BrooksI Cole.

Costa, P. T., Jr., & McCrae, R. R. (1994). Set like plaster? Evidence for the stability of adult personality. In T. Heatherton & J. Weinberger (Eds.). *Can personality change?* (pp. 21-40). Washington, DC: American Psychological Association.

Costa, P. T., Jr., & McCrae, R. R. (1998). Six approaches to the explication of facet-level traits: Examples from conscientiousness. *European Journal of Personality, 12,* 117-134.

Cotman, C. W., & Neeper, S. (1996). Activity-dependent plasticity and the aging brain. In E. L. Schneider & J. W. Rowe (Eds.), *Handbook of the biology of aging* (4th ed., pp. 283-299). San Diego, CA: Academic Press.

Courtney, S. (1992). *Why adults learn.* NY: Routledge.

Cowan, C. P., Cowan, P. A., Heming, G., & Miller, N. B. (1991). Becoming a family: Marriage, parenting, and child development. In P. A. Cowan & E. M. Hetherington (Eds.), *Family transitions: Advances in family research* (Vol. 2, pp. 79-109). Hillsdale, NJ: Erlbaum.

Craik, F. I. M., & Jennings, J. M. (1992). Human memory. In F. I. M. Craik & T. A. Salthouse (Eds.), *The handbook of aging and cognition* (pp. 51-110). Hillsdale, NJ: Erlbaum.

Crain, W. C. (1980). *Theories of development: Concepts and applications.* Englewood Cliffs, NJ: Prentice Hall, Inc.

Cross, K. P. (1981). *Adults as learners.* San Francisco: Jossey-Bass Publisher.

Cross, S., & Madson, L. (1997). Models of the self: Self-construals and gender. *Psychological Bulletin, 122*(1), 5-37.

Culler, R. E., & Holahan, C. J. (1980). Test anxiety and academic performance: The effects of study-related behaviors. *Journal of Educational Psychology, 72,* 16-20.

Deffenbacher, J. L. (1986). Cognitive and physiological components of test anxiety in real-life exams. *Cognitive Therapy and Research, 10,* 635-644.

Denney, N. W. (1982). Aging and cognitive changes. In B. B. Wolman (Ed.), *Handbook of developmental psychology* (pp. 807-827). Englewood Cliffs, NJ: Prentice-Hall.

Dewey, J. (1916). *Democracy and education.* NY: Free Press.

Dittmann-Kohli, F., & Baltes, P. (1985). Toward a neofunctionalist conception of adult intellectual development: Wisdom as a prototypical case of intellectual growth. In C. Alexander & E. Langer (Eds.), *Beyond formal operations: Alternative endpoints to human development.* NY: Oxford University Press.

Dixon, R. A., & Hultsch, D. F. (1999). Intelligence and cognitive potential in late life. In J. C. Cavanaugh & S. K. Whitbourne (Eds.), *Gerontology: An interdisciplinary perspective* (pp. 213-237). NY: Oxford University Press.

Doherty, N. A., & Feeney, J. A. (2004). The composition of attachment networks throughout the adult years. *Personal Relationships, 11,* 469-488.

Dunn, R., Dunn, K., & Price, G. (1986). *Learning style inventory manual.* Lawrence, KS: Price Systems.

Egan, G. (1994). *The skilled helper: A problem-management approach to helping* (5th ed.). Pacific Grove, CA: Brooks/Cole.

Egan, G. (2002). *The skilled helper: A problem-management approach to helping* (7th ed.). Pacific Grove, MA: Jones & Bartlett.

Eichorn, D. H., Hunt, J. V., & Honzik, M. P. (1981). Experience personality IQ: Adolescence to middle age. In D. H. Eichorn, J. A. Clausen, N. Haan, M. P. Honzik, & P. M. Mussen (Eds.), *Present and past in middle life* (pp. 89-116). NY: Academic Press.

Elliot, M. (1996). Impact of work, family, and welfare receipt on women's self-esteem in young adulthood. *Social Psychology Quarterly, 59,* 80-95.

Enright, J. (1970). An introduction to Gestalt Therapy. In J. Fagan & I. Stepherd (Eds.), *Gestalt therapy now* (pp. 140-219). Palo Alto: Science and Behavior Books.

Erikson, E. H. (1963). *Childhood and society* (2nd ed.). NY: Norton.

Erikson, E. H. (1968). *Identity: Youth and crisis.* NY: Norton.

Erikson, E. H. (1974). *Dimensions of a new identity.* NY: Norton.

Erikson, E. H. (1982). *The life cycle completed: A review.* NY: Norton.

European Commission (2014). *Report on the implementation of lifelong learning strategy.* Brussels: European Commission.

Fagerholm, P. H. (1996). Patterns on adult learning: Relationships between learning style and personality type among adults. Doctoral Dissertation. Georgia State University.

Ficher, J. L., & Narus, L. R., Jr. (1981). Sex-role development in late adolescence and adulthood. *Sex Roles, 7*(2), 97-106.

Fine, R. (1973). Psychoanalysis. In R. J. Corsini (Ed.), *Current psychotherapies* (pp. 1-33). Itasca, Illinois: F. E. Peacock Publishers, Inc.

Finn, S. E. (1986). Stability of personalty self-ratings over 30 years: Evidence for an age/cohort interaction. *Journal of Personality and Social Psychology, 50,* 813-818.

Finnish Ministry of Education and Culture (2021). *Lifelong guidance strategy and education equality report.* Helsinki: Ministry of Education and Culture.

Fitzpatrick, K. K., Darcy, A., & Vierhile, M. (2017). Delivering cognitive behavior therapy to young adults with symptoms of depression and anxiety using a fully automated conversational agent (Woebot): A randomized controlled trial. *JMIR Mental Health, 4*(2), e19.

Fogarty, R. J., & Pete, B. M. (2004). *The adult learner: Some things we know.* Thousand Oaks, CA: Corwin press.

Freire, P. (1970). *Pedagogy of the oppressed.* NY: Continuum International Publishing Group.

Freire, P. (1973). *Education for critical consciousness.* NY: Seabury.

Fryer, L., & Carpenter, R. (2006). Emerging technologies-Bots as language learning tools. *Language Learning & Technology, 10*(3), 8-14.

Gallagher, J. B. (1998). The differences in adult and traditional-age student' learning styles at selected universities (adult students). Doctoral Dissertation. Pennsylvania State University.

George, R. L., & Cristiani, T. S. (1990). *Theory, methods, process of counseling and psychotherapy.* Englewood Cliffs, NJ: Prentice-Hall.

Gilster, P. (1997). *Digital literacy.* NY: John Wiley & Sons, Inc.

Green, M. T. (1993). The relationship among Kolb learning style inventory profiles, age, education-level, and performance in an adult introductory computer course. Doctoral Dissertation. The American State University.

Greenough, W. T., Black, J. E., & Wallace, C. S. (1987). Experience and brain development. *Child Development, 58,* 539-559.

Gregorc, A. F. (1984). Style as a symptom: A phenomenological perspective. *Theory Into Practice, 23,* 51-55.

Griggs, S. A. (1991). *Learning styles counseling.* Greensboro, NC: ERIC Counseling Student Services Clearinghouse.

Groehnert, G. (1999). 교육연수 실무 핸드북[*Basic training for trainers*]. 한국능률협회 편.

서울: 한국능률협회. (원전은 1995년 출판).

Gutmann, D. (1975). Parenthood: A key to the comparative study of the life-cycle. In N. Datan & L. Ginsberg (Eds.), *Life-span developmental psychology: Normative life crises* (pp. 167-184). NY: Academic Press.

Gutmann, D. (1987). *Reclaimed powers: Toward a new psychology of men and women in later life*. NY: Basic Books.

Haan, N. (1981). Common dimensions of personality development: early adolescence to middle life. In D. H. Eichore, J. A. Clousen, N. Haan, M. P. Honzing, & P. H. Mussen (Eds.), *Present and past in middle life* (pp. 117-153). NY: Academic Press.

Haan, N., Millsap, R., & Hartka, E. (1986). As time goes by: Chang and stability in personality over fifty years. *Psychology and Aging, 1,* 220-232.

Hackney, H. L., & Cormier, L. S. (2001). *The propessional counselor: A process guide to helping* (4th ed.). Boston: Allyn and Bacon.

Haidt, J. (2001). The emotional dog and its rational tail: A social intuitionist approach to moral judgment. *Psychological Review, 108*(4), 814-834.

Harris, R. L. (1975). *The myth and reality of aging in America.* Washington, DC: The National Council on Aging.

Havighurst, R. J. (1982). *Developmental tasks and education.* NY: Longman.

Hayes, S. C., & Smith, S. (2010). **마음에서 빠져나와 삶 속으로 들어가라**[*Get out of your mind and into your life*]. 문현미, 민병배 공역. 서울: 학지사. (원전은 2005년 출판).

Hayes, S. C., Barnes-Holmes, D., & Roche, B. (Eds.) (2001). *Relational frame theory: A post skinnerian account of human language and cognition.* New York: Plenum Press.

Heckhausen, J. (1999). *Developmental regulation in adulthood: Age-normative and sociostructural constraints as adaptive challenges.* NY: Cambridge University Press.

Helson, R., & Moane, G. (1987). Personality change in women from college to midlife. *Journal of Personality and Social Psychology, 53,* 176-186.

Hembree, R. (1988). Correlateds, cause, effects, and treatment of test anxiety. *Review of Education Research, 58,* 47-77.

Herman, S. M. (1972). A gestalt orientation to organization development. In W. W. Burke (Ed.), *Contemporary organization development: Conceptual orientations and interventions* (pp. 69-89). Silverspring, MD: NTL Institute for Applied Behavioral Science.

Hill, K. T., & Wigfield, A. (1984). Test anxiety: A major educational problem and what can be done about it. *Elementary School Journal, 85,* 105-126.

Hopson, B., & Adams, J. D. (1977). Towards an understanding of transitions: Defining some boundaries of transition. In J. Adams, J. Hayes, & B. Hopson (Eds.), *Transition: Understanding and managing personal change* (pp. 1-19). Montclair, NJ: Allenheld & Osmun.

Horn, J. L., & Hofer, S. M. (1992). Major abilities and development in the adult period. In R. J. Sternberg & C. A. Berg (Eds.), *Intellectual development* (pp. 44-99). Cambridge, England: Cambridge University Press.

Houle, C. O. (1961). *The inquiring mind.* Madison: University of Wisconsin Press.

Huang, K. T., Ball, C., Francis, J., Ratan, R., Boumis, J., & Fordham, J. (2019). Augmented versus virtual reality in education: an exploratory study examining science knowledge retention when using ugmented reality/virtual reality mobile applications. *Cyberpsychology, Behavior, and Social Networking, 22*(2), 105-110.

Hunter, J. J., & Maunder, R. G. (2001). Using attachment theory to understand illness behavior. *General Hospital Psychiatry, 23,* 177-182.

Irwin, D. B., & Simons, J. A. (1994). *Lifespan developmental psychology.* Madison: Brown & Benchmark.

Ivey, A. E., Normington, C. J., Miller, C. D., Morrill, W. H., & Haase, R. F. (1968). Microcounseling and attending behavior: An approach to prepracticum counselor training. *Journal of Counseling Psychology, 15,* 1-12.

Jarvis, P. (1987). *Adult learning in the social context.* London: Croom Helm.

Jarvis, P. (1992). *Paradoxes of learning: On becoming an individual in society.* San Francisco: Jossey-Bass.

Jernigan, T. L., Archibald, S. L., Berhow, M. T., Sowell, E. R., Foster, D. S., &

Hesselink, J. R. (1991). Cerebral structure on MRI, Part I: Localization of age-related changes. *Biologaical Psychiatry 29*, 55-67.

Jonsson, H., Josephsson, S., & Kielhofner, G. (2001). Narratives and experience in an occupational transition: A longitudinal study of the retirement process. *American Journal of Occupational Therapy, 55*, 424-434.

Jung, C. G. (1945). *Modern man in search of a soul.* NY: Harcourt, Brace.

Jung, C. G. (1953). *Collected works.* London: Routledge & Kegan Paul.

Jung, C. G. (1969). *Collected works.* London: Routledge & Kegan Paul.

Just, M. A., & Carpenter, P. A. (1992). A capacity theory of comprehension: Individual differences in working memory. *Psychological Review, 99*, 122-149.

Kafumann, H., & Schmalstieg, D. (2003). Mathematics and geometry education with collaborative augmented reality. *Comptuers & Graphics, 27*(3), 339-345.

Keating, D. P. (1980). Thinking processes in adolescence. In J. Adelson (Ed.), *Handbook of adolescent psychology* (pp. 211-246). NY: John Wiley.

Keating, D. P. (1990). Charting pathways to the development of expertise. *Educational Psychologist, 25*, 243-267.

Keefe, J. W. (1987). *Learning style theory and practice.* Reston, VA: National Association of Secondary School Principals.

Kett, J. F. (1994). *The pursuit of knowledge under difficulties: From self-improvement to adult education in America, 1750-1990.* Stanford, CA: Stanford University Press.

Kirby, A. F. (1977). An analysis of the effects of instruction on college student's time management. Doctoral Disserfation. University of Florida.

Kline, D. W., & Scialfa, C. T. (1996). Visual and auditory aging. In J. E. Birren & K. W. Schaie (Eds.), *Handbook of the psychology of aging* (4th ed., pp. 181-203). San Diego: Academic Press.

Knowles, M. S. (1980). *The modern practice of adult education: From pedagogy to andragogy* (2nd ed.). NY: Cambridge Books.

Knowles, M. S. (1984). *Andragogy in action: Applying modern principles of adult learning.* San Francisco: Jossey-Bass.

Knowles, M. S. (1989). *The making of an adult educator: An autobigraphical journey.* San Francisco: Jossey-Bass.

Knowles, M. S. (1990). *The adult learner: A neglected species* (4th ed.). Houston: Gulf Publishing.

Knowles, M. S., Holton, E. F., & Swanson, R. A. (1998). *The adult learner: The definitive classic in adult education and human resource development.* Houston: Gulf Publishing.

Knowles, M. S., Holton, E. F., & Swanson, R. A. (2012). *The adult learner: The definitive classic in adult education and human resource development.* London: Routledge.

Knox, A. B. (1986). *Helping adults learn.* San Francisco: Jossey-Bass.

Kobylarz, L. (1996). *National career development guilines: K-Adult handbook.* Stillwater, OK: National Occupational Information Coordinating Committee Training and Support Cent.

Kolb, D. A. (1976). *Learning style inventory: Technical manual.* Englewood Cliffs. NJ: Prentice Hall.

Kolb, D. A. (1984). *Experience as the source of learning and development: Experimental learning*. Englewood Cliffs, NJ: Prentice Hall.

Kramer, D. A. (1989). A developmental framework for understanding conflict resolution processes. In J. D. Sinnott (Ed.), *Everyday problem solving: Theory and applications* (pp. 138-152). NY: Praeger.

Kramer, D. A. (1990). Conceptualizing wisdom: the primacy of affect-cognition relations. In R. J. Sternberg (Ed.), *Wisdom: Its nature, origins, and development* (pp. 279-313). Cambridge, England: Cambridge University Press.

Kramer, D. A., Angiuld, N. J., Crisafi, I., & Levine, C. (1991). *Cognitive processes in real-life conflict resolution.* Paper presented at the annual meeting of the American Psychological Association, San Francisco.

Kramer, D. A., Kahlbaugh, P. E., & Goldston, R. B. (1992). A measure of paradigm beliefs about the social world. *Journal of Gerontology, 47,* 180-189.

Kunkel, H. (1939). *Die Lebensalter.* Anbieter: Leonardu.

Labouvie-Vief, G. (1982). Growth and aging in life span perspective. *Human Development, 25,* 65-79.

Labouvie-Vief, G. (1985). Logic and self-regulation from youth to maturity: A model. In M. Commons, F. Richards, & C. Armon (Eds.), *Beyond formal operations: Late adolescent and adult cognitive development* (pp. 158-180). NY: Praeger.

Labouvie-Vief, G. (1990). Models of knowledge and the organization of development. In M. Commons, I. Kohlberg, R. Richards, & J. Sinnott (Eds.), *Beyond formal operations: Models and methods in the study of adult and adolescent thought.* NY: Praeger.

Labouvie-Vief, G., & Dichl, M. (1999). Self and personality development: An interdisciplinary perspective. In J. C. Cavanaugh & S. K. Whitbourne (Eds.), *Gerontology: An interdisciplinary perspective* (pp. 238-268). NY: Oxford University Press.

Labouvie-Vief, G., Chiodo, L. M., Goguen, L. A., Diehl, M., & Orwoll, L. (1995). Representations of self across the life span. *Psychology and Aging, 10,* 404-415.

Lehman, H. C. (1960). The age decrement in outstanding scientific creativity. *American Psychologist, 15,* 128-134.

Levinson, D. (1978). *The season of man's life.* NY: Konof.

Long, D., & Magerko, B. (2020). What is AI literacy? Competencies and design considerations. *In Proceedings of the CHI Conference on Human Factors in Computing Systems,* 1-16.

Lonky, E., Kaus, C. R., & Roodin, P. A. (1984). Life experience and mode of coping: Relation to moral judgment in adulthood. *Developmental Psychology, 20,* 1159-1167.

Macan, T., Shahani, C., Dipboye, R., & Phillips, A. (1990). College students' time management: Correlations with academic performance and stress. *Journal of Educational Psychology, 82*(4), 760-768.

Marguie, C., & Huet, G. (2000). Age differences in feeling-knowing and confidence judgments as a function of knowledge domain. *Psychology and Aging, 15,* 451-461.

Marsick, V. J., & Watkins, K. E. (1990). *Informal and incidental learning in the workplace.* London: Routledge.

Maslow, A. H. (1943). A theory of human motivation. *Psychological Review, 50,* 370-396.

Massey-Wilson, J. (1995). Fill every unforgiving minute. *American School Board Journal, 182*(7), 43-44.

Materna, L. (2007). *Jump start the adult learner.* Thousand Oaks, CA: Corwin Press.

McAdams, D. P. (1999). Personal narratives and the life story. In L. Pervin & O. John (Eds.), *Handbook of personality: Theory and research* (2nd ed., pp. 478-500). NY: Guilford Press.

McAdams, D. P. (2001). The psychology of life stories. *Review of General Psychology, 5,* 100-122.

Meredith, P., Ownsworth, T., & Strong, J. (2008). A review of the evidence linking adult attachment theory and chronic pain: Presenting a conceptual model. *Clinical Psychology Review, 28,* 407-429.

Meyer, J. S., & Shaw, T. G. (1984). Cerebral blood flow in aging. In M. L. Albert (Ed.), *Clinical neurology of aging* (pp. 178-196). NY: Oxford University Press.

Miesen, B. M. L. (1992). Attachment behavior in dementia: Parent Orientation and Parent Fixation (POPFiD) theory. In G. H. Pollock & S. I. Greenspan (Eds.), *The course of life: Vol VII. competing the journey* (pp. 197-229). Madison, CT: International University Press.

Miller, H. L. (1967). *Participation of adults in education: A force field analysis.* Boston: Center for the Study of Liberal Education for Adults, Boston University.

Ministry of Education, Culture, Sports, Science and Technology (MEXT) (2020). *Lifelong learning promotion and community learning policies in Japan.* Tokyo: MEXT.

Nash, S. C., & Feldman, S. S. (1981). Sex role and sex-related attributions: Constancy and change across the family life cycle. In M. E. Lamb & A. L. Brown (Eds.),

Advances in developmental psychology (pp. 1-36). Hillsdale, NJ: Erlbaum.

O'Conner, D., & Wolfe, D. M. (1991). From crisis to growth at midlife: Changers in personal paradigm. *Journal of Organizational Behavior, 12,* 323-340.

O'Cornell, V. (1970). Crisis psychotherapy: Person, dialogue and the organismic approach. In J. Fagan & I. Shepherd (Eds.), *Gestalt therapy now.* Palo Alto: Science and Behavior Books.

OECD (2019). *Getting skills right: Future-ready adult learning systems.*

Onwuegbuzie, A. J., & Collins, K. M. T. (2001). Writing apprehension and academic procrastination among graduate students. *Perceptual and Motor Skills, 92,* 560-562.

Open University in Hong Kong (2008). MAPP(Measrement of Academic Programme Preferences). http://www.ouhk.edu.hk/WCM/?FUELAP_TEMPLATENAME =tcSingPage&ITEMID=CCOUHKWEBCONTENT_3315907&lang=eng

Orth, U., Trzesniewski, K. H., & Robins, R. W. (2010). Self-esteem development from young adulthood to old age: a cohort-sequential longitudinal study. *Journal of Personality, 98*(4), 645-658.

Park, D. (2001). Commentary in Restak, R., *The secret life of the brain.* Washington, DC: Joseph Henry Press.

Park, D. C. (1999). Aging and the controlled and automatic processing of medical information and medical intentions. In D. C. Park, R. W. Morrell, & K. Shifren (Eds.), *Processing of medical information in aging patients: Cognitive and human factors perspectives* (pp. 3-22). Erlbaum, Mahwah, NJ.

Park, D. C., Smith, A. D., Lautenschlager, G., Earles, J. L., Frieske, D., Zwahr, M., & Gaines, C. L. (1996). Mediators of long-term memory performance across the life span. *Psychology and Aging, 11*(4), 621-637.

Patel, S., Panchotiya, B., Patel, A., Budharani, A., & Ribadiya, S. (2020). A survey: Virtual, ugmented and mixed reality in education. *International Journal of Engineering Research & Technology (IJERT), 9*(05), 2020.

Patterson, C. H. (1980). *Theories of counseling and psychotherapy* (3rd ed.). NY:

Haper & Row.

Perls, F. S. (1976). *The gestalt approach & eye witness to therapy.* New York: Bantam Books.

Perry, W. G. (1970). *Forms of ethical and intellectual development in the college years: A scheme.* NY: Holt, Rinehart and Winston.

Piaget, J. (1972). Intellectual evolution from adolescence to adulthood. *Human Development, 15*(1), 1-12.

Pleck, J. (1985). *Working wives/working husbands.* Beverly Hills, CA: Sage.

Porder, M. S. (1987). Projective identification: An alternative hypothesis. *Psychoanalytic Quarterly, 56,* 431-451.

Pratt, M. W., Golding, G., & Hunter, W. (1983). Aging as ripening: Character and consistency of moral judgment in young, mature and older adults. *Human Development, 26,* 277-288.

Printrich, P. R., & Schunk, D. H. (1996). *Morivation in education: Theory, research, and applications.* Englewood Cliff, NJ: Prentice-Hall.

Qiu, X. B., Shan, C., Yao, J., & Fu, Q. K. (2023). The effects of virtual reality on EFL learning: A meta-analysis. *Education and Information Technologies,* 1-27.

Rangell, L. (1988). The future of psychoanalysis: The scientific crossroads. *Psychoanalytic Quarterly, 57,* 313-340.

Riding, R. J., & Rayner, S. G. (1998). *Cognitive style and learning strategies.* London: David Fulton Publishers Ltd.

Riegel, K. F. (1976). The dialectics of human development. *American Psychologist, 31,* 398-700.

Riva, G., Wiederhold, B. K., Di Lernia, D., Chirico, A., Riva, E. F. M., Mantovani, F., Cipresso, P., & Gaggioli, A. (2019). Virtual reality meets artificial intelligence: The emergence of advanced digital therapeutics and digital biomarkers. *Annual Review of Cybertherapy and Telemedicine, 17,* 3-7.

Robins, R. W., Trzesniewski, K. H., Tracy, J. L., Gosling, S. D., & Potter, J. (2002). Self-esteem across the lifespan. *Psychology and Aging, 17,* 423-434.

Rogers, C. (1951). *Client-centered therapy.* Boston: Houghton Miifflin.

Rogers, C. R. (1959). A theory of therapy, personality, and interpersonal relationships as developed in the client-centered framework. In S. Koch (Ed.), *Psychology: The study of a science: vol. 3. Formulations of the person and the social context* (pp. 184-256). New York: McGraw-Hill.

Rowe, J. W., & Kahn, R. L. (1987). Human aging: Usual and successful. *Science, 237,* 143-149.

Rubenson, K. (1977). *Participation in recurrent education: A research reviews.* Paris: OECD.

Rybash, J. M., Hoyer, W. J., & Roodin, P. A. (1986). *Adult cognition and aging.* New York: Pergamon Press.

Salthouse, T. A. (1990). Working memory as a processing resource in cognitive aging. *Developmental Review, 10,* 101-124.

Salthouse, T. A., & Babcock, R. L. (1991). Decomposing adult age differences in working memory. *Developmental Psychology, 27,* 763-776.

Santrock, J. W. (1995). *Life-span development* (5th ed.). Madison, WI: Brown & Benchmark.

Schaie, K. W. (1978). Toward a stage theory of adult cognitive development. *International Journal of Aging and Human Development, 8,* 129-138.

Schaie, K. W. (1983). The Seattle longitudinal study: A twenty-one year exploration of psychometric intelligence in adulthood. In K. W. Schaie (Ed.), *Longitudinal studies of adult psychological development* (pp. 64-135). NY: Guilford Press.

Schaie, K. W. (1994). The course of adult intellectual development. American Psychologist, 49, 304-313.

Schaie, K. W. (1996). *Intellectual development in adulthood: The Seattle longitudinal study.* NY: Cambridge University Press.

Schaie, K. W., & Willis, S. L. (2000). A stage theory models of adult cognitive development revisited. In B. Rubinstein, M. Moss, & M. Kleban (Eds.), *The many dimensions of aging: Essays in honor of M. Powell Lawton.* NY: Springer.

Schmelzer, R. V., Schmelzer, C. D., Figler, R. A., & Brozo, W. G. (1987) Using the critical incident technique to determine reasons for success and failure of university students. *Journal of Colleges Student Personal, 28*(3), 261-266.

Schulenberg, J. E., Bryant, A. L., & O'Malley, P. M. (2004). Taking hold of some kind of life: How developmental tasks relate to trajectories of well-being during the transition to adulthood. *Development and Psychopathology, 16,* 1119-1140.

Schulz, R., & Heckhausen, J. (1996). A life span model of successful aging. *American Psychologist, 51,* 702-714.

Schunk, D. H. (1991). Self-efficacy and academic motivation. *Educational Psychologist, 26,* 207-231.

Sharf, J. (2008). Psychotherapy dropout: A meta-analytic review of premature termination. *Dissertation Abstracts International: Section B: The Sciences and Engineering, 68*(9-B), 6336.

Sharf, R. S. (2006). *Applying career development theory to counseling* (4th ed.). Belmont, CA: Thomson, Brooks/Cole.

Sharp, M. A. (1991). Career development in academic family medicine: An experimental learning approach. Doctoral Dissertation. Case Western Reserve University.

Shiner, R. L., & Masten, A. S. (2002). Transactional links between personality and adaptation from childhood through adulthood. *Journal of Research in Personality, 36,* 580-588.

Shirom, A., & Mazeh, T. (1988). Periodicity in seniority-Job satisfaction relationship. *Journal of Vocational Behavior, 33,* 38-49.

Shklarski, L., Abrams, A., & Bakst, E. (2021). Navigating changes in the physical and psychological spaces of psychotherapists during Covid-19: When home becomes the office. *Practice Innovations, 6*(1), 55-66.

Shultz, K. S., Morton, K. R., & Weckerle, J. R. (1998). The influence of push and pull factors on voluntary and involuntary early retirees' retirement decision and adjustment. *Journal of Vocational Behavior, 53,* 45-57.

Sinnott, J. D. (1998). *The development of logic in adulthood: Postformal thought and its applications.* NY: Plenum Press.

Smith, M. K. (2002). Malcolm Knowles, informal adult education, self-direction and andragogy, the encyclopedia of informal education. [On-line], http://www.infed.org/thinkers/et-knowl.htm.

Sternberg, R. J. (1985). Implicit theories of intelligence, creativity, and wisdom. *Journal of Personality and Social Psychology, 49,* 607-627.

Sterns, A. A., Marsh, B. A., & McDaniel, M. A. (1994). Age and job satisfaction: A comprehensive review and meta-analysis. Unpublished manuscript, University of Akron.

Super, D. E. (1957). *The psychology of careers.* NY: Harper & Row.

Super, D. E. (1986). Life career roles: Self-realization in work and leisure. In D. T. Hall & Associates (Eds.), *Career development in organizations* (pp. 95-119). San Francisco, CA: Jossey-Bass.

Tennant, M. (1988). *Psychology and adult learning.* London: Routledge.

Thombs, D. L. (1995). Problem behavior and academic achievement among first-semester sollege freshmen. *Journal of College Student Development, 36*(3), 280-288.

Thurstone, L. L. (1938). *Primary mental abilities.* Chicago: University of Chicago Press.

Tough, A. (1979). *The adult's learning projects: A fresh approach to theory and practice in adult learning* (2nd ed.). Toronto: Ontario Institute for Studies in Education.

Trawick, L., & Corno, L. (1995). Expanding the volitional resources of urban community college students. In P. R. Pintrich (Ed.), *Understanding self-regulated learning* (pp. 57-70). San francisco, CA: Jossey-Bass.

Trueman, M., & Hartley, J. (1996). A comparison between the time-management skills and academic performance of mature and traditional-entry university students. *Higher Education, 32*(2), 199-215.

Truluch, J. E. (1996). Adult development stage and learning style preferences among older adults. Doctorial Dissertation. The University of Georgia.

Turk, D. C., Ruby, T. E., & Salovey, P. (1984). Health protection: Attitudes and behavior of LPN's teachers and college students. *Health Psychology, 3,* 189-210.

Twenge, J. M., & Campbell, W. K. (2002). Self-esteem and socioeconomic status: A meta-analytic review. *Personality and Social Psychology Review, 6,* 59-71.

UNESCO (1972). *Learning to be* (Faure report).

UNESCO (1996). *Learning: The treasure within* (Delors report).

U. S. Department of Education (2021). *Workforce Innovation and Opportunity Act (WIOA) implementation report.* Washington, DC: U. S. Department of Education.

Vaillant, G. E. (1977). *Adaptation to life.* Boston: Little, Brown.

Ventura, S., Banos, R. M., Botella, C., & Mohamudally, N. (2018). Virtual and augmented reality: New frontiers for clinical psychology. *State of the Art Virtual Reality and Augmented Reality Knowhow,* 99-118.

Verhaeghen, P., & Salthouse, T. A. (1997). Meta-analyses of age-cognition relations in adulthood: Estimates of linear and non-linear age effects and structural models. *Psychological Bulletin, 122*(3), 231-249.

Verhaeghen, P., Marcoen, A., & Goossens, L. (1993). Facts and fiction about memory aging: A quantitative intergration of reseach finding. *Journals of Gerontology: Psychological Science, 48,* 157-171.

Villaume, W. A., Brown, M. H., Darling, R., Richardson, D., Hawk, R., Henry, D. M., & Reid, T. (1997). Presbycusis and conversation: Elderly interactants adjusting to multiple hearing losses. *Research on Language and Social Interaction, 30,* 235-262.

Waldron, M. W., & Moore, G. (1991). *Helping adult learn: Course planning for adults.* Toronto: Thompson Educational Publishing. Inc.

Warr, P. B. (1987). *Work, unemployment and mental health.* Oxford: Clarendon Press.

Wechsler, H. (1939). *The measurement of adult intelligence.* Baltimore, MD: Williams & Wilkins.

Wehr, G. (1999). 융[*G. G. Jung*]. 김현진 역. 서울: 한길사. (원전은 1969년 출판).

Weinstein, C. E. (1988). Assessment and training of student learning strategies. In R. R. Schmeck (Ed.), *Learning strategies and learning styles* (pp. 291-316). NY: Plenum

Press.

Weinstein, C. E., & Mayer, R. E. (1986). The Teaching of learning strategies. In M. C. Wittrock (Ed.), *Handbook of research on teaching* (3rd ed., pp. 315-327). New York: Macmillan.

Weinstein, C. E., Palmer, D. R., & Shulte, A. C. (2002). *Learning and studies strategy inventory* (2nd ed.). Clearwater, FL: H & H Publishing.

Wells, J. B., Layne, B. H., & Allen, D. (1991). Management development training and learning styles. *Public productivity & Management Review, 14,* 415-428.

Whitbourne, S. K. (1996). *The aging individual: Physical and psychological perspectives.* NY: Springer.

Whitbourne, S. K., & Connolly, L. A. (1999). The developing self in midlife. In J. D. Reid & S. L. Willis (Eds.), *Life in the middle: Psychological and social development in middle age* (pp. 25-45). San Diego, CA: Academic Press.

Whitbourne, S. K., & Sneed, J. R. (2002). The paradox of well-being, Identity processes, and stereotype threat: Ageism and its potential relationships to the self in later life. In T. Nelson (Ed.), *Ageism: Stereotyping and prejudice against older persons* (pp. 247-273). Cambridge, MA: MIT Press.

Wilkinson, S. M. (1991). Penis envy: Libidinal metaphor and experiential metonym. *International Journal of Psycho-Analysis, 72,* 335-346.

Williamson, E. G. (1950). *Counseling adolescents.* NY: McGraw-Hill.

Williamson, E. G. (1975). *Vocational counseling.* NY: McGraw-Hill.

Wine, J. D. (1980). *Cognitive-attentional theory of test anxiety: Theory research, and application.* Hillsdalem NJ: Erlbaum.

Wlodkowski, R. J. (1999). *Enhancing adult motivation to learn.* San Francisco: Jossey-Bass.

Wong, P. T. P. (1989). Personal meaning and successful aging. *Canadian Psychology, 30*(3), 516-525.

Woodruff-Pak, D. S. (1997). *The neuropsychology of aging.* Oxford: Blackwell.

Yontef, G. M. (1979). Gestal therapy: Clinical phenomenology. *Gestalt Journal, 2*(1),

27-45.

Yontef, G. M. (2008). 알아차림, 대화 그리고 과정[*Awareness, dialogue and process: Essays on Gestalt therapy*]. 김정규, 김영주, 심정아 공역. 서울: 학지사. (원전은 1989년 출판).

Zeigamik, B. (1927). Uber das Behalten von Erledigten und Unerledigten Handlungen. *Psychologische Forschung, 9,* 1-85.

Zemke, R., & Zemke, S. (1995). Adult learning: What do we know for sure? *Training Magazine, 32*(6), 31-40.

Zhang, W. Y., & Yeung, L. A. (2003). Online measurement of academic programme preference for distance learners in Hong Kong. *Distance Education, 24*(2), 213-225.

Zick, C. D., & McCullough, J. (1991). Trends in married couples' time use: Evidence from 1977-78 and 1987-88. *Sex Roles, 24,* 459-487.

Zimmerman, B. J., & Martinez-Pons, M. (1992). Perceptions of efficacy and strategy use in the self-regulation of learning. In D. H. Schunk & J. L. Meece (Eds.), *Student perceptions in the classroom* (pp. 185-207). Hillsdale, NJ: Erlbaum.

Zinker, J. (1977). *Creative process in gestalt theory.* New York: Brunner/Mazel.

Zinker, J., & Fink, S. (1966). The possibility of growth in a dying person. *Journal of Gestalt Psychology, 74,* 185-199.

국가평생학습포털 늘배움. https://www.lifelongedu.go.kr

서울시50플러스포털. https://www.50plus.or.kr/

수원문화재단 수원시 평생교육관. https://www.swcf.or.kr/?idx=2405&listUrl=29&p=29_view&utm

위키피디아. https://en.wikipedia.org/wiki/ELIZA

H & H Publishing. http://www.hhpublishing.com

International Career Development Library. http://icdl.uncg.edu/ft/120899-04.html

찾아보기

인명

내용

저자 소개

조성연(Cho Sung Yeun)

홍익대학교 교육학과 상담심리전공 박사

한국심리학회 상담심리사 1급

한국상담학회 전문상담사 1급

한국게슈탈트상담심리학회 수련감독자

전 세종대학교 교육대학원 겸임교수

한세대학교, 안양대학교, 세종사이버대학교 등 대학교 및 대학원 강사

한국방송통신대학교 상담연구원

세종대학교 학생생활상담소 상담실장

현 아름드리심리상담센터 소장

박미진(Park Mee Jin)

홍익대학교 교육학과 상담심리전공 박사

평생교육사 1급

청소년상담사 1급

한국심리학회 상담심리사 1급

전 건국대학교, 고려대학교 평생교육원 강사

현 홍안심리상담연구소 소장

국제사이버대학교 상담심리학과 겸임교수

공주교육대학교, 호서대학교, 건국대학교, 안양대학교 등 대학교 및 대학원 강사

문미란(Moon Mi Ran)

홍익대학교 교육학과 상담심리전공 박사

평생교육사 1급

청소년상담사 1급

한국심리학회 상담심리사 1급

전 명지대학교 겸임교수

홍익대학교, 명지대학교, 명지전문대학, 고려대학교, 국민대학교 등 대학교 및 대학원 평생교육원 강사

한국방송통신대학교 원격심리상담실 상담원

현 세종대학교 교육대학원(상담심리전공) 겸임교수

심리상담연구소 문 소장

서울시립 다시함께상담센터 의료심리지원단

성인학습 및 상담(3판)

Adult Learning and Counseling (3rd ed.)

2010년 9월 10일 1판 1쇄 발행
2016년 8월 20일 1판 4쇄 발행
2017년 8월 1일 2판 1쇄 발행
2023년 10월 10일 2판 5쇄 발행
2025년 9월 30일 3판 1쇄 발행

지은이 • 조성연 · 박미진 · 문미란
펴낸이 • 김진환
펴낸곳 • ㈜ 학지사
04031 서울특별시 마포구 양화로 15길 20 마인드월드빌딩
대표전화 • 02-330-5114 팩스 • 02-324-2345
등록번호 • 제313-2006-000265호

홈페이지 • http://www.hakjisa.co.kr
인스타그램 • https://www.instagram.com/hakjisabook

ISBN 978-89-997-3537-0 93180

정가 24,000원

저자와의 협약으로 인지는 생략합니다.
파본은 구입처에서 교환해 드립니다.